汇率与宏观经济
——基于中国数据的实证分析

潘红宇 谷 欣 刘 琼 著

科学出版社

北 京

内 容 简 介

随着中国经济日益开放，资本管制逐步放开，汇率形成机制更加市场化，研究汇率对宏观经济的影响对于了解汇率的作用机制以及制定宏观政策有重要意义。本书从四个方面进行研究：一是汇率制度与经济增长的关系，更浮动的汇率制度是否有利于中国经济的发展；二是汇率风险对贸易的影响，汇率波动率的增加是否对中国的出口有阻碍作用；三是汇率传递程度是否是不完全的，汇率对不同价格水平传递程度是否不同；四是使用动态随机一般均衡模型刻画中国开放经济体系，使用模拟的方法研究汇率冲击对宏观经济的影响，进而分析汇率传递程度是否下降，汇率指标是否应该作为货币政策的目标之一。

本书适合研究开放宏观经济和货币政策的研究生、科研工作者以及相关政策的制定人员阅读。

图书在版编目（CIP）数据

汇率与宏观经济：基于中国数据的实证分析/潘红宇，谷欣，刘琼著. —北京：科学出版社，2018.9
ISBN 978-7-03-052560-4

Ⅰ. ①汇… Ⅱ. ①潘… ②谷… ③刘… Ⅲ. ①人民币汇率-汇率波动-关系-宏观经济管理-研究-中国 Ⅳ. ①F832.63②F123.16

中国版本图书馆 CIP 数据核字（2017）第 081715 号

责任编辑：马 跃 李 嘉/责任校对：彭 涛
责任印制：吴兆东/封面设计：无极书装

科学出版社出版
北京东黄城根北街 16 号
邮政编码：100717
http://www.sciencep.com

北京虎彩文化传播有限公司印刷
科学出版社发行 各地新华书店经销

*

2018 年 9 月第 一 版 开本：720×1000 B5
2018 年 9 月第一次印刷 印张：16 3/4
字数：324 000

定价：116.00 元
（如有印装质量问题，我社负责调换）

前　言

1994~2005 年，人民币事实上采取了钉住美元的固定汇率制度。2005 年中国完善了人民币汇率形成机制，汇率波动幅度逐渐增加。2007 年 5 月，中国人民银行将银行间即期外汇市场人民币对美元日交易区间从此前的在中间价上下 0.3%扩大到 0.5%。2012 年 4 月，中国人民银行又将变化幅度由 0.5%扩大至 1%。2005年至今的汇率制度（exchange rate regimes）被国际货币基金组织（International Monetary Fund，IMF）定义为爬行钉住制。随着人民币波动的增加以及汇率机制的变化，汇率对中国宏观经济的影响成为我们关注的主题，本书从以下四个方面对汇率进行研究。

第 1 章介绍汇率制度的分类对汇率制度与经济发展的关系。随着中国经济规模的发展壮大、人民收入水平的提高、中国贸易在全球占比的增长，以及资本走出去的要求，中国的汇率制度是否需要变化，如果变化，采取什么样的汇率制度更有利于中国的发展呢？本书在第 1 章对汇率制度的分类进行梳理，介绍货币基金组织的分类标准，并且比较详细地总结了多个学者根据一国实际情况而不是一国的宣称对该国汇率制度的事后分类。本书使用 IMF 分类和事后分类方法描述性地比较了不同汇率制度下经济增长率与通过膨胀率的差异。"事实"（de facto）汇率制度分类尽管有其优点，但是"事实"汇率制度很难更新，只有一种事后汇率制度分类进行了更新，并且只更新到 2010 年，为了保证数据量充足以及反映最新经济情况，本书采用 IMF 公布的汇率制度类别实证分析汇率制度与经济增长的关系。按照国家收入水平进行分类，研究发现对于高收入国家，固定汇率制度对经济增长有明显的负面效果。对中等收入国家直接融资和间接融资的增加都有利于经济增长，而对高收入国家只有直接融资具有显著的正效应。因此，随着一国从中等收入水平进入高收入水平，应该采取更加浮动的汇率制度，同时应该促进直接融资市场的发展。

第 2 章研究汇率风险与出口的关系。人们认为风险的增加，导致风险厌恶的个体减少有风险的活动，转而参与一些低风险的活动。原则上，当汇率风险增加时，风险厌恶的交易者面临更多的不确定性，从而选择减少交易，因此出口量减少。但是汇率波动率增加也可能促进出口。例如，当汇率波动增加时，企业可能希望充分利用高价来对冲低价时带来的影响，因此高汇率波动率可能导致较高的平均投资水平，从而有更高的平均产出。随着理论模型对假设条件的细化，越来越多的理论模型发现，汇率风险对出口的影响与假设条件有关，在不同条件下得出不同结论。因此，汇率风险与出口的关系成为一个实证问题。根据本书研究结果，人民币对欧元、美元和韩元的汇率波动率与出口负相关。因此，建议管理当局适当控制住人民币对美元、欧元和韩元的汇率波动率，这样可以降低对出口的负面影响。另外，管理当局要加强对外贸企业的培训，强调汇率波动增加对贸易带来的挑战。同时汇率管理机构应该尽快培育外汇市场，提供管理汇率风险的工具。

第 3 章研究汇率传递（exchange rate pass through，ERPT）程度。汇率传递有两个层次的含义：第一层次是进口国与出口国之间汇率改变时，用进口国货币（本币）表示的进口品价格改变的百分比，这也被称为狭义的汇率传递。第二层含义是汇率变化导致国内一般价格水平的变化。无论哪个层面，汇率传递一般是不完全的，汇率传递程度对出口企业的竞争力、外部冲击对国内经济的影响、汇率制度的选择、货币政策效果和传导机制等有重要意义。第 3 章主要研究汇率对进口价格、生产价格、一般物价水平的传递程度，并且研究汇率对不同类别出口产品价格的传递程度。我们发现在不同时期，人民币名义有效汇率（national effective exchange rate，NEER）对进口价格、生产者价格、消费者价格的传递都是不完全的，而且存在一定的时滞。使用分类数据的研究表明，汇率传递程度因行业而不同，而且没有明显的分类标签，分析时还需要根据行业的不同特点而定。

第 4 章构建一个中国开放经济动态随机一般均衡（dynamic stochastic general equilibrium，DSGE）模型，基于该模型研究汇率传递程度是否随时间下降，以及中国货币政策规则应该采取单一的通货膨胀目标还是汇率和通货膨胀混合目标。当前主要发达国家货币政策的主要目的是达到通货膨胀目标，经济发展等其他目标不在考虑之内，这种货币政策规则的优点是透明，可以明确预期，但是也缺乏灵活性。采用通货膨胀钉住货币政策框架后，汇率波动比以往幅度更大，从理论上说，对一国的福利是一种损失。特别是对新兴市场国家，汇率过度升值会导致出口竞争力下降，而过度贬值会导致外债负担加重。并且，如果汇率传递程度高，汇率的波动会导致一国通胀的波动。因此，在开放经济中发展中国家的货币当局是否应该对汇率变化做出反应，以达到经济发展和控制通货膨胀目标，成为学者和政策当局关注的内容。目前为止，还没有学者使用 DSGE 模型研究中国的货币政策是否应该对汇率做出响应。鉴于汇率传递程度对货币政策效果有重要影响，本书首先研究汇率传递程度，研究发现与国外结论类似，近年来汇率传递程度下降。汇率传递程度下降的可能原因是价格调整滞后程度增加，货币政策规则采用外生的货币供给方式，外部冲击的方差变小。针对汇率传递程度结果，本书设定相关参数的数值，比较四种货币政策规则的效果，其中三种规则包括汇率。通过对四种货币政策规则进行模拟，发现中国货币政策规则适合采取混合目标，应该把汇率明确放入货币政策方程。外国需求冲击、国内需求冲击和货币政策冲击是导致产出与通胀波动的主要因素，因此管理当局如果能够控制住国内需求冲击和货币政策冲击，面对外国需求冲击，最优货币政策规则是权衡汇率水平和汇率波动率。

　　本书的每一章都对相关领域进行了详细的文献评述，对使用的模型和计量方法做了细致的说明，并附有部分程序。希望本书可以为研究开放宏观经济和货币政策的研究生、科研工作者以及相关政策制定人员提供一定的参考。

目　　录

第1章 汇率制度与经济增长

1.1 国际货币体系与汇率制度

1944 年 7 月，筹建联合国的 44 国政府代表在美国新罕布什尔州的布雷顿森林召开了联合国货币金融会议（简称布雷顿森林会议），经过讨论，会议通过了《国际货币基金协定》和《国际复兴开发银行协定》，确立了以美元为中心的国际货币体系，即布雷顿森林体系。

在布雷顿森林体系下，美元可以兑换黄金和各国实行可调节的钉住汇率制是构成这一货币体系的两大支柱。《国际货币基金协定》规定，各国货币对美元的汇率，只能在法定（de jure）汇率上下各 1%的幅度内波动。若市场汇率超过法定汇率 1%的波动幅度，各国政府有义务在外汇市场上进行干预，以维持汇率的稳定。1971 年 12 月，汇率变动的幅度扩大为上下 2.25% 的范围。布雷顿森林体系的这种汇率制度被称为"可调整的钉住汇率制度"。

布雷顿森林体系以黄金为基础，以美元作为最主要的国际储备货币，美元直接与黄金挂钩，各国货币则与美元挂钩，按 35 美元一盎司的官价向美国兑换黄金。从此，美元成为国际清算的支付手段和各国的主要储备货币。

20 世纪 60~70 年代，美国面临的国内国际状况发生变化，国际收支开始趋向恶化，美元有贬值的意向，各国纷纷抛出美元兑换黄金，美国黄金开始大量外流。1971 年 8 月尼克松政府被迫宣布放弃按 35 美元一盎司的官价兑换黄金的美元"金本位制"，实行黄金与美元比价的自由浮动（independently floating）。1973 年 3 月因美元贬值，再次引发了欧洲抛售美元、抢购黄金的风潮。1973 年 3 月 16 日，欧洲共同市场 9 国在巴黎举行会议并达成协议，联邦德国、法国等国家对美元实行"联合浮动"，彼此之间实行固定汇率；而英国、意大利、爱尔兰实行单独浮动汇率。其他主要西方货币也实行对美元的浮动汇率。至此，布雷顿森林体系完全垮台。

面临美元与黄金价格脱钩的现象，IMF 于 1972 年 7 月成立了一个专门委员会，研究国际货币制度的改革问题。1974 的 6 月，该委员会提出一份"国际货币体系改革纲要"，对黄金、汇率、储备资产、国际收支调节等问题提出了一些原则性的建议，为以后的货币改革奠定了基础。1976 年 1 月，IMF 理事会"国际货币制度临时委员会"在牙买加首都金斯敦举行会议，讨论国际货币基金协定的条款，签定达成了"牙买加协议"，1976 年 4 月，IMF 理事会通过了《IMF 协定第二修正案》，形成了新的国际货币体系——牙买加体系。在牙买加体系下，浮动汇率制与固定汇率制并存。一般而言，发达工业国家多数采取单独浮动或联合浮动，有的采取钉住自选的货币篮子。发展中国家多数是钉住某种国际货币或货币篮子，单独浮动的很少。1973 年之前，汇率制度是单一的固定汇率制度，而在牙买加体系下，汇率制度开始多样化和复杂化，各国汇率制度不再一成不变，随着各国自身经济状况的变化，汇率制度也在不断调整。

汇率制度又称汇率安排（exchange rate arrangement），"是指一国货币当局对于确定、维持、调整与管理汇率的原则、方法、方式和机构等所作出的系统规定"。理论上，简单地把汇率制度分为固定汇率制度和浮动汇率制度（floating regimes）两种。实际上在布雷顿森林体系解体以后，各国对汇率制度的安排千差万别。但是除了严格的固定汇率制度和自由浮动汇率制度，中间汇率制度（intermediate regimes）的边界区别不是非常明显。学者对汇率制度的界定和命名存在很大差异。即使对汇率制度进行粗略划分，如把汇率制度分成三大类，即固定汇率制度、中间汇率制度和浮动汇率制度，各方面都没有统一的定义，具体的小类别的界定更加缺乏一致性。

不同的汇率制度对经济增长、通货膨胀率、对外贸易、对外直接投资和货币政策等是否有不同的影响？如果有影响，如何选择对一国最佳的汇率制度？这些都是学者关心的问题。但是做任何分析之前必须给出适当的汇率制定的分类。随着东南亚货币危机等一系列危机的发生，学术界对汇率制度的研究重新成为热点。

IMF 作为第二次世界大战后成立的管理国际货币和汇率制度的官方机构，其有关汇率制度分类的标准和方法一直为成员国所沿用与遵守。IMF 对汇率制度的分类方法进行过几次调整：1974~1982 年把汇率制度定义为两类，1983~1998 年定义为 4 类，1999~2008 年定义为 8 类，2009~2014 年定义为 10 类。尽管对汇率制度的分类随时间变化，但是 IMF 对汇率制度的定义具有一定的连续性。

20 世纪 90 年代之前，学者对汇率制度的分类没有什么争论。公认的汇率制度类别是 IMF 在《汇兑安排与汇兑限制年报》（*Annual Report on Exchange Arrangements and Exchange Restrictions*）中公布的世界各国的汇率制度类别。所以，IMF 的分类方法也被称为法定汇率制度分类法。这种对汇率制度的分类以一国政府宣称的汇率政策、制度为基础，是一种名义上的分类方法。约 2 000 名学者研究发现，许多国家声明的汇率制度与实际执行的汇率制度不符，声称固定汇率制度但是实际是浮动汇率制度，声称浮动汇率制度但实际是固定汇率制度。基于这样的事实，学者们开始思考根据汇率的实际表现对汇率制度进行事实上的分类。这种分类被称为事实汇率制度或事后汇率制度。

自 1999 年开始，IMF 不仅按照一国政府的宣称而且根据其实际表现对汇率制度进行分类。与此同时，学术界对汇率制度按照实际情况划分的学术研究出现热潮，许多学者按照自己的标准对汇率制度进行了分类。1.2 节详细介绍 1999 年之后事实汇率制度的一些分类方法。

1.2　1999 年之后国际货币基金组织对汇率制度的分类

从 1999 年 1 月 1 日开始，IMF 根据汇率实际运行情况对各成员国汇率制度进行了新的分类，按照新规则把汇率制度划分成八种类型，即无独立法定货币、货币局（currency board arrangement）制度、传统的固定汇率制［包括钉住单一货币（vis-a-vis single currency）或一篮子货币］、水平区间汇率制、爬行钉住汇率制、爬行区间汇率制、未事先宣布干预方式的管理浮动汇率制和自由浮动汇率制。其中，管理浮动是剩余项，把不属于其他类型的汇率制度都归到管理浮动这一项。八种汇率制度又分成三大类：硬钉住（hard pegs regimes），包括无独立法定货币和货币局制度；浮动，包括管理浮动和自由浮动；除此之外的汇率制度归为软钉住（soft pegs）。对这八种汇率制度的详细说明见表 1.2.1。

表 1.2.1　1999 年 IMF 对汇率制度的分类

类别		简介
硬钉住	无独立法定货币	一国采用另一国货币作为唯一法定货币（如拉美的一些国家使用美元作为本国货币），或者隶属于某一货币联盟（currency union），共同使用同一法定货币（如欧盟成员国使用欧元）。这种情况下货币对内固定，对外自由浮动
	货币局制度	货币发行当局根据法定承诺按照固定汇率承兑指定的外币，并通过对货币发行权的限制保证履行法定承兑义务（如中国香港港币与美元之间存在固定的汇率）
软钉住	传统的固定汇率制	钉住另一国货币，并限制在±1%甚至更狭窄的范围内波动；或者一种类似 EMRⅡ的协作安排；或者钉住一篮子货币，货币篮子由该国的主要贸易伙伴和金融伙伴的货币组成，权重反映了该国贸易、服务和资本流动的地理分布。在这种汇率制度下，不需要永久维持某一固定平价。名义汇率可以在中心汇率上下小于 1%的幅度内波动。货币当局通过直接干预（如买卖外汇）或者间接干预（如运用利率政策、外汇管理、约束外汇交易的道德规劝或其他公共机构干预）维持固定的平价。干预次数不频繁
	水平区间汇率制	钉住中心汇率水平，可以钉住单一货币也可以钉住一篮子货币，其波幅至少达到 1%，或总体 2%的波动水平
	爬行钉住汇率制	中心汇率可以调节，调节方式按照固定的、预先宣布的比率作较小的定期调整，或依据所选取的定量指标的变化做定期调整。所选指标可以是本国和主要贸易伙伴国之间的历史通货膨胀率之差、主要贸易伙伴国的通货膨胀目标值与预期值之差。调整频繁，有时可能一周一次
	爬行区间汇率制	汇率围绕中心汇率在一定幅度内上下浮动，同时中心汇率按照固定的、预先宣布的比率做定期调整或根据所选取的定量指标的变化做定期调整；调整浮动至少为 1%（或总体的 2%）

续表

类别		简介
浮动	未事先宣布干预方式的管理浮动汇率制	货币当局主动干预汇率走势，但并没有确定的路径和目标，汇率管理的指标也大都基于货币当局自身的判断（如国际收支头寸、国际储备、汇率黑市发展程度），政府拥有不对外公开的汇率平价，干预可以是直接的或间接的
	自由浮动汇率制	汇率基本上由市场决定，不存在目标汇率水平。偶尔的外汇干预旨在缓和汇率变动、防止汇率过度波动，而不是为汇率建立一个基准水平

随着国际经济形势的变化，IMF 在 1999 年制定的分类方法面临挑战。一是 IMF 在 1999 年的管理浮动类别下各国实际汇率制度存在较大差异，笼统地将它们划为一类，违背了汇率制度划分避免歧义性的基本原则。二是在确定汇率制度时要考虑实际的干预情况，现实中干预变得越来越复杂，并且有时得不到充分的数据。因此，2009 年 IMF 公布了更新的汇率制度分类方式。新的汇率制度分类标准增加了汇率制度确定的透明度，确定汇率制度的规则可以根据特定信息来施行，给主观判断一个更清晰的范围。2009 年的修改不是对过去体系的完全抛弃，而是保持了分类的连续性，特别是被经济学者广泛接受的硬钉住，而软钉住和浮动的分类仍然保留下来。下面是 2009 年 IMF 确定汇率类别规则的简单说明。

IMF 事实上的分类方法是 IMF 要求成员国上报各国汇率制度安排，尽管这种名义汇率制度安排可能与现实不符，但这仍是 IMF 获取各国汇率制度的重要途径之一。IMF 根据过去至少 6 个月的实际情况进行实证核实。如果实际情况与成员国上报的类型一致则事实上的汇率制度与事前的名义汇率制度类别相同。硬钉住中的货币局制度和无独立法定货币［如正式美元化（dollarization）］，还有软钉住中的传统的固定汇率制、水平区间汇率制和爬行钉住汇率制要求实际情况与成员国的声明是一致的。某些国家观察到实际情况与名义汇率安排不一致，这时就必须确定事实上的汇率制度。为了避免争议，根据以下三个步骤确定汇率制度：①区分汇率制度是否是浮动的，主要观察汇率是否由市场决定，如果答案是肯定的，则说明汇率属于浮动制度。②非浮动的汇率制度事后安排分成稳定安排与类爬行。③浮动制度进一步细分成自由浮动和浮动。不容易区分的汇率制度归为剩余项，定义为其他管理浮动制度。

2009 年修改后的汇率制度由 1999 年的八类变为十类，主要的不同之处表现为以下几方面：①把管理浮动和独立浮动用两个新类别浮动与自由浮动代替，并且给出更清晰的界定。②在 1999 年的固定与爬行钉住两个类别的基础上增加类钉住（稳定安排）和类爬行。③增加了其他管理浮动类别作为剩余项。2009 年汇率制度的详细说明见表 1.2.2。

表 1.2.2　2009 年 IMF 对汇率制度的分类

类别		简介
硬钉住	无独立法定货币	一国采用另一国货币作为唯一法定货币（如拉美的一些国家使用美元作为本国货币），或者隶属于某一货币联盟，共同使用同一法定货币（如欧盟成员使用欧元）。这种情况下货币对内固定，对外自由浮动
	货币局制度	货币发行当局根据法定承诺按照固定汇率承兑指定的外币，并通过对货币发行权的限制来保证履行法定承兑义务（如中国香港港币与美元之间存在固定的汇率）
软钉住	传统的固定汇率制（或传统钉住）	一国正式（或者说事前）钉住另一国货币或者钉住一篮子货币，货币篮子由该国的主要贸易伙伴和金融伙伴的货币组成，权重反映了该国贸易、服务和资本流动的地理分布。锚货币或者货币篮子的权重是公开的，并且报告给 IMF。货币当局通过直接干预（如买卖外汇）或者间接干预（如运用利率政策、外汇管理、约束外汇交易的道德规劝或其他公共机构干预）来维持固定的平价。在这种汇率制度下，不需要正式承诺一成不变地维持平价，但是可以通过实证来验证：汇率限制在围绕一国中心汇率±1%甚至更狭窄的范围内波动；或者在即期汇率市场，至少在 6 个月内，汇率的最大值与最小值之差小于 2%
	稳定安排	稳定安排，通常被认为是一类钉住安排，是指一国在汇率不是浮动的，即期汇率的波幅在六个月或更长的时间里被限定在 2%的范围内（除了特殊的异常值与中心汇率的调整）。波幅限制既可以是针对单一锚货币，也可以是针对一篮子锚货币。稳定安排要求满足统计条件，官方干预所引发的汇率波动也必须严格落在 2%的范围内
	爬行钉住汇率制	中心汇率可以调节，调节方式按照固定的、预先宣布的比率做较小的定期调整或依据所选取的定量指标的变化做定期调整。所选指标可以是本国和主要贸易伙伴国之间的历史通货膨胀率之差，也可以是主要贸易伙伴国的通货膨胀目标值与预期值之差。爬行可能根据通货膨胀进行调整，称为后向爬行，或者根据预期的通货膨胀之差调整汇率，称为前向爬行。调整的规则和参数是公开的，必须向 IMF 报告
	类爬行安排	汇率相对于统计可识别的趋势在 6 个月或更长的时间，汇率变化在 2%范围内窄幅波动（除了可识别数量的异常值外）。汇率不是浮动的。另外，类爬行安排的最小变化率要求大于稳定安排下的变化程度。类爬行安排年变化率要求至少 1%，并且升值或贬值是连续、充分的单边变化
	水平区间钉住	钉住中心汇率水平，可以钉住单一货币也可以钉住一篮子货币，其波幅至少达到 1%，或总体 2%的波动水平
浮动	浮动	浮动汇率制是指汇率变化大部分由市场决定，没有明确或者可预期的变化路径。当波动幅度小于 2%满足类爬行和类钉住统计标准时，除非汇率的稳定是政府干预的结果，否则归为浮动。外汇市场的干预是直接的或者间接的，但是干预的目标不是维持某个目标汇率水平，而是为了阻止汇率的过分波动。对汇率的管理的判断是主观的（如国际收支、国际储备和平行市场的发展）。浮动制度下汇率波动可能大也可能小，依赖于经济冲击规模的大小
	自由浮动	干预次数非常少，只有在市场无序的情况下才进行干预，并且在六个月内对市场的干预不超过三次，每次干预时间不超过三个交易日，如果 IMF 没有这方面清楚的信息，则归为浮动制度
剩余项	其他有管理的浮动	这项是剩余项，无法归入上面任意类别的情况归为此项

　　IMF 汇率制度划分比较详细，具体类别比较多，有时在实际当中是无法严格区分的，因此往往把汇率制度分成几大类。1999~2008 年，IMF 把汇率制度分成三大类，即硬钉住、软钉住和浮动，见表 1.2.1。2009 年至今，IMF 把汇率制度分成四大类，即硬钉住、软钉住、浮动和剩余项，见表 1.2.2。

除此之外，许多学者按照自己的规则把汇率制度分成比较大的类别。根据研究需要，有的分为两大类，即固定和浮动；有的分为三大类，即固定、中间和浮动；有的分为四大类，即固定、有规则的干预、无规则的干预和浮动。下面介绍一些学者给出的分类结果。

Ghosh 等（2002）把 1999 年之前 IMF 的汇率制度划分成 15 个类别：①无独立法定货币（或美元化）；②货币局制度；③货币联盟（1999 年欧元实行后，该汇率制度消失）；④钉住单一货币；⑤钉住一篮子货币，并且各种货币权重事先公布；⑥钉住一篮子货币，但是各种货币权重不公开；⑦合作汇率制度；⑧爬行钉住；⑨目标带和区间；⑩其他依据规则浮动的系统；⑪重度干预的有管理的浮动；⑫没有分类的有管理的浮动；⑬其他浮动；⑭轻度干预的浮动；⑮没有干预的浮动。

Ghosh 等（2002）把 15 个类别分别划分为五大类和三大类。五大类分类是硬钉住、传统钉住（conventional fiexed pegs）、事先宣布干预规则的管理浮动汇率制度、无事先宣布干预方式的管理浮动汇率制度和浮动汇率制度，具体划分如下：①~③被称为硬钉住；⑤和⑥统一被称为钉住一篮子货币；⑦~⑩被称为依据规则干预而浮动的汇率制度；⑪~⑬被称为没有明确干预目的的浮动汇率制度；⑭和⑮被称为浮动汇率制度。三大类分类具体划分如下：固定汇率制度，包括①~⑥；⑦~⑬统称为中间汇率制度；浮动汇率制度只包括最后一个类别。

Ghosh 等（2002）的大类别与 IMF 的小类别对比结果见表 1.2.3。

表 1.2.3　Ghosh 等（2002）与 IMF 关于汇率制度分类的对比

Ghosh 等（2002）三类	Ghosh 等（2002）五类	1999 年之后 IMF 分类	1999 年之前 IMF 分类
固定汇率制度	硬钉住	无独立法定货币	无独立法定货币 货币联盟
		货币局制度	货币局制度
	传统钉住	传统的固定汇率制	钉住单一货币 钉住一篮子货币，并且各种货币权重事先公布 钉住一篮子货巾，但是各种货巾权重不公开
中间汇率制度	事先宣布干预规则的管理浮动汇率制度	水平区间汇率制 爬行钉住汇率制 爬行区间汇率制	合作汇率制度 爬行钉住 目标带和区间 其他依据规则浮动的系统
	无事先宣布干预方式的管理浮动汇率制度	未事先宣布干预方式的管理浮动汇率制	重度干预的有管理的浮动 没有分类的有管理的浮动 其他浮动
浮动汇率制度	浮动汇率制度	自由浮动汇率制	轻度干预的浮动 没有干预的浮动

Bubula 和 Ötker-Robe（2002）按照 1999 年事后分类思路，编制了 1990~1999

年的月度汇率制度，目的是使用其编制的汇率制度研究"两级论观点"。他们把汇率制度分成三大类，即固定汇率制度、中间汇率制度和浮动汇率制度。固定汇率制度包括表 1.2.1 中的第一类无独立法定货币和第二类货币局制度。中间汇率制度包括表 1.2.1 中第三类至第七类，即其他传统的固定钉住制、钉住平行汇率带、爬行钉住、爬行带内浮动和不事先宣布汇率干预方式的管理浮动。这些汇率制度的特点如下：在政府控制下，汇率在一定范围内变化，区别是变化的幅度不同。浮动汇率制包括表 1.2.1 中的第八种自由浮动。分为三大类的情况下，固定汇率制度和浮动汇率制度被称为汇率制度的两极（bipolar exchange rate regimes）或角点汇率制度。固定汇率制度弹性最小，浮动汇率制度弹性最大，中间汇率制度弹性介于固定汇率制度和浮动汇率制度之间，弹性逐渐增大。Bubula 和 Ötker-Robe（2002）把 IMF 定义的汇率制度分成三大类后，给出了 1999~2007 年汇率制度分类占比情况，见表 1.2.4。

表 1.2.4 1999~2007 年 IMF 汇率制度分类情况汇总

类别	1999 年	2000 年	2001 年	2002 年	2003 年	2004 年	2005 年	2006 年	2007 年
固定汇率制度	0.24	0.25	0.26	0.26	0.26	0.26	0.26	0.26	0.12
中间汇率制度	0.50	0.48	0.52	0.53	0.56	0.56	0.58	0.60	0.69
浮动汇率制度	0.26	0.27	0.22	0.22	0.18	0.19	0.16	0.13	0.19

资料来源：Bubula 和 Ötker-Robe（2002）

仿照 Bubula 和 Ötker-Robe（2002）的研究，根据 IMF 的分类数据，计算 2008~2013 年汇率制度占比情况，见表 1.2.5。

表 1.2.5 2008~2013 年按照 IMF 最新汇率制度分类情况进行的汇总

类别	2008 年	2009 年	2010 年	2011 年	2012 年	2013 年
硬钉住	12.2	12.2	13.2	13.1	13.1	13.1
无独立法定货币	5.3	5.3	6.3	6.8	6.8	6.8
货币局制度	6.9	6.9	6.9	6.3	6.3	6.3
软钉住	40.0	34.5	38.8	43.1	39.4	42.9
传统固定	22.3	22.3	22.3	22.6	22.6	23.6
稳定安排	12.8	6.9	12.7	12.1	8.4	9.9
爬行钉住汇率制	2.7	2.7	1.6	1.6	1.6	1.0
类爬行安排	1.1	0.5	1.1	6.3	6.3	7.9
水平区间钉住	1.1	2.1	1.1	0.5	0.5	0.5
浮动	39.9	42.1	36.0	34.7	34.7	34.0
浮动	20.2	24.5	20.1	18.9	18.4	18.3
自由浮动	19.7	17.6	15.9	15.8	16.3	15.7
剩余项						
其他有管理的浮动	8.0	11.2	11.1	8.9	12.6	9.9
中间=软钉住+其他有管理的浮动	48.0	45.7	49.9	52.0	52.0	52.8

根据表 1.2.4 与表 1.2.5 整理出图 1.2.1 和图 1.2.2。纵轴为采取某种汇率制度的国家数占总数的比例，横轴是时间轴。通过图 1.2.1 和图 1.2.2 可以直观地观察汇率制度占比变化趋势。

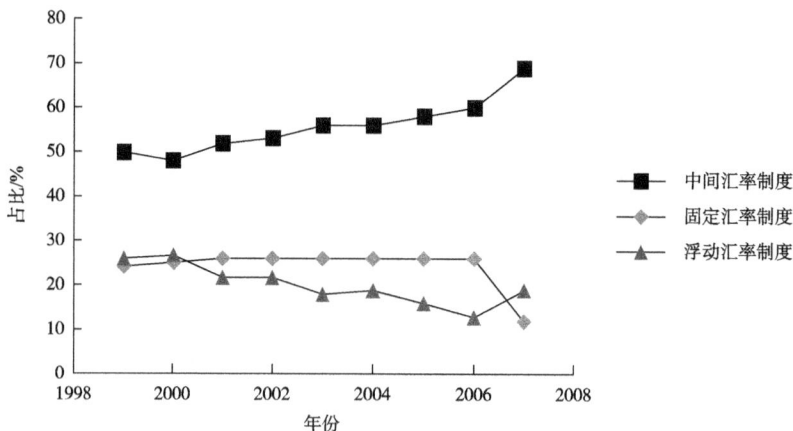

图 1.2.1　　1999~2007 年汇率制度分类占比图

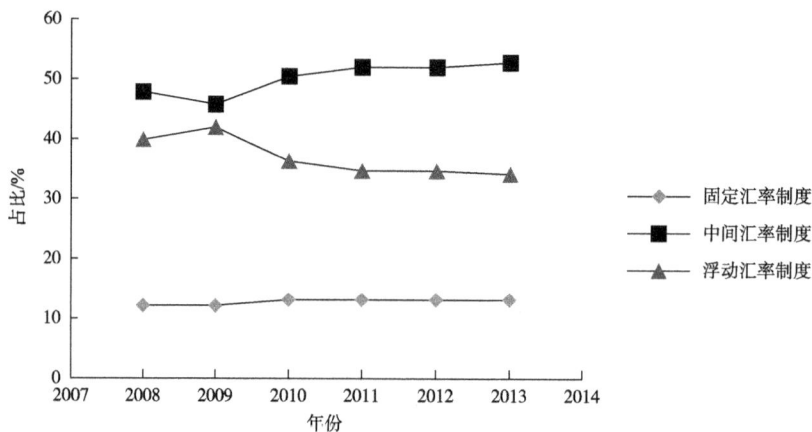

图 1.2.2　　2008~2013 年汇率制度分类占比图

从图 1.2.1 和表 1.2.4 可以看到，1999~2007 年固定汇率制度变化不大，只是在 2007 年减少。中间汇率制度大体呈现增加的趋势。浮动汇率制度减少，2007年减少的固定汇率制度国家变成浮动汇率制度。这是因为 IMF 把欧盟区国家全部从固定汇率制度变换为自由浮动汇率制度。

从图 1.2.2 和表 1.2.5 可以看到，2008 年金融危机以来，采用浮动汇率制度的国家减少，采用硬钉住国家变化不大，采用中间汇率制度的国家数上升，超过一半的国家采用中间汇率制度。中间汇率制度中主要是传统固定、稳定安排和其他有管理的浮动这三类，从 2011 年开始，类爬行安排比例上升明显。爬行钉住与水平区间钉住所占比例非常小,并且比例逐渐降低。从图 1.2.1 和图 1.2.2 可以看出,尽管 IMF 在 2009 年改变了汇率制度的分类方法,但是三个大类别的变化趋势保持一致。

1.3　事实上的汇率制度分类

1999 年之前 IMF 分类依赖政府的声明,一旦政府言行不一时,这种分类显然是错误的。1999 年 IMF 改革了汇率制度分类方法,开始根据各国政府的声明和汇率实际表现对汇率制度进行归类。同期许多学者也开始根据汇率实际表现对汇率制度进行分类。早期根据汇率实际表现对汇率制度分类的一些尝试包括 Obstfeld 和 Rogoff（1995）、Calvo 和 Reinhart（2002）等。例如,Calvo 和 Reinhart（2002）在《害怕浮动》中提出各国对汇率政策的宣称与其实际行为不一致,他们使用汇率增长率的绝对值、外汇储备增长率的绝对值和利率增量的绝对值来度量经济实际表现。根据这三个变量构造了一个汇率灵活性指标,通过比较各国与标准浮动汇率制国家灵活性指标的差异,发现许多宣布浮动的国家实际上并不那么浮动。《害怕浮动》没有对汇率制度进行分类,但是提出了如何根据经济实际行为对汇率制度进行分类的思想。

许多学者使用事实汇率制度分类结果,研究了汇率制度对宏观经济的影响。例如,Juhn 和 Mauro（2002）研究汇率制度的长期决定因素;Levy-Yeyati 和 Federico（2003）分析了汇率制度对经济增长的影响;Bordo（2003）研究金融深化与汇率制度的关系;Frankel 等（2000a）研究汇率制度选择与利率敏感度问题;Edwards 和 Levy（2005）、Broda（2004）分析了不同汇率制度下贸易条件对经济表现的影响。

在根据汇率的实际表现对汇率制度分类的研究中有两种分类法被广泛接受:一是 Levy-Yeyati 和 Sturzenegger（2005）的分类法,简记为 LYS 法。LYS 分类结果可以从 http：//www.utdt.edu/~ely 下载,目前可以得到 1974~2004 年的汇率制度分类。二是 Reinhart 和 Rogoff（2004）的分类方法,简记为 RR 法。RR 对汇率制度的分类更新到 2010 年,数据见 http：//www.carmenreinhart.com/data/browse-by-topic/topics/11/。

其他根据汇率实际表现对汇率制度分类的研究如下:Kuttner 和 Posen（2001）、Bubula 和 Ötker-Robe（2002）、Ghosh 等（2002）、Nitithanprapas 和 Willett（2002）、Shambaugh（2004）、Stone 和 Bhundia（2004）、Dubas 等（2005）、Schuler（2007）等。

各种事实汇率制度分类方法分类思路不同,最终确定的汇率制度类别不同,命名也不同。除了 Kuttner 和 Posen（2001）、Stone 和 Bhundia（2004）及 Schuler（2007）,其他分类法与 IMF 分类有相似之处,区别是划分的详细程度不同。Kuttner 和 Posen（2001）、Stone 和 Bhundia（2004）认为汇率制度与货币政策目标以及中央银行独立性有关。Schuler（2007）认为除了汇率变化,汇率制度还与货币管制程度有关。下面分别对各种分类方法按照论文发表时间先后进行简单介绍。

Kuttner 和 Posen（2001）提出一种定性分类方法，严格来讲，该方法不是对汇率制度进行分类，而是对货币框架进行分类，认为汇率制度的效果与一国国内目标和中央银行独立程度有关，或者说汇率制度、国内目标和中央银行独立程度对经济发展产生独立且不同的效果。只根据汇率一维信息进行汇率制度分类存在缺陷，特别是汇率制度和中央银行独立性有时是共同决定的（如货币局制度）。因此，Kuttner 和 Posen（2001）使用 41 个国家 30 年的数据，从汇率制度、国内目标和中央银行独立性三个方面提出一个整体的货币框架，按照 IMF 给出的法定汇率制度，把汇率制度合并成四大类：货币局，包括美元化和货币联盟；硬钉住，包括传统钉住；目标带，包括爬行汇率制度和区间汇率制度；自由浮动，包括有管理的浮动和自由浮动。对国内目标分为 5 类：①货币局，表示没有独立货币；②窄货币目标，代表钉住 M1 存量；③宽货币目标，代表钉住国内信贷；④通货膨胀率目标，代表有明确宣布的通货膨胀率数值目标；⑤没有目标。根据政府无权解雇中央银行行长和有法律规定制止中央银行被迫向政府借款这两个条件，对中央银行独立性进行度量。如果两个条件都满足，称其具有完全独立性；如果满足一条，称其具有部分独立性；如果两条都不满足，则不具有独立性。根据这三个方面得出 39 个类别，见表 1.3.1。表 1.3.1 中的数字表示样本落入相应类别的次数。NA 表示没有这一类别。0 表示样本国家没有归入该类。该种分类方法建议控制国内目标和中央银行独立性，然后分析汇率制度对经济的影响。

表 1.3.1　分类结果

国内目标	中央银行独立性	汇率制度			
		货币局	硬钉住	目标带	浮动
货币局	完全独立	1	NA	NA	NA
	部分独立	0			
	无独立性	1			
窄货币目标	完全独立	NA	0	0	2
	部分独立		0	0	1
	无独立性		0	0	4
宽货币目标	完全独立	NA	3	4	5
	部分独立		1	4	4
	无独立性		0	1	3
通货膨胀率目标	完全独立	NA	0	0	1
	部分独立		0	0	5
	无独立性		0	3	3
没有目标	完全独立	NA	16	9	13
	部分独立		8	7	14
	无独立性		0	6	5

资料来源：Kuttner 和 Posen（2001）

Bubula 和 Ötker-Robe（2002）使用定量与定性相结合的方法，对 1990 年 1

月至 2001 年 12 月的数据进行划分，共分成 13 个汇率制度类别，见图 1.3.1。13 个汇率制度又被分成硬钉住、中间汇率制度和浮动汇率制度三大类。硬钉住包括无独立货币和货币局；中间汇率制度包括软钉住和严格管理的浮动，其中软钉住包括传统钉住、爬行钉住、水平区间和爬行区间；浮动汇率制度包括其他有管理的浮动（没有事先宣布管理目标）和自由浮动。具体划分方法如下。

除了硬钉住制度有严格的法律要求，其他汇率制度很难区分。Bubula 和 Ötker-Robe（2002）的方法类似于 1999 年 IMF 事后分类法。根据汇率和外汇储备实际波动情况以及其他资料验证政府的声明是否与其行为一致。利用的定性资料如下：IMF 每个成员国双边协商和技术资料，与 IMF 签署的正式合同，报告、信息和其他论文资料，等等。确定的原则如下：

（1）只根据汇率稳定程度不足以把汇率制度确定为固定汇率制度。如果其他定性资料表明政府直接或间接地主观维持汇率稳定，并且汇率连续 4 个月相对于某一货币或某一篮子货币波动浮动小于 2%，则把该汇率制度归为传统钉住。

（2）一篮子钉住很难被确定，特别是在篮子货币权重未知的情况下，除非存在非常明显的政府违背宣称的汇率制度的证据，否则维持法定钉住—篮子货币的汇率制度。

（3）如果存在正式声明或间接存在汇率逐渐贬值的证据，把汇率制度定义为爬行，并且细分成前向爬行和后向爬行。

（4）如果法定宣布区间汇率制度，但是政府实行强大的干预，事后汇率在非常窄的范围内波动，则把该汇率制度归为钉住。

（5）一国宣布固定汇率制度，但是事后归为有管理的浮动。如果该国汇率在短时间内频繁贬值，或者一国存在官方外汇市场和黑市，那么根据实际交易汇率，而不是官方汇率来决定汇率制度的分类。

（6）严格管理的浮动和自由浮动之间的区分主要是根据政府是否直接或间接地干预市场，以达到降低汇率波动以及把汇率维持在长期趋势水平上的目的。对于严格管理的浮动汇率制度，政府的目的是维持汇率稳定，但是政府干预的程度又不至于把汇率制度分为固定、爬行或区间型。

Ghosh 等（2002）使用 1970~1999 年 IMF 公布的数据进行研究。为了避免一国言行不一，他们通过构造一个 Z 值对汇率制度进行事后分类。Ghosh 等（2002）把汇率制度分成三大类，并且给出一个六类的更细的划分。固定汇率制度包括三个小类，即硬钉住、钉住单一货币和钉住一篮子货币；中间汇率制度包括两个小类，即公众已知的基于规则的干预和没有明确目标的干预；浮动汇率制度包括一类。分类方法是首先使用名义汇率月收益率 $\Delta\varepsilon$ 一年内的均值和方差构造 z 指标：

$$z = \sqrt{\mu_{\Delta\varepsilon}^2 + \sigma_{\Delta\varepsilon}^2}$$

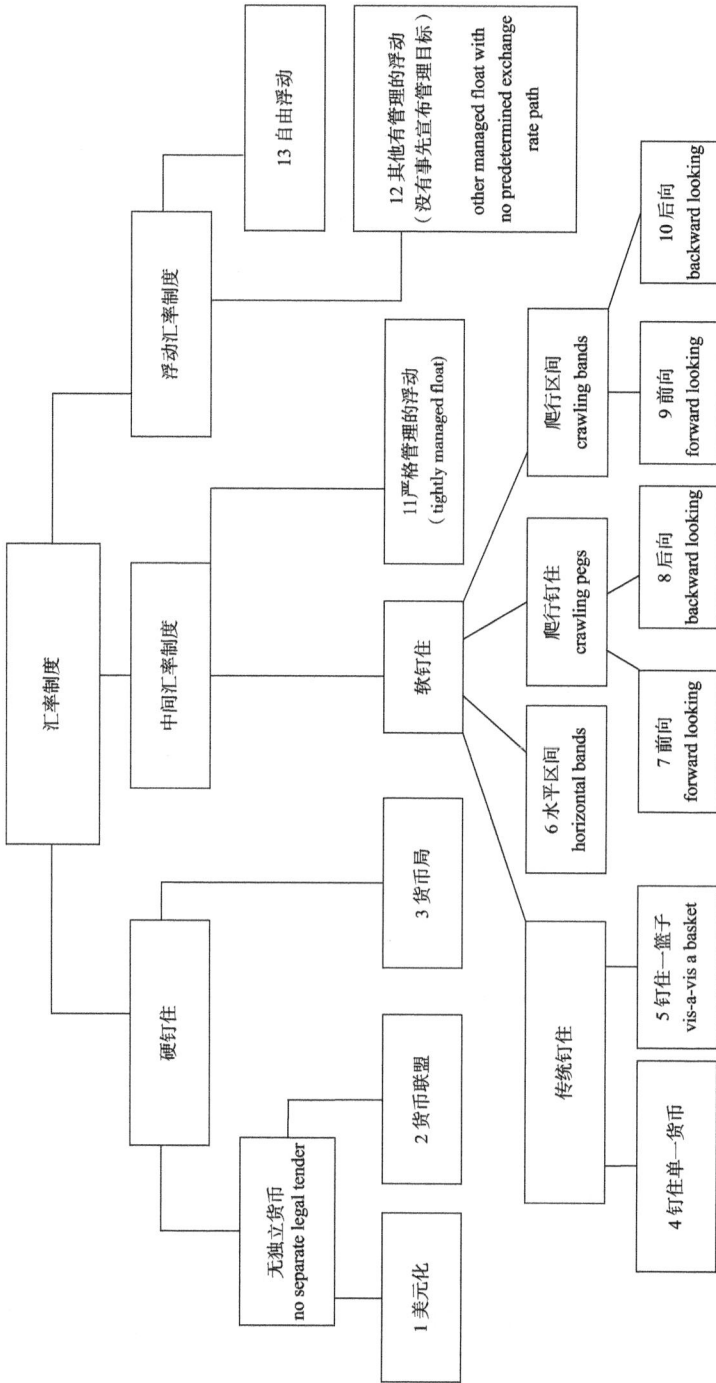

图1.3.1　事后汇率制度分类

资料来源：Bubula和Ötker-Robe（2002）

（图中文字，按分类结构）

汇率制度

硬钉住
- 无独立货币 no separate legal tender
  - 1 美元化
  - 2 货币联盟
- 3 货币局

中间汇率制度
- 软钉住
  - 传统钉住
    - 4 钉住单一货币
    - 5 钉住一篮子 vis-a-vis a basket
  - 6 水平区间 horizontal bands
  - 爬行钉住 crawling pegs
    - 7 前向 forward looking
    - 8 后向 backward looking
  - 爬行区间 crawling bands
    - 9 前向 forward looking
    - 10 后向 backward looking
- 11 严格管理的浮动（tightly managed float）

浮动汇率制度
- 12 其他有管理的浮动（没有事先宣布管理目标）other managed float with no predetermined exchange rate path
- 13 自由浮动

计算当年所有样本国家法定汇率制度的分布，假设事实汇率制度的分布与法定汇率制度的分布相同，按照分数 Z 把连续分数离散化，根据相应的分位数对每个国家确定事后汇率制度。

Levy-Yeyati 和 Sturzenegger（2005）使用定量方法把每个国家的汇率制度分成五类，即无法确定、浮动、肮脏浮动、爬行钉住和固定。无法确定是根据数据的结果，有的国家在某个年份无法明确它的汇率制度属于哪一类，所以就定为无法确定类别。

LYS 法根据对汇率制度的基本描述来分类。浮动汇率制度的特征是汇率较少受到中央银行的干预，因此名义汇率波动大。反之，在固定汇率制度下，通过外汇储备频繁变化来保证名义汇率水平的稳定，外汇储备波动大。爬行钉住名义汇率水平按照一定的比率变化，因此汇率增长率的波动性小。肮脏浮动情况下，名义汇率水平、名义汇率增长率和外汇储备的波动性都比较大。因此，LYS 法根据汇率波动率（ σ_e ）、汇率变化的波动率（ $\sigma_{\Delta e}$ ）和外汇储备的波动率（ σ_r ）三个指标确定事实上的汇率制度。在每种汇率制度下，三个指标的特征如表 1.3.2 所示。

表 1.3.2　汇率制度类别特征

类别	σ_e	$\sigma_{\Delta e}$	σ_r
无法确定	低	低	低
浮动	高	高	低
肮脏浮动	高	高	高
爬行钉住	高	低	高
固定	低	低	高

资料来源：Levy-Yeyati 和 Sturzenegger（2005）

汇率波动率：使用一年内月度汇率制度月绝对增长率的平均值度量。

汇率变化的波动率：使用一年内月度汇率增长率的标准差度量。

外汇储备的波动率：先定义净外汇储备

$$R_t = \frac{\text{ForeignAssets}_t - \text{ForeignLiabilities}_t - \text{CentralGov.Doposits}_t}{e_t}$$

其中，e_t 为直接标价法表示的汇率。

$$r_t = \frac{R_t - R_{t-1}}{\dfrac{\text{MonetaryBase}_{t-1}}{e_{t-1}}}$$

其中，r_t 表示月度外汇市场的干预程度。

外汇储备的波动用一年内每个月 r_t 的绝对值的平均值代替，使用聚类法对每个国家每年的汇率制度进行分类。

按照 LYS 法，发达国家采用固定汇率制度占比率越来越多，新兴发展中国家采取自由浮动汇率制度的数目越来越多，其他几类变化不大。而发展中国家采取固定汇率制度逐渐减少的同时采取自由浮动汇率制度的国家越来越多。

Nitithanprapas 和 Willett（2002）认为最优事后汇率制度分类依赖于研究的目的。他们认为已有分类方法存在三个缺陷：一是使用方差或标准差来度量汇率的波动。这种度量方法对具有趋势（如爬行汇率制度）和固定汇率发生一次性贬值与升值时不适用。二是相当数量的外汇储备和汇率增量的符号不正确，但是方差不能反映出符号问题。三是不能区分汇率政策与货币政策的共同效应。Nitithanprapas 和 Willett（2002）避免了这三个方面的缺陷，采用定性与定量相结合的方法把汇率制度分成六类，但是没有给出具体的分类方法。

Reinhart 和 Rogoff（2004）使用定量与定性相结合的方法，对 153 个国家 1946~2001 年的月度汇率制度进行了分类。他们主要使用两类信息：①名义汇率值以黑市上汇率值（parallel markets）为准；②使用各国按年月顺序排列的宣称的汇率制度安排。

汇率制度分类步骤如下：首先，使用编年资料确定某国某年月是否存在汇率的黑市。其次，如果没有，根据编年资料查看是否有官方宣布的汇率制度。如果有，那么使用官方名义汇率验证官方宣布的汇率制度与汇率实际表现是否一致。如果一致，事实上的汇率制度就是官方宣布的汇率制度；否则根据统计方法确定事后汇率制度。最后，如果没有官方宣布的汇率制度安排或者存在汇率的黑市，或者经过验证，实际汇率表现与官方宣布的汇率制度不同，那么使用统计方法对汇率制度进行分类。

对官方宣布的汇率制度进行验证和采用统计方法分类的具体步骤如下。

如果 12 个月的通货膨胀率大于 40%，定义汇率制度为自由落体；如果月通货膨胀率大于 50%，定义汇率制度为超级浮动。如果 12 个月的通货膨胀率低于 40%，汇率制度根据汇率波动程度划分为其他类别。

计算月度汇率增长率的绝对值 $\varepsilon = |e_t - e_{t-1}|/e_{t-1}$，以 5 年为窗宽，计算 5 年内 ε 小于某个指标，如 1% 的概率。根据不同的指标和概率确定不同的事实上的汇率制度。例如，如果 5 年内 ε 小于 1% 的概率大于 80%，那么定义事实上的汇率制度为固定汇率制度。RR 把汇率制度细分成 14 小类，粗分成 5 大类。分类列表见表 1.3.3。

表 1.3.3　分类列表

自然分类类别	数字表示类别	
	细分	粗分
没有独立法定货币	1	1
事先宣布的钉住或货币局安排	2	1

续表

自然分类类别	数字表示类别	
	细分	粗分
事先宣布的波幅小于等于±2%的水平带	3	1
事实上的钉住	4	1
事先宣布的爬行钉住	5	2
事先宣布的波幅小于等于±2%爬行带	6	2
事实上的爬行钉住	7	2
事实上的幅度小于等于±2%爬行带	8	2
事先宣布的波幅大于等于±2%爬行带	9	2
事实上的幅度小于等于±5%爬行带	10	3
幅度小于或等于±2%非爬行带（如运行随着时间升值或贬值）	11	3
有管理的浮动	12	3
自由浮动	13	4
自由落体（包括超级浮动）	14	5

资料来源：Reinhart 和 Rogoff（2004）

　　Reinhart 和 Rogoff（2004）分类中 20%被定义为浮动，60%被定义为中间汇率制度，其他 20%被定义为自由落体。事前硬钉住的汇率制度全部被定义为事后硬钉住。事前软钉住的国家事后只有不到 40%被定义为事后钉住。中间汇率制度国家 60%被定义为事后是中间汇率制度。Reinhart 和 Rogoff（2004）给出了两个解释：一是 20 世纪 70~80 年代大部分国家存在官方汇率和黑市两个体系，RR 法根据黑市交易价格对汇率制度进行分类，因此导致结果的不同。二是 90 年代开始由于资本市场日益开放，大部分国家汇率体系合并成一套，统计表明，1995 年有黑市的国家占 30%，到 2001 年占比不到 9%。90 年代后分类的差异，Reinhart 和 Rogoff（2004）认为主要是欧元区和苏联。东欧等转型国家被事前归为中间汇率制度，RR 分类法归为自由落体。

　　Stone 和 Bhundia（2004）与 Kuttner 和 Posen（2001）的方法类似，他们不是对汇率制度进行分类，而是在更广的货币制度上进行分类。Stone 和 Bhundia（2004）认为宏观政策目标或者是汇率制度安排或者是通货膨胀率目标，汇率制度是货币制度的一部分。由于宣布钉住汇率制度的国家实际中并不钉住汇率，所以汇率制度的声明已经没有意义。Stone 和 Bhundia（2004）只关注货币制度的区分，把货币制度定义为名义锚的选择和声明，根据一些规则把货币制度分为八类，因为该分类与 IMF 汇率制度分类差别较大，这里不介绍具体方法。

　　Dubas 等（2005）使用面板数据建立了一个多元 logit 模型，把汇率制度分成六类。模型如下：

$$R_{ijt}^* = x_{it}'\beta_j + \varepsilon_{ijt}$$

其中，R 表示实际汇率制度；x 表示五个解释变量，包括有效汇率波动率、有效汇率平均绝对改变量、双边汇率波动率、双边汇率平均绝对改变量和外汇储备波动率。

国家 i 在 t 期选择汇率制度 j 的概率计算如下：

$$p_{ijt} = \frac{\exp\left(x_{it}'\beta_j\right)}{\sum_{k=1}^{6}\exp\left(x_{it}'\right)\beta_k}$$

参数 β_j 是与汇率制度 j 有关的系数，使用随机效应估计法估计得到。根据估计的参数计算在每种汇率制度下的概率，根据第 i 个国家在第 t 年采用哪种汇率制度的概率最大，作为该国在该年事后汇率制度类别。另外，Dubas 等（2005）还根据预测的均值得到一个连续的汇率平稳指数 IDX。

$$\text{IDX}_{ijt} = \sum_{j=1}^{6} jp_{ijt}$$

该方法的优点是能够及时更新数据，并且对所有数据可以归类，不像 LYS 法和 RR 法，有许多情况归入无法确定一类中。这种定类方法被 Dubas 等（2005）命名为有效汇率制度分类，强调该方法把有效汇率考虑进去，其他方法只考了双边汇率。

Schuler（2007）没有进行实证研究，只给出分类框架，认为汇率由价格和数量决定。汇率的价格是汇率水平，汇率的数量方面可以从货币的可兑换程度来度量。因此，从价格和数量两个角度对汇率制度进行分类。从价格角度，把汇率区分为 6 类，即钉住、爬行、区间、爬行区间、有限浮动和完全浮动；从数量角度，把货币管制程度分成 3 类，即完全可兑换、部分可兑换和不可兑换，共组合出 25 个类别。

表 1.3.4 总结了各种事实汇率制度的分类结果。

表 1.3.4　不同事后分类法对汇率制度类型的划分总结

研究者	总数	汇率制度类别
Kuttner 和 Posen（2001）	39	从三维角度对汇率制度进行划分：①汇率制度维分四类，即货币局、硬钉住、目标带（或爬行）和浮动。②国内政策分五类，即货币局、狭义货币目标、广义货币目标、通货膨胀目标和无。③中央银行独立性，即无、部分和完全
Bubula 和 Ötker-Robe（2002）	13	以另一国货币作为法定货币、货币联盟、货币局、传统的钉住单一货币、传统的钉住一篮子货币、在水平带内钉住、前向爬行钉住、前向爬行带、后向爬行钉住、后向爬行带、严格管理浮动、其他管理浮动和独立浮动
Ghosh 等（2002）	3 或 6	固定、中间和浮动 6 类分为：硬钉住、钉住单一货币、钉住一篮子货币、公众已知的基于规则的管理浮动、没有明确干预规则的浮动和自由浮动
Levy-Yeyati 和 Sturzenegger（2005）	5	固定汇率、爬行钉住、肮脏浮动、弹性汇率和无法确定

续表

研究者	总数	汇率制度类别
Nitithanprapas 和 Willett（2002）	5	硬固定汇率、窄带黏性钉住、爬行带/爬行钉住、严格管理的浮动和轻度管理的浮动（包括自由浮动）
Reinhart 和 Rogoff（2004）	14	没有独立法定货币，事先宣布的钉住或货币局安排，事先宣布的波幅小于等于±2%的水平带，事实上的钉住，事先宣布的爬行钉住，事先宣布的波幅小于等于±2%爬行带，事实上的爬行钉住，事实上的幅度小于等于±2%爬行带，事先宣布的波幅大于等于±2%爬行带，事实上的幅度小于等于±5%爬行带，幅度小于或等于±2%非爬行带（如运行随着时间升值或贬值），有管理的浮动，自由浮动，自由落体（包括超级浮动）
Stone 和 Bhundia（2004）	7	与其他分类法强调的方面不同：没有独立的货币政策，汇率锚，成熟的通货膨胀锚，隐含的价格稳定锚，缩水的通货膨胀锚，弱锚，货币锚
Shambaugh（2004）	2	钉住和非钉住
Dubas 等（2005）	6	通货钉住，有限弹性，合作安排，根据一组指数调整，管理浮动，独立浮动
Schuler（2007）	25	汇率制度分为六类：钉住、爬行、区间、爬行区间、有限浮动和完全浮动；对货币的管制程度分为三大类五小类，即完全可兑换（分为管理和无管理）、部分可兑换[包括自由兑换（管理利率）、交易账号可兑换（有管理利率）和受限制的兑换（管理利率）]和不可兑换（如朝鲜）

注：根据 Schuler（2007）和陈三毛（2007）整理

　　各种事后分类方法的样本区间和样本国家不同，以及使用的度量实际行为的变量不同，有的采用定量方式，有的采用定性和定量相结合的方式，定量模型也使用不同的模型，并且定量模型的难易程度也从简单的一个指标到复杂的模型。例如，Reinhart 和 Rogoff（2004）从六个方面比较了 LYS 法与 RR 法，见表 1.3.5。

表 1.3.5　Reinhart 和 Rogoff（2004）对 LYS 法与 RR 法的比较

分类方法	LYS 法	RR 法
汇率制度频率	年度	年度和月度
样本区间	1974~2001 年	1940~2001 年
样本国家数	156	153
优点	使用了外汇储备的信息，使用定量方法，不存在主观判断	使用了外汇黑市的信息，单独设置了"自由落体"类别，样本区间长，并且对每个月的汇率制度都进行了分类，使用系统的定量方法，不需要主观判断
缺点	汇率水平或外汇储备的变动不一定是政策干预的结果，储备数据不包括衍生工具，许多年份的数据无法明确分类，平均每个国家只有 15 年被明确分类，异常值的存在影响分类结果	汇率稳定不一定是政策干预的结果，有些国家在所有年份都无法被分类
汇率制度分类结果	4 类	5 大类，14 小类

　　除了划分汇率制度的考虑角度存在巨大差异，各种分类之间的关系如何呢？Frankel（2003）给出 IMF、GHOSH、LYS 和 RR 四种划分方法的相关系数矩阵，见表 1.3.6。Dubas 等（2005）给出了九种分类法的相关系数，见表 1.3.7。

表 1.3.6　各种事后分类汇率制度相关系数矩阵

类别	IMF	GHOSH	LYS	RR
IMF	1			
GHOSH	0.60	1		
LYS	0.28	0.13	1	
RR	0.33	0.34	0.41	1

资料来源：Frankel（2003）

表 1.3.7　各种汇率制度相关系数矩阵

类别	EFF	IMF	RR	LYS	EV	EMC	RV	BV	BMC
EFF	1								
IMF	0.322	1							
RR	0.527	0.184	1						
LYS	0.438	0.401	0.265	1					
EV	−0.356	0.008	−0.339	−0.085	1				
EMC	−0.447	−0.050	−0.441	−0.080	0.869	1			
RV	0.085	0.024	−0.050	0.014	0.056	0.050	1		
BV	−0.197	0.031	−0.215	−0.076	0.863	0.714	0.034	1	
BMC	−0.314	−0.032	−0.333	−0.118	0.847	0.849	0.039	0.941	1

资料来源：Dubas 等（2005）

　　EFF 是 Dubas 等（2005）偏好的分类方法，EV 和 BV 代表有效与双边汇率波动率，EMC 与 BMC 是有效和双边汇率的改变量的绝对值，RV 是国际储备波动率。

　　根据表 1.3.6 和表 1.3.7 的数据可以看出：事后汇率制度与 IMF 的相关系数较小，事后汇率制度相互间直接相关程度也较小。

1.4　法定汇率制度还是事实汇率制度？

　　法定汇率制度由于存在言行不一的缺陷，近年来逐渐被事实汇率制度取代，但是法定汇率制度仍然具有存在的必要性，而事实汇率制度也并不是没有任何缺陷。本节对法定汇率制度和事实汇率制度的优缺点进行总结。

　　法定汇率制度的优点是汇率制度是"事前"确定的，在引导预期和传递政府政策意图方面起重要作用。直观上，固定汇率制度是指汇率相对于某参照国家的货币或商品维持不变的平价，或者在非常窄的事先宣布的区间中波动。然而固定汇率制度还不仅如此，固定汇率制度意味着该国的中央银行有义务维持平价，在必要的时候通过货币政策保证平价不变。在浮动汇率制度下，中央银行不具有这项义务。法定汇率制度强调了政府的声明，认为政府的声明对私人市场给出政策趋势的信号，因此影响预期和其他经济结果。

法定汇率制度的本质是"事前"确定的（因此法定汇率制度也称为事前汇率制度）。现代宏观经济学理论认为，预期在经济生活中起着重要作用。政府政策意图的有效传达对公众预期的形成以及最终的经济活动水平会产生重大的影响。IMF 公布的汇率制度是政府对汇率政策的承诺。这一宣称对私人部门的预期的形成提供信息。尽管我们不能说政府每一次汇率政策的宣示都是刻意要造成某种预期，然后达到某种经济后果，但是历史经验表明，通过汇率政策的宣布从而试图影响经济运行的事例大量存在。在经历高通货膨胀的许多国家，政府往往首先宣布基于汇率的稳定政策，然后才将经济从高通货膨胀中导出。Carrera 和 Vuletin（2013）发现法定汇率制度确实传递一些信息，法定浮动/事实固定国家的汇率波动幅度大于法定浮动/事实浮动和法定固定/事实固定国家，说明言行一致的国家具有更低的汇率波动率。

法定汇率制度还有一些实际应用中的优点：覆盖的国家多，不断更新，可以得到季度数据，历史数据长，等等（Bubula and Ötker-Robe，2002）。

当一国实际执行的汇率政策与其宣布的汇率政策不一致时，法定汇率制度失效。如果一国宣布固定汇率制度，但是实际上货币经常性贬值或升值，那么该国中央银行的信用降低，政治成本高。如果中央银行放弃正式的承诺，但是频繁干预市场，也不是真正的浮动。研究发现目前有大量的"软钉住"和"硬浮动"，因此只根据政府的宣称来确定汇率制度会导致错误的结果。这是法定汇率制度的主要缺陷。

许多研究给出了各国在汇率制度上言行不一的证据和解释。Fischer（2001）认为在浮动汇率制度下，政府有干预市场的冲动。原因在于名义汇率与通货膨胀密切关联，实际汇率与一国国内福利、资源分配甚至是政治利益有关系。因此，一旦汇率浮动，政府可能会通过利率调整或直接在外汇市场买卖进行干预。例如，加拿大根据一个指数来调整货币政策，该指数与汇率和利率有关，从而通过汇率途径对货币政策产生影响。

Hausmann 等（2001）认为贬值可能导致糟糕的对外收支账户，对通货膨胀产生压力，对贸易和对外直接投资产生不利影响。升值可能导致"荷兰病"和阻碍贸易部分的增长。因此，宣布浮动的国家实际上经常干预外汇市场以维持汇率的稳定。

Alesina 和 Wagner（2006）提出"害怕钉住"或者更严格的"无法钉住"。他们使用 RR 分类数据减去 IMF 分类数据，如果 RR–IMF 大于 0 说明是事前固定/事后浮动，反之则是事前浮动/事后固定。通过建立顺序 logit 模型，研究发现机构质量高的国家有能力实现承诺，维持汇率稳定。而机构质量低的国家，宏观政策的缺陷导致宏观经济不稳定，通货膨胀率高会导致汇率的波动，债务与国内生产总值（GDP）比率高会导致一次性汇率的大幅贬值。政府信用不高的国家经常无法维持固定的汇率。而具有良好品质机构的国家宣布浮动主要是想与这些不具信用的国家区分开，从而强调它们货币稳定的承诺是可靠的。

Genberg 和 Swoboda（2005）认为汇率政策应对未来结果给出一定的承诺，宣布爬行钉住和自由浮动时，经济体会做出不一样的反映。由于金融市场一体化，软钉住变得不具有持续性，不太可行。意识到这一点，中央银行在第一时间就避免做出这样的承诺。宣布一个更浮动的汇率制度，但是同时中央银行可能认为维持汇率稳定有益于经济发展，因此实际中会干预市场以维持汇率的稳定。

de Los Rios（2007）发现货币风险溢价对频繁干预的市场明显比较低，因为实际汇率波动率可以降低一国信用度，增加一国借贷成本。一国政府会通过干预外汇市场降低汇率波动，从而降低借贷成本。

如果固定汇率制度有好处，那么一国为什么不宣称实行固定汇率制度，为什么不把它们的言行一致起来呢？Barajas 等（2008）给出一些可能的原因。第一，经济会受到异常因素的干扰，这时汇率波动做出反应是正常的，如果事前固定汇率，那么会对汇率的自然调整带来阻碍，容易带来投机资本的冲击。一个更"浮动"的类别可以给市场一种信号，政府错误维持一种不可持续的固定汇率的概率低，也因此降低投机冲击。第二，虽然固定汇率制度和浮动汇率制度各有优缺点，但是市场可能存在自己的偏好，因为近期一些金融危机发生在采取固定汇率制度的国家，而市场更偏好浮动的汇率制度。

对于实际采取浮动汇率制度，但是宣称固定汇率制度的情形，Barajas 等（2008）认为市场并不总是能够有效区分"言"和"行"。因此当政府转向更浮动的汇率制度时，为了传达改进宏观政策的信号，它们仍然坚持声明自己是固定汇率制度。

根据汇率实际表现确定汇率制度并根据事实汇率制度研究汇率制度对宏观经济的影响成为当前研究的重点。事实汇率制度的优点主要是根据"事实"而不是"声明"确定汇率制度。尽管事实分类法非常重要，但是事后分类也并不是没有问题。事实汇率制度有三方面的缺陷。

1. 平稳的汇率不是汇率制度目标而是货币政策的结果

假设两个国家遵循类似的货币政策，即有类似的通货膨胀率目标，中期目标是控制短期利率，由于金融和经济全球一体化，市场对两个国家之间汇率的预测会保持不变，所以事后的汇率会非常稳定。但是中央银行并没有把维持汇率稳定作为目标，稳定的汇率只是货币政策的结果之一。这种情况下，事后固定汇率制度就不能反映汇率制度是自由浮动的本质。随着更多的国家使用相同的通货膨胀率目标和相似的操作过程，如果使用类似货币政策则两国之间的汇率稳定，那么根据汇率行为来分类而不是根据中央银行的声明，就会带来误导。除此之外，事实汇率制度还有以下缺陷（Ghosh et al.，2002；陈三毛，2007）。

2. 事后分类汇率制度具有向后看的本质

法定汇率制度可以传递未来政策的意向。传递未来信息可能是关于汇率制度效果的核心内容，而事后汇率制度根据汇率实际行为分类只能反映过去的信息。

3. 事后汇率制度存在概念和实际计算的困难

1）概念上的缺陷

汇率缺乏波动可能是因为经济缺乏冲击，也可能是因为对外汇市场干预的结果，只有后者才反映制度特征。另外，许多经济政策都对汇率产生效果，如通货膨胀率目标会导致汇率的平稳，这并不是汇率政策的目标。例如，对于小型开放且以通货膨胀率为锚的国家，当经济受到名义冲击时，由于小型开放国家汇率对国内价格影响显著，所以可能干预市场保持汇率的平稳以达到控制通货膨胀率的目标。

由于各国条件不同，很难从汇率行为推测汇率政策。例如，一个小型开放经济采取自由浮动的汇率制度，出口占总体经济比率很小，可能汇率波动幅度比较大；而一个同样采取自由浮动汇率制度的大国，经济多样化，可能汇率浮动比较小。根据实际汇率表现可能把小国准确归为浮动，而把大国归为固定。Genberg和 Swoboda（2005）发现瑞士的汇率制度就是一个很好的例子，瑞士国民银行宣称该国实行的是自由浮动体制，而且许多观察者认为这种说法也是合情合理的，但是依据瑞士法郎对德国马克或欧元的实际的汇率走势，该国实施的就是某种缺少弹性的汇率制度。根据 RR 分类法，1981 年 9 月至 2001 年年底，瑞士的汇率制度是幅度小于或等于±2%的事实上的爬行带，但是这种分类与瑞士的货币政策产生矛盾。

Nitithanprapas 和 Willett（2002）、Bubula 和 Ötker-Robe（2002）认为较大的汇率波动并不意味着是浮动汇率制度，因为固定汇率制度下，如果汇率发生一次性的大幅贬值或升值会得到较大的汇率波动率。Rogoff 等（2003）认为在宏观经济非平稳导致高通货膨胀情况下，汇率频繁贬值，把这样的汇率制度归为浮动、中间或固定都不合适，这会把宏观波动错误地归咎于汇率制度。

Rogoff 等（2003）研究了汇率制度与长期宏观经济的关系，事后分类的汇率制度应该识别长期制度，而不是短期模式。LYS 法可能潜在地报告了大量汇率制度的变化，但实际上是由于指数短周期波动带来的变化。RR 法把一次性汇率调整仍然定义为钉住，可能人为地增加了汇率制度的持续长度。

　　2）实际计算的困难

　　原则上可以通过控制国家的特征来识别汇率制度。例如，增加外汇储备或利率的信息进行事后分类，但是实际上存在困难。对于利率数据，许多发展中国家是由政府确定的，反映的并不是市场出清利率，并且获得多个国家一致的截面数据非常困难。使用外汇储备变量也存在很大的缺陷，Bubula 和 Ötker-Robe（2002）、Ghosh 等（2002）认为随着汇率远期、互换和各种表外业务的发展，外汇储备反映的信息越来越少，并且中央银行外汇储备的变化，特别是在低收入国家受许多其他因素影响，如偿还外债、购买石油等，这些与在外汇市场进行干预没有任何关系，但是都会导致外汇储备的变化。陈三毛（2007）指出在 LYS 分类方法中，一国政府对外汇市场的干预程度是用国际储备的波动性指标来反映的，这个数量指标就无法考虑到这样的情况：当局并不是通过外汇市场的买卖来影响汇率。例如，在较不发达的国家，外汇市场较小或较浅，政府干预是以行政性的外汇控制和管制进行的，或者通过道德劝说。

　　总之，法定汇率制度的缺陷是，如果实际实行的汇率政策与宣布的汇率政策不一致，那么错误的法定汇率制度分类会导致研究结果失效。而事实分类法是基于汇率或其他变量的实际表现进行汇率制度的分类，本质上是向后看的，不能引导预期，另外事后汇率制度可能不能非常正确地反映汇率政策的意图。不管事前分类还是事后分类都有各自的优缺点，都反映了汇率政策的某一方面，因此应该综合使用法定和事实汇率制度的分类信息。

1.5　汇率制度比较

　　汇率制度从无独立货币到自由浮动，根据灵活性可以划分成不同层次。不同汇率制度对经济的影响不同，即使同一种汇率制度对经济的影响效果也依赖于一国的经济状态，包括资本市场开放程度、金融市场发展水平、机构执行政策的质量和能力、宏观经济基础等。例如，拉丁美洲、东亚和东欧的新兴市场经济体在 20 世纪 90 年代有很大的不同。拉丁美洲的特点是低储蓄、不令人信任的财政和货币政策以及高估的汇率。东亚的特点是储蓄率高、比较好的货币和财政规则、适当定价的汇率水平。东欧国家在稳定经济的能力上差别很大。Frankel（1999）和 Mussa（2000）认为由于各国经济和金融条件的不同，没有一种汇率制度对所有国家是适当的，即使一个国家在不同的发展阶段也需要不同类型的汇率制度，没有一种汇率制度对所有国家在所有时间都是合适的。

下面从可信度、平稳性、灵活性、独立性和金融危机等方面，总结学者对各种汇率制度的评价和比较。

1.5.1　可信度

Barro 和 Gordon（1983）、Ghosh 等（2002）对固定汇率制度增强货币政策可信度方面进行了分析。中央银行的目标是降低通货膨胀率和失业率，但是中央银行总是有内在地制造"意外"通货膨胀的冲动。因为名义工资的确定早于中央银行货币政策的确定，名义工资不变的情况下，通货膨胀会导致实际工资水平降低，实际工资水平的降低能够促进就业。工人预期到这种情况，会事前提高对名义工资的要求。如果中央银行不制造"意外"通货膨胀的承诺不令人信服，最后低通货膨胀率意味着高的实际工资，因此失业率上升。反之，如果中央银行"低通货膨胀率"的承诺令人信服，那么工人会同意较低的名义工资。均衡时，整体经济也会处在低通货膨胀水平。固定汇率制度，或者钉住汇率制，作为一种名义锚，是一种保证低通货膨胀的承诺。钉住汇率制并不是避免中央银行制造"意外"通货膨胀的冲动，而是对中央银行执行这种冲动给出约束，中央银行必须在放弃钉住和制造"意外"通货膨胀之间进行权衡。提高放弃固定汇率制度的成本，就提高了中央银行保证低通货膨胀的信用。从提高货币政策的信用角度看，汇率制度越固定越好。

Edwards 和 Magendzo（2003）认为虽然汇率越固定，货币政策信用度越高，但是固定汇率制度提高信用的作用并不具有普适性。发达国家实行固定汇率制度并不是低通货膨胀的充分条件。即使固定汇率制度在提供信用上起到一定的作用，固定汇率制度的维持仍是个问题。在当今国际市场上资本流动加剧，货币供给必须对波动的国际资本流动进行冲销，因此新兴市场经济不太愿意像资本流动少的国家那样采用固定汇率制度。

Tornell 和 Velasco（2000）认为固定汇率制度对通货膨胀的承诺作用可能具有欺骗性。固定汇率制度不仅不能提供保证，而且固定汇率制度可能刺激中央银行短期内进行欺骗，用高赤字换来经济的高速发展，但是以将来的高通货膨胀为代价，并且在高通货膨胀时期无法维持固定汇率制度，只能放弃钉住汇率。Sun（2003）研究了类似的主题，研究发现放弃财政约束在固定汇率制度和浮动汇率制度下都要付出代价，但是在固定汇率制度下，政策有更大的冲动扩张支出，只有固定汇率制度下对扩张财政的惩罚足够大，大于在浮动汇率制度下的成本，固定汇率制度才对财政有约束作用。固定汇率和浮动汇率本身都不能解决脆弱的财政对经济结构带来的扭曲，必须通过加强财政集中来提高财政约束。Chari 和

Kehoe（2004）研究了货币联盟国家，发现固定汇率制度同样不能保证财政不过度支出。中央银行对更高的债务、经济增长和高通货膨胀进行权衡，如果利益大于成本，可能放弃降低通货膨胀的承诺。Duttagupta 和 Tolosa（2007）研究了固定汇率制度、货币局固定汇率制、货币局浮动汇率制和浮动汇率制度下财政道德问题，发现固定汇率制度下，特别是在选举前，政府可能过度借贷，刺激经济，达到短期的增长，而以未来的高通货膨胀为代价。对于货币局国家，一国的借贷，以所有货币局国家发生通货膨胀为代价，因此货币局采取固定汇率的国家用短期财政赤字政策刺激经济，而通货膨胀成本在未来由所有货币局国家承担。

Frankel 等（2000b）认为固定汇率制度可以阻止竞争性的贬值和升值。竞争性贬值可以看成一种纳什非合作次均衡。每个国家都希望相对于邻国有更便宜的价格。如果一国贬值，另外一国同时贬值，则贬值的效果就体现不出来，如东南亚金融危机时的情况。这时固定汇率制度是一个有效的机制，在这种机制下可以达到合作均衡。

1.5.2　平稳性

McKinnon（1963）认为浮动汇率制度下，实际汇率波动确实大于在固定汇率制度下的实际汇率波动，汇率的频繁变化对贸易和对外直接投资有害。Dornbusch（2001）认为固定汇率制度下，汇率波动率小，因此降低了利率的波动幅度，减少非确定性，从而促进投资和产出。汇率的不平稳会导致国际收支变化，对于外债多的国家可能导致债务危机。Frankel 等（2000b）总结了一些学者的反对意见：①理论上，汇率波动的原因是经济基础发生变化，如果压制汇率的波动，那么一定会在其他方面反映出来。②逻辑上，进口者、出口者可以通过远期市场对汇率风险进行冲销。③实证上，很难找到统计上显著的汇率波动率对贸易的负面影响。Frankel 和 Rose（2002）对 Frankel 等（2000b）的反对意见进行了驳回。他们认为汇率波动大部分情况不是经济基础波动造成的，在许多发展中国家不存在汇率远期市场，因此无法对冲汇率风险。近期的实证研究确实发现汇率风险阻碍贸易。固定的汇率制度可以降低国际贸易的成本，从而促进贸易增加，进而促进产出的增加。

Choudhury（2005）认为固定汇率制度下避免了汇率经常变化带来的交易成本，可能增加资本流入。Andrew 等（2000）发现发展中国家资本流入占 GDP 比率在20 世纪 70~90 年代有一个增加的过程，从 70 年代的 0.05%迅速增加到 90 年代中期的 3%。在此期间，发展中国家大都采用固定汇率制度。90 年代后逐渐下降，可能是由于汇率制度转向浮动。但是流入的资本导致外汇储备增加，对货币供给造成压力，产生通货膨胀，最终导致实际汇率升值降低贸易的竞争力。另外，即使中央银行可以进行冲销操作，但是这并不是没有成本的。中央银行被迫提高利率或提高对商业银行的资本金率。高利率进一步刺激资本流入，从而加剧了问题，使冲销变得困难。最后经济或者具有高通货膨胀率或者具有高利率。如果冲销无效，商业银行会具有过多的流动性，产生放贷冲动，造成银行危机。高的资本流入带来资本大量流出的潜在风险，特别是私人部门。管理大量资本并阻止它们的反向流出是一项困难的工作。

Calvo（2005）偏好浮动汇率制度，他认为为了维持固定汇率，可能会导致利率比较高，从而阻碍经济发展。

1.5.3　灵活性

浮动汇率的好处主要是可以减弱实际冲击对经济的影响。如果出口下降，在浮动汇率制度下，可以通过汇率贬值促进出口。但是伴随的坏处是具有较大的名义汇率波动率，Rogoff（1999）发现较大的名义汇率波动率往往与较大的实际汇率波动率联系在一起。汇率波动率大对消费产生的影响在发达国家可以忽略，但是对发展中国家可能是有害的。但这并不是说固定汇率制度就是很好的解决方案，因为一旦固定汇率制度无法维持，往往会出现一次性的大幅波动。另外，如果货币钉住另一国的货币，如港币对美元。如果美元升值，港币相对其他货币也升值，根据中国香港实际经济情况可能相对非美元货币不存在升值的基础，升值会降低中国香港的出口竞争力。

Edwards（2005）研究了贸易条件冲击在不同汇率制度下对经济表现的影响，发现在固定汇率制度下，贸易条件冲击被放大。在浮动汇率制度下，面临贸易条件冲击，经济增长速度快于固定汇率的情况下，产出对正的冲击反应大于负的冲击。

Ramcharan（2005）研究了不同汇率制度下，面对实际冲击时经济的表现。发现在两年的时间内，采取浮动汇率制度的国家恢复增长的速度更快。一般冲击发生的当年，在采取浮动汇率制度的国家经济很快就恢复增长，而在采取固定汇率制度的发展中国家，当年往往伴随大的经济下降，然后才发生较大的复苏。在发达国家，汇率制度的不同与经济面临冲击的表现没有区别。虽然浮动汇率制度可以灵活地应对冲击，但是大的汇率波动确实阻碍投资意愿，因此从长期来看，固定汇率制度带来大的投资和经济增长。

Giovanni 和 Shambaugh（2007）研究一国利率的变化对其他国家经济增长是否有影响，研究发现影响效果依赖于其他国家的汇率制度。对于采用浮动汇率制度的国家，它国利率变化对该国经济没有影响，只有采取固定汇率制度的国家才受到影响，基本上它国利率上升 1%，本国经济下跌 0.1%~0.2%，并且采取固定汇率制度的国家与其钉住货币国的利率有关，而与其他货币无关。

Ghosh 等（2013）研究了经常账户调整速度是否与汇率制度有关。传统理论认为在浮动汇率制度下，汇率可以灵活调整，因此贸易账户的平衡比较迅速灵活。但是实证研究的结论与理论结果存在矛盾。Chinn 和 Wei（2008）发现汇率制度与经常账户调整无关，或者更准确地说，经常账户向均值水平回归与汇率制度无关。Ghosh 等（2013）认为出现这个结论的原因是汇率制度划分的问题。当前不论何种汇率制度划分方式与汇率的灵活性没有直接的投射关系，即汇率制度的区分没有完全反映汇率制度的灵活性。另外，汇率制度的划分并没有考虑所有的贸易伙伴。例如，人民币钉着美元，但是相对其他国家而言，汇率制度是自由浮动的。还有欧洲国家货币定义为固定汇率，但是相对欧洲外，其汇率是自由浮动的。因此，Ghosh 等（2013）根据汇率波动率构造了一个以双边贸易加权平均计算的一国汇率波动率，然后把所有国家的汇率波动率按照大小排序，分成三组，分别为固定汇率制度、中间汇率制度和浮动汇率制度，研究发现更浮动的汇率制度确实具有更快的经常账户调整过程。

1.5.4　独立性

Frankel（1995）和 Edwards（1999）对不同汇率制度下货币政策独立性进行了评述，并考虑了两个极端情况：一种是自由浮动的汇率制度，中央银行极少对外汇市场进行干预；一种是固定汇率制度。浮动汇率制度下，中央银行有独立货币政策，可以灵活地应对国内外冲击。当经济受到干扰时，如需求下降，政府希望采取扩张的政策阻止消退。固定汇率制度下，在某种程度上，货币政策的作用被改变，不能同时达到内部和外部均衡。特别是在固定汇率制度和金融市场完全一体化的情况下，货币政策对影响内部经济完全无效。这时国内利率与国外利率完全捆绑在一起，货币供给的扩张通过贸易赤字流出。只有工资、价格等通过其他途径降低后经济衰退才会停止，这可能是一个很长的时间。在浮动汇率制度下，一国可以采取货币扩张和汇率贬值两个手段。既刺激了国内需求，又刺激了国外需求。但是即使采用浮动汇率制度，许多发展中国家并不能有效、令人信服地使用货币政策。这种灵活性是以付出可信度为代价的。中央银行具有制造通货膨胀的冲动。相反，固定汇率制度下，系统灵活性降低，固定的汇率制度、开放的资本账户和独立的货币政策成为"不可能三角"。因此，只能做出下面三种选择中的一种：①同时实现汇率稳定和货币独立，但是不允许资本自由流动。②资本自由流动，货币政策独立但是汇率浮动。③钉住汇率，资本自由流动，但同时放弃货币政策独立。固定汇率制度作为保证低通货膨胀的一种承诺，提高了中央银行宣布低通货膨胀的可信度，但是降低了中央银行的灵活性和独立性。理论上，固定汇率制度可以提高中央银行的信用度；但实际上，许多采用固定汇率制度的国家货币出现大幅贬值时，没能固定名义汇率，因此学者认为固定汇率是提高中央银行信用的必要条件而不是充分条件，需要提高机构质量来保证信用度。

Borensztein 等（2001）研究了美国利率变化与中国香港、新加坡等几个新兴市场利率变化的关系，研究发现中国香港利率与美国利率关系比新加坡要密切，证明汇率越固定，货币政策独立性越低。

1.5.5　金融危机

20 世纪 90 年代许多国家都经历了金融危机。例如，1994 年墨西哥危机，1997 年泰国、韩国和印度尼西亚危机，1998 年俄罗斯危机，1999 年巴西危机，2001 年土耳其和阿根廷危机。这些国家的金融危机对本国经济都造成了极大的损害。金融危机的来源一度是学术界探讨的热点。其中一种观点是汇率制度是导致危机的原因，但是何种汇率制度导致危机在学者中存在争论。

McKinnon 和 Pill（1999）指出，广泛存在于新兴市场国家的政府对银行的隐性完全担保，催生了银行系统道德逆选择。在没有外汇管制或外汇管制不力的情况下，引致过度国外借款，本国贷款质量不良，最终形成金融危机。但是这种情形不可能被浮动汇率制度扭转，反而会由于浮动汇率制度下汇率浮动幅度增加而恶化。因为汇率浮动越大，风险升水越高，国内利率越高，国内外利差越大，越激励贷款的逆向选择（Bailliu et al.，2002）。对新兴市场国家而言，安全的方法应该是实行好的、可信的固定汇率制度，减少本国利率的"超级风险升水"。

Frankel 等（2000b）认为在浮动汇率制度下可能存在投机泡沫，这些泡沫可能不合理，固定汇率制度可以避免投机泡沫。大部分汇率波动并不是经济基础变化导致的，因此如果固定汇率，可以理解成把其他的非确定性进行控制，泡沫项就会消失。

Rogoff 等（2003）计算了 RR 分类下，发达国家、新兴市场国家和发展中国家银行危机与国际收支危机同时发生的概率，见表 1.5.1。从表 1.5.1 可以看到，新兴市场国家在钉住制度下发生危机的概率最大。

表 1.5.1　危机发生概率

国家类别	1980~1997 年				1990~1997 年			
	钉住	有限浮动	管理浮动	自由浮动	钉住	有限浮动	管理浮动	自由浮动
所有	1.6	1.4	0.8	0.0	3.2	2.6	0.0	0.0
发达国家	0.0	0.7	0.0	0.0	0.0	2.2	0.0	0.0
新兴市场国家	7.7	3.0	1.8	0.0	15.4	4.0	0.0	0.0
发展中国家	0.0	0.0	0.0	—	0.0	0.0	0.0	—

资料来源：Rogoff 等（2003）

在钉住汇率制度下，由于错误的钉住，市场认为不可能长期维持，Obstfeld 和 Rogoff（1995）发现在任何经济类型下，钉住汇率制持续期都比较短。因此，对汇率市场的投机最终会导致汇率大幅、剧烈的变化，甚至带来汇率危机和金融危机。发生危机的国家被迫放弃对汇率的钉住，转向更浮动的汇率制度。

也有人指出实际上发生过危机的国家中除了泰国的汇率制度具有钉住的特征外，其他国家采取的都是中间汇率制度。更浮动的汇率制度对发展中国家不一定适合。Eichengreen 和 Bayoumi（1999）发现 29 个样本国家中 23 个国家放弃钉住汇率后发生了金融危机。Fischer（2001）认为可调整的钉住在资本开放情况下无法长期持续。欧洲发生的金融危机和东南亚金融危机证明，只有在资本账户开放情况下钉住汇率制度才无法持续，这可以用"不可能"三角来解释。通过对资本市场进行管制，可以减弱意外资本流对汇率的冲击。例如，中国和危机发生后的马来西亚。对流入资本进行管制，有利于货币政策的独立性；对流出资本进行管制，有利于维持固定汇率制度。Fischer（2001）认为汇率制度或者严格固定，或者自由浮动，向两极发展，中间汇率制度逐渐消失。

Corden（2002）认为汇率制度不是发生金融危机的原因，但是一旦发生危机，不同汇率制度可能加剧或减弱危机的影响。

1.5.6　汇率制度选择建议

综上所述，汇率制度就像一个硬币的两面，在某方面具有优势的同时必然在另一方面具有局限性，如何选择一个恰当的汇率制度，依赖于一国经济基本面和一国面临的主要问题，学者们对汇率制度的选择也给出了一些建议。

Aizenman 和 Hausmann（1985）认为汇率制度对经济的影响依赖于金融结构，他们认为国内资本市场是与全球金融市场相分隔的，生产者依赖于资本市场提供流动资本，在劳动市场以名义合同为特征的经济中，流动资本对金融市场的依赖越强，国内金融市场与全球市场的分隔越严格，越需要汇率稳定。这一结论与对现实经济的观察一致：汇率越稳定，越有助于降低真实利率，从而提高产出。对借入资本的依赖越强，由低利率获得的好处越多，越需要固定汇率制度。相反，国内资本市场与全球金融市场的紧密融合减少了由汇率稳定带来低利率的好处，提高了汇率浮动的合理性，并减少了对国际储备的需求。

Frankel（1999）认为固定汇率制度和浮动汇率制度的哪个优点起主导作用依赖于一国的经济特点。一般情况下，如果一国经常受到外部冲击，那么适合浮动汇率制度；如果经常受到内部冲击，那么适合固定汇率制度。一国的规模和开放程度是采取不同汇率制度的主要依据。

Fischer（2001）认为在有高通货膨胀历史的国家或者说货币政策令人不信任

的国家采取硬钉住，如货币局政策，比采取其他汇率制度可以获得多种好处而只付出最小的代价。并且贸易和资本账户依赖于某一个国家时，采取固定汇率非常有利。当然也要考虑固定汇率制度，带来应对经济冲击的问题。另外，使用固定汇率制度中的货币局制度会失掉最后贷款人资格。此时政府可以通过改善银行体系运行机制，加权监管，增加一个银行部门的平准基金，增加财政收入，允许外资银行进入来解决最终贷款人问题。

Rogoff 等（2003）把汇率制度对通货膨胀、经济增长、经济增长波动率和金融危机四个方面的影响进行了总结，见表 1.5.2。

表 1.5.2　汇率制度比较

政策目标	固定汇率制度	浮动汇率制度
通货膨胀	降低通货膨胀率，提高中央银行信用度。新兴市场不看重提高信用的作用，在某些情况下，可能导致更大的通货膨胀率	机构质量良好，金融市场成熟的情况下，汇率名义锚提高额外信用的保证作用不那么重要
经济增长	降低交易成本，促进贸易进而促进产出；降低利率不确定性，促进投资进而促进产出	吸收冲击促进高速增长，避免资源误配
经济增长波动率	名义变量固定不变，但是实际冲击发生时会带来大的波动	实际汇率波动率会导致实体经济变量的波动
金融危机	容易受到投机资本的冲击，特别是面临波动剧烈的国际游资。容易受到银行部门问题的影响	货币危机和银行危机风险低

资料来源：Rogoff 等（2003）

Rogoff 等（2003）分别针对发展中国家、新兴市场国家和发达国家，分析不同汇率制度对经济的影响。他们发现在发展中国家资本流动性差，相对固定的汇率制度，如钉住和中间汇率制度，能够保持低通货膨胀。代价是增长率低、增长率波动大，以及更频繁的危机的出现。固定汇率制度的优点还体现在依赖于该汇率政策的可信度，汇率政策与其他宏观政策的一致性，是否可以保证固定汇率制度持续下去。对新兴市场经济国家，面对更开放的资本市场，在 20 世纪 90 年代金融部门和国际收支部门受到极大冲击，固定汇率制度被动摇，但是自由浮动被认为与大的汇率波动联系在一起，大的汇率波动会扭曲资源配置，对经济带来阻碍作用。因此，完全的浮动汇率制度受到约束。新兴市场国家各自采用不同的方式保持汇率制度的灵活性。发达国家自由浮动汇率与高增长和低通货联系在一起。这一优点主要在于在成熟市场对通货膨胀目标的承诺具有可信度，同时利用浮动汇率充分应对经济中的实际冲击。另外，由于金融市场的成熟，汇率可以通过汇率远期市场对冲汇率风险，避免汇率错误定价带来的危害，因此不会出现"害怕浮动"的结果。

Choudhury（2005）给发展中国家如何选择汇率制度提出建议。如果一国具有高通货膨胀并且宏观经济不平稳，建议采用固定汇率制度，同时放开资本市场，放弃货币政策独立性。把汇率作为名义锚，帮助稳定经济，降低通货膨胀。但是钉住汇率制度可能容易导致危机发生，因此要在适当的时候退出钉住制。在低通货膨胀国家中，对于资本开放程度低的国家建议采用钉住制，对资本开放程度高的国家采用浮动汇率制度，两种汇率制度下都保持货币政策的独立性。

1.6   汇率制度与经济增长和通货膨胀

1.6.1   汇率制度与经济增长和通货膨胀文献回顾

汇率制度对宏观经济的影响近期又受到学者的重视，Harms 和 Kretschmann（2009）认为有三个原因：第一，欧元的引入导致执行固定汇率制度的国家增加，同时一些新兴市场出现金融危机导致原有汇率制度无法维持，汇率制度的频繁变化引起了汇率制度安排的争论。第二，布雷顿森林体系解体过去了 40 多年的时间，有充分的汇率制度的变化和宏观经济的表现来实证分析汇率制度的效果。第三，可能也是最重要的原因，出现了一些新的汇率制度分类方法，即根据国家实际行为对汇率制度进行分类。有些国家汇率波动比其宣布的汇率波动幅度要低，有的国家至今还存在汇率的黑市，汇率实际波动要大于该国家宣布的汇率制度可能带来的汇率波动程度。根据汇率实际表现划分的汇率制度往往与一国宣布的汇率制度不同，因此需要使用新的汇率制度分类重新研究汇率制度效果。

早期关于汇率制度与经济增长和通货膨胀关系的研究使用的是法定汇率制度。Baxter 和 Stockman（1986）研究了布雷顿森林体系解体前后的主要宏观经济数据，发现除了在浮动汇率制度下有较大的汇率波动率外，其他宏观经济变量在不同汇率制度下的表现没有什么差异。Sachs（1996）通过对两个相邻的波罗的海国家——爱沙尼亚和拉脱维亚的研究发现，即使在浮动汇率制度下，通胀稳定目标可行，其成本似乎也高于在固定汇率制度下的稳定。爱沙尼亚采用的是钉住汇率制度，而拉脱维亚一开始采用的是浮动汇率制度。这两国虽然都成功地结束了高通胀，但采用浮动汇率制度的拉脱维亚的经济停滞期相对更长。统计表明，1993~1995 年，爱沙尼亚的年均 GDP 增长值变化分别为-8.6%、6%和 6%；而同期拉脱维亚的变化值为-14.9%、2.2%和 1%，最终拉脱维亚于 1994 年 2 月重新采用了固定汇率制度。俄罗斯的经历与拉脱维亚也颇有相似之处。俄罗斯自 1992 年 7 月 1 日起实行浮动汇率以来，卢布汇率持续下跌。从 IMF 获得的 60 亿美元稳定基金终为杯水车薪。卢布兑美元汇率从最初的 135.4∶1 一直降到 1995 年上半年的最低点 5 130∶1。为缓解金融危机，增强人们对卢布的信心，俄罗斯政府于 1995 年 7 月开始实行汇率"走廊"政策，限定卢布汇率，从而由浮动汇率制度转向变相的固定汇率制度。

Ghosh（1996）根据 IMF 对汇率制度的分类把汇率制度分成三大类，即钉住汇率制度、中间汇率制度（在预先设定的区间内浮动的汇率制度）和浮动汇率制度，使用 1960~1990 年的数据对 145 个国家进行分类比较。通过直方图，比较三类汇率制度下增长率和通货膨胀率的特点；然后通过发达国家和发展中国家两组数据，再次比较三类汇率制度下增长率和通货膨胀率的异同。得出的结论是，固定汇率制度下，通货膨胀率最低，经济增长速度也最低。Ghosh（1996）验证了两个假设。H_1：固定汇率制度与低通货膨胀存在强关联。选择固定汇率制度包括两个原因，即"惩罚效应"（放弃钉住汇率制度可以降低政治成本）和"信心效应"（汇率稳定会影响民众，使其有很强的意愿持有本国货币，而放弃外币）。固定汇率制度会导致低的通货膨胀率，反过来，低通货膨胀情况下，保持固定汇率则更容易。H_2：固定汇率制度与经济增长存在联系，但是相对于通货膨胀的关系较弱。固定汇率制度的"信心效应"会促进投资，从而促进经济增长。但是如果固定汇率制度的汇率水平被误设，那么会导致资源错误分配，从而增长速度低于浮动汇率制度下的增长速度。

Fischer 等（1996）认为经济转轨国家采用钉住汇率制度有利于经济发展。对 1992~1994 年 25 个转轨国家的计量分析表明，汇率制度作为宏观经济稳定和增长的解释变量是显著的，回归方程显示固定汇率制度和深化改革有助于经济快速增长，固定汇率制度和财政政策对通货膨胀的解释度达到 70% 以上，与其相对的是，自由化的解释力弱化，该分析表明钉住汇率制度是稳定通货膨胀和促进经济增长的成功因素。Fischer 和 Sahay（2000）对中欧 25 个转型经济国家的研究发现，实行钉住汇率制度的国家（如捷克、爱沙尼亚、匈牙利、波兰和斯洛伐克等）在第二年，通胀率就下降到 50% 以内。而那些实行浮动汇率制度的国家，一般要经过几年的时间才能使通胀率下降到 50% 以内。例如，保加利亚从 1991 年稳定计划开始，直到 1998 年才使其居高不下的通胀率下降到 50% 以内；罗马尼亚的稳定计划开始于 1993 年，通胀率降到两位数经历了两年的时间（1995 年）。对于那些名义上浮动实际钉住的国家而言，通胀率的下降速度也基本上在 1 年左右。由此可见，对于转轨国家而言，钉住汇率制度反通胀的绩效要超过浮动汇率制度。

Ghosh 等（1996）研究了汇率制度对通货膨胀和经济增长的影响，并且在三个方面做出贡献：一是包括了 IMF 所有成员国 1960~1990 年的数据，数据非常充分完备；二是以前的研究只是简单地把汇率制度分成固定和浮动，而 Ghosh 等对汇率制度给出了更详细的分类；三是不仅使用法定汇率制度，还根据汇率的实际表现使用"事实"汇率制度分类法。他们研究的主要结论是固定汇率制度确实可以带来低通货膨胀，这主要因为是固定汇率制度的"信用"效果和"约束"效果。考虑到通货膨胀率和汇率制度的内生特点，控制一些变量后，该结论仍然成立，但是汇率制度与经济增长的关系不明显。

此后，随着对汇率制度按照汇率实际表现进行分类研究的发展，学者们开始使用新的"事实"汇率制度类别重新审视汇率制度与宏观经济的关系。

Rogoff等（2003）研究了汇率制度对经济增长、通货膨胀、经济增长波动率和危机发生的可能性是否存在不同的效果，同时使用RR分类法，运用1970~1999年的数据，将158个国家分为发达国家、新兴市场经济国家和发展中国家进行研究，发现只对"富国"浮动汇率制度与经济增长率正相关，对新兴市场和发展中国家，并没有发现汇率制度与增长之间存在相关关系。

黄海洲和Malhotra（2005）使用1976~2001年12个亚洲经济体和18个欧洲发达国家经济体的数据进行研究，运用RR分类法对汇率制度进行分类，把国家分成亚洲新兴经济体和欧洲发达国家经济体两类，观察两组国家经济增长与汇率制度的关系。得出的结论如下：对发达国家而言，更具弹性的汇率制度带来较高的经济增长；对亚洲新兴经济而言，固定汇率制度更能促进经济发展。这说明汇率制度的选择与经济发展水平有关。

Aghion等（2006）使用83个国家1960~2000年的数据进行分析，用RR汇率制度分类，证实汇率扰动可以显著地影响长期产出增长。汇率扰动影响的强弱关键取决于金融发展水平。对于金融发展水平低的国家，汇率扰动通常降低经济增长，而对金融发展程度高的国家，汇率扰动的影响不显著。Aghion等（2006）还提供了一个简单的含有货币的增长模型，其中真实汇率的不确定性恶化了国内信贷市场约束对投资的负向影响。

"事实"汇率制度分类尽管有其优点，但是"事实"汇率制度基本没有更新数据，近期的研究重新开始使用IMF公布的汇率制度。Ihnatov和Capraru（2012）使用中东欧地区16个国家1990~2010年的数据，运用普通最小二乘法和广义矩估计（general moment method，GMM）估计汇率制度虚拟变量与经济增长率的关系。汇率制度采用事前宣称的汇率制度分类，实证结果表明在两种估计方法下得到相同的结论，浮动汇率制度和中间汇率制度下的增长优于固定汇率制度下的增长。他们认为汇率保持稳定是通过机构干预得到的，而面临日益波动的资本流动，机构干预存在脆弱性，因此固定汇率制度失效，经济增长速度较低。Tsangarides（2012）把样本区间分为金融危机期间（2008~2009年）和危机恢复期间（2010~2011年），使用多个国家的截面数据，研究汇率制度在金融危机期间和恢复期间的作用。研究发现，金融危机期间贸易部门对经济增长有明显作用，另外货币部门也可以改善经济增长，但是汇率制度没有显著影响。但是在危机恢复期间，更浮动的汇率制度经济恢复更快。

从已有文献可以看到，目前关于汇率制度与经济增长和通货膨胀的实证研究没有一致的结论。Choudhury（2005）总结了三个可能的原因：①法定汇率制度与事后汇率制度划分存在明显区别。根据IMF分类，采用浮动汇率制度的国家实际汇率运行方式是固定的。这给研究带来问题,实际上目前许多研究使用 Choudhury（2005）给出的事后分类法进行。这些事后分类本身相关性也很差,而且事后分类方法也有内在的缺陷。Harms 和 Kretschmann（2009）使用 1974~1999 年 168 个国家的面板数据,建立了固定效应模型,他们使用 IMF、LYS 和 RR 三种汇率制度划分方法,用同一组数据,而且被解释变量与解释变量完全相同,唯一不同的就是汇率制度划分方式。研究发现,汇率制度对经济增长实证结果的不同可能是因为汇率制度划分方式不同。例如,LYS 法根据政府公布的汇率计算汇率波动率、汇率增长率波动率和外汇储备波动率,然后根据不同汇率制度下三种波动率应该具有的波动幅度,使用聚类法重新定义汇率制度,而不是使用每个国家自己宣布的汇率制度。RR 分类法的特点主要是如果一个国家存在汇率黑市,那么就使用黑市的汇率数据对汇率制度进行分类。不同的汇率制度分类方法,可能反映了汇率制度的不同方面,那么这些不同方面对经济增长的效应是不同的。②汇率政策的有效性,依赖于其他宏观政策及货币政策的实际执行能力。例如,Mussa（2003）认为影响固定汇率制度效果的因素如下。与国际资本市场联系的密切程度;对钉住货币国家的贸易比率是否很高;本国面临的冲击与钉住国面临的冲击是否相同;钉住国的货币政策是否可信;经济和金融体系是否依赖于钉住国;通货膨胀是否高;财政政策是否可信;劳动力市场是否灵活;是否有高的外汇储备。③汇率制度对宏观经济的影响存在内生问题或"反向因果"问题。是汇率制度对经济产生不同影响,还是经济基础的不同导致了不同的汇率制度的选择。

1.6.2 不同汇率制度下经济增长和通货膨胀比较

常用的汇率制度分类是 IMF 的官方分类、LYS 分类和 RR 分类。LYS 的分类更新到 2004 年,RR 分类法更新到 2010 年。1999 年 IMF 改变了汇率制度定义,也开始公布事后汇率制度,为了获得比较长的数据,下面首先使用 1999~2010 年的数据,比较 IMF 和 RR 两种不同汇率制度分类下经济增长率与通货膨胀率的特点。

经济增长率用人均 GDP 的增长率来度量,使用的数据来自世界银行;通货膨胀率用消费者价格指数（consumer price index, CPI）年度增长率度量,数据来自世界银行。1999~2007 年 IMF 汇率制度分为 8 类:把 1~3 定义为固定汇率制度;4~7 定义为中间汇率制度;8 定义为浮动汇率制度。2008~2010 年 IMF 汇率制度分为 10 类:1~3 定义为固定汇率制度;4~7 和 10 定义为中间汇率制度;8 和 9 定义为浮动汇率制度。对 RR 分类法也进行归并,分成固定、中间和浮动。RR 粗分类中的 1 定义为固定,2 和 3 定义为中间,4 和 5 定义为浮动,6 定义为数据缺失。固定汇率制度用 1 表示,中间汇率制度用 2 表示,3 表示浮动汇率制度。计算不同汇率制度下所有国家所有时间上经济增长率和通货膨胀率的均值，观察不同汇率制度下均值是否存在差异。然后把国家分为低收入、中等收入和高收入三组，在每组国家中分别计算不同汇率制度下经济增长率与通货膨胀率的均值。经济增长率用 ggdp 表示，通货膨胀率用 inf 表示。

汇率制度分类数据样本包括 1999~2010 年 181 个国家的数据。从表 1.6.1 可以看出，年份国家数据共 2 122 个，IMF 定义为固定的国家年份数据共 919 个，其中，863 个在 RR 中也定义为固定汇率制度，48 个被 RR 定义为中间汇率制度，8 个被定义为浮动汇率制度。IMF 定义为中间汇率制度的国家年份观测共 692 个，其中 501 个被 RR 定义为固定汇率制度，150 个被定义为中间汇率制度，41 个被定义为浮动汇率制度。IMF 定义为浮动的国家年份数据共 511 个，其中 221 个被 RR 定义为固定汇率制度，212 个被定义为中间汇率制度，78 个被定义为浮动汇率制度。很明显，RR 定义了更多的固定汇率制度。两类方法归类相同的比率是 51%，基本上一半分类结果不同。下面分别观察 IMF 分类与 RR 分类下宏观经济表现见表 1.6.2 和表 1.6.3。

表 1.6.1　IMF 与 RR 分类结果比较（单位：个）

IMF	RR			合计
	1	2	3	
1	863	48	8	919
2	501	150	41	692
3	221	212	78	511
合计	1 585	410	127	2 122

表 1.6.2　1999~2010 年 IMF 分类下宏观经济表现

变量	固定汇率制度		中间汇率制度		浮动汇率制度	
	观察数	均值	观察数	均值	观察数	均值
ggdp	935	2.311 249	689	3.066 959	505	2.332 520
inf	785	3.902 938	637	8.940 318	476	10.967 080
低收入国家						
ggdp	135	1.017 248	89	2.612 768	96	1.571 173
inf	101	3.329 191	82	10.271 690	82	23.695 510
中等收入国家						
ggdp	486	2.709 947	414	3.828 079	229	2.578 650
inf	386	4.912 739	377	11.208 960	225	11.675 450
高收入国家						
ggdp	314	2.250 493	186	1.590 183	180	2.425 439
inf	298	2.789 399	178	3.522 058	169	3.848 050

表 1.6.3　1999~2010 年 RR 分类下宏观经济表现

变量	固定汇率制度		中间汇率制度		浮动汇率制度	
	观察数	均值	观察数	均值	观察数	均值
ggdp	1 564	2.501 0	409	2.633 3	124	1.901 4
inf	1 387	6.487 1	380	6.922 1	105	20.225 3
低收入国家						
ggdp	233	1.877 1	48	1.317 9	38	0.054 6
inf	194	6.059 7	45	11.359 5	25	57.723 2
中等收入国家						
ggdp	861	2.950 4	189	3.074 2	48	3.653 5
inf	743	8.491 7	177	9.046 1	43	14.020 3
高收入国家						
ggdp	470	2.016 9	172	2.515 8	38	1.535 1
inf	450	3.361 6	158	3.279 0	37	2.100 1

在 IMF 分类下，先来看经济增长速度。整体上看，中间汇率制度下经济增长速度的均值最高，固定汇率制度与浮动汇率制度下差别不大。按照世界银行的分类，把国家分成低收入国家、中等收入国家和高收入国家三类后，分别计算经济增长率与通货膨胀率的平均值。在低收入国家和中等收入国家中，中间汇率制度下平均的增长速度最大。高收入国家中采用浮动汇率制度时经济平均增长率最高，中间汇率制度下最低。观察通货膨胀情况发现，从整体和分收入看，固定汇率制度下通货膨胀率均值最低，浮动汇率制度下通货膨胀率平均最大。

在 RR 分类下，从整体看，中间汇率制度下平均经济增长速度最大，其次是固定汇率制度，最后是浮动汇率制度。从收入分类看，低收入国家在固定汇率制度下增长速度最快，在浮动汇率制度下增长速度非常低。中等收入国家在浮动汇率制度下平均经济增长速度最快，固定汇率制度下最慢。高收入国家在中间汇率制度下平均经济增长速度最快，在浮动汇率制度下平均增长速度最慢。

RR 分类与 IMF 分类相比，经济增长率都是在中间汇率制度下平均增长速度最快。在 IMF 分类下固定汇率制度平均经济增长速度最小，而在 RR 分类下浮动汇率制度经济增长速度最小。按照收入分类结果，RR 分类与 IMF 分类没有相同的结论。类似的地方是，同一种汇率制度下，收入水平不同时，经济增长率的表现不同。

对于通货膨胀率数据，整体上看，固定汇率制度下通货膨胀最低，浮动汇率制度下通货膨胀最高。从收入水平方面来看，低收入国家和中等收入国家结论与整体情况相同，都是固定汇率制度下通货膨胀最小，浮动汇率制度下通货膨胀最高。但是对高收入国家，浮动汇率制度下通货膨胀最低，固定汇率制度下通货膨胀最高。

IMF 对汇率制度的分类可以收集 1999~2014 年的数据，因此使用更长更新的数据观察汇率制度与宏观经济的表现。同样把汇率制度归为三大类：1 代表固定汇率制度；2 代表中间汇率制度；3 代表浮动汇率制度。从 1999 年开始，每隔五年给出这三类汇率制度下国家数的直方图，直观了解汇率制度的变迁情况，见图 1.6.1~图 1.6.4。

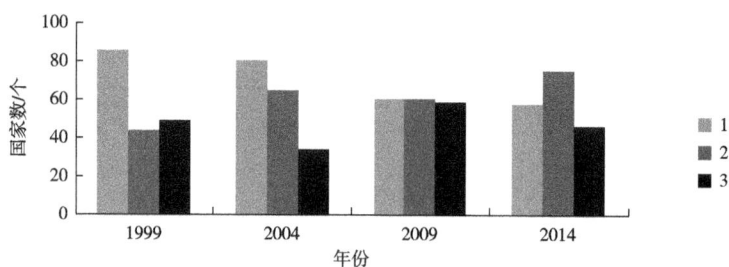

图 1.6.1　所有国家

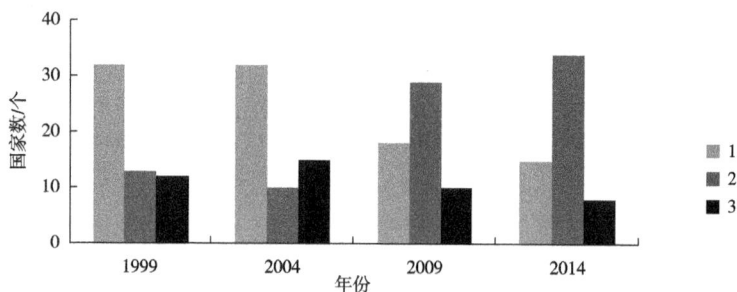

图 1.6.2　低收入国家

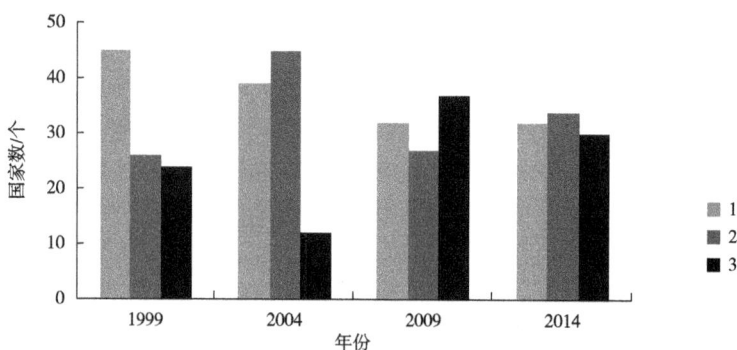

图 1.6.3　中等收入国家

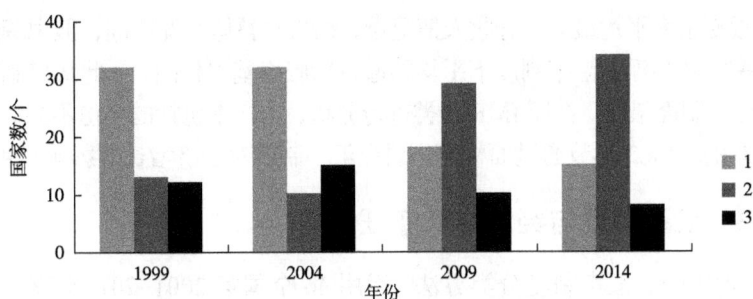

图 1.6.4　高收入国家

观察图 1.6.1~图 1.6.4，整体上，采用固定汇率制度的国家减少；采用中间汇率制度的国家增加；浮动汇率制度相对比较稳定，而 2009 年后有所下降。根据收入水平分成三组观察发现，低收入国家和高收入国家结果类似，采用固定汇率制度的国家大量减少，都转到中间汇率制度，浮动汇率制度比较稳定。但是中等收入国家固定汇率制度减少的国家转型浮动汇率制度的比较多。IMF 汇率制度可以每年更新，观察 1999~2014 年在 IMF 汇率制度分类下的宏观经济表现，见表 1.6.4。

表 1.6.4　1999~2014 年 IMF 分类下宏观经济表现

变量	固定汇率制度		中间汇率制度		浮动汇率制度	
	观察数	均值	观察数	均值	观察数	均值
ggdp	1 164	2.216 002	953	2.749 246	711	2.529 109
inf	988	3.747 011	882	7.575 414	694	9.872 056
低收入国家						
ggdp	176	1.275 996	110	2.892 478	138	1.926 098
inf	133	3.227 491	102	9.898 229	125	19.014 230
中等收入国家						
ggdp	613	2.622 791	528	3.628 779	360	2.824 481
inf	493	4.598 929	476	10.078 280	357	10.089 320
高收入国家						
ggdp	375	1.992 214	315	1.224 964	213	2.420 571
inf	362	2.777 675	304	2.877 083	202	3.830 792

使用所有国家的数字：中间汇率制度下经济增长速度的均值最高，固定汇率制度与浮动汇率制度下差别不大。在低收入和中等收入国家中，中间汇率制度下平均的增长速度最大，固定汇率制度下增加速度最小。高收入国家中采用浮动汇率制度经济平均增长率最高，固定汇率制度下最低。从发展的角度看，固定汇率制度不如中间汇率制度和浮动汇率制度。

观察通货膨胀情况，整体上看，固定汇率制度下通货膨胀率均值最低，浮动汇率制度下通货膨胀率平均最大。分收入情况看，结果与整体情况相同，但中等收入国家在中间汇率制度和浮动汇率制度下平均的通货膨胀率基本相同。因此从控制通货膨胀看，固定汇率制度最优。按照 IMF 分类进行分析，当样本包括的年份不同时，结论存在细微的差别。1.6.3 小节通过面板模型研究汇率制度对经济增长的影响是否显著。

1.6.3　汇率制度与经济增长实证分析

下面使用 IMF 汇率制度分类方法，运用 46 个国家 2001~2013 年的年度数据，研究汇率制度与经济增长率的关系。模型如下：

$$y_{it} = \alpha + \delta_1 \mathrm{fix}_{it} + \delta_2 \mathrm{inrerm}_{it} + X_{it}\beta + \mu_i + \varepsilon_{it}$$

其中，y 表示人均 GDP 增长率；汇率制度用两个虚拟变量表示，fix 代表固定汇率制度，interm 代表中间汇率制度；X 代表影响经济增长的一些控制变量。控制变量分成三组：第一组是基准变量，根据产出受资本存量和劳动力的影响，用资本形成总额占 GDP 的比率代表资本存量，用平均教育年限代表人力资本。第二组变量包括政策变量和国家特征变量,本小节采用政府支出占 GDP 的比率代表财政政策，进口与出口总额占 GDP 的比率代表一国开放水平。第三组代表一国金融发展水平，选择的变量包括银行信贷占 GDP 的比率、上市公司总市值占 GDP 的比率、企业未清偿债券余额占 GDP 的比率。除了控制变量的选择，将汇率制度虚拟变量与代表金融发展水平的银行信贷占 GDP 的比率进行交叉相乘，希望研究不同的金融发展水平下，汇率制度对经济的影响是否是不同的。变量符号与数据来源见表 1.6.5。

表 1.6.5　变量说明

变量	变量定义	数据来源
ggdp	人均 GDP 增长率/%	World Bank-World Development Indicators
inv	固定资本形成总值/GDP	World Bank-World Development Indicators
educ	平均教育年限（从小学到高等教育）	World Bank-World Development Indicators
credgdp	银行部门提供的国内信用/GDP	World Bank-World Development Indicators
mvgdp	上市公司总市值/GDP	World Bank-Globle Financial Development
bondgdp	未清偿债券余额/GDP	World Bank-Globle Financial Development
openess	商品与服务进出口/GDP	World Bank-World Development Indicators
govexp	政府消费支出/GDP	World Bank-World Development Indicators
nonlin	$\mathrm{Credgdp}^2$	非线性项，根据已有数据计算
jximf1, jximf2	$\mathrm{Credgdp} \cdot \mathrm{imf1}$ $\mathrm{credgdp} \cdot \mathrm{imf2}$	交叉项，根据已有数据计算
fix interm	事后汇率制度虚拟变量, fix 代表固定汇率制度，interm 代表中间汇率制度	International Monetary Fund-AREAER

根据数据所得性，尽量使所有国家在 2001~2013 年没有缺失数据，最后得到 46 个国家和地区的数据。这 46 个国家和地区见表 1.6.6。

表 1.6.6 国家/地区列表

序号	国家/地区	序号	国家/地区	序号	国家/地区
1	阿根廷	17	德国	33	马来西亚
2	丹麦	18	日本	34	斯洛伐克
3	爱尔兰	19	波兰	35	塞浦路斯
4	挪威	20	土耳其	36	印度
5	瑞典	21	智利	37	墨西哥
6	澳大利亚	22	希腊	38	南非
7	芬兰	23	韩国	39	捷克
8	以色列	24	葡萄牙	40	印度尼西亚
9	秘鲁	25	英国	41	荷兰
10	瑞士	26	中国内地	42	西班牙
11	奥地利	27	中国香港	43	克罗地亚
12	法国	28	卢森堡	44	冰岛
13	意大利	29	俄罗斯	45	马耳他
14	菲律宾	30	美国	46	斯洛文尼亚
15	泰国	31	哥伦比亚		
16	比利时	32	匈牙利		

46 个国家和地区在 13 年间的国家年份数据共 598 个，汇率制度的基本分布情况见表 1.6.7。

表 1.6.7 2001~2013 年汇率制度在 46 个国家/地区的分布

汇率制度类型	观测数	国家/地区	观测数
固定汇率制度	99	中等收入	143
中间汇率制度	267	高收入	455
浮动汇率制度	232	所有国家/地区	598

在样本数据中不包括低收入国家/地区，因为这些国家/地区的数据缺失太多。我们使用所有数据进行回归，然后根据收入水平分别对中等收入国家/地区以及高收入国家/地区再次进行回归，估计结果见表 1.6.8~表 1.6.10。

表 1.6.8 所有国家/地区的回归结果

被解释变量 ggdp 解释变量	①	②	③	④	⑤
fix	−1.377** (−2.92)		−1.262** (−2.92)	−1.144** (−2.66)	−1.164** (−2.70)
interm	−0.474 (−1.50)		−0.296 (−1.02)	−0.264 (−0.92)	−0.264 (−0.92)
inv		0.412*** (9.79)	0.410*** (9.80)	0.395*** (9.43)	0.373*** (8.51)

续表

被解释变量 ggdp 解释变量	①	②	③	④	⑤
educ		−0.381* (−2.27)	−0.378* (−2.26)	−0.223 (−1.29)	−0.136 (−0.74)
credgdp				−0.015 1** (−3.07)	−0.010 8* (−1.97)
openness					−0.010 2 (−1.07)
govexp					−0.070 2 (−1.51)
_cons	2.457*** (10.68)	−1.425 (−0.50)	−1.100 (−0.39)	−1.246 (−0.44)	1.040 (0.33)
调整后拟合优度	0.019 5	0.292 4	0.305 0	0.327 2	0.307 7

被解释变量 ggdp 解释变量	⑥	⑦	⑧	⑨	⑩
inv	0.372*** (8.57)	0.376*** (8.45)	0.372*** (8.44)	0.344*** (7.68)	0.347*** (7.68)
educ	0.001 63 (0.01)	−0.133 (−0.73)	0.005 42 (0.03)	−0.089 7 (−0.49)	0.029 6 (0.16)
fix	−1.156** (−2.70)	−1.833 (−1.60)	−1.831 (−1.61)	−1.140** (−2.66)	−1.550 (−1.36)
interm	−0.310 (−1.09)	−0.504 (−0.94)	−0.365 (−0.68)	−0.242 (−0.85)	−0.342 (−0.64)
credgdp	−0.056 4*** (−3.49)	−0.012 8* (−2.07)	−0.057 7*** (−3.54)	−0.009 54 (−1.64)	−0.052 9** (−3.18)
openness	−0.006 90 (−0.72)	−0.010 9 (−1.13)	−0.007 49 (−0.78)	−0.017 5 (−1.77)	−0.014 0 (−1.41)
govexp	−0.070 8 (−1.53)	−0.073 0 (−1.55)	−0.074 5 (−1.59)	−0.056 1 (−1.20)	−0.060 4 (−1.29)
nonlin	0.000 124** (3.00)		0.000 125** (2.97)		0.000 115** (2.73)
jximf1		0.004 98 (0.66)	0.004 72 (0.63)		0.002 94 (0.39)
jximf2		0.002 16 (0.55)	0.000 574 (0.15)		0.000 531 (0.13)
mvgdp				0.005 80* (2.38)	0.005 31* (2.18)
bondgdp				−0.019 2 (−1.36)	−0.015 2 (−1.07)
_cons	1.816 (0.58)	1.325 (0.42)	2.099 (0.66)	1.082 (0.35)	2.003 (0.63)
调整后拟合优度	0.304 9	0.305 4	0.302 5	0.300 9	0.300 6

*$p<0.05$；**$p<0.01$；***$p<0.001$

注：观测值为 598，括号中是 t 值

表 1.6.9　中等收入国家/地区的回归结果

解释变量	被解释变量 ggdp				
	①	②	③	④	⑤
fix	−1.149* (−2.15)		−0.895 (−1.84)	−0.758 (−1.57)	−0.794 (−1.63)
interm	−0.440 (−1.16)		−0.133 (−0.38)	−0.086 6 (−0.25)	−0.104 (−0.30)
inv		0.426*** (8.22)	0.420*** (8.09)	0.404*** (7.81)	0.379*** (6.90)
educ		−0.363 (−1.58)	−0.400 (−1.73)	−0.239 (−1.02)	−0.171 (−0.71)
credgdp				−0.015 2** (−2.98)	−0.011 1 (−1.90)
openess					−0.016 1 (−1.43)
govexp					−0.045 0 (−0.85)
_cons	1.896*** (6.37)	−1.938 (−0.45)	−0.964 (−0.22)	−1.150 (−0.27)	1.328 (0.29)
调整后拟合优度	0.022 7	0.155 8	0.167 5	0.209 0	0.144 0

解释变量	被解释变量 ggdp				
	⑥	⑦	⑧	⑨	⑩
govexp	0.377*** (6.93)	0.379*** (6.82)	0.374*** (6.78)	0.347*** (6.21)	0.347*** (6.18)
educ	−0.066 3 (−0.27)	−0.172 (−0.71)	−0.065 7 (−0.27)	−0.088 5 (−0.36)	−0.012 7 (−0.05)
fix	−0.792 (−1.64)	−1.369 (−1.11)	−1.415 (−1.16)	0.755 (−1.56)	−1.075 (−0.87)
interm	−0.163 (−0.48)	−0.273 (−0.40)	−0.106 (−0.15)	−0.091 1 (−0.27)	−0.078 1 (−0.11)
credgdp	−0.061 6*** (−3.55)	−0.012 6 (−1.87)	−0.063 0*** (−3.59)	−0.008 75 (−1.41)	−0.055 7** (−3.07)
openess	−0.011 5 (−1.03)	−0.016 7 (−1.48)	−0.012 1 (−1.07)	−0.025 9* (−2.21)	−0.020 8 (−1.75)
govexp	−0.044 4 (−0.84)	−0.048 2 (−0.90)	−0.049 1 (−0.92)	−0.031 7 (−0.60)	−0.035 5 (−0.66)
nonlin	0.000 136** (3.09)		0.000 138** (3.10)		0.000 124** (2.77)
jximf1		0.004 06 (0.51)	0.004 18 (0.53)		0.002 06 (0.26)
jximf2		0.001 37 (0.30)	−0.000 345 (−0.08)		−0.000 491 (−0.11)
mvgdp				0.005 87* (2.25)	0.005 20* (1.99)

续表

解释变量	被解释变量 ggdp				
	⑥	⑦	⑧	⑨	⑩
bondgdp				−0.023 8 （−1.55）	−0.018 0 （−1.16）
_cons	2.928 （0.64）	1.713 （0.37）	3.376 （0.72）	1.168 （0.25）	2.939 （0.63）
调整后拟合优度	0.191 6	0.143 3	0.191 6	0.139 1	0.184 9

*$p<0.05$；**$p<0.01$；***$p<0.001$
注：观测值为 455，括号中是 t 值

表 1.6.10　高收入国家/地区的回归结果

解释变量	被解释变量 ggdp				
	①	②	③	④	⑤
fix	−3.100** （−2.73）		−3.685** （−3.35）	−3.635** （−3.29）	−3.328** （−2.86）
interm	−0.524 （−0.97）		−0.641 （−1.25）	−0.656 （−1.27）	−0.749 （−1.44）
inv		0.348*** （3.65）	0.364*** （3.94）	0.355*** （3.79）	0.375*** （3.96）
educ		−0.278 （−0.96）	−0.119 （−0.41）	0.021 0 （0.06）	0.127 （0.34）
credgdp				−0.015 7 （−0.60）	−0.009 71 （−0.36）
openness					0.016 7 （0.89）
govexp					−0.126 （−1.09）
_cons	4.164*** （13.57）	−1.388 （−0.42）	−3.374 （−1.02）	−3.595 （−1.08）	−3.938 （−0.96）
调整后拟合优度	0.032 2	0.415 3	0.453 1	0.400 6	0.403 5

解释变量	被解释变量 ggdp				
	⑥	⑦	⑧	⑨	⑩
inv	0.378*** （3.84）	0.371*** （3.82）	0.376*** （3.74）	0.341*** （3.55）	0.347*** （3.41）
educ	0.101 （0.23）	0.124 （0.33）	0.081 2 （0.18）	0.186 （0.49）	0.010 6 （0.02）
fix	−3.297** （−2.75）	−6.825 （−0.57）	−7.234 （−0.59）	−3.025* （−2.46）	−11.50 （−0.94）
interm	−0.757 （−1.44）	−0.698 （−0.67）	−0.703 （−0.67）	−0.664 （−1.28）	−0.502 （−0.48）
credgdp	−0.002 07 （−0.03）	−0.009 57 （−0.35）	−0.002 94 （0.04）	−0.023 6 （−0.86）	0.022 7 （0.30）

续表

解释变量	被解释变量 ggdp				
	⑥	⑦	⑧	⑨	⑩
openess	0.015 9 （0.80）	0.017 6 （0.90）	0.016 5 （0.81）	0.020 2 （1.06）	0.019 5 （0.96）
govexp	−0.127 （−1.09）	−0.136 （−1.12）	−0.139 （−1.13）	−0.129 （−1.07）	−0.169 （−1.30）
nonlin	−0.000 031 1 （−0.12）		−0.000 050 9 （−0.19）		−0.000 194 （−0.67）
jximf1		0.024 7 （0.29）	0.027 9 （0.32）		0.061 6 （0.70）
jximf2		−0.000 451 （−0.03）	−0.000 550 （−0.04）		−0.002 23 （−0.17）
mvgdp				0.019 5 （1.95）	0.021 8* （2.09）
bondgdp				0.004 25 （0.10）	0.013 1 （0.29）
_cons	−3.947 （−0.96）	−3.645 （−0.86）	−3.621 （−0.85）	−4.405 （−1.07）	−3.623 （−0.85）
调整后拟合优度	0.408 7	0.398 5	0.406 1	0.326 6	0.320 1

$*p<0.05$；$**p<0.01$；$***p<0.001$

注：观测值为 143，括号中是 t 值

　　回归模型包括 10 种情况：①只包括汇率制度变量；②只包括基准变量，即投资变量和人力资本变量；③包括汇率制度变量和基准变量；④汇率制度变量、基准变量和金融发展程度变量；⑤汇率制度变量、基准变量、金融发展程度变量，以及财政支出和开放度；⑥在⑤的基础上增加金融变量的平方，研究金融发展水平是否存在非线性影响；⑦在⑤的基础上增加金融发展水平与汇率制度的交叉变量，研究金融发展水平不同时，汇率制度的效果是否存在差异；⑧同时包括非线性变量和交叉变量；⑨在⑤的基础上增加直接融资变量，度量哪种金融发展指标与经济增长有关；⑩包括①~⑨出现的所有变量。

　　从表 1.6.8 可看到，中间汇率制度在所有情况下系数都不显著，说明中间汇率制度与浮动汇率制度对经济增长的影响没有区别，固定汇率制除了情况⑦和情况⑧均显著，并且系数为负数，说明固定汇率制度下经济增长率最低。如果以促进经济发展为目标，则应该采用更灵活的汇率制度，这与目前固定汇率制度国家/地区数减少的趋势一致。

　　除了汇率制度的影响，我们还希望研究金融发展水平对经济的影响，从模型⑤可以看到，银行信贷存量比较大时对经济增长有负的影响。当模型中放入非线性项后，二次方变量的系数为正，说明宽松货币政策下，信贷额增长非常快时可以促进经济的发展。汇率制度与金融发展水平的交叉项系数不显著，有研究认为

金融发展水平比较低时适合固定汇率制度，从我们的实证研究中没有发现这一结论。考虑其他金融发展水平指标时发现企业市值增加对经济有正向作用，而债券余额系数不显著。其他控制变量只有资本形成总额占 GDP 的比率显著，并且对经济增长有明显的正面影响。

从表 1.6.9 可以看到，对中等收入国家/地区进行分析发现：固定汇率制度虚拟变量和中间汇率制度虚拟变量都不显著，说明在中等收入国家/地区，不同的汇率制度在促进经济发展上没有明显的不同。金融发展水平与汇率制度的交叉相差项也都不显著。金融发展水平指标的实证结果与使用全部国家/地区回归时结果相同，银行信贷与经济增长负相关，但是二次方项系数显著为正，因此总体上信贷增加可以促进经济增长，同样上市企业总市值系数显著为正，而未清偿债券余额变量系数不显著。

从表 1.6.10 可看到，对高收入国家/地区进行分析发现：对模型①~模型⑤，固定汇率制度虚拟变量显著为负，说明采用固定汇率制度对高收入国家/地区而言会阻碍经济发展。中间汇率制度虚拟变量在所有情况下都不显著。代表银行信贷的金融发展水平变量不显著，但是上市公司总市值指标显著为正，说明发达国家/地区通过银行的间接信贷对经济发展不起作用，主要是直接融资方式可以促进经济发展。金融发展水平的二次项不显著，应该是因为银行信贷本身不显著。未清偿债券余额变量不显著。

总结三组回归，我们发现相同之处在于中间汇率制度与浮动汇率制度在促进经济发展方面没有显著区别，汇率制度与金融发展水平的交叉相乘项都不显著，不支持不同金融发展水平应该采用不同汇率制度的观点。直接融资方式、上市公司的总市值占 GDP 的比率在三组回归下都对经济增长有正向作用。不同之处是对中等收入国家/地区而言，三种汇率制度对经济增长的效果没有显著区别，但是高收入国家/地区结果显示固定汇率制度对经济增长有明显的负面效果。金融发展水平变量在中等收入国家/地区使用直接融资和间接融资变量系数都显著，而高收入国家/地区只有直接融资的变量系数显著。研究结果表明随着一国经济的发展，该国适合更加浮动的汇率制度，并且要促进直接融资市场的发展。

参 考 文 献

陈三毛. 2007. 汇率制度分类理论述评. 世界经济，1：89-96.
黄海洲，Malhotra P. 2005. 汇率制度与经济增长：来自亚洲发展中国家和欧洲发达国家的经验研究. 经济学季刊, 14（4）: 971-990.

Aghion P, Bacchetta P, Ranciere R, et al. 2006. Exchange rate volatility and productivity growth: the role of financial development. National Bureau of Economic Research Working Paper, 12117.

Aizenman J, Hausmann R. 1985. Adjustment to monetary policy and devaluation under two-tierand fixed exchange rate regimes. Journal of Development Economics, 18（1）: 153-170.

Alesina A, Wagner A F. 2006. Choosing（and reneging on）exchange rate regimes. Journal of the European Economic Association, 4: 770-799.

Andrew B, Mauro P, Mussa M, et al. 2000. Exchange rate regimes in an increasingly integrated world economy. International Monetary Fund Occasional Papers, 193.

Bailliu J, Lafrance R, Perrault J F. 2002. Does exchange rate policy matter for growth? Bank of Canada Working Paper, 2002/17.

Barajas A, Erickson L, Steiner R. 2008. Fear of declaring: do markets care what countries say about their exchange rate policies. International Monetary Fund Staff Papers, 55（3）: 445-480.

Barro R J, Gordon D J. 1983. A positive theory of monetary policy in a natural rate model. Journal of Political Theory, 91: 589-610.

Baum C F, Schaffer M E, Stillman S. 2003. Instrumental variables and GMM: estimation and testing. Boston College Working Paper, 545.

Baxter M, Stockman A C. 1986. Business cycles and the exchange-rate regime—some international evidence. Journal of Monetary Economics, 23: 377-400.

Bordo M D. 2003. Exchange rate regimes choice in historical perspective. International Monetary Fund Working Paper, 160.

Borensztein E, Zettelmeyer J, Philippon T. 2001. Monetary independence in emerging markets: does the exchange rate regime make a difference. International Monetary Fund Working Paper, 1/1.

Broda C. 2004. Terms of trade and exchange rate regimes in developing countries. Journal of International Economics, 63（1）: 31-58.

Bruno M, William E. 1998. Inflation crises and long-run growth. Journal of Monetary Economics, 41: 3-26.

Bubula A, Ötker-Robe I. 2002. The evolution of exchange rate regimes since 1990: evidence from de facto policies. International Monetary Fund Working Paper, 155.

Calvo G. 2005. Emerging Capital Markets in Turmoil—Bad Luck or Bad Policy. Cambridge: Massachusetts Institute of Technology Press.

Calvo G, Reinhart C. 2002. Fear of floating. Quarterly Journal of Economics, 17（2）: 379-408.

Carrera J, Vuletin G. 2003. The effects of exchange rate regimes on real exchange rate volatility—a dynamic panel data approach. Guillermo Javier Vuletin.

Carrera J, Vuletin G. 2013. The effects of alternative exchange rate regimes on real exchange rate volatility: evidence based on a new dataset. Contemporary Economic Policy, 31（1）: 212-234.

Chari V, Kehoe P. 2004. Financial crisis as herds: overturning the critiques. Journal of Economic Theory, 119: 128-150.

Chinn M, Wei S J. 2008. A faith-based initiative meets the evidence: does a flexible exchange rate regime really facilitate current account adjustment? National Bureau of Economic Research Working Paper, 14420.

Choudhury T. 2005. Exchange rate volatility and the United States exports: evidence from Canada and Japan. Journal of Japanese and International Economies, 19: 51-71.

Corden M. 2002. Too Sensational: On The Choice of Exchange Rate Regimes. Cambridge:

Massachusetts Institute of Technology Press.

de Los Rios D. 2007. Exchange rate regimes, globalisation, and the cost of capital in emerging markets. Bank of Canada Staff Working Papers.

Dornbusch R. 2001. Fewer monies, better monies. National Bureau of Economic Research Working Paper, 8324.

Dubas J, Lee B J, Nelson M. 2005. Effective exchange rate classifications and growth. Unpublished Working Paper.

Duttagupta R, Tolosa G. 2007. Fiscal discipline and exchange rate arrangements: evidence from the Caribbean. Emerging Markets Finance & Trade, 43（6）: 87-112.

Edwards S. 1999. Exchange rates in emerging economies: what do we know? What do we need to know? National Bureau of Economic Research Working Paper, 7228.

Edwards S. 2005. Is the U.S. current account deficits sustainable? And if not, how costly is adjustment likely to be? National Bureau of Economic Research Working Paper, 11541.

Edwards S, Magendzo I. 2003. A currency of one's own? An empirical investigation on dollarization and independent currency unions. National Bureau of Economic Research Working Papers, 9514.

Edwards S, Levy Y E. 2005. Flexible exchange rates as shock absorbers. European Economic Review, 49: 2079-2105.

Eichengreen B, Bayoumi T. 1999. Is Asia an optimum currency area? Can it become one? //Collignon S, Pisani-Ferry J, Park Y C. Exchange Rate Policies in Emerging Asian Countries. London: Routledge.

Eichengreen B, Razo G R. 2013. How reliable are de facto exchange rate regime classifications? International Journal of Finance and Economics, 18: 216-239.

Fischer S. 2001. Exchange rate regimes: is the bipolar view correct? Distinguished lecture on economics in government. Journal of Economic Perspectives, 15（2）: 3-24.

Fischer S, Sahay R. 2000. The Transition economies after ten years. International Monetary Fund Working Paper.

Fischer S, Sahay R, Vegh C A. 1996. Stabilization and growth in transition economics the earlier experience. Journal of Economic Perspectives, 10（2）: 45-66.

Frankel J, Rose A. 2002. An estimate of the effect of common currencies on trade and income. Quarterly Journal of Economics May, 117（2）: 437-468.

Frankel J A. 1995. Monetary Regime Choices for A Semi Open Country. Cambridge: Cambridge University Press.

Frankel J A. 1999. No single currency regime is right for all countries or at all times. National Bureau of Economic Research Working Paper, 7338.

Frankel J A. 2003. Experimence of and lessons from exchange rate regimes in emerging economies. National Bureau of Economic Research Working Paper, 10032.

Frankel J A, Schmukler S, Serven L. 2000a. Verifiability and the vanishing intermediate exchange rate regime. National Bureau of Economic Research Working Paper, 7901

Frankel J A, Fajnzylber E, Schmukler S, et al. 2000b. Verifying exchange rate regimes. Journal of Development Economics, 66（2）: 351-386.

Genberg H, Swoboda A K. 2005. Exchange rate regimes: does what countries say matter? International Monetary Fund Staff Paper, 52.

Ghosh A R. 1996. The output-inflation nexus in Ukraine; Is there a trade-off? International Monetary Fund Working Papers, 96/46.

Ghosh A R, Gulde A M, Ostry J, et al. 1995. Does the nominal exchange rate regime matter? International Monetary Fund Working Paper, 95/121.

Ghosh A R, Ostry D, Gulde A M, et al. 1996. Does the exchange rate regime matter for inflation and growth? International Monetary Fund Working Paper, 1996/6.

Ghosh A R, Gulde A M, Wolf H. 2002. Exchange Rate Regimes: Choices and Consequences. Cambridge: Massachusetts Institute of Technology Press.

Ghosh A R, Mahvash S Q, Tsangarides G C. 2013. Is the exchange rate regime really irrelevant for external adjustment? Economics Letters, 118: 104-109.

Giovanni J D, Shambaugh J C. 2007. The impact of foreign interest rates on the economy: the role of the exchange rate regime. National Bureau of Economic Research Working Papers, 134: 67.

Harms P, Kretschmann M. 2009. Words, deeds and outcomes: a survey on the growth effects of exchange rate regimes. Journal of Economic Surveys, Wiley Blackwell, 23 (1): 139-164.

Hausmann R, Panizza U, Stein E. 2001. Why do countries float the way they float? Journal of Development Economics, 66: 387-414.

Husain A, Mody A, Rogoff K S. 2005. Exchange rate regime durability and performance in developing vs. advanced economies. Journal of Monetary Economics, 52: 35-64.

Ihnatov I, Capraru B. 2012. Exchange rate regimes and economic growth in central and eastern European countries. Procedia Economics and Finance, 3: 18-23.

Juhn G S, Mauro P. 2002. Long-run determinants of exchange rate regimes: a simple sensitivity analysis. International Monetary Fund Working Paper, 2.

Kuttner K N, Posen A S. 2001. Beyond the bipolar: a three dimentional assesment of monetary framworks. http://www.iie.com/publications/wp/2001/01-7.pdf.

Levy-Yeyati E, Federico S. 2003. To float or to fix: evidence on the impact of exchange rate regimes on growth. American Economic Review, 93 (4): 1173-1193.

Levy-Yeyati E, Sturzenegger F. 2005. Classifying exchange rate regimes: deeds vs. words. European Economic Review, 49: 1603-1635.

Levy-Yeyati E, Sturzenegger F. 2007. Fear of floating in reverse: exchange rate policy in 2000s, mimeo. http://citeseerx.ist.psu.edu/viewdoc/download; jsessionid=2203EE/A92EDE41F3CF584AD11D1D5 E4? doi=10.1.1.77.3185 & rep=rep1&type.pdf.

McKinnon R I. 1963. Optimum currency areas. American Economic Review, 53: 717-725.

McKinnon R I, Pill H. 1999. Exchange rate regimes for emerging markets: moral hazard and international overborrowing. Oxford Review of Economic Policy, 15 (3): 19-38.

Mussa M. 1986. Nominal exchange rates and the behavior of real exchange rates-evidence and implications. Carnegie-Rochester Conference Series on Public Policy, 25: 117-214.

Mussa M. 2000. Exchange rate regimes in an increasingly integrated world economy. International Monetary Fund Working Paper, 6.

Mussa M. 2003. Global economic prospects: through the fog of uncertainty. Policy Briefs, 2, Peterson Institute for International Economics.

Nitithanprapas L, Willett T D. 2002. Classifying exchange rate regimes. http://econ.claremontmc kenna.edu/papers/2002-22.pdf.

Obstfeld M, Rogoff K. 1995. The mirage of fixed exchange rates. Journal of Economic Perspectives, 9: 73-96.

Raghuram R. 2003. Evolution and performance of exchange rate regimes. International Monetary Fund Working Paper, 243.

Ramcharan R. 2005. Cataclysms and currencies: does the exchange rate regime matter for real shocks? International Monetary Fund Working Paper, 5-85.

Reinhart C M, Rogoff K S. 2004. The modern history of exchange rate arrangements: a reinterpretation. Quarterly Journal of Economics, 119: 1-48.

Reinhart C M, Rogoff K S, Ilzetzki E. 2011. Exchange rate arrangements entering the 21st century: which anchor will hold? Technical Report, unpublished, Harvard Economics.

Rogoff E. 1999. International institutions for reducing global financial instability. National Bureau of Economic Research Working Papers, 72.

Rogoff K, Husain A, Mody A, et al. 2003. Evolution and performance of exchange rate regimes. International Monetary Fund Working Paper, 243.

Sachs J D. 1996. Economic transition and the exchange rate regime. American Economic Review, 86: 147-152.

Schuler K. 2007-12-30. Classifying exchange rates. http://users.erols.com/kurrency.

Shambaugh J C. 2004. The effects of fixed exchange rates on monetary policy. Quarterly Journal of Economics, 119: 301-352.

Stone M R, Bhundia A J. 2004. A new taxonomy of monetary regimes. International Monetary Fund Working Paper, 191.

Summers L H. 2000. International financial crises: causes, prevention, and cures. American Economic Review, 90: 1-16.

Sun Y. 2003. Do fixed exchange rates induce more fiscal discipline? International Monetary Fund Working Paper, 03/78.

Tavlas G, Dellas H, Stockman A C. 2008. The classification and performance of alternative exchange-rate systems. European Economic Review, 52: 941-963.

Tippkotter M. 2010. Global imbalances and the current account adjustment process: an empirical analysis. Deutsches Institut für Wirtschaftsforschung Discussion Paper, 1011.

Tornell A, Velasco A. 2000. Fixed versus flexible exchange rates: which provides more fiscal discipline? Journal of Monetary Economics, 45: 399-436.

Tsangarides C G. 2012. Crisis and recovery: role of the exchange rate regime in emerging market economies. Journal of Macroeconomics, 34: 470-488.

第2章　汇率风险与贸易

2.1　汇率风险与贸易文献回顾

自布雷顿森林体系解体以来，国际汇率制度进入浮动汇率时代，汇率波动加剧，自此汇率风险对国际贸易量的影响成为国际经济学中一个广为关注的主题。1973 年至今，一直有关于汇率与国际贸易的理论和实证研究出现。

一般情况下，人们认为风险的增加，导致风险厌恶的个体减少有风险的活动，转而参与一些低风险的活动。因此，原则上，当汇率风险（波动）增加时，风险厌恶的交易者面临更多的不确定性，从而会选择减少交易，出口量也因此减少。下面是一个简单的公式的说明（陈平和熊欣，2000）。

假设某公司从外国购买商品，然后在本国销售。该公司面临的需求函数如下：

$$p = a - q/2$$

其中，p 表示国内销售价格；q 表示国内销量。

在国内的销售收入如下：

$$p \cdot q = a \cdot q - q^2/2$$

进口品用外币标价为 p^*，需要支付费用为 $e \cdot p \cdot q$，其中 e 表示汇率。

因此，进口商的利润等于：

$$\Pi = a \cdot q - q^2 - e \cdot p \cdot q$$

假设选择 q 使预期利润效用最大，效用函数选择均值方差效用函数如下：

$$\max E(\Pi) = \max\left[-e^{-\alpha(E(\Pi) - 0.5\alpha \operatorname{var}(\Pi))}\right]$$

其中，α 表示绝对风险厌恶程度，$\alpha = 0$ 表示风险中性，$\alpha > 0$ 表示风险厌恶。

一阶条件如下：

$$q = \frac{a - e_f p^*}{1 + \alpha \sigma^2}$$

其中，σ 表示汇率波动的标准差；e_f 表示汇率均值。从一阶条件的表达式可以看出，当汇率均值不变而标准差增加时，出口量降低。

但是汇率风险与国际贸易的关系远没有这么简单和明确。关于汇率风险与出口量的关系，理论研究的结论可以总结为三种：一是汇率风险与贸易（出口）存在负相关，早期的文献大部分支持这种观点；二是汇率风险与贸易正相关；三是汇率风险与贸易的关系不确定，依赖于一些其他条件，不同条件下汇率风险与贸易的关系可能正相关，可能负相关，也可能无关。但是这些条件很难在现实中识别出来。伴随着理论研究的发展，实证研究一直延续到目前，与理论研究结果一样，实证研究同样没有一致的结论。下面首先对理论研究进行回顾，然后对实证文献进行回顾。

2.1.1　汇率波动率对贸易的影响理论文献回顾

1. 汇率风险与贸易负相关

汇率风险增加降低出口，汇率风险与出口负相关。早期的理论研究一般支持负相关的假设。这方面的研究包括 Clark（1973）、Ethier（1973）、Baron（1976a）、Hooper 和 Kohlhagen（1978）、Cushman（1983）、Demers（1991）、Kumar 和 Whitt（1992）与 Wolf（1995）。

Clark（1973）使用一个非常简化的模型，针对单个厂商生产函数进行分析。从出口供给角度，假设厂商风险厌恶；只生产一种产品，产品全部卖到国外市场；出口企业完全竞争，对市场没有垄断能力，生产一种同质产品；出口价格用外币表示，并且价格是外生的；汇率不存在完全对冲；不进口任何中间产品（生产过程中使用的资源不是进口的）。在商品交割和货币收付时，厂商面对用本币表示的收入的不确定。生产在汇率确定前就安排好了，因此不可能随着汇率变化导致出口利润有利或有弊来调整生产。在这个简单的模型中，厂商需要确定产量水平使自己的效用达到最大。在假设风险厌恶的情况下，模型结论是面对汇率的不确定性，汇率均值不变，但方差变大，厂商会减少生产，因此减少出口。这样预期的利润和利润的方差降低，但是效用增加。

Ethier（1973）同样假设厂商风险厌恶，假设进口价格用外币表示，汇率风险用汇率标准差表示，从出口需求的角度进行分析（即考虑进口），得出与 Clark（1973）类似的结论。假设厂商明确知道在不同汇率水平下的利润水平，那么贸易不受汇率风险的影响，但是厂商无法确定在不同汇率水平下的利润水平，也无法预期汇率水平，因此把模型增加企业利润非确定性后，贸易与汇率波动率负相关，负相关程度随着企业对外来确定性程度的提高而减弱。另外 Ethier（1973）还考虑利用远期市场对汇率风险进行对冲，如果远期汇率是即期汇率的无偏预测，那么汇率风险对出口没有影响。然而，在实际中不可能利用远期市场对汇率风险进行完全对冲，这是因为存在一些摩擦和交易成本，以及对中长期汇率对冲的品种非常有限。

　　Baron（1976a）放松 Clark（1973）中完全竞争的假设，分析了不同计价货币情况下汇率风险对出口的影响。用外币计价时，汇率不确定，但是需求数量确定，在合同签订期，价格一定，但是由于最后支付时汇率的变化，所以利润是不确定的。用本币计价时，购买者面对不确定的价格，对数量的需求是不确定的。除了利润，生产成本也变得不确定了。在两种情况下，风险厌恶的企业都要避免风险，但是计价货币不同则效果不同。如果用外币计价，汇率波动导致价格上升，预期利润下降，导致需求降低，但是效用增加。如果用本币计价，依赖于目标市场需求函数的性质，如果需求函数是线性的，那么价格降低时需求上升，但是预期的利润下降。

　　Hooper 和 Kohlhagen（1978）针对单个厂商进行分析。假设厂商是风险厌恶的企业，生产的产品全部卖到国外市场；面临的唯一风险是名义汇率风险。如果企业面临其他风险，这些风险和汇率风险可能相互抵消，所以根据 Hooper 和 Kohlhagen 的模型，得出的结论可能低估汇率风险的影响，并且他们认为，实证分析时，固定汇率制度下估计的结果会比浮动汇率下估计的结果低。与以前的研究不同，Hooper 和 Kohlhagen（1978）首次同时考虑出口的供给和需求，他们推导出出口供给和出口需求达到均衡时的出口量方程与出口价格简约式方程，结果发现当汇率风险增加时，出口量降低。

　　Cushman（1983）使用的模型与 Hooper 和 Kohlhagen（1978）类似，但使用的是实际汇率而不是名义汇率。一般的模型假设企业面临的唯一不确定性来自汇率。但是实际上影响企业利润的非确定因素很多。如果价格的变化和名义汇率的变化相抵消，那么汇率波动并不影响企业利润；反之，固定汇率降低汇率波动反而增加了利润的波动。Cushman（1983）以实际利润最大化为目标，假设价格和名义汇率都是非确定的，那么实际汇率波动率的增加会降低贸易水平。

　　Demers（1991）发现风险厌恶并不是得到负相关结论的必需条件，假设企业风险中性，汇率风险导致价格不确定，进而导致需求的不确定，在这个不可避免的情况下，实体投资的减少会最终导致贸易的减少。

　　Kumar 和 Whitt（1992）构造了一个包括两个国家的一般均衡模型，即每个国家都只生产两种产品（工业品和农业品），而且只有一种投入（劳动力）。假设风险厌恶，购买力平价成立，且不存在完全对冲。则母国在工业品方面存在比较优势，外国在农业品方面存在比较优势。在 Kummar 的模型中汇率风险相当于对技术存在负面影响。由于农业不受汇率风险的影响，所以母国的资源会从工业品转移到农业品；在外国则相反。汇率风险导致两国比较优势不明显，从而贸易水平降低，但是产业内贸易增加。

　　Wolf（1995）考虑的不是生产厂家，而是一个进口代理机构的贸易行为，假设企业效应最大化是目的，并且企业风险厌恶。该代理商不仅面对汇率风险，还面对产品价格的变化。研究发现，汇率风险会导致进口水平的降低。

2. 汇率风险与贸易正相关

伴随着理论研究，还有不少实证研究，这些实证研究并没有得到汇率风险降低出口的一致结论，这也导致学者的重新思考。Cushman（1988）给出一个解释，他把贸易从两个国家的假设扩展到多个国家。两国之间双边汇率的变化是相对的，该研究认为贸易会从汇率波动最大的国家转移到汇率波动小的国家，因此如果不考虑第三国汇率波动情况，只使用双边汇率，则会得出违反常规的结论，如汇率风险与贸易正相关。但是一些研究发现汇率风险增加促进出口，汇率风险与出口正相关。汇率波动也可以带来新的契机，这方面的研究有 Franke（1991）、Dellas 和 Zilberfarb（1993）、Broll 和 Eckwert（1999）以及 Sercu 和 Vanhulle（1992）。

汇率波动率增加可能促进出口的一个途径是当汇率波动增加时，企业可能希望充分利用高价来对冲低价带来的影响，因此高汇率波动率可能导致较高的平均投资水平，从而有更高的平均产出。

Franke（1991）认为，在对外贸易中，企业把产品销售到国外，存在"进入成本"，包括在国外建立营销渠道和销售网络，使产品适合国外市场等。因此，企业对汇率短期波动会采取等等看的态度，而不会轻易退出国外市场，它们会等到汇率变得重新对自己有利，以补偿进入成本。一些学者把出口的"进入成本"当做期权来处理。出口行为从某种意义上就像一个卖权期权，因为企业可以根据汇率水平决定在国内市场销售还是在国外市场销售。如果汇率有利于出口，就销售到国外市场，否则就不执行该期权，而在国内市场销售。出口企业的利润就如同期权的利润一样，随着汇率风险的增加而增加，从而汇率风险的增加促进出口的增长。Franke 假设企业风险中性；时间周期无穷长，汇率过程具有均值回复的特点；企业可以根据汇率变化调整出口量；企业进入国外市场存在进入费用，如果停止出口导致退出费用。企业在利润和进入退出费用之间权衡，试图使出口净现金流的现值最大化。如果现金流净现值的增长超过进入和退出费用，汇率风险的增加会增加出口。Franke（1991）给出了一个充分条件，只要现金流净现值与汇率的关系是凸的（convex），就能保证风险的增加促进出口。大部分企业会在风险增加时尽快进入市场，以后再退出市场，因此整个国家的总出口会从汇率风险的增加中受益。汇率风险增加促进出口的潜在原因与世界商品市场不完美有关。由于一价定律不成立，汇率波动的增加增加了价格差，从而引起国际贸易利润的增加。

Dellas 和 Zilberfarb（1993）使用一个标准的资产组合选择模型得出与 Franke（1991）类似的结论。与以前的研究不同，Dellas 和 Zilberfarb（1993）不是把汇率的方差作为风险的度量，而是把没有预期到的汇率的变化作为风险的度量。当风险厌恶参数是凸函数时，汇率风险的增加促进出口。

Broll 和 Eckwert（1999）假设企业在汇率不确定、不明朗时决定生产，在汇率变化过后决定在国内销售还是出口。因为他们认为跨国公司在世界各地的网络使它们可以主动支配销售。Broll 和 Eckwert（1999）还发现汇率风险促进出口存在可能。当企业是风险中性时，汇率波动的增加会促进出口。对于风险厌恶的企业，随着汇率风险的增加，出口期权收益增加，同时使风险厌恶企业面临更大的风险暴露，企业会减少生产和国际贸易。汇率风险对生产和出口的净效果倚赖于企业的相对风险厌恶程度。

Sercu 和 Vanhulle（1992）假设时间是连续的、企业是风险厌恶的等，这些假设比其他研究更接近现实。他们对出口企业的价值进行最大化，结果发现出口规模有可能随着汇率波动的增加而增加。

3. 汇率风险对出口的影响不确定

随着理论模型对假设条件的细化，越来越多的理论模型发现，汇率风险对出口的影响与假设条件有关，在不同条件下得出不同结论。例如，Makin（1978）、de Grauwe（1988）、Viaene 和 de Vries（1992）、Broll（1994）、Rauch（1999）、Bacchetta 和 Wincoop（2000）、Barkoulas 和 Baumand（2002）、Sercu 和 Uppal（2003）、Koren 和 Szeidl（2003）等。

de Grauwe（1988）不仅考虑厂商是风险厌恶的，他还细致地考虑了风险厌恶的程度对结论的影响。Clark（1973）假设企业不能根据汇率变化来调整生产，如果放宽这个条件，企业可以根据汇率变化导致的利润变化来调整生产，这种情况下，随着汇率风险的增加，平均利润会增加，利润方差也会增加。风险厌恶的厂商会降低生产，但是依赖于风险厌恶的程度。Clark（1973）假设企业生产的产品可以在国内市场和国外市场分配。汇率风险对出口的影响倚赖于效用函数，进而倚赖于风险厌恶程度。如果厂商极端厌恶风险，那么汇率波动增加促进出口，如果相对风险厌恶系数小于 1，汇率波动增加会降低出口。Clark（1973）认为汇率风险的增加既有替代效应也有收入效应。替代效应是指汇率风险增加降低了风险厌恶者从事风险活动的动机，从而减少出口；收入效应是指风险增加导致预期的出口收入降低，从而促进厂商出口更多，以弥补收入的可能的下降。汇率风险对出口的最终影响，倚赖于替代效应与收入效应的共同作用。

Viaene 和 de Vries（1992）强调远期汇率市场的作用。Ethier（1973）认为如果通过远期汇率对汇率进行完全对冲，那么汇率风险对贸易完全无关。但是企业不可能通过远期市场对汇率进行完全对冲。在许多发展中国家不存在汇率远期市场。在发达国家，汇率远期工具基本上是短期的，因此对冲短期风险不太困难，但是对于长期贸易合约，不存在相应的长期的对冲工具。另外，对冲时存在一定的交易费用，因此完全对冲是不可能的。Viaene 和 de Vries（1992）认为汇率风险通过影响远期汇率间接影响贸易量，研究的主要结论是汇率波动对出口方和进口方的影响正好相反，因为在远期汇率市场上，两者是对立的。对出口来说，当贸易收支（trade balance）是正数时，汇率波动增加促进出口，反之导致出口降低。对进口的影响正好相反，对贸易的总的影响则是不确定的。由于大部分国家的贸易差额会改变符号，所以会得出汇率风险与贸易无关的结论。但是对于日本和美国的关系，由于日本对美国持续性贸易盈余，所以发现了显著的负相关关系。

Broll（1994）主要研究跨国公司在贸易活动中贸易量与汇率的关系，认识到跨国公司在贸易中的重要性，假设一个跨国公司在一个国家进行生产，然后在另外一个国家销售，则跨国公司在外汇市场上具有一定的优势。汇率风险被定义为实际汇率与预期汇率的差异，如果汇率风险不能被分散化，那么由于汇率风险，在生产国的生产会降低。但是如果能利用汇率远期市场对汇率进行保值，那么跨国公司的生产由投资和劳动力决定，不管汇率如何波动，对产出没有影响。但整体上，进出口企业并不全是跨国公司。因此这个模型说明了跨国公司的一些情况，但是整体看结果仍然是无结论的。

Rauch（1999）从理论上说明分类产品对汇率波动率的反应可能存在不同，主要强调在国际贸易中由于信息不对称，商业经营网络存在寻找成本，即买主与卖主寻找匹配成本。某些工业品的特性事前不是非常明确，当汇率波动率发生变化时企业比较难找到供应商或买主，所以这一现象可能会影响汇率波动率对贸易的阻碍作用。相反，对于比较同质的中间产品，这些产品的特点在不同供应商之间区别不大，可以迅速替代，不需要寻找成本。

Bacchetta 和 Wincoop（2000）建立了一个简单的、两国一般均衡模型。部分均衡模型假设影响贸易的其他因素都保持不变，只有汇率发生变化，但是实际上导致汇率变化的因素可能导致其他对贸易有影响的因素也发生变化。因此，在一般均衡情况下，可以考虑多种宏观因素的相互影响。Bacchetta 和 Wincoop（2000）假设不确定性来源于货币政策、财政政策和技术冲击，讨论了在固定汇率制度和浮动汇率制度下汇率波动的影响。研究发现，汇率制度与汇率波动可能产生的效果无关。在任何一种汇率制度下，汇率波动的增加既可能促进出口，也可能减少出口，倚赖于消费者的偏好等条件。

Barkoulas 和 Baumand（2002）探讨了汇率波动的原因，把汇率波动的原因分成三类。当汇率波动时，背后导致汇率发生波动的原因的不同，决定了对出口的不同影响。Sercu 和 Uppal（2003）使用随机一般均衡模型分析汇率波动与出口的关系，研究发现汇率波动的增加是否减少国际贸易倚赖于汇率波动的来源。Koren 和 Szeidl（2003）使用一个一般均衡模型研究汇率与其他宏观变量的相互作用，他们的主要研究结果是，作为汇率风险的代理变量——汇率的方差对贸易没有影响，重要的是汇率与其他一些对产出成本和需求方面有影响的变量的协方差对贸易有影响，而且这些协方差大小与消费者面临风险大小的差异会影响贸易。

汇率风险如果被分散，那么汇率波动会与贸易无关。Ethier（1973）提到如果能通过汇率远期市场对汇率进行完全套利，那么汇率风险与贸易无关。除了通过汇率远期市场降低汇率风险，其实还有一些其他方法。Makin（1978）从金融资产组合角度进行解释，认为一个企业的资产负债表包括多个资产，即使其中一种资产风险比较大，但是如果该资产的加入能够降低整个企业资产组合的风险，那么该资产的加入是有益的。对跨国公司来讲，可以通过拥有多种货币的资产来降低外汇风险。Clark（1973）也提到如果由于汇率问题，当出口价格降低时，可以进口价格较低的中间投入品，从而降低出口产品的成本。

理论研究对结论的推出都有一定的假设条件，得到汇率风险与贸易存在负相关的结论，一般要求假设风险厌恶，不存在完全套利，企业面临的唯一不确定性来自汇率的不确定性，并且假设一旦汇率发生变化，厂商不能调整生产和出口，因此汇率变化不能带来利润上的机会。那么放开这些条件会如何呢？从理论回顾可以看到，放宽假设条件时得到的结果并不确定。

我们认为每篇理论研究都有其合理的一面，他们针对不同厂商进行分析，厂商性质存在不同，面对相同的汇率环境时，它们的反应也不同，有的厂商可能减少出口，有的厂商可能增加出口。一个国家由这些不同的厂商构成，那么总的效果就不能单根据某一篇理论研究确定。许多研究者认为汇率风险对出口的影响本质上是一个实证问题。另外，尽管理论研究没有一致的结论，但是可以发现，它们有一个共同点，即汇率风险对出口是有影响的。那么这种影响是否显著？如果显著，则程度如何？这些都需要进行实证分析。

2.1.2　汇率风险与贸易关系实证文献回顾

下面根据使用的数据类型和计量方法的不同分类对实证文献进行回顾。

1. 使用面板数据和引力模型

Dell（1999）使用欧盟和瑞士 1975~1994 年的年度数据，用四种方式度量汇率波动率，得到汇率风险与贸易存在负相关的结论。他使用不同方式估计汇率波动率时，得到汇率风险与贸易的相关程度不同。为了检验稳健性，Dell（1999）使用固定效应和随机效应估计，结果都存在负的显著关系，但是相关程度比使用普通最小二乘法低。

Rose（2000）使用引力模型研究 186 个国家汇率风险与贸易的关系，主要目的是研究欧洲货币一体化对贸易伙伴进出口的影响，但是同时检验了汇率波动率对贸易的影响是否显著。Rose（2000）使用汇率对数收益率的标准差作为汇率波动率的度量,发现汇率波动率与贸易量存在显著的负相关关系,尽管幅度比较小。波动率每下降一个标准差(大约 7%),双边贸易会增加 13%。为了结果的稳健,Rose(2000)使用不同方式来估计汇率风险,但都得到类似的结论。

Tenreyro(2004)使用与 Rose(2000)类似的引力模型,使用更多国家且更长的样本区间(1970~1997 年),波动率的估计方法同样使用标准差。Tenreyro(2004)的主要目的是研究估计方法不同是否会得出不同的实证结论。使用普通最小二乘法时确实得到负相关的结论,但是相关系数非常小。使用其他的估计方法,但忽略内生性时,仍然得到显著的负相关关系,但是相关系数减少。考虑到内生性,使用工具变量法时,汇率波动率与贸易不再相关,而且使用不同的工具变量得到相同的结论。

IMF(2004)对汇率波动率进行了比较详细的分析,研究发现 20 世纪 90 年代的汇率波动率并不比 70 年代的汇率波动率大,虽然发生金融危机时,汇率可能发生突然变化。但在汇率波动率方面,发达国家汇率的波动浮动比较小,而新兴市场国家和发展中国家汇率波动浮动有所增加。IMF(2004)实证发现汇率波动率对贸易有阻碍作用,但是结果并不稳健。如果改变模型,或者改变估计方法,则得不到显著的关系。IMF(2004)认为这一结论与近期的理论模型结果一致。因为导致汇率波动的原因非常复杂,不同的原因会导致不同的后果。在政策方面汇率平稳并不一定能促进贸易,因此不需要稳定汇率波动以促进出口。但是没有明确结论,并不说明汇率波动不会通过其他非贸易的渠道影响经济。例如,发生外汇危机时,汇率巨大的波动幅度需要产出和消费方面的深度调整。因此,应当采取政策避免汇率巨大波动,而不是直接通过贸易变化来减少汇率的中等程度的波动。

Giorgioni 和 Thompson(2002)研究美国向埃及、以色列、意大利、日本、韩国、摩洛哥、巴基斯坦和菲律宾的小麦出口受汇率波动率的影响,使用面板数据的多种估计方法进行估计,结果发现进口国总的小麦进口的波动率对从美国的进口有显著负面影响,汇率波动率影响不显著。Cho 等(2002)使用引力模型研究农产品贸易,样本国家和地区包括 G7、比利时、荷兰和瑞士。运用 1974~1995 年的年度数据,使用标准差估计波动率,研究发现农业受到波动率的负面影响大于其他部门。Ivan(2008)使用与 Cho 等(2002)类似的方法,运用更多的样本国家研究汇率波动率对农产品贸易的影响,研究发现在 G10 之间的农产品贸易与汇率波动率负相关。但是当样本国家扩大到包括其他发达国家和发展中国家时,汇率波动率对农产品贸易没有影响。造成这一结果可能是因为这些国家的农产品不同,农产品补贴波动率与汇率波动率有类似的短期变化规律。

Broda 和 Romalis(2003)使用分类数据研究发现波动率对贸易降低效果不同,虽然影响程度都很小,对总贸易水平降低 3%,但是对工业品降低 5%,并且研究发现汇率波动率增加对发展中国家贸易的影响程度大于发达国家。Péridy（2003）使用固定效用、似不相关回归（seemingly unrelated regression，SUR）和广义矩估计等多种估计方法，研究 G7 每个国家对主要贸易伙伴的出口。Péridy 认为竞争特点、价格策略成本等因素导致不同类型的出口对汇率波动率存在不同反应。总的结论是对所有国家存在负相关关系，但是对不同类别和区域来讲存在不同。例如，对于燃料、天然产品和纺织品等存在强的负相关关系。但是在有的国家（如法国）在某些产品类型上存在正相关关系，如在电子设备、信息设备和医药设备等。从区域上看，G7 向发展中国家的出口与汇率波动率负相关，但是向其他发达国家的出口与汇率波动率或者正相关或者无关。因此，Péridy 认为使用总出口数据由于产品加总或者区域加总会带来有偏的估计结果。Lee 和 Saucier（2007）使用引力模型研究一些亚洲国家之间贸易与汇率波动率之间的关系。样本国家和地区包括中国内地、中国香港、日本、韩国、菲律宾、新加坡和中国台湾。样本区间为1986~2003 年，使用广义自回归条件异方差（general autoregression conditional heteroscedasticity，GARCH）估计汇率波动率。考虑到东南亚金融危机，样本区间分为 1986~1996 年和 1999~2003 年两个阶段。研究证实汇率风险与贸易负相关。Lee 和 Saucier（2007）认为通过货币政策的合作保证汇率平稳变化是重要目标甚至是促进贸易一体化的前提。Hayakawa 和 Kimura（2009）集中研究东亚汇率波动率与国际贸易的关系，主要结论是在东亚范围内汇率波动率对贸易的负作用大于其他地区，主要原因是汇率波动率对中间产品影响大，而东亚的主要贸易品是中间产品。汇率波动率对贸易的影响程度大于关税的影响而小于距离成本的影响。

Chit 等（2010）研究金融市场发展程度不同的情况下，汇率波动率对贸易的影响是否存在不同。采用的模型如下：

$$X_{ijt} = \theta_t + \alpha_{ijt} + \beta_1 Y_{jt} + \beta_2 RP_{ijt} + \beta_3 V_{ijt} + \beta_4 FSDI_{jt} + \beta_5 V_{ijt} \cdot FSDI_{it} + \beta' Z_{ijt} + \varepsilon_{ijt}$$

其中，X_{ijt} 表示时刻 t 国家 i 向国家 j 的实际出口；Y_{jt} 表示进口国 j 在时刻 t 的实际GDP；RP_{ijt} 表示国家 i 到国家 j 的出口；V_{ijt} 表示国家 i 与国家 j 在时刻 t 的实际双边汇率的波动率；FSDI 表示金融市场发展程度；Z_{ijt} 表示一些其他引力模型常用的控制变量，包括两国国家的距离、是否有共同边界、是否在自由贸易区内等。预期 $\beta_3 < 0$，$\beta_5 > 0$，意味着汇率风险阻碍贸易，金融市场发展不发达时，汇率波动率的负面影响更大。金融市场发展指数是使用三个关于金融市场发展的指标通过主成分法构造一个金融市场发展指数。代表金融市场发展的三个指标如下：PCR代表私人贷款对 GDP 的比率；CMB 代表存款银行资产占存款银行与中央银行总资产的比率；LQ 代表流动资产对 GDP 的比率。这三个指标各有优缺点，如 CMB代表金融部门的系统结构，LQ 代表金融部门的规模。因此，使用这三个指标的线性组合构造一个金融市场发展指数 FSDI。FSDI=α_1PCR+α_2CMB+α_3LQ，其中组合系数是第一主成分。Chit 等（2010）使用 1990 年第一季度至 2006 年第四季度的数据，运用 GMM-IV 估计法研究东南亚五个新兴市场国家（中国、印度尼西亚、马来西亚、菲律宾、泰国）之间以及它们与 13 个工业化国家之间的贸易和实际汇率波动率的关系。研究发现，汇率波动率对新兴市场国家的出口有显著的负作用，并且对出口的影响依赖于金融发展水平，金融发展程度越差，汇率波动率对出口影响程度越大。

2. 使用时间序列数据和协整误差修正模型

Asseery 和 Peel（1991）使用 1972~1987 年的季度数据，以澳大利亚、日本、英国、美国和联邦德国为样本，使用协整和误差修正这种新方法来检验汇率波动率与出口之间的关系，研究发现对大多数国家而言，两者之间的关系是正相关。

Hasan（1999）使用 1990 年 1 月至 2000 年 12 月的数据研究土耳其与欧盟三个主要贸易伙伴和美国之间双边实际出口及汇率波动率的关系，并且使用了两种估计汇率波动率的方法：一种是标准差法；一种是实际汇率与预期汇率的差。研究发现，从长期看，土耳其与德国、意大利、法国和美国双边出口及实际汇率波动率之间存在显著的负相关关系。短期内，只有德国得到显著的负相关关系，其他国家不显著，Hasan（1999）认为这主要是因为远期汇率市场的存在对短期汇率波动进行了分散，所以短期统计得不到显著的关系。

Arize 等（2000）使用 13 个不发达国家（least development country，LDC）1973~1996 年的季度数据，运用 Johansen 的多元协整检验和误差修正模型（error correction model，ECM）研究长期及短期出口与汇率波动率之间的关系，对 13 个国家的研究发现存在显著的长期和短期负相关的关系。

Rapp 和 Reddy（2000）使用 1978~1995 年的月度数据，研究美国与 G7 贸易伙伴相互间的出口关系，出口分成 8 个类别。研究结果是混合的，39 个协整向量中，18 个具有显著的负系数，14 个具有显著的正系数。在不同国家、不同产品类型中结论都不尽相同。例如，法国表现出正相关，日本表现出负相关，在食品领域存在长期正相关关系，等等。

Doyle（2001）使用 1979~1992 年的月度数据研究以色列对英国的出口，并且出口数据根据国际贸易标准分类（Standard International Trade Classification, SITC）对贸易进行分类。对大部分分类贸易和总出口数据，得出汇率波动率增加促进出口的结论。Doyle（2001）既使用名义汇率波动率又使用实际汇率波动率，认为作为小型开放国家，以色列只能接受汇率波动，但是跨国公司减弱了汇率波动率的影响。Bredin 等（2003）使用 1978 年 3 月至 1998 年 4 月的季度数据研究以色列的出口，只是研究的是向欧盟的出口，通过 SITC 一位数把产品分为三大类，即

1~4、5~8 和 0~8。他们认为 5~8 这一类产品主要由跨国公司出口，几个类别都得到正相关关系。de Vita 和 Abbott（2004a）使用有界研协整方法研究英国向其他欧盟国家的出口。出口分成四类，即工业品、食品、原材料和服务业。他们使用总出口数据研究发现，从英国向德国、荷兰、瑞典的出口与汇率波动率存在正相关关系。在分类水平上，只有服务业得到正相关关系。de Vita 和 Abbott（2004a）认为不同行业存在不同的风险厌恶程度。

Siregar 和 Rajan（2004）研究印度尼西亚进出口与汇率波动率的关系。在东南亚金融危机之后，印度尼西亚的货币深度贬值，贬值的目的是期望能够促进出口，从而带动经济复苏，但是出口恢复非常慢，甚至危机四年后，出口仍然没有恢复。因此他们研究汇率波动率增加对出口是否存在负面作用，并使用 1980~1997 年的季度数据，但是没有包括金融危机期间的数据，目的是避免大幅度的汇率波动给估计结果带来误差。他们使用两种方法的标准差和 GARCH（1，1）模型估计汇率波动率，研究了总出口、总进口、进口中间产品、进口滋补品、对日本的出口以及对日本的进口。因为使用了两种估计汇率波动率的方法，所以共 12 个模型。在 12 种情况中，有 9 种情况得到负相关的关系。因此，Siregar 和 Rajan（2004）认为这一研究成果支持采用"钉住"汇率制度，认为更浮动的汇率制度会带来更大的汇率波动率。

Arize 等（2005）使用 1973~1997 年的季度数据研究八个拉丁美洲国家出口与汇率波动率的关系，在这段期间这些拉丁美洲国家普遍采用比较浮动的汇率制度。研究发现，长期和短期内汇率风险对出口都存在阻碍作用。

Choudhry（2005）使用 1974~1998 年的月度数据，研究美国向日本和加拿大的出口与汇率波动率的关系，使用 GARCH（1，1）模型分别估计名义汇率波动率和实际汇率波动率，使用两种波动率得到的结论是相同的，即对出口日本和加拿大都得到负相关的结论。

Aliyu（2010）研究尼日利亚非石油出口与汇率波动率的关系。被解释变量是非石油出口，解释变量包括尼日利亚汇率波动率、美元汇率波动率、尼日利亚贸易条件和开放指数。Aliyu（2010）使用多元协整检验法，研究发现非石油出口与汇率波动率存在长期协整关系。尼日利亚波动率降低出口 3.65%，但是同等程度美元波动率的增加促进出口增加 5.2%。所以 Aliyu（2010）建议尼日利亚的对外贸易更开放，并且保持汇率平稳。

Pål 和 Fagereng（2010）使用挪威的数据进行实证分析。几十年来挪威的汇率目标发生过许多变化，但是从总体看，出口面临更大的汇率波动率。变大的汇率波动率对出口可能会产生一些影响。最近，挪威转向通货膨胀目标和自由浮动汇率制度，这些变化会导致更大的汇率波动率。他们发现汇率波动率对出口没有显著的阻碍作用，但是随着汇率制度从固定转向浮动虚拟变量，并且亚洲金融危机虚拟变量的系数显著为负。

Avsar 和 Turkcan（2013）使用美国汽车部件出口数据，运用面板协整方法研究汇率波动率对该产品出口的影响，研究特点是区分出口产品是最终消费品还是中间产品，研究发现汇率波动促进最终消费的出口贸易，而中间产品贸易与汇率波动率无关。

Bahmani-Oskooee 和 Harvey（2011）研究了美国与马来西亚双边出口和汇率波动率的关系，使用双边出口数据研究发现，长短期内，汇率波动率与出口都不存在显著的关系。运用分类出口数据进行研究发现，对大部分类别而言在短期内汇率波动率与出口有关，但是从长期看，只有少部分产业类别的出口与汇率波动率有关。Bahmani-Oskooee 等（2014）使用美国与西班牙双边贸易分类数据，研究了美国 131 个类别的出口，以及 88 个类别的进口与汇率波动率的关系，研究发现长短期内，只有部分类别的进出口与汇率波动率有关，出口的响应程度比进口更明显。具体来看，只有 35 个出口类别与汇率波动率相关，其中 11 个正相关，24 个负相关。进口类别中只有 3 个类别正相关，11 个类别负相关。没有证据表明耐用品与非耐用品间存在区别。

3. 其他模型

Kroner 和 Lastrapes（1993）使用多元 GARCH-M（general autoregression conditional heteroscedasticity in mean，即广义自回归条件异方差–均值）模型估计多个国家出口量、出口价格与汇率波动率的关系。这种方法与其他方法的不同在于，同时估计出汇率波动率和出口量与价格方程，而不是像其他方法那样分两步：首先估计出汇率波动率；其次把汇率波动率变量再放在其他模型中进行研究。样本国家包括美国、日本、英国、联邦德国和法国。使用月度数据，样本区间从 1973 年 1 月开始，截止时间是 1990 年，由于数据可得性，不同国家的终止时间不同。研究发现所有国家汇率波动率对出口量和价格都有显著影响，但是对出口价格的影响更大。不同国家的样本得到的系数存在比较大的差异。

Klaassen（2004）使用一个分布滞后模型，主要解释为什么许多实证分析得不出贸易与汇率波动率之间存在显著的关系，并且使用三种方法估计汇率波动率：①使用标准差法；②对标准差建立一个 AR（2）模型，通过该模型预测未来的汇率波动率；③使用 GARCH（1，1）模型估计汇率波动率。使用月度数据，样本区间为 1978~1996 年，被解释变量是美国向其他 G7 国家的双边出口。通常认为汇率波动率与贸易之间存在负相关的关系。但是许多实证分析却不能得出显著的关系。他认为统计上的不显著，并不能说明在实际中不存在真实的负相关关系。Klaassen（2004）选择常用的发达国家使用时间序列数据，并运用一年的月度汇率数据来估计汇率波动率，但是一年内的汇率波动率波动浮动比较小，所以在实证上不显著。他建议使用汇率波动幅度大的发展中国家数据，或者使用截面数据（不同国家汇率波动率存在明显差异），应该能得到显著的结果。Klaassen（2004）还总结了三个不显著的原因：①如果能对冲汇率风险，那么即使汇率存在波动，它的影响也已经消失；②实证方法有错误，如果模型中的滞后长度设置不正确，那么汇率波动率的系数的估计将会是有偏的；③汇率波动率不是观察到的而是估计的，估计方法不同会得到不同的结论。

Fang 和 Thompson（2004）使用二元 GARCH-M 模型，研究中国台湾地区出口与汇率波动率的关系，发现二者之间存在负相关的关系，但是数量比较小。Fang 等（2006）使用 1973~2003 年的月度数据研究汇率风险在汇率升值和汇率贬值时对贸易的影响是否存在非对称特征，并对动态多元条件 GARCH（1，1）-M 模型进行实证分析。同时使用八个亚洲国家向美国出口的数据。在这八个国家中，有五个国家汇率风险是对称的。对八个国家进行研究发现实际汇率波动率对出口有显著影响，但是影响方向不同，有些国家降低出口，而有些国家促进出口。因此 Fang 等（2006）建议在考虑通过贬值促进出口的国家，如果波动浮动上升并且波动率与出口负相关，那么伴随贬值的高波动率仍然产生阻碍出口的效果，甚至比升值阻碍作用更多。Fang 等（2007）使用两元 DCC-GARCH-M（dynamic conditional correlation general autoregression conditional heteroscedasticity in mean，即动态条件相关系数-广义自回归条件异方差-均值）模型研究汇率贬值和汇率风险对出口产生的净作用。汇率对出口的影响有两个渠道：一是汇率贬值促进出口；二是汇率波动率增加会阻碍出口。因此，汇率变化的净效果依赖于两个渠道的共同作用。研究发现对这八个国家贬值促进出口但是对出口增长的贡献非常小。对马来西亚和菲律宾汇率风险促进出口，因此贬值和汇率风险的净作用是促进出口，而对其他六个国家和地区而言汇率风险对出口有阻碍作用。对印度尼西亚、日本、新加坡和中国台湾得到净负作用，而对韩国和泰国的净作用为 0。

Baum 等（2004）运用 13 个样本国家 1980~1998 年的月度数据，研究汇率波动率对贸易的影响是否与贸易国的宏观经济波动率有关。理论模型如下：

从供给方面看，基本的理论是出口供给与出口价格有关：

$$q_x^s = q_x^s(p)$$

其中，p 表示出口价格；q 表示出口数量。但是根据期权理论，如果汇率波动浮度增加，或者外国收入水平波动浮动增加，同样会影响供给，因此出口供给方程可以推广为

$$q_{xt}^s = q_{xt}^s\left(p_t, \sigma_{t-i}(s), \sigma_{t-i}(y), \sigma_{t-i}(s) \cdot \sigma_{t-i}(y)\right)$$

其中，y 表示外国的收入；s 表示实际汇率；$\sigma(s)$ 表示汇率波动率；$\sigma(y)$ 表示

外国收入波动率。因为出口合同的签订在商品交易之前，所以出口与滞后的波动率有关。从出口需求方面看，出口需求与外国收入、进口价格和本国本地价格相对值有关，即

$$q_{xt}^d = q_{xt}^d \left(E_{t-i} \left(p_t - s_t \right), \sigma_{t-i} \left(p_t - s_t \right), y_{t-i} \right)$$

当供给与需求均衡时，得到的出口量公式为

$$x_t = f \left(y_{t-i}, E_{t-i}(s), \sigma_{t-i}(s), \sigma_{t-i}(y), \sigma_{t-i}(s) \cdot \sigma_{t-i}(y) \right)$$

即出口量（实际出口）与外国收入滞后变量、对实际汇率的预期、汇率波动率滞后变量、外国收入波动率滞后变量、汇率波动率与外国收入波动率滞后变量交叉相乘项有关。该模型的重点是两个波动率的交叉相乘项，即汇率波动率的影响与外国收入水平波动幅度有关。研究发现平均来看汇率波动率对出口有促进作用，外国收入波动率对出口的作用没有显著的结果，汇率波动率对贸易影响程度与外国收入波动率水平有关，或者增强或者减弱。Mustafa 和 Di（2008）研究了实际汇率波动率对美国与 13 个主要贸易货币分类产品贸易的影响。与 Baum 等（2004）增加外国收入波动率，汇率波动率与外国收入波动率交叉相乘项。研究发现，美国与发展中国家的贸易与汇率波动率有关，但是与发达国家间的贸易和汇率波动率无关。

Zhang 等（2006）使用门限模型研究汇率波动率对贸易量是否存在门限效果，选择美国与 G7 国家之间的双边贸易。他们使用时间序列方法估计长期和短期方程，结果支持汇率波动率存在非线性效果。当汇率波动率超过某个门限后，贸易量增加。Helmut 和 Weber（2007）认为大量关于汇率波动率对贸易影响的研究没有考虑到两者的关系可能是非线性的，另外关于汇率波动率的估计没有使用事前预测；他们使用事前预测方法估计汇率波动率，并选择 15 个工业化国家，研究出口和进口受汇率波动率的影响程度。结果发现非线性模型优于线性模型，并且关系显著。但是影响程度由于国家的不同以及进出口产品类型的不同而不同。

Baum 和 Caglayan（2008）使用 1980~2006 年的月度数据，研究欧盟、其他工业化国家、新兴工业化国家共 22 个国家和地区汇率波动率对贸易量与贸易波动率的影响。他们使用每个国家对其他 21 个国家的双边出口进行研究。则每个国家最多有 21 个双边出口数据，但是根据数据的可得情况，实际上每个国家的双边贸易国家个数都不相同。例如，日本最多，有 20 个双边贸易国家，因此需要对日本估计 20 个模型，使用的分布滞后模型如下：

$$x_t = \alpha + \varphi \sum_{i=1}^{6} \delta^i x_{t-i} + \beta_1 \sum_{i=1}^{6} \delta^i \sigma_{s_{t-i}}^2 + \beta_2 \sum_{i=1}^{6} \delta^i y_{t-i} + \beta_3 \sum_{i=1}^{6} s_{t-i} + \varepsilon_t$$

其中，x 表示出口量；x_{t-i} 表示出口的滞后变量；s 表示汇率；σ 表示汇率波动率；y 表示外国的收入。Baum 和 Caglayan（2008）使用两元 GARCH-M 模型估计汇率

波动率。

关注的系数是 β_1 和平稳时汇率波动率对出口的影响。平稳系数的计算如下：

$$\hat{\beta}_1^{ss} = \left(\hat{\beta}_1 \sum_{i=1}^{6} \hat{\delta}^2 \right) \Big/ \left(1 - \varphi \sum_{i=1}^{6} \hat{\delta}^i \right)$$

以日本为例，估计得到 20 个 β_1，报告 β_1 的中位数以及这 20 个回归中 β_1 显著不等于 0 的次数，同时报告 $\hat{\beta}_1^{ss}$ 的中位数。

Baum 和 Caglayan（2008）用类似的方法研究了汇率波动率对贸易波动率的影响。研究发现，汇率波动率对贸易量没有影响，但是对贸易波动率有影响。

Cheung 和 Rajeswari（2013）使用 2000~2010 年企业水平的数据研究印度非金融企业出口与汇率波动率的关系。研究发现，汇率波动率对企业水平的出口存在明显的阻碍作用。模型还通过增加汇率波动率是增加还是降低虚拟变量研究非对称性，研究发现汇率波动率增加和汇率升值对出口的阻碍作用大于相反时的促进作用。

Baek（2014）研究了韩国与美国双边贸易汇率波动率的作用，把双边进出口分为 10 个产业类别，研究发现出口与汇率波动率、汇率和第三国汇率波动率都存在显著关系，而进口与汇率波动率关系不显著。另外，对进出口而言，收入都是最重要的影响因素。Choudhry 和 Hassan（2015）研究英国与三个发展中国家（巴西、中国和南非）的进口和汇率波动率的关系，把英镑与美元之间的汇率作为第三国汇率，特别考虑了第三国汇率波动率和金融危机对进口的影响。他们使用 1991~2011 年的月度数据，建立了非对称的自回归分布滞后（autoregression distributed lag，ARDL）模型，研究表明汇率波动率对进口有显著的影响，同时第三国汇率波动率也存在显著影响。因此，制定贸易政策时要考虑减小汇率波动从而促进贸易流量。

4. 汇率风险与进口的实证研究

上文的实证研究都是关于汇率波动率对出口方面的影响。而汇率波动率对贸易的影响远远不限于出口，在实证研究发展过程中，首先是对出口的研究，然后才开始逐渐对进口进行研究，下面对进口方面的实证研究进行总结。

Gotur（1985）使用总进口数据研究美国、德国、法国、日本和英国汇率波动率对进口的影响，结果是混合的。Caporale 和 Doroodian（1994）使用 1974~1992 年的月度数据，运用 GARCH 模型估计汇率波动率，发现美国从加拿大的进口与汇率波动率存在显著的负相关。McKenzie 和 Brooks（1997）对澳大利亚、德国与美国之间的双边进口进行研究，结果仅发现对澳大利亚得到微弱但显著的相关关系。Koray 和 Lastrapes（1989）使用向量自回归（vector autoregressive，VAR）模型研究汇率波动率与进口的关系。使用 VAR 模型的两个优点如下：一是不用假

设哪些变量是外生的，哪些是内生的；二是可以考虑变量间的动态关系。Koray
和 Lastrapes（1989）研究美国从日本、加拿大、英国、德国及法国的进口与汇率
波动率的关系。除进口与汇率波动率变量外，VAR 模型中还包括一些宏观经济变
量，它们是母国和进口国的货币供给、利率和物价水平，产出还有两国之间的名
义汇率。他们使用 1959~1985 年的月度数据，但是估计区间以布雷顿森林体系解
体前后分别进行估计（因为在此之前是固定汇率制度，之后是浮动汇率制度时代）。
通过脉冲相应函数，研究发现汇率波动率与进口存在弱相关关系，相关程度在浮
动汇率时期更明显。Lee（1999）认为耐用品有一定的投资性质。因此，风险厌恶
的消费者在面对汇率风险时会要求风险补偿。汇率波动是进口价格变化的一个因
素，因此汇率波动率是否对耐用品进口存在阻碍作用是 Lee 希望检验的一个假设。
同时 Lee（1999）使用美国的进口数据验证了这一观点。

　　Pugh 等（1999）使用经济合作与发展组织（Organization for Economic Co-operation
and Development，OECD）中 16 个国家 1980~1992 年的数据，建立引力模型。研
究发现，汇率波动率增加会降低进口，名义汇率改变一个标准差时，进口大约降
低 10%。Anderton 和 Skudelny（2001）使用 1989 年 1 月至 1999 年 2 月的季度面
板数据，研究欧元区与主要贸易伙伴美国、日本、丹麦、瑞典、瑞士、英国进口
和汇率波动率的关系。这六个欧元区外的主要贸易伙伴占进口总额的 50%以上。
同时 Anderton 和 Skudelny（2001）还研究欧元区内相互进口与欧元区和区外进口
之间的差异是否由于两者之间汇率波动率的差异引起替代作用，并且使用欧盟每
个国家对 6 个主要贸易伙伴的进口数据建立模型（欧盟每个国家分别对 6 个贸易
伙伴的出口），然后把欧盟对 6 个主要贸易伙伴的进口加总建立一个总的面板数
据（欧盟对 6 个主要贸易伙伴的出口）。通过第一个模型发现欧盟区外汇率波动
率的增加阻碍进口，欧盟内汇率波动率的增加导致进口替代，即从欧盟区外进口。
最后使用总的数据验证汇率波动率的增加阻碍进口。Byrne 等（2008）研究汇率
波动率对美国与英国、德国、法国、意大利、荷兰和西班牙双边进出口的影响。
创新之处在于使用分类产品工业价格指数而不是使用同样的总的价格指数。根据
经济和计量手段将产品分成 22 个类别。他们使用 1989~2000 年的面板数据以及固
定效用估计法，得到汇率风险与进口存在显著的负相关关系，但是对出口的负面
作用大于对进口的负面作用。

　　Yarmukhamedov（2007）使用协整检验研究瑞典的进出口与汇率波动率的关
系，同时使用 1993 年 1 月至 2006 年 12 月的月度数据，将出口量与进口量分别作
为因变量，解释变量包括用 EGARCH 模型估计的汇率波动率等。从短期看，进
口和出口与汇率波动率负相关。Bahmani-Oskooee 和 Mitra（2008）使用 1962~2004
年的年度数据研究美国与印度之间分类贸易和汇率波动率的关系，运用的是有界
协整检验法。研究发现，短期内 17 种类别的进口贸易和 15 种类别的出口贸易与

汇率波动率存在显著关系，但是长期看关系不大。

Bahmani-Oskooee 等（2011）使用 1962~2004 年的年度数据以及 120 个进口和出口分类数据研究墨西哥贸易与汇率波动率的关系。研究发现，汇率波动率在短期内对大部分类别有显著影响，有 1/3 的类别存在长期关系。在这些显著关系中，正相关的次数是负相关的两倍。有些部门的贸易者更厌恶风险，因此不是利用汇率波动率增加贸易，而是减少贸易。经济一体化、产业内贸易都是降低汇率波动率敏感性的原因。汇率波动率和贸易相关性在短期显著，但是长期不显著。这可能是因为短期贸易合同不能改变的情况下，不确定性对贸易有影响。但是当贸易者可以调整他们的行为时，不确定性的影响消失了。但是对某些产业长期仍然存在显著关系，如汇率波动率显著减少了墨西哥农业和纺织业的贸易量。对汇率政策而言，研究结果有所启示。因为墨西哥元在贬值的同时伴随着大的波动率。高波动率对多数产业的贸易有负影响，有正面影响的产业占少数。贬值间接地对某些工业的贸易带来阻碍作用。因此，一些产业在长期对贬值不显著，墨西哥应该在贬值的同时平稳汇率才能促进出口。

2.1.3　关于中国的实证研究

分析汇率波动率与中国进出口贸易关系的论文相对外文文献不多，但是与国外研究相同的是汇率波动率与贸易关系的实证结论也不尽相同。Chou（2000）使用 1981~1996 年的季度数据，研究实际有效汇率波动率对中国总出口以及根据 SITC 分成四个部门分析出口的影响，并且使用 Johansen 协整检验和有界协整检验两种协整检验方法进行研究，得出的结论是汇率波动率对总出口、制造业、矿业有不利影响，但是对工业品存在正面影响。曹阳和李剑武（2006）对进口和出口与汇率风险的关系进行了研究，首先使用 AR-GARCH（autoregression-general autoregression conditional heteroscedasticity，即自回归-广义自回归条件异方差）模型估计汇率波动率，之后采用两步法进行协整检验。研究发现，从长期看，随着汇率波动率的增加，中国的出口量会减少，而进口量则会增加。然而，短期中汇率波动率的增加对贸易影响不大。谷宇和高铁梅（2007）分析了人民币汇率波动性对中国进出口的长短期影响，选择实际有效汇率作为汇率的代理变量，通过回归检验了该变量选择的恰当性。他们采用 GARCH 模型估计汇率波动性。分析表明：在长期内，人民币汇率波动一旦对进口、出口的影响显著不同，对进口表现为正向冲击，对出口表现为负向冲击；在短期内，对进口、出口都表现为负向冲击，但对进口的冲击效应稍大。从长期看，人民币实际有效汇率的波动性扩大能在一定程度上降低贸易顺差。同时还发现：中国出口主要受贸易伙伴国实际收入及对外直接投资的推动，而且出口对价格变动很敏感；中国进口的增长则主要受中国实际收入增长的推动，而且对价格变动不敏感。许可（2012）使用 2001 年 1 月至 2010 年 6 月中国对东盟、日本、美国、欧盟、韩国、中国香港六个主要贸易伙伴的月度进出口数据进行实证研究，同时利用 GARCH 模型估计汇率波动率，使用协整检验和误差修正模型对人民币实际汇率变化以及汇率波动率对中国和各贸易伙伴进出口贸易的长期与短期影响进行分析，比较了汇率因素对各个贸易伙伴的影响。研究结果表明，从长期来看，人民币实际有效汇率和多数贸易伙伴的出口显著负相关，没有与其正相关的贸易数据；其波动率可能有多种长期效果。从短期来看，人民币实际有效汇率对与欧盟、东盟、中国香港出口有反向冲击作用，对韩国进口有正向作用。毕玉江（2013）选取中国主要贸易伙伴（美国、欧盟、日本、东盟及韩国五个国家和组织）作为研究对象，使用 1999 年 1 月至 2010 年 1 月的月度数据分析了人民币汇率波动风险对双边贸易差额的影响。研究发现，总体而言，汇率波动率风险对双边贸易差额具有显著影响。贸易伙伴国（地区）国内经济发展状况是双边贸易差额变化的主要影响因素，中国自身的经济发展对贸易顺差的形成及调整具有重要作用。

陈平和熊欣（2002）使用 1991 年与 1995 年中国 22 个主要贸易国的截面数据建立贸易引力模型，研究名义汇率波动程度对出口的影响，结论是汇率波动率增加会导致出口降低，而且影响程度很大，能达到 50%。李广众和 Voon（2004）使用 1978~1998 年的面板数据分析了汇率波动率、汇率错位对不同商品出口量的影响，结论是汇率波动率影响显著。余珊萍（2005）建立贸易引力模型研究名义汇率波动率的影响，根据 2000~2003 年中国十个主要贸易伙伴国的面板数据，使用固定效应估计法进行研究，发现汇率波动率增加对出口的影响在统计上不显著。

陈六傅等（2007）把企业分为国有、集体、合资、合作、独资和其他六类企业类型，研究不同企业出口与汇率风险的关系，用 GARCH（1，1）模型估计中国实际有效汇率的波动率，使用 1995~2005 年的月度数据，通过协整和误差修正模型研究汇率风险与出口之间的长短期关系。研究发现，六个类型的企业出口与汇率风险都存在长期关系，但是不同类型的企业与风险的关系不同，国有企业、独资企业和合作企业是正相关，集体、独资和其他是负相关。短期内，误差修正项系数都为负，说明可以调整回均衡状态，但是系数大小不同，调整速度不一。

陈云和何秀红（2008）使用海关编码（harmonized system，HS）分类，研究 HS 不同类别下出口与汇率风险的关系。出口按照 HS 分为 22 类，删除出口变化比较大的类别，对剩余的 18 个类别进行研究，研究发现只有 9 个类别的出口与汇率风险存在长期关系，他们对这 9 个类型的出口建立了 ADL 误差修正模型，发现汇率风险对出口的影响与出口类型关系很大，系数大小和符号随着产品的不同而不同。

马丹和华圆（2011）使用名义汇率和实际汇率两种汇率类型，研究实际汇率波动率和名义汇率波动率是否效果不同。他们采用中国对 28 个主要贸易伙伴国出口的面板数据，对比分析了 2005 年汇改前后两类汇率波动风险对中国出口的影响。研究发现，无论是汇改前还是汇改后，实际汇率波动率对中国的出口系数不显著，而汇改后，人民币名义汇率波动率却对中国的出口有显著的负向作用。马丹和华圆（2011）认为相对于实际汇率波动风险而言，名义汇率波动风险对中国出口的影响更显重要。张伯伟和田塑（2014）使用中国与 147 个国家的双边出口数据，研究汇率风险对出口的影响，样本区间为 2000~2011 年，时间跨度包括 2005 年中国汇率制度改革。研究发现汇率风险对出口有促进作用。他们把样本分为 2005 年前后重新验证，发现结论相同，但是 2005 年之后汇率风险对出口影响降低。张伯伟和田塑（2014）进一步使用门限模型，研究汇率波动幅度不同的情况下，汇率风险对出口的影响是否不同，结果表明人民币适度贬值和升值幅度将促进出口，但是人民币大幅升值时将阻碍出口。

2.1.4　文献回顾小结

通过国内外文献综述，我们发现实证研究根据使用的数据类型可以分成两类：一类使用时间序列数据；一类使用面板数据。使用两类数据都可能涉及多种模型和计量方法。例如，使用时间序列数据可以使用协整方法，也可以使用 VAR 方法；使用面板数据可以使用引力模型，也可以使用混合的普通最小二乘法或者固定效用法和随机效用法，也可以使用面板协整方法。

对波动率的估计存在不同的方法。一般通过滑动平均来计算汇率收益率的标准差法衡量汇率风险，之后使用 GARCH 模型估计汇率波动率。比较新的方法是使用多元 GARCH 模型，同时估计波动率和回归模型，而不是分成两个阶段，先估计汇率波动率，再建立其他模型。

另外，使用名义汇率波动率还是实际汇率波动率也有争论。Bini-Smaghi（1991）支持使用名义汇率波动率。这是因为"实际汇率风险不仅反映了名义汇率的波动，还反映了相对价格的波动"。Côte（1994）认为要根据研究目的确定使用何种汇率波动率。如果考虑长期行为，那么汇率不确定表现为本国生产成本与转变成本币的外币表示的价格之间的关系，这时使用实际汇率波动率是合适的。

贸易变量的选择分三大类，即总的贸易数据、双边贸易数据和分类贸易数据。使用总的贸易数据等价于假设汇率波动率对不同国家、不同产品的进出口的影响在程度和符号上是相同的。如果事实不是如此，那么使用总贸易数据容易得到混淆的结果。因此，许多研究开始使用双边贸易数据和分类贸易数据。贸易数据还可以区分是进口还是出口，或者是进出口综合。

实证分析的一些其他不同还包括如下内容：线性模型还是非线性模型、样本区间、样本国家、控制变量的选择等。

2.2　计量方法介绍

2.3节将使用中国的数据研究汇率波动率对中国与主要贸易伙伴（如美国、欧盟、日本和韩国）出口的影响。同时使用时间序列数据通过协整检验、误差修正模型等方法估计变量间长短期的关系。本节对计量方法进行简要说明。

经济当中存在许多时间序列，特别是宏观经济数据，表现出增长的趋势。根据平稳时间序列的定义，这些时间序列是非平稳的。处理非平稳时间序列有如下两种方法：一是用确定的时间趋势来描述这种趋势性，认为序列由确定的时间趋势和零均值的平稳随机过程构成。二是用随机趋势表示这种趋势性。例如，GDP具有趋势性，但是假设GDP的生成过程是确定趋势加上平稳的随机扰动是不恰当的。因为GDP的增长是随机因素引起的，如技术革新，而技术革新发生的过程是随机的，所以GDP的增长也应该是随机的，它的趋势是随机的，用一个确定的时间趋势代表经济的增长显然是不合适的。应该采用随机趋势，如用随机游动对这种随机的增长进行刻画。

如果随机过程是非平稳的，那么如何表示这种随机过程，如何对非平稳数据建立模型呢？这些都是我们需要解决的问题。本节内容安排如下：2.2.1小节为单位根检验；2.2.2小节为协整检验，2.2.3小节为误差修正模型。

2.2.1　单位根检验

许多经济变量的时间序列数据都有随时间增加而增长的趋势，不具有均值回复的特征，即不会频繁地回到某个常数均值上。刻画这种类型的时间序列，常用的两个随机过程是趋势平稳随机过程和单位根过程。

一个方便的方法是把趋势看做时间的确定函数，随机过程围绕一个确定的趋势，或称时间趋势随机变化，随机变化的部分是平稳的。经济中大部分情况是线性趋势，即使不是线性趋势也可以把原始数据求自然对数把趋势线性化，下面是趋势平稳随机过程的定义：

$$Y_t = \alpha + \delta t + \Psi(L)\varepsilon_t \qquad (2.2.1)$$

其中，ε_t 表示白噪声过程，$E(\varepsilon_t^2) = \sigma^2$，并且 $\sum_{i=0}^{\infty} |\psi_i| < \infty$。

随机过程 $\{Y_t\}$ 称为趋势平稳随机过程。其中，δt 被称为确定趋势项。对趋势平稳随机过程只要去掉确定趋势项就成为一个平稳随机过程。

如果在 t 时刻扰动项发生变化，那么它的响应函数不趋于0，即扰动的影响会一直存在下去，这样的过程我们说它具有随机趋势。平稳随机过程可以表示如下：

$$y_t = \mu + \varepsilon_t + \psi_1 \varepsilon_{t-1} + \cdots = \mu + \Psi(L)\varepsilon_t$$

其中，$\sum_{j=0}^{\infty} \psi_j^2 < \infty$；$\Psi(L)=0$ 的根在单位圆外；ε_t 表示均值为 0 以及方差为 σ^2 的白噪声过程。

满足式（2.2.2）的随机过程称为单位根过程：

$$(1-L)y_t = \delta + \varepsilon_t + \psi_1 \varepsilon_{t-1} + \cdots = \delta + \Psi(L)\varepsilon_t \qquad （2.2.2）$$

其中，$\Psi(1) \neq 0$；$\sum_{j=0}^{\infty} \psi_j^2 < \infty$；$\Psi(L)=0$ 的根在单位圆外；ε_t 表示均值为 0 以及方差为 σ^2 的白噪声过程。

一般一次差分用符号 Δ 表示，所以重新表示如下：

$$\Delta Y_t = \delta + u_t$$

其中，$\{u_t\}$ 表示零均值平稳过程。所以单位根过程是对时间序列的增量进行刻画，增量平稳，但水平变量不平稳的过程。单位根过程又称一阶单整过程，记为 $I(1)$，平稳过程记为 $I(0)$。类似地，如果差分 $n-1$ 次不平稳，差分 n 次平稳，则该过程为 n 阶单整，记为 $I(n)$。

总结这两类带趋势非平稳随机过程的特点如下：

（1）趋势平稳随机过程只有确定趋势；而单位根过程具有随机趋势，有时也有确定趋势。

（2）趋势平稳随机过程去掉趋势项平稳，单位根过程差分后平稳。

（3）趋势平稳随机过程方差函数是常数，均值函数是时间的函数；单位根过程方差函数是时间的函数。

（4）趋势平稳过程对冲击的反应是暂时的；而单位根过程对冲击的反应是长期的。

（5）趋势平稳随机过程长期预测与初始值无关，预测均方差有界；单位根过程长期预测与初始值有关，并且预测均方差趋于无穷。

（6）趋势平稳随机过程在频率等于 0 时，谱密度等于 0；单位根过程在频率等于 0 时，谱密度大于 0。

变量的生成过程是趋势平稳随机过程时，普通最小二乘法估计量与变量平稳时结论相同，而且满足良好的统计性质；变量的生成过程是单位根过程时，普通最小二乘法估计量不再满足良好的统计性质，因此需要检验变量的生成过程是否平稳，如果不平稳，那么是具有确定性趋势还是随机性趋势。单位根检验可以进行这些区分。单位根检验方法已经发展出几十种，大部分是以非平稳为零假设，下面介绍 Dickey-Fuller 检验（简称 DF 检验）和 ADF 检验。

1. Dickey-Fuller 检验

DF 检验分三种情况进行回归，然后对相应系数做假设检验。

1）情况 1：回归方程中不含常数和趋势项

$$\Delta Y_t = \gamma Y_{t-1} + \varepsilon_t$$

H_0：$\gamma=0$，即数据生成过程是 $Y_t = Y_{t-1} + \varepsilon_t$。

H_1：$\gamma<0$，即数据生成过程是平稳过程。

所以 DF 检验的情况 1，是假设数据生成过程是一个随机游动。不能拒绝零假设，意味着有一个根等于 1 是非平稳过程，拒绝零假设意味着是平稳 AR（1）过程。

如果随机过程均值不等于 0，那么使用情况 1 进行回归，就不能同时嵌套零假设和对立假设成立时随机过程的特征。因为当不能拒绝零假设时，如果 y_0 不等于 0，那么该单位根过程的均值不等于 0，拒绝零假设时，对应的随机过程是均值等于 0 的平稳随机过程，与均值不等于 0 矛盾。因此，随机过程均值不等于 0 时需要采用情况 2，即在回归方程中增加一个常数项。

2）情况 2：回归方程包括常数项

估计方程为

$$\Delta Y_t = \alpha + \gamma Y_{t-1} + \varepsilon_t$$

仍然是检验 Y_{t-1} 的系数是否等于 0。

H_0：$\gamma=0$，数据生成过程是 $Y_t = Y_{t-1} + \varepsilon_t$。

H_1：$\gamma<0$，数据生成过程是平稳 AR（1）过程，即 $Y_t = \alpha + (1+\gamma) Y_{t-1} + \varepsilon_t$。

如果数据真正生成过程是带漂移的随机游动，那么数据的表现形式会存在明显的趋势，但是对立假设成立时，使用情况 2 回归，数据没有趋势存在。因此，数据存在趋势时，情况 2 同样不能嵌套对立假设和零假设，需要在回归方程中增加时间趋势项。

3）情况 3：回归方程包括常数项和趋势项

估计方程为

$$\Delta Y_t = \alpha + \delta t + \gamma Y_{t-1} + \varepsilon_t$$

H_0：$\gamma=0$，数据生成过程是 $Y_t = \alpha + Y_{t-1} + \varepsilon_t$。

H_1：$\gamma<0$，数据生成过程是趋势平稳过程 $Y_t = \alpha + \delta t + (1+\gamma) Y_{t-1} + \varepsilon_t$。

选择了正确的回归模型之后，用普通最小二乘法估计出 γ 和它的标准误，构造类似 t 检验的统计量来进行假设检验：

$$\tau = \hat{\gamma} / \hat{\sigma}_{\hat{\gamma}}$$

该统计量的计算形式与 t 统计量相同，但是临界值在零假设是单位根过程的情况下不服从标准的 t 分布，所以不能使用通常的 t 分布的临界值。可以用蒙特卡罗法模拟估计出临界值，临界值依赖于样本长度。例如，产生 100 个服从（0，1）均匀分布的随机数，再经过变换得到不相关的服从正态分布的样本 ε_1，ε_2，…，ε_{100}。在不能拒绝零假设时 $Y_t = Y_{t-1} + \varepsilon_t$，假设 $y_0 = 0$，根据 ε_1，ε_2，…，ε_{100} 的值可以计算出 y_1，y_2，…，y_{100}。估计模型 $\Delta Y_t = \gamma Y_{t-1} + \varepsilon_t$，得到 γ 的一个估计值。重复上面的过程，如 100 000 次，得到 100 000 个 γ 的一个估计值，然后可以计算出 τ 统计量的值，当样本长度是 100 时，如果这 100 000 个 τ 值中有 95%的大于–1.95，则临界值是–1.95。

单位根检验的判断方法是如果计算出的统计量的值小于临界值，则拒绝零假设，该过程是平稳过程或趋势平稳过程；否则不能拒绝零假设，该过程是单位根过程。

三种情况下临界值的大小关系满足 $\tau_t < \tau_\mu < \tau < t$。$\tau_t$ 代表情况 3 计算出的临界值，τ_μ 表示情况 2 计算出的临界值，τ 表示情况 1 计算出的临界值，t 表示标准 t 分布的临界值。所以如果错误地选择标准 t 分布的临界值，则容易做出拒绝零假设的结论。同样由于临界值的关系，如果回归模型包括过多的参数，则检验的势比较低。因此，正确选择回归模型进行假设检验非常重要。

进行单位根检验时必须选择适当的回归模型。模型的选择应该根据经济理论，在理论上，经济变量的统计性质需要确定在哪两类随机过程中进行取舍。如果没有经济理论可以提供信息，需要根据数据的统计特点选择回归方程，模型在零假设成立和不成立时，选择的回归模型都可以概括数据的统计特征。一个简单的原则是如果数据没有明显的趋势，则在回归模型中包括常数项，如果数据有明显的趋势则在回归方程中既包括常数项又包括时间趋势项。

DF 检验的缺陷是假设残差是独立同分布的。所以 DF 检验的零假设对应的是随机游动，是单位根过程的特例，DF 检验有以下三个问题没有解决：

（1）数据生成过程有可能包含滑动平均部分。

（2）可能包括不止一个滞后项，如果实际数据生成过程是 AR（p）模型，估计出的 γ 及其标准差是错误的。

（3）DF 检验只考虑了一个单位根，使用 AR（p）模型可以考虑多于一个单位根的情况。

2. ADF 检验

ADF 检验可以解决 DF 检验不能解决的三个问题。

假设数据生成过程包括滑动平均项：

$$A（L）y_t = C（L）\varepsilon_t$$

假设满足可逆条件，可以表示成无穷阶的自回归过程：

$$C(L)^{-1} A(L) y_t = \varepsilon_t$$

变换成差分形式：

$$\Delta Y_t = \gamma Y_{t-1} + \sum_{i=1}^{\infty} \Delta Y_{t-i} + \varepsilon_t$$

任何一个 ARIMA（p，1，q）模型可以用一个 ARIMA（n，1，0）模型来近似。所以，用一个有限阶数的自回归模型来拟合数据生成过程。这就解决了第一个问题。

第二个问题，需要确定正确的滞后长度 p。首先，给出一个较长的滞后长度，足以包括真正的滞后长度。其次，按照通常的假设检验，检验后面的滞后项是否为 0，如果接受零假设，则减少滞后长度，直到拒绝为止。

第三个问题，如何检验多个单位根，只要对更高次数的差分进行 ADF 检验即可。

ADF 检验也分三种情况，以情况 1 为例，假设数据服从 AR（p）过程，检验特征方程是否有单位根，对立假设是平稳过程。

$$Y_t = \varphi_1 Y_{t-1} + \cdots + \varphi_p Y_{t-p} + \varepsilon_t$$
$$\left(1 - \varphi_1 L - \cdots - \varphi_p L^p\right) Y_t = \varepsilon_t$$

如果有单位根，那么 1 是特征方程的解，则 $1 - \varphi_1 - \cdots - \varphi_p = 0$。

变形为

$$Y_t = \varphi_1 Y_{t-1} + \cdots + \varphi_{p-1} Y_{t-p+1} + \varphi_p Y_{t-p} + \varepsilon_t$$
$$Y_t = \varphi_1 Y_{t-1} + \cdots + \varphi_{p-1} Y_{t-p+1} + \varphi_p Y_{t-p} - \varphi_p Y_{t-p+1} + \varphi_p Y_{t-p+1} + \varepsilon_t$$
$$Y_t = \varphi_1 Y_{t-1} + \cdots + \varphi_{p-2} Y_{t-p+2} + \varphi_{p-1} Y_{t-p+1} + \varphi_p Y_{t-p+1} - \varphi_p \Delta Y_{t-p} + \varepsilon_t$$
$$Y_t = \varphi_1 Y_{t-1} + \cdots + \varphi_{p-2} Y_{t-p+2} + (\varphi_{p-1} + \varphi_p) Y_{t-p+1} - \varphi_p \Delta Y_{t-p} + \varepsilon_t$$

依次类推

$$\Delta Y_t = \gamma Y_{t-1} + \sum_{i=1}^{p-1} \beta_i \Delta y_{t-i} + \varepsilon_t$$
$$\gamma = \psi_1 + \cdots \varphi_p - 1$$
$$\beta_1 = -(\varphi_2 + \cdots \varphi_p)$$
$$\beta_2 = -(\varphi_3 + \cdots \varphi_p)$$
$$\cdots$$
$$\beta_{p-1} = -\varphi_p$$

H_0：$\gamma = 0$ 等价于 $\varphi_1 + \cdots + \varphi_p - 1 = 0$，即特征方程有单位根。

ADF 检验过程如下。

情况 1：

$$\Delta Y_t = \gamma Y_{t-1} + \sum_{i=1}^{p-1} \beta_i \Delta y_{t-i} + \varepsilon_t$$

情况 2：

$$\Delta Y_t = \alpha + \gamma Y_{t-1} + \sum_{i=1}^{p-1} \beta_i \Delta y_{t-i} + \varepsilon_t$$

情况 3：

$$\Delta Y_t = \alpha + \delta t + \gamma Y_{t-1} + \sum_{i=1}^{p-1} \beta_i \Delta y_{t-i} + \varepsilon_t$$

选择适当的情况用普通最小二乘法进行回归，然后对 Y_{t-1} 的系数进行假设检验：

$$H_0: \ \gamma = 0; \quad H_1: \ \gamma < 0$$

使用的统计量、临界值和判断方法与 DF 检验相同。

2.2.2　协整

1. 协整概念

经济中经常关心某些变量是否是另一个变量的原因，通过建立多元回归模型来量化变量间的关系。当处理多个时间序列时，如果这些时间序列都是非平稳的，那么传统的多元回归模型有可能是伪回归。例如，假设 Y 与 X 不相关，建立如下的二元线性回归模型，并对系数 β 进行 t 检验：

$$Y_t = c + \beta X_t + u_t$$
$$H_0: \ \beta = 0$$

如果拒绝零假设，从统计角度不能拒绝 Y 与 X 之间存在线性关系。但是尽管统计量显著，Y 与 X 之间实际上根本不存在线性关系，这种现象称为伪回归。

伪回归的危害是得到不正确的经济关系。如果一个回归模型有很高的拟和优度，但是 DW 检验的值比较低，就应该怀疑这是伪回归。研究发现，如果时间序列是非平稳的，那么容易出现伪回归。这是因为非平稳时间序列具有趋势性，回归模型错误地把非平稳时间序列的趋势作为它们之间的相关证据。计量经济学家早期的处理方法是对数据进行差分，用差分后的数据建立模型，但是这样会损失数据包含的长期信息，Engle 和 Granger（1987）首次提出协整概念。Engle-Granger 的协整定义如下：考虑 n 个随机过程。第一，$x_{it} \sim I(d)$；第二，存在一个线性关系，即 $\beta_1 x_{1t} + \cdots + \beta_n x_{nt} \sim I(d-b)$，至少有一个 β_i 不等于 0，$b > 0$。

称 n 个随机过程存在协整关系，记为 $\boldsymbol{X}_t \sim \mathrm{CI}(d, b)$，$\boldsymbol{\beta}$ 是协整向量，其中：

$$\boldsymbol{X}_t = \begin{pmatrix} x_{1t} & \cdots & x_{nt} \end{pmatrix}', \boldsymbol{\beta} = \begin{pmatrix} \beta_1 & \cdots & \beta_n \end{pmatrix}'$$

在处理经济时间序列时，一般协整的定义也给出如下定义。

设 $\{Y_t\}$ 是 n 维向量单位根过程，它的每个分量都是单变量单位根过程，如果存在一个非零向量 $\boldsymbol{\alpha}$，使各分量的线性组合 $\boldsymbol{\alpha}^\mathrm{T} \boldsymbol{Y}_t$ 是一个平稳过程，则向量随机

过程 $\{Y_t\}$ 是协整过程。$\boldsymbol{\alpha}$ 称为协整向量。协整是描述经济中长期关系的统计性质。实证分析中，多个 $I(1)$ 过程存在协整关系，说明它们存在长期共同变化的趋势，以此作为它们之间存在长期关系的证据。

例如，两个随机过程 Y_t 和 X_t 协整，协整向量为 $(1, -\beta)$。

令

$$Z_t = Y_t - \alpha - \beta X_t$$

如果 Y 和 X 存在长期均衡关系，则误差 Z 的均值应该为 0，并且围绕在 0 周围波动，即 Z_t 是平稳的。如果 Z_t 为 $I(1)$，说明误差的变化是非平稳的，不经常回到 0 点，所以假设 Y_t 与 X_t 存在长期均衡关系是没有意义的。因此，协整与经济中的长期均衡联系在一起。许多经济理论表明变量间存在长期均衡关系，如货币需求理论、消费理论、远期市场的无偏预测假说、利率期限结构长期利率和短期利率的关系等。这些变量间的关系用时间序列数据检验时应该存在协整关系。

2. 协整检验方法

1）基于残差的检验方法

根据协整定义如果找到一个线性组合，非平稳随机过程线性组合后是平稳的，那么非平稳过程之间存在协整关系，否则这些非平稳过程之间不存在协整关系。基于残差的检验方法是找到某个线性组合，然后判断组合后的随机过程是否是平稳的。

如果经济理论没有建议协整向量的大小，或者由于各种偶然因素的影响，协整向量不一定与理论值完全相同，首先用普通最小二乘法估计回归模型，其次检验该回归模型的残差是否是单位根过程。

假设 n 维向量时间序列 $Y_t = (y_{1t}, y_{2t}, \cdots, y_{nt})$。

EG（Engle-Granger）两步法中的 ADF 检验（记为 EG-ADF 法）可分为三种情况。

（1）情况 1，协整方程中无截距项和时间趋势项。

协整方程为

$$y_{1t} = \gamma_2 y_{2t} + \cdots + \gamma_n y_{nt} + u_t$$

对残差进行 ADF 检验的方程如下：

$$\hat{u}_t = \beta_1 \Delta \hat{u}_{t-1} + \cdots + \beta_{p-1} \Delta \hat{u}_{t-p+1} + \rho \hat{u}_{t-1} + e_t$$

适用情况如下：协整方程中所有变量差分后均值为 0，差分前均值也是 0。

（2）情况 2，协整方程中包括截距项。

协整方程为

$$y_{1t} = c + \gamma_2 y_{2t} + \cdots + \gamma_n y_{nt} + u_t$$

对残差进行 ADF 检验的方程：

$$\hat{u}_t = \beta_1 \Delta \hat{u}_{t-1} + \cdots + \beta_{p-1} \Delta \hat{u}_{t-p+1} + \rho \hat{u}_{t-1} + e_t$$

适用情况如下：协整方程中所有变量差分后均值为 0，但是差分前均值不等于 0。

（3）情况 3，协整方程中包括截距项和时间趋势项。

协整方程为

$$y_{1t} = c + \delta t + \gamma_2 y_{2t} + \cdots + \gamma_n y_{nt} + u_t$$

对残差进行 ADF 检验的方程如下：

$$\hat{u}_t = \beta_1 \Delta \hat{u}_{t-1} + \cdots + \beta_{p-1} \Delta \hat{u}_{t-p+1} + \rho \hat{u}_{t-1} + e_t$$

适用情况如下：至少有一个解释变量差分后均值不为 0。

ADF 检验使用的统计量为

$$\frac{\hat{\rho}_T - 1}{\hat{\sigma}_{\hat{\rho}_T}}$$

零假设是残差 $I(1)$，即不存在协整关系，所以拒绝零假设说明存在协整关系。

使用 MacKinnon（1991）给出的临界值以及临界值与协整方程的不同情况，观察值的个数和解释变量的个数有关。MacKinnon（1991）计算临界值的公式如下：

$$\text{Critical}(p) = \phi_\infty + \phi_1 T^{-1} + \phi_2 T^{-2}$$

其中，Critical（p）表示显著水平为 p 时对应的临界值；T 表示观测值的个数；ϕ_∞、ϕ_1、ϕ_2 分别表示 MacKinnon（1991）给定的参数。

基于残差的 EG-ADF 检验方法具有如下缺陷：

（1）假设只有一个独立的协整向量时该方法易于理解。但当存在 h 个独立协整向量时，协整方程估计出的协整向量是这 h 个独立协整向量的一个线性组合，不能得到任何一个独立的协整向量。

（2）即使只有一个独立协整向量，把哪一个作为被解释变量呢？从概念上讲，不管哪个变量作为被解释变量，最后得到的协整向量应该都是完全线性相关的。但是只有两个变量的情况，不管哪个作为被解释变量，得到的协整向量是完全线性相关的，多于两个变量时，不同变量作为被解释变量时，估计得到的协整向量是不能相互表示的。通常按照需要把感兴趣的量作为被解释变量。还有一种方法是把所有变量分别作为被解释变量，选择拟合优度最大的一个方程作为协整方程。

（3）用回归方法得到的协整向量在大样本情况下满足一致性，但是在小样本情况下是有偏的，有时甚至偏差比较大，这是无法忽略的。协整方程中使用传统方法得到的参数的标准误是有偏的，因此不能对协整方程中的系数进行假设检验。

2）协整的最大似然检验法——Johansen 法

EG 两步法对一个协整方程进行估计，Johansen 法对整个系统进行估计，同时估计出所有独立协整向量，并且判断独立协整向量的个数。下面介绍的内容主要参考 Johansen（1988，1995）的相关研究。

假设 N 个变量间满足 VAR 模型：

$$\boldsymbol{Y}_t = \boldsymbol{C} + \boldsymbol{\Theta}_1 \boldsymbol{Y}_{t-1} + \cdots + \boldsymbol{\Theta}_p \boldsymbol{Y}_{t-p} + \boldsymbol{\varepsilon}_t$$

用误差修正形式表示：

$$\Delta \boldsymbol{Y}_t = \boldsymbol{C} + \boldsymbol{\Pi}_0 \boldsymbol{Y}_{t-1} + \boldsymbol{\Pi}_1 \Delta \boldsymbol{Y}_{t-1} + \cdots + \boldsymbol{\Pi}_{p-1} \Delta \boldsymbol{Y}_{t-p+1} + \boldsymbol{\varepsilon}_t$$

其中，

$$\boldsymbol{\rho} = \boldsymbol{\Phi}_1 + \cdots + \boldsymbol{\Phi}_p$$

$$\boldsymbol{\Pi}_s = -\left[\boldsymbol{\Phi}_{s+1} + \cdots + \boldsymbol{\Phi}_p \right]$$

$$\boldsymbol{\Pi}_0 = \boldsymbol{\rho} - \boldsymbol{I} = -\boldsymbol{I} + \boldsymbol{\Phi}_1 + \cdots + \boldsymbol{\Phi}_p$$

$\boldsymbol{\Pi}_0$ 的秩与独立协整向量个数 h 一样。

（1）如果满秩 $h=N$，说明每个分量都是 I（0）的。

（2）如果是零矩阵，则 $h=0$，说明不存在协整关系。

（3）如果秩 $0 < h < N$，说明存在 h 个独立的协整向量。

所以判断独立协整向量的个数，相当于判断 $\boldsymbol{\Pi}_0$ 的秩。

满足情况 3 时，$\boldsymbol{\Pi}_0 = -\boldsymbol{B}\boldsymbol{A}'$，其中 $\boldsymbol{A}$ 的每一列是一个独立的协整向量。此时首先判断出协整向量的个数，然后再估计出 $\boldsymbol{A}$ 和 $\boldsymbol{B}$。

Johansen 法步骤如下。

假设噪声是高斯分布：①检验每个变量是 I（1）的；②按照 VAR 模型的定阶方法确定滞后长度；③确定独立协整向量的个数，归结为判断下列矩阵的秩。

$$\hat{\boldsymbol{\Sigma}}_{VV}^{-1} \hat{\boldsymbol{\Sigma}}_{VU} \hat{\boldsymbol{\Sigma}}_{UU}^{-1} \hat{\boldsymbol{\Sigma}}_{UV}$$

其中，$\hat{\boldsymbol{\Sigma}}_{VV} = \dfrac{1}{T} \sum\limits_{t=1}^{T} V_t V_t'$。

$$\hat{\boldsymbol{\Sigma}}_{UU} = \dfrac{1}{T} \sum\limits_{t=1}^{T} U_t U_t'$$

$$\hat{\boldsymbol{\Sigma}}_{VU} = \dfrac{1}{T} \sum\limits_{t=1}^{T} V_t U_t'$$

$$\Delta \boldsymbol{Y}_t = \boldsymbol{\alpha}_0 + \boldsymbol{\alpha}_1 \Delta \boldsymbol{Y}_{t-1} + \cdots + \boldsymbol{\alpha}_{p-1} \Delta \boldsymbol{Y}_{t-p+1} + U_t$$

$$\boldsymbol{Y}_{t-1} = \boldsymbol{\beta}_0 + \boldsymbol{\beta}_1 \Delta \boldsymbol{Y}_{t-1} + \cdots + \boldsymbol{\beta}_{p-1} \Delta \boldsymbol{Y}_{t-p+1} + V_t$$

矩阵的秩是该矩阵中不为 0 的特征值的个数，计算矩阵的特征值，假设从大到小排列：

$$\hat{\lambda}_1 \geqslant \hat{\lambda}_2 \geqslant \cdots \geqslant \hat{\lambda}_N$$

Johansen 法的检验思想是利用典型相关系数。典型相关分析的重点是一组随机变量线性组合和另一组随机变量的线性组合之间的关系。求一对线性组合，它有最大的相关系数。这对线性组合称为典型变量，它们的相关系数称为典型相关系数。计算的特征值 λ 是平稳过程 ΔY_t 的线性组合和非平稳过程 Y_{t-1} 的线性组合的相关系数的平方。为什么把较大特征值对应的向量认为是协整向量呢？这因为特征值大，意味着相关程度高，只有两个平稳时间序列之间才能有较高的相关系数。所以如果 Y_{t-1} 的线性组合与 ΔY_t 的线性组合有较高的相关性，说明该组合是平稳随机过程，所以该向量是协整向量。如果特征值小，则认为相关程度不高，所以这时的向量不是协整向量。

Johansen 法通常使用迹检验（trace test）。

$$迹检验 = -T \sum_{i=h+1}^{N} \ln\left(1 - \hat{\lambda}_i\right)$$

H_0：$\lambda_{h+1} = \cdots = \lambda_N = 0$。

零假设至多包括 h 个独立协整向量，对立假设最多有 N 个独立协整向量。

零假设成立时，第 h 个特征值之后的特征值近似于 0，所以统计量计算值较小，统计值小于临界值时不能拒绝零假设，统计值大于临界值时拒绝零假设。

检验过程如下。

H_0：$h=0$。

如果接受零假设，则停止检验，不存在协整关系，否则进行下面的检验。

H_0：$h=1$。

检验是否最多存在一个独立协整向量，如果不能拒绝零假设则停止检验，说明存在一个独立协整向量，否则继续进行，直到：

H_0：$h=N-1$。

Johansen 法与 EG 两步法类似，也分多种情况，下面介绍常用的三种情况。

（1）情况 1，不含常数和趋势：

$$\Delta Y_t = \boldsymbol{\Pi}_0 \boldsymbol{Y}_{t-1} + \boldsymbol{\zeta}_1 \Delta \boldsymbol{Y}_{t-1} + \cdots + \boldsymbol{\zeta}_{p-1} \Delta \boldsymbol{Y}_{t-p+1} + \boldsymbol{\varepsilon}_t$$

（2）情况 2，只有协整方程含常数：

$$\Delta \boldsymbol{Y}_t = \boldsymbol{\Pi}_0^* \boldsymbol{Y}_{t-1}^* + \boldsymbol{\zeta}_1 \Delta \boldsymbol{Y}_{t-1} + \cdots + \boldsymbol{\zeta}_{p-1} \Delta \boldsymbol{Y}_{t-p+1} + \boldsymbol{\varepsilon}_t$$

协整方程中包含常数项，但 VAR 中没有截距项，这时变量差分后均值等于 0，因此变量没有趋势。

（3）情况 3，协整方程和 VAR 模型都含常数项：

$$\Delta \boldsymbol{Y}_t = \boldsymbol{C} + \boldsymbol{\Pi}_0^* \boldsymbol{Y}_{t-1}^* + \boldsymbol{\zeta}_1 \Delta \boldsymbol{Y}_{t-1} + \cdots + \boldsymbol{\zeta}_{p-1} \Delta \boldsymbol{Y}_{t-p+1} + \boldsymbol{\varepsilon}_t$$

Johansen 法的缺陷：①需要数据多；②假设残差是高斯分布；③经常接受零假设；④迹统计量和最大特征根统计量会得出不同的结果。

2.2.3 误差修正模型

误差修正模型是短期动态模型，为方便起见，考虑一个只有两个变量的自回归分布滞后模型：

$$y_t = \beta_0 + \sum_{i=0}^{p} \beta_{1i} x_{t-i} + \sum_{j=1}^{q} \beta_{2j} y_{t-j} + \varepsilon_t \qquad (2.2.3)$$

经过简单的变换得到误差修正表示形式：

$$\Delta y_t = \alpha_0 + \sum_{i=0}^{p} \alpha_{1i} \Delta x_{t-i} + \sum_{j=1}^{q} \alpha_{2j} \Delta y_{t-j} + \lambda (y - kx)_{t-1} + \varepsilon_t \qquad (2.2.4)$$

误差修正模型（2.2.4）只是方程（2.2.3）的适当变形，所以两个方程是等价的，但是采用误差修正的形式具有许多优点。

（1）估计方程时，由于方程（2.2.3）包含多阶滞后项，变量之间往往产生多重共线性，从而影响估计精度，而差分一次以后的变量几乎是正交的，所以避免了多重共线性。

（2）误差修正模型具有较好的经济解释，从方程（2.2.4）可以看到，当$\Delta y = \Delta x = 0$时，可得到长期静态方程$y = kx$，因此误差校正模型实际上描述了变量向长期均衡状态调整的非均衡动态调整过程，其中，$(y - kx)_{t-1}$表示上一期变量偏离均衡水平的误差，称为误差修正项，这也是误差修正方程得名的由来。误差修正模型的意义是y短期的变化由y和x的短期变化以及y偏离上一期的均衡的程度决定的。

（3）当变量序列不平稳时，采用误差修正模型可以避免伪回归的问题。假设方程（2.2.3）中的变量序列都是$I(1)$的，用传统方法直接估计方程（2.2.3）通常存在伪回归。因为用普通最小二乘法估计得到的参数不再是一致的。尽管模型结果有很高的相关系数R^2和显著的t统计量，根据这些统计量得到的推断是不正确的，这些统计量不再具有通常的标准分布。经济学家非常关心伪回归的问题，一种解决办法是对不平稳的变量序列进行差分，得到平稳的序列，再用差分后的平稳序列建立模型，但是这种方法有一定的缺陷。另一种方法是采用误差修正模型。以方程（2.2.4）为例，当y与x协整时，方程左边和右边的变量序列都是$I(0)$的，可以用传统的方法进行估计，而不存在伪回归的问题。如果y与x不协整，那么$(y - kx)_{t-1}$也是$I(1)$的，用$I(1)$变量对$I(0)$变量进行回归是没有意义的，这时只能采用差分后的变量建模，因此误差修正模型存在的必要条件是变量序列之间是协整的。

（4）Engle-Granger还证明了协整序列一定可以表示成如方程（2.2.4）那样的误差修正表示形式，这就是著名的 Granger 表示定理。因此序列协整时，应该建立误差修正模型。

误差修正模型的特点是方程中包括协整方程残差的一阶滞后变量。对非平稳时间序列建模时首先需要判断它们是否存在协整关系，如果存在，则协整方程通常用来描述变量间的长期关系，短期的动态调整过程则由误差修正模型来刻画，同时一些预测也通过误差修正模型来进行。

经济中许多变量序列是不平稳的，而且经济理论往往假设某些变量之间存在长期均衡关系，因此可以采用协整和误差修正方法建立模型来刻画变量间长期和短期关系。建模步骤如下：

（1）对变量序列进行单位根检验，因为进行协整检验要求变量序列是 $I(1)$ 的。

（2）进行协整检验，首先估计方程为

$$y_t = c + \beta' x_t + v_t$$

其中，$x_t = (x_{1t}, x_{2t}, \cdots, x_{kt})'$ 是影响 y_t 的所有变量，用普通最小二乘法估计方程。对方程的残差用 ADF 法进行单位根检验。如果变量序列之间是协整的，那么残差应该是平稳的，否则残差是不平稳的，因此检验变量序列之间是否协整，只要检验残差是否平稳。残差平稳，则得到的方程称为协整方程，协整方程刻画了变量间长期均衡关系。

（3）如果（y_t, x_t）协整，可进一步得到如下的误差修正模型（为简单起见，只给出包括两个变量的误差修正模型）：

$$\Delta y_t = \alpha_0 + \alpha_1(L)\Delta x_t + \alpha_2(L)\Delta y_t + \lambda \hat{v}_{t-1} + \varepsilon_t$$

其中，$\alpha(L)$ 表示滞后算子；$\hat{v}_{t-1}$ 表示第二步协整回归得到的残差项的一阶滞后。用普通最小二乘法估计误差修正模型，因为包含多阶滞后，该模型往往是过度识别的，去掉统计上不显著的变量，最后得到一个简洁的模型。

2.3 汇率波动率与中国对主要贸易伙伴的出口

2.3.1 研究背景

关于汇率对中国对外贸易的影响，许多文献仅讨论汇率贬值对贸易的作用，如卢向前和戴国强（2005），但实际上，汇率变动不仅在于其水平值的变化，汇率波动率（即汇率风险）也会随时间变化。若一段时期内平均汇率水平相同，而汇率波动幅度（即汇率波动率）不同，则进出口参与者肯定会做出不同的反应。2005 年 7 月 21 日中国汇率制度改变以来，人民币升值的同时人民币对美元双向波动强度明显。例如，2006 年 3 月，人民币对美元中间价出现了连续升值 300 多个基点，又连续下跌 120 多个基点的情况，许多专家推测汇率波动区间可能扩大。人民币汇率形成机制的变革一直伴随允许汇率更大的波动幅度。1994 年人民币汇率日波动幅度为 0.3%，2007 年扩大到 0.5%，2012 年扩大到 1%，2014 年银行间即期外汇市场人民币对美元交易价浮动幅度由 1% 扩大至 2%，银行的现汇买卖差价与当日中间价之差由 2% 扩大到 3%。汇率波动幅度的增加使人民币的灵活性逐渐增强。但是汇率中间价基本由中央银行控制，汇率形成机制市场化程度不高。从 2005 年 7 月汇率形成机制改革开始,汇率基本呈现升值趋势,波动幅度比较平稳。汇率在 2014 年 1 月达到最高点,即 6.05。许多言论预测人民币对美元汇率可能突破"6",但此时美元开始退出量化宽松政策,人民币汇率逐渐贬值,2014 年 6 月达到 6.26,其后有所反复,但是基本在 6.2 左右波动,属于底部震荡,但是有贬值趋势。2015 年 1 月 26 日,人民币首次跌破跌停位,贬值 2%,虽然市场存在看空气氛,汇率多次下跌,但是中国人民银行给出的中间价却变化不大,甚至有升值的情况。例如,2015 年 7 月 7 日离岸人民币对美元一度跌至 6.227 9,但是相对中国人民银行确定的中间价 6.116 6 贬值 1.8%,在岸汇率报价为 6.209 9,同样贬值明显,但是 7 月 8 日中国人民银行汇率中间价仍然是 6.117 5,与前一天中间价相差不大。此后离岸汇率与在岸汇率市场差距比较大,市场存在明显的贬值预期,但是中国人民银行中间价仍然保持在 6.11 左右。2015 年 8 月 10 日,人民币对美元汇率中间价报为 6.116 2,但是 2015 年 8 月 11 日中国人民银行突然公布人民币对美元汇率中间价报为 6.229 8,较上一个交易日贬值 1 136 点,下调幅度近 2%,并且宣布改进汇率中间价形成机制,让每日汇率开盘价与前日汇率收盘价的衔接程度更高。虽然中国人民银行声明此次贬值是改变汇率形成机制而不是通过贬值促进出口,但是市场反应剧烈,连续 3 天贬值,总贬值幅度达到 4%。中国宏观经济在 2014 年和 2015 年也进入新常态阶段。汇率贬值可以促进出口,进而促进经济增长,但是在经济下降趋势下,汇率贬值会导致资本外流。中国外汇储备在 2014 年 6 月达到 3.99 万亿美元的峰值,此后开始下滑,至 2015 年第二季度,中国外汇储备已经连续四个季度下滑,降至 3.65 万亿美元。资本外流会进一步导致人民币贬值,形成恶性循环。中国人民银行承诺 2015 年人民币资本项目实现可自由兑换,以满足 IMF 加入特别提款权(special drawing right,SDR)的要求,因此稳定汇率的同时增加汇率波动可能是一种选择,有学者认为汇率波动浮动可能扩大到 3%,这样汇率可能真正实现浮动。

定量分析汇率波动率增加对出口是否有影响、影响的方向和强度非常重要。汇率波动率对出口的影响一直是固定汇率制度和浮动汇率制度优劣争论的核心内容之一(Côte,1994)。一个普遍的看法是,当汇率波动率加大,风险厌恶的交易商面临更多不确定性,因而减少交易,导致出口量降低,进而导致福利的降低(McKenzie,1999)。这也是欧洲货币一体化,以及许多发展中国家采用钉住汇率制度的原因(McKenzie,1999;陈平和熊欣,2002;余珊萍,2005),同时与中央银行干预外汇市场的行为有关(Klaassen,2004)。另外,出口与汇率波动率的关系对贸易政策的制定有重要意义。出口对一国经济发展具有重要的带动作用,包括中国在内的许多发展中国家采用以促进出口为目的的贸易政策。若汇率波动率增加导致出口降低,则较大的汇率波动率会使以促进出口为目的的贸易政策失败，导致国际收支的恶化（Arize et al., 2000）。

随着中国汇率制度的改革，汇率形成机制进一步市场化，汇率波动有扩大的趋势。汇率变化不确定程度的增加对中国出口的影响需要引起重视。

理论上汇率波动率与出口量的关系尚无定论。例如，Hooper 和 Kohlhagen（1978）假设厂商是风险厌恶的企业，由于贸易合同签订在前，货币支付在后，若汇率波动率增加，对汇率的预测变得更加困难，不确定程度的增加提高了交易者的成本，从而导致风险规避的交易者减少出口。Franke（1991）假设企业可根据汇率变化调整出口。出口行为就像拥有一个卖权期权，出口企业利润就如同期权利润一样，随汇率波动率的增加而增加。de Grauwe（1988）认为汇率波动率的增加既有替代效应也有收入效应。替代效应是指汇率波动率增加降低了风险厌恶者从事风险活动的动机，从而减少出口；收入效应是指风险增加，预期的出口收入降低，从而促进厂商出口更多，以弥补收入的可能的下降。汇率波动率增加对出口的最终影响依赖于替代效应与收入效应的共同作用。

既然理论上不能明确汇率波动率与出口的关系，许多学者认为汇率波动率与出口的关系本质上是一个实证问题（Côte, 1994; McKenzie, 1999; Klaassen, 2004）。

从实证文献看，汇率波动率与出口的关系亦无定论。Côte（1994）和 McKenzie（1999）回顾了相应阶段的文献，结论都是混合的。尽管无一致结论，但研究表明汇率波动率和出口的关系与国家类型有关。使用发达国家的数据进行研究，大部分结论是汇率波动率与出口无关，使用发展中国家的数据进行研究，往往能得到两者间显著负相关的结论。一个解释是在发达国家，企业能够通过有效的汇率市场对汇率波动进行对冲，从而降低风险，使汇率波动率增加，对出口影响不显著。而发展中国家缺乏有效的汇率市场和对冲风险的工具，从而导致汇率波动率与出口负相关。中国作为一个发展中国家，汇率波动率是否阻碍了出口呢？分析汇率波动率与中国出口贸易关系的相关研究见 2.1.3 小节，结论也不尽相同。

我们的研究有三个特点：①使用时间序列数据研究汇率波动率与出口的长短期关系。关于中国的文献中使用面板数据，不能反映变量间的时变关系，使用时间序列数据分析的研究样本年限没有我们的研究跨度长。在此期间经济基础可能发生许多变化。例如，2001 年进出口经营权放开，改变集中管理进出口模式，出口不再以外贸公司为主，出口贸易对汇率变化的反映更加市场化，同时期国际环境也发生了很大变化。例如，IMF（2004）指出资本市场一体化加强和汇率交易量大增可能增加汇率波动率的影响。而跨国公司是进出口主力，对它们来讲，不同汇率的波动可能相互抵消，从而降低汇率波动率的影响，因此有必要重新研究汇率波动率与出口贸易的关系。2005 年 11 月中国加入 IMF 货币篮子，人民币开始面临贬值压力。②研究中国对主要贸易伙伴的出口与汇率波动率的关系。使用总出口数据，这意味着汇率波动率对不同国家的影响相同，如果该假设不成立，那么使用总量数据会减弱汇率波动率和出口的关系，降低得出显著结果的概率（McKenzie，1999）。使用双边数据既避免了此弱点，还可发现中国对不同贸易伙伴的出口行为是否存在区别，给政策制定者提供更具针对性的建议。本书选择中国主要出口贸易伙伴美国、日本、欧盟和韩国。长期以来，中国向这几个国家和地区的出口占比在 50%以上，而且美元、欧元和日元是世界主要货币。自 1992年中韩建交以来，中韩两国的双边贸易迅速发展。1992~2005 年，年均增长速度超过同期中国贸易总量的增长速度。2005 年中国与韩国贸易量达到 1 119 亿美元，韩国成为继美国和日本之后中国国别贸易统计中第三大贸易伙伴。③分两个阶段研究。首先使用 2005 年 6 月前中国钉住美元汇率制度时期的数据。自 2005 年 7月开始，中国实行新的汇率制度，为避免结构变化导致的模型复杂性，使用这段汇率制度平稳时期作为样本期进行研究可从另一侧面反映出稳定的汇率政策对出口的影响。其次使用 2005 年 7 月至 2015 年 6 月的数据观察汇率逐步增加浮动的过程中，汇率波动影响是否逐渐发生变换。

2.3.2　模型与数据

根据该领域中实证分析文献，一个被广泛使用的计量模型如下[①]：

$$\ln X_t = \alpha_0 + \alpha_1 \ln Y_t + \alpha_2 \ln P_t + \alpha_3 \ln V_t + \varepsilon_t \qquad （2.3.1）$$

其中，ln 表示自然对数；X_t 表示实际出口；Y_t 表示外国实际收入；P_t 表示相对价格，是出口竞争力的一种度量；V_t 表示汇率波动率的某种度量；ε_t 表示扰动项；系数 α_1、α_2、α_3 分别表示收入弹性、价格弹性和汇率波动率弹性。根据基本国际贸易理论，进口国实际收入增加会促进出口需求，因此预期系数 $\alpha_1 > 0$；相对价格的上升会导致出口减少，预期 $\alpha_2 < 0$。根据前述汇率波动率与出口的理论，二者间关系不明确，α_3 的符号也不明确。该模型属弹性分析法，是在"非完全替代模型"的基础上增加一个新的解释变量——汇率波动率。本章重点探讨汇率波动率与出口的关系，数据定义如下。

X_t 表示中国对外国 t 时期的实际出口，按式（2.3.2）计算得到

$$X_t = \text{NX}_t \cdot E_t / \text{CPI\_CHN}_t \qquad （2.3.2）$$

其中，NX_t 表示相应的名义出口［数据来自中国经济信息网（简称中经网）］，中国出口数据用美元表示，所以首先乘以人民币对美元汇率 E_t 换成人民币为单位，然后除以中国消费者价格指数 CPI_CHN_t。CPI_CHN_t 以 2000 年为基期，即 2000=100（2001 年后的数据来自中国经济景气预报月刊定基比数据，2000 年以前的数据根据中国人民银行统计季刊和 CPI 同比数据整理得到）。E_t 表示相应

[①] 例如，使用该实证计量模型的有 Arize 等（2000），该模型是长期均衡出口需求方程。

的名义汇率，美元和日元汇率来自国家外汇管理局网站，欧元数据根据 IMF
（www.imfstatistics.org）提供的欧元对美元汇率转换成欧元对人民币汇率。所有
名义汇率用直接标价法表示（即 100 元外币等于 E 元人民币）。实际出口存在季
节性，因此使用 EVIEWS 5.0 的 X-11 程序对求对数后的实际出口使用加法模型进
行季节调整，仍然用 X_t 表示。Y_t 表示外国 t 时期的实际收入，因为没有月度 GDP，
本章使用外国工业生产指数代替（2000=100），数据来自 IMF，进行季节调整。

　　P_t 表示相对价格，用实际汇率表示，实际汇率的计算如下：

$$P_t = E_t \cdot CPI\_{F_t} / CPI\_CHNSA_t \qquad （2.3.3）$$

其中，CPI_{F_t} 表示外国消费者价格指数（来自 IMF，经过季节调整）。CPI_CHNSA_t
表示经过季节调整的中国消费者物价指数（对中国消费者价格指数使用 EVIEWS
5.0 中的 X-11 乘法模型进行季节调整得到）。

　　对于汇率波动率 V_t，研究名义还是实际汇率波动率对出口的影响被反复的争
论。本章使用实际汇率波动率。因为人民币对美元汇率在样本期内基本没有变化，
名义波动率几乎等于 0。汇率波动率的估计方法有许多种，使用最多的是计算汇
率对数收益率的标准差，对于月度数据一般使用最近 12 个月的数据来计算，方法
如下：

$$V_t = \sqrt{\frac{1}{12} \sum_{k=t-1}^{t-12} \left(\ln P_k - \ln P_{k-1} \right)^2} \qquad （2.3.4）$$

　　根据式（2.3.4）可知，计算汇率波动率需要计算对数汇率的一次差分，并且
使用一年前的数据估计风险。人民币对美元、韩元、日元的汇率数据实际起始时
间为 1994 年 12 月。对汇率求自然对数后差分一次，第一个数据是 1995 年 1 月，
使用 1995 年 1 月至 12 月的对数汇率差分值估计 1996 年 1 月的汇率波动率。依次
类推，得到 1996 年 1 月到 2005 年 6 月的汇率波动率数据。同样，人民币对欧元
汇率起始时间是 1999 年 1 月，第一个汇率波动率数据是 2000 年 2 月。按照同样
的方法得到 2000 年 2 月至 2005 年 6 月人民币对欧元的汇率波动率。因此，对于
美国和日本，样本区间为 1996 年 1 月至 2005 年 6 月。对于欧盟，样本区间为 2000
年 2 月至 2005 年 6 月。

　　数据定义和来源总结见表 2.3.1。

表 2.3.1　数据定义和来源

变量符号	变量名称	数据说明和来源
X_t	实际出口	$X_t = NX_t \cdot E_t / CPI\_CHN_t$ 名义出口 NX_t，单位为千美元，因此，乘以名义汇率 E_t 然后除以中国消费者 价格指数 CPI_CHN_t
Y_t	外国实际收入	各国工业生产指数做代理变量，经过季节调整，2000=100，数据来自 www.imfstatistics.org

续表

变量符号	变量名称	数据说明和来源
P_t	相对价格	$P_t = E_t \cdot CPI\_F_t / CPI\_CHNSA_t$ 相对价格用实际汇率代替
CPI_F_t	外国消费者价格指数	以 2000 年为基期，即 2000=100，来自 www.imfstatistics.org，经过季节调整
CPI_CHN_t	中国消费者价格指数	以 2000 年为基期，即 2000=100，数据来自中经网统计数据库
E_t	名义汇率	用直接标价法表示（即外币的人民币价格），用人民币对美元汇率以及外币对美元汇率折算得到，人民币对美元与外币对美元数据来自 www.imfstatitics.org，使用月底价
NX_t	名义出口	来自中经网统计数据库
V_t	汇率波动率	$V_t = \sqrt{\dfrac{1}{12} \sum_{k=t-1}^{t-12} \left(\ln P_k - \ln P_{k-1} \right)^2}$

2.3.3 1996 年 1 月至 2005 年 6 月汇率波动率与贸易关系实证分析结果

1. 协整分析

为了检验实际出口、实际汇率、实际汇率波动率和外国实际收入之间是否存在长期均衡关系，首先对每个变量进行单位根检验，本小节使用 ADF 法，回归方程是否包括常数项和时间趋势项根据数据折线图是否存在趋势来选择。P 表示滞后长度，根据 AIC（Akaike information criterion，即赤池信息准则）确定。不能拒绝零假设时，说明变量存在单位根是非平稳过程。检验结果见表 2.3.2。

表 2.3.2　ADF 单位根检验结果（一）

变量		水平变量	检验模式	差分一次	检验模式
欧盟	$\ln(X_t)$	-1.66	$(C, T, 1)$	-11.92**	$(C, 0, 0)$
	$\ln(Y_t)$	-2.36	$(C, 0, 3)$	-3.82**	$(0, 0, 2)$
	$\ln(P_t)$	-2.66	$(C, 1, 1)$	-7.01**	$(C, 0, 0)$
	$\ln(V_t)$	-2.39	$(C, 0, 0)$	-7.87**	$(0, 0, 0)$
日本	$\ln(X_t)$	-1.99	$(C, T, 3)$	-9.15**	$(C, 0, 2)$
	$\ln(Y_t)$	-1.91	$(C, 0, 11)$	-4.32**	$(0, 0, 10)$
	$\ln(P_t)$	-2.75	$(C, 0, 1)$	-8.23**	$(0, 0, 0)$
	$\ln(V_t)$	-0.87	$(C, 0, 12)$	-5.24**	$(0, 0, 11)$
美国	$\ln(X_t)$	-1.38	$(C, T, 4)$	-8.11**	$(C, 0, 3)$
	$\ln(Y_t)$	-2.12	$(C, 0, 3)$	-2.25*	$(0, 0, 2)$
	$\ln(P_t)$	-1.65	$(C, 0, 11)$	-8.16**	$(0, 0, 0)$
	$\ln(V_t)$	-1.65	$(C, 0, 12)$	-4.71**	$(0, 0, 11)$

续表

变量		水平变量	检验模式	差分一次	检验模式
韩国	$\ln(X_t)$	-1.90	$(C, T, 1)$	-18.20^{**}	$(C, 0, 0)$
	$\ln(Y_t)$	-1.95	$(C, T, 0)$	-6.26^{*}	$(C, 0, 1)$
	$\ln(P_t)$	-2.44	$(C, 0, 0)$	-9.94^{**}	$(0, 0, 0)$
	$\ln(V_t)$	-2.16	$(C, 0, 1)$	-6.15^{**}	$(0, 0, 0)$

$*p<0.05$；$**p<0.01$

注：(C, T, p) 表示用 ADF 法进行单位根检验时，回归方程中包括常数项和时间趋势项，类似的 $(C, 0,$
$p)$ 表示回归方程中只包括常数项，$(0, 0, p)$ 表示回归方程中没有常数项和时间趋势项。三种情况下，1%显
著水平下的临界值分别为-4.1，-3.53 和-2.6。5%显著水平分别为-3.44 -2.88 和-1.94。临界值由 EVIEWS 5.0
给出

　　单位根检验结果表明所有变量在1%显著水平上是 $I(1)$ 的。我们使用 Johansen
的迹检验法进行协整检验。根据 AIC 准则选择无约束 VAR 模型的滞后长度，假
设最长滞后长度是 8，对于韩国、欧盟和日本的数据滞后长度选择 2，对于美国的
数据滞后长度选择 5。协整检验需要在 5 种情况中选择最适合数据的模型，我们
选择数据具有趋势但是常数项只存在于协整方程的情况。Johansen 迹检验零假设
是独立协整向量的个数至多是 r 个，对立假设是独立协整向量的个数至少是 r 个。
从 $r=0$ 开始，如果统计量大于临界值则拒绝零假设，否则不能拒绝零假设，检验
停止。如果拒绝零假设，接着检验 $r\leqslant1$，类似地依次进行下去，直到 $r\leqslant n-1$，n
是模型中变量的个数，如本小节 $n=4$。所以 $r=3$ 表示最多有 3 个独立的协整向量。
检验结果见表 2.3.3。

表 2.3.3　Johansen 协整检验结果（一）

独立协整向量个数 r	迹统计量				5%临界值
	欧盟	美国	日本	韩国	
0	57.00^{*}	71.71^{*}	47.27	37.35	47.86
1	27.38	40.38^{*}	24.60	15.723 62	29.80
2	10.33	13.38	10.31	6.388 723	15.49
3	0.07	0.05	1.63	2.14×10^{-6}	3.84

$*p<0.05$

注：临界值来自 EVIEWS 5.0

　　根据表 2.3.3 可知，对于欧盟和美国的数据，结果显示在 5%显著水平上存在
协整关系。日本和韩国的数据不存在协整关系。欧盟和美国的规范化的协整方程
及相应系数的 t 值见表 2.3.4。

表 2.3.4　协整方程（一）

国家和地区	协整方程
欧盟	$\ln X_t = -44.34 + 8.81 \ln Y_t + 2.19 \ln P_t - 0.49 \ln V_t$ 　　　　　　　(-6.38)　　(-21.1)　　(5.92)
美国	$\ln X_t = -105.24 - 3.44 \ln Y_t + 14.99 \ln P_t - 1.18 \ln V_t$ 　　　　　　　(-1.48)　　(-5.23)　　(3.64)

表 2.3.4 是规范化的协整方程及参数的相应 t 统计量。我们最关注的汇率波动率弹性为负，并且在 1%显著水平上显著不为 0，说明汇率波动率的增加确实降低了中国对欧美的出口。弹性分别是–0.49 和–1.18。相对价格指标实际汇率的价格弹性与预期的符号一致，大于 0，弹性分别是 2.19 和 14.99，因此，Marshell-Lerner 条件成立，汇率贬值可促进出口贸易，进而改善国际收支。最后观察收入变量，如果收入弹性为正，则外国收入的增加带动中国的出口。但美国的收入弹性在统计上不显著，说明美国收入水平在样本期内不是影响中国出口的主要变量。这可能是因为在样本期内，中国对美国出口受美国各种政策和壁垒的影响，只要美国减少对中国的限制，中国出口额就会大量增加，所以出口不与美国经济状态直接相关。同时我们可以看到价格弹性非常大，这与中国产品主要以价格低廉取胜是一致的。欧盟出口方程中收入弹性比较大。Riedel（1989）指出不管对发达国家还是对发展中国家，不管使用总额还是双边数据，收入弹性都比较大，它对中国香港出口收入弹性的估计大于 4。Riedel 认为弹性大是因为没有考虑出口供给方面，同时估计出口供给和需求模型，收入弹性确实降低了。Adler（1970）认为收入弹性大说明出口产品已经适应了进口国当地的品味，弹性越大说明适应性越强。

2. 误差修正模型

短期内，汇率波动率如何影响出口呢？我们通过误差修正模型来研究中国对欧盟和美国的出口。

$$\Delta \ln X_t = c + \delta ECM_{t-1} + \sum_{i=1}^{q} \alpha_i \Delta \ln X_{t-i} + \sum_{i=0}^{q} \beta_i \Delta \ln Y_{t-i} + \sum_{i=0}^{q} \gamma_i \Delta \ln P_{t-i} + \sum_{i=0}^{q} \lambda_i \Delta \ln V_{t-i} + \varepsilon_t$$

$$(2.3.5)$$

其中，ECM_{t-1} 表示协整方程的残差的一阶滞后。误差修正模型估计结果见表 2.3.5。

表 2.3.5　误差修正模型估计结果（一）

贸易伙伴	误差修正模型
欧盟	$\Delta \ln X_t = 0.021 - 0.13 ECM_{t-1} - 0.36 \Delta \ln X_{t-1} + 0.73 \Delta \ln P_t + 0.56 \Delta \ln P_{t-3}$ 　　　　　(0.001)　　(0.001)　　　(0.015)　　(0.051) $R^2 = 0.396$　DW$=2.02$　WHITE $\chi^2 (8)$ $p = 0.86$　RESET $F(1, 56)$ $p = 0.068$, CHOW $F(5, 52)$ $p = 0.11$

续表

贸易伙伴	误差修正模型
美国	$\Delta \ln X_t = 0.029 - 0.019 ECM_{t-1} - 0.67\Delta \ln X_{t-1} - 0.47\Delta \ln X_{t-2} - 0.23\Delta \ln X_{t-3}$ （0.098）　（0.000）　　（0.000）　　　（0.000）　　　（0.015） $+3.86\Delta \ln Y_{t-4} + 0.07\Delta \ln V_{t-3}$ （0.094）　　（0.005 6） $R^2=0.395$　　DW=2.01　　　WHITE χ^2（8）p=0.04　　RESET F（1, 56）p=0.08, CHOW F（7, 92）p=0.1

注：WHITE 进行无条件异方差检验，RESET 是检验函数线性形式是否设定正确，CHOW 对残差进行断点检验，2001 年 11 月中国正式加入 WTO，我们选择这一时刻作为断点

中国对欧盟的误差修正模型各项检验的 p 值都大于 5%，在 5% 的显著水平上模型设定正确，可以进行经济解释。误差修正项在 1% 的水平上显著不等于 0，并且符号为负。系数 -0.13 表明，一旦偏离均衡水平，一个月内，实际出口向均衡水平回调 13%，也就是大约经过 8 个月的时间，实际出口会重新回到均衡水平。短期内欧盟收入和汇率波动率对实际出口没有影响，短期影响主要是汇率水平的变化带来的，影响迅速并显著，当前汇率水平贬值 1%，同期实际出口增加 0.73%，加上三个月前汇率贬值的影响，累积效应达到 1.29%。如果上个月实际出口增加，那么下个月实际出口将会减少。

中国对美国的误差修正模型各项检验的 p 值都大于 1%，在 1% 的显著水平上，模型设定正确，可以进行经济解释。误差修正项在 10% 的水平上显著不等于 0，并且符号为负。说明实际出口如果偏离长期均衡水平，从长期看将进行回调。系数 -0.019 表明，一旦偏离均衡水平，一个月内，实际出口向均衡水平回调 1.9%，调整规模很小，因此重新回到均衡的速度非常慢。此外，实际出口的变化与前三个月的实际出口增量负相关，与四个月前的外国收入增量正相关，与 7 个月前的汇率波动率正相关。短期内汇率水平的变化对出口没有影响。

中国对韩国和日本的实际出口与汇率波动率不存在长期共同变化的关系，使用 Granger 非因果检验来判断短期内汇率波动率对实际出口是否有预测作用。因为实际出口和汇率波动率都是非平稳的，并且不存在协整关系，把它们进行一次差分后进行 Granger 非因果检验。Granger 非因果检验是检验回归方程（2.3.6）中汇率波动率的系数是否同时等于 0。

$$\Delta \ln X_t = c + \sum_{i=1}^{q} \alpha_i \Delta \ln X_{t-i} + \sum_{i=0}^{q} \beta_i \Delta \ln Y_{t-i} + \sum_{i=0}^{q} \gamma_i \Delta \ln P_{t-i} + \sum_{i=0}^{q} \lambda_i \Delta \ln V_{t-i} + \varepsilon_t \quad （2.3.6）$$

零假设 H_0：$\lambda_1=\lambda_2=\cdots=\lambda_q=0$ 成立时 $\Delta \ln V$ 不是 $\Delta \ln X$ 的 Granger 原因，表示 $\Delta \ln V$ 的过去值对于预测当期的 $\Delta \ln X$ 没有作用。对日本的出口根据 AIC 准则，滞后长度选为 3，Granger 检验 p 值等于 0.31，不能拒绝零假设，表明短期内，人民币对日元汇率波动率变量对实际出口没有预测作用。对韩国的出口根据 AIC 准则，滞后长度选为 2，Granger 检验 p 值等于 0.065，在 10% 的水平上拒绝零假设，说明

汇率波动率对中国对韩国的出口有比较弱的预测作用。

　　使用协整、误差修正模型，Granger 非因果检验等方法估计与检验中国对主要贸易伙伴美国、欧盟、日本和韩国出口与外国收入、汇率及汇率波动率的长短期关系。实证结果表明，从长期看，中国向美国和欧盟的出口会由于汇率波动率的增加显著降低，中国向韩国和日本的出口与汇率波动率无关；从短期看，汇率波动率影响中国向美国的出口，但是对中国向欧盟、韩国和日本的出口没有影响。

　　从实证结果可以看到中国向三个主要贸易伙伴的出口需求函数存在显著的不同。对于出口韩国和日本，研究表明汇率波动率从长短期看均与出口无关。对于出口欧盟和美国，从长期看欧盟地区收入是影响出口的最主要因素，而汇率水平是中国出口美国的主要影响因素。从短期看，出口向均衡水平的调整速度也存在显著不同，出口欧盟的调整速度是出口美国的七倍。一旦偏离均衡水平，向欧盟的出口会在八个月内恢复，而向美国的出口要经过五年半的时间。

2.3.4　2005 年 7 月至 2015 年 6 月汇率波动率与贸易关系的实证分析

1. 协整分析

　　实证过程与2005年7月前分析过程相同,首先进行单位根检验,结果见表2.3.6;其次进行协整检验,结果见表2.3.7。

表 2.3.6　ADF 单位根检验结果（二）

	变量	水平变量	检验模式	差分一次	检验模式
欧盟	$\ln(X_t)$	-2.66	(C, 0, 2)	-11.84**	(0, 0, 1)
	$\ln(Y_t)$	-2.87	(C, 0, 3)	-3.29**	(0, 0, 2)
	$\ln(P_t)$	-2.80	(C, T, 0)	-12.04**	(C, 0, 0)
	$\ln(V_t)$	-2.96*	(C, 0, 3)	-4.60**	(0, 0, 1)
日本	$\ln(X_t)$	-1.66	(C, T, 2)	-14.715**	(C, 0, 1)
	$\ln(Y_t)$	-2.23	(C, 0, 1)	-8.72**	(0, 0, 1)
	$\ln(P_t)$	-0.66	(C, T, 0)	-10.36**	(C, 0, 0)
	$\ln(V_t)$	-1.86	(C, 0, 0)	-10.89**	(0, 0, 0)
美国	$\ln(X_t)$	-1.77	(C, 0, 2)	-12.84**	(0, 0, 1)
	$\ln(Y_t)$	-2.47	(C, 0, 4)	-2.54*	(0, 0, 3)
	$\ln(P_t)$	-1.02	(C, T, 1)	-7.58**	(C, 0, 0)
	$\ln(V_t)$	-2.04	(C, 0, 1)	-8.68**	(0, 0, 0)
韩国	$\ln(X_t)$	-2.67	(C, T, 1)	-19.02**	(C, 0, 0)
	$\ln(Y_t)$	-2.25	(C, T, 0)	-9.89*	(C, 0, 1)
	$\ln(P_t)$	-1.44	(C, 0, 0)	-11.74**	(0, 0, 0)
	$\ln(V_t)$	-2.58	(C, 0, 3)	-6.73**	(0, 0, 0)

表 2.3.7　Johansen 协整检验结果（二）

独立协整向量个数 r	迹统计量				5%临界值
	欧盟	美国	日本	韩国	
0	56.90*	67.93*	47.72	80.22*	47.86
1	18.22	29.21	15.23	36.92*	29.80
2	9.26	10.78	4.47	15.40	15.49
3	2.29	3.69	0.11	3.22	3.84

*$p<0.05$
注：临界值来自 EVIEWS 5.0

　　单位根检验表明欧盟的汇率波动率变量在 5%水平上平稳，在 1%水平上不平稳，其他变量都在 1%水平上是 I（1）的，观察 2005 年 7 月至 2015 年 6 月汇率波动率，见图 2.3.1，综合图 2.3.1 与检验结果我们把欧盟汇率波动率判断为在 1%水平上是 I（1）的。

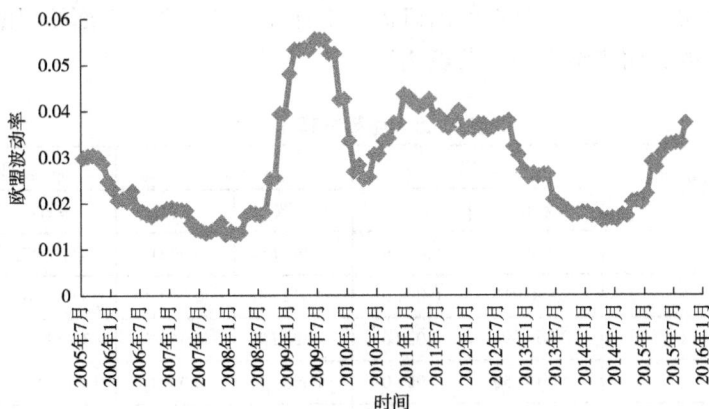

图 2.3.1　欧盟汇率波动率折线图

　　下面使用 Johansen 的迹检验法进行协整检验。2005~2015 年，在 2008 年国际上发生金融危机，观察欧盟、美国、韩国和日本四个国家与地区的实际工业生产指数图（图 2.3.2），可以看到工业生产指数在 2008 年存在下降，2009 年之后逐步恢复。因此，协整检验时增加虚拟变量，该变量在 2008 年 9 月至 2009 年 8 月的取值等于 1，其他时间取值为 0。

　　根据 AIC 准则选择无约束 VAR 模型的滞后长度，假设最长滞后长度是 8，对于欧盟的数据滞后长度选择 4，对于美国和日本的数据滞后长度选择 3，对于韩国的数据滞后长度选择 1。

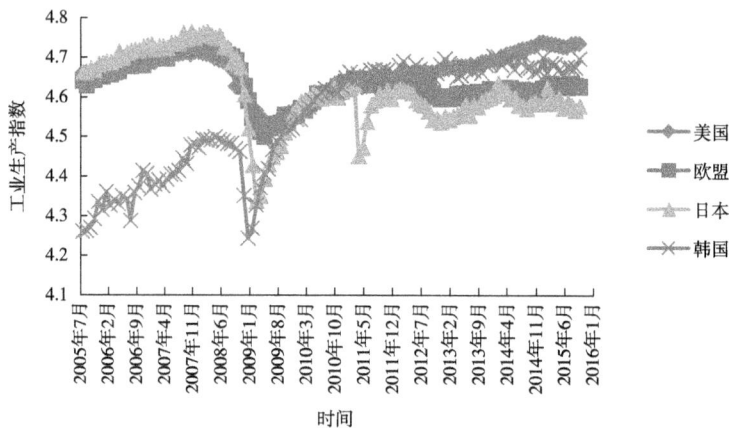

图 2.3.2　美国、欧盟、日本和韩国工业生产指数图

协整检验结果表明，在 2005 年 6 月之后，协整关系与之前有所不同。韩国从不存在协整关系变得存在了。欧盟、美国和日本结论不变。而与欧盟和美国的出口仍然存在协整关系，与日本的出口仍然不存在协整关系。下面给出欧盟、美国和韩国出口的长期协整方程，见表 2.3.8。

表 2.3.8　协整方程（二）

变量名称	欧盟		美国		韩国	
	系数	p 值	系数	p 值	系数	p 值
$\ln(Y_t)$	1.442 336	0.029 9	0.793 654	0.000 0	0.907 872	0.000 4
$\ln(P_t)$	2.850 017	0.294 0	−0.432 997	0.000 0	0.056 262	0.788 9
$\ln(V_t)$	−0.366 892	0.029 6	−6.822 307	0.040 7	−3.228 514	0.002 4
C	14.763 250	0.000 0	18.050 140	0.000 0	13.451 810	0.000 0
DUM2008	−0.089 109	0.288 1	−0.113 439	0.000 5	0.155 265	0.089 5

下面对 2005~2015 年四个国家和地区的协整分析结果进行对比。然后把 2005 年之后的结果与 2005 年之前的结果进行对比。

从表 2.3.8 看到 2008 年金融危机对中国的国别出口的影响对不同国家和地区并不相同：对欧盟系数不显著；对韩国在 10%水平上显著，而且金融危机期间中国对韩国的出口反而增加；对美国的出口明显受到金融危机的影响，并且存在明显的负向作用。汇率波动对三个国家和地区的出口都存在负的影响，汇率波动的增加减少了中国的国别出口。汇率波动对美国影响较大，是对韩国出口影响的两倍，而对欧盟影响非常小。各国的需求对中国向它们的出口仍然起决定作用。汇率水平似乎没有明显作用，中国向欧盟和韩国的出口中汇率水平的影响不显著，但是中国向美国的出口汇率水平显著，并且人民币贬值时出口减少。欧盟与美国在 2005 年之前相后都仍然存在协整关系，协整系数与 2005 年之前相比外国需求系数减少非常大，汇率波动的影响明显增加可能与中国汇率波动水平在 2005 年之后开始增加有关。

2. 误差修正模型

对存在协整关系的贸易伙伴建立短期误差修正模型，见表 2.3.9。

表 2.3.9　误差修正模型估计结果（二）

贸易伙伴	误差修正模型
欧盟	$\Delta \ln X_t = -0.17 ECM_{t-1} - 0.46\Delta\ln X_{t-1} + 1.24\Delta\ln Y_{t-1} - 5.74\Delta\ln V_{t-1}$ （0.008 4）　（0.000 0）　（0.071 8）　（0.031 5） $R^2=0.36$, DW=2.39, WHITE χ^2（10）p=0.32, RESET F（1, 114）p=0.72, CHOW F（82, 33）p=0.11
美国	$\Delta \ln X_t = -0.64 ECM_{t-1} - 0.23\Delta\ln X_{t-1} - 2.36\Delta\ln P + 1.69\Delta\ln P_{t-1}$ （0.000 0）　（0.006）　（0.016 9）　（0.069 7） $R^2=0.45$, DW=2.07, WHITE χ^2（10）p=0.06, RESET F（1, 114）p=0.33, CHOW F（4, 111）p=0.15
韩国_1	$\Delta \ln X_t = -0.25 ECM_{t-1} - 0.43\Delta\ln X_{t-1} + 0.38\Delta\ln P_{t-3} + 1.69\Delta\ln V_{t-3}$ （0.001 9）　（0.000 0）　（0.056 4）　（0.061 7） $R^2=0.36$, DW=1.99, WHITE χ^2（10）p=0.23, RESET F（1, 114）p=0.46, CHOW F（4, 111）p=0.000 2
韩国_2	$\Delta \ln X_t = -0.26 ECM_{t-1} - 0.43\Delta\ln X_{t-1} + 0.35\Delta\ln P_{t-3} - 0.05dum2008$ （0.001 5）　（0.000 0）　（0.080 2）　（0.023 9） $R^2=0.37$, DW=2.08, WHITE χ^2（10）p=0.23, RESET F（1, 114）p=0.46

注：2008 年 9 月作为断点进行 CHOW 检验

中国对欧盟的误差修正模型各项检验的 p 值都大于 5%，在 5%的显著水平上模型设定正确，可以进行经济解释。误差修正项在 1%的水平上显著不等于 0，并且符号为负。系数-0.17 表明，一旦偏离均衡水平，一个月内实际出口向均衡水平回调 17%，也就是大约经过 6 个月的时间，实际出口会重新回到均衡水平。短期内欧盟收入的一阶滞后和汇率波动率的一阶滞后对实际出口有影响，短期影响主要是汇率波动的变化带来的，影响迅速并显著。出口滞后效果明显，如果前期出口增长，那么下期出口将减少。

中国对美国的误差修正模型各项检验的 p 值都大于 5%，在 5%的显著水平上模型设定正确，可以进行经济解释。误差修正项系数-0.64 表明一旦偏离均衡水平，一个月内实际出口向均衡水平回调 64%，调整规模很大，大约两个月就回到均衡水平。汇率波动率短期对出口没有直接的影响，通过误差修正项有间接影响。此外，实际出口的变化与前一个月的实际出口增量负相关，与当期汇率水平和汇率水平的一阶滞后相关。

中国对韩国的出口误差修正模型在进行断点检验时发现在 2008 年 9 月存在断

点，因此在短期方程增加虚拟变量 DUM2008，重新估计短期模型。表 2.3.9 的最后一行用来描述短期中国对韩国的出口。误差修正项系数是-0.26，说明一旦偏离均衡水平，一个月内实际出口向均衡水平回调 26%，调整规模较大，大约 4 个月就回到均衡水平。增加虚拟变量后汇率波动率短期对出口没有直接影响。3 个月前的汇率水平与当前的出口有关，人民币贬值可以促进对韩国的出口。对韩国出口同样存在一期滞后效果，前期出口增长，那么下期出口将减少。

中国对日本的实际出口与汇率波动率不存在长期共同变化的关系，我们使用 Granger 非因果检验来判断短期内汇率波动率对实际出口是否有预测作用。对日本的出口根据 AIC 准则滞后长度选为 2，Granger 检验 p 值等于 0.13，不能拒绝零假设，表明短期内人民币对日元汇率波动率变量对实际出口没有预测作用。

因为中国进行汇率制度改革，所以我们把样本区间分成两部分进行实证分析。研究发现 2005 年 6 月前后的实证结果存在明显差别，说明随着制度和宏观环境的变化等变量间的关系也在发生变化。但是也有相同的规律，那就是国别出口的特点不一致。从出口函数存在明显差别来看，管理机构在实际操作当中必须针对具体国情区别对待。当前中国汇率制度实行参考一篮子货币和有管理的浮动汇率制度。除了根据贸易权重确定不同币种汇率权数外，中国对美元波动幅度不断调整，2005 年之前波动幅度是 0.3%，2007 年 5 月扩大到 0.5%，2012 年 4 月继续扩大至 1%，2014 年 3 月扩大到 2%。随着汇率制度从固定向波动变化，人民币对外币的波动区间扩大，对比 2005 年前后的结果可以发现，汇率波动的影响也越来越多。中国对美国的出口受汇率波动影响比其他国家要大，这说明人民币对美元波动区间小于对其他外币波动区间的政策非常合理，需要继续保持。受汇率波动影响不明显的国内可以设定比较大的波动区间。

汇率变动将会从两个方面对出口产生影响：一是汇率水平的变化；二是汇率波动率的变化。当汇率贬值时，如果汇率波动率增加，那么中国出口由于贬值带来的增加要减去风险加大减少的那部分，反过来由于汇率升值带来出口的减少要加上因为汇率波动率降低带来的出口增加的部分。如果汇率贬值的同时汇率波动率降低对出口促进效应达到最大，那么汇率升值的同时风险增加对出口的抑制作用达到最大。因此，对于国家外汇管理机构，一方面需要使汇率维持在均衡水平附近，另一方面要把汇率水平波动幅度限制在一定范围内。对于均衡汇率水平的确定，到目前为止仍然是难以琢磨的。而对于降低汇率波动率，外汇管理机构是可以有所作为的。根据本章研究结果，人民币对欧元、美元和韩元汇率波动率与出口负相关。因此，管理者应该努力控制人民币对美元、欧元和韩元的汇率波动率，这样可以降低对出口的负面影响。管理当局应该向外贸企业进行培训，强调汇率波动率带来的挑战。同时汇率管理机构应该完善汇率生成的市场化机制，尽快培育外汇市场，提供管理汇率风险的工具。

参 考 文 献

毕玉江. 2013. 人民币汇率波动与中国贸易顺差调整——基于主要贸易伙伴数据的实证研究. 国际经贸探索，12：74-84.

曹阳，李剑武. 2006. 人民币实际汇率水平与波动对进出口贸易的影响——基于 1980~2004 年的实证研究. 世界经济研究，8：56-59.

陈六傅，钱学锋，刘厚俊. 2007. 人民币实际汇率波动风险对我国各类企业出口的影响. 数量经济技术经济研究，7：81-88.

陈平，熊欣. 2002. 进口国汇率波动与中国出口的实证分析. 国际金融研究，6：7-11.

陈云，何秀红. 2008. 人民币汇率波动对我国 HS 分类商品出口的影响. 数量经济技术经济研究，3：43-54.

谷宇，高铁梅. 2007. 人民币汇率波动性对中国进出口影响的分析. 世界经济，10：49-57.

姜昱，邢曙光，杨胜刚. 2011. 汇率波动对我国进出口影响的门限效应. 世界经济研究，7：36-42.

李广众，Voon L P. 2004. 实际汇率错位、汇率波动性及其对制造业出口贸易影响的实证分析：1978~1998 年平行数据研究. 管理世界，11：22-28.

卢向前，戴国强. 2005. 人民币实际汇率波动对我国进出口的影响：1994—2003. 经济研究，5：31-39.

马丹，华圆. 2011. 出口贸易及其名义汇率与实际汇率风险——基于中国对主要贸易伙伴国面板数据的实证研究. 财经科学，4：33-39.

宋志刚，丁一兵. 2005. 新兴市场国家的汇率波动与出口：一个经验分析. 数量经济技术经济研究，9：40-48.

许可. 2012. 人民币汇率及其波动对中国主要贸易伙伴进出口影响研究. 预测，3：8-12.

余珊萍. 2005. 汇率波动对我国出口影响的实证研究. 东南大学学报（哲学社会科学版），7(2)：13-17.

张伯伟，田塑. 2014. 汇率波动对出口贸易的非线性影响——基于国别面板数据的研究. 国际贸易问题，6：131-139.

Adler M F. 1970. The relationship between the income and price elasticities of demand for United States exports. Review of Economics and Statistics，52：313-319.

Aliyu S U R. 2010. Exchange rate volatility and export trade in Nigeria：an empirical investigation. Applied Financial Economics，20（13）：1071-1084.

Anderton R，Skudelny F. 2001. Exchange rate volatility and euro area imports. European Central Bank Working，64.

Arize A C. 1995. The effects of exchange rate volatility on U.S. exports：an empirical investigation. Southern Economic Journal，62（1）：34-43.

Arize A C. 1997. Conditional exchange-rate volatility and the volume of foreign trade：evidence from seven industrialized countries. Southern Economic Journal, 64 (1): 235-254.

Arize A C. 1998. The effects of exchange-rate volatility on US imports: an empirical investigation. International Economic Journal, 12 (1): 30-40.

Arize A C, Osang T, Slottje D J. 2000. Exchange rate volatility and foreign trade: evidence from thirteen LDC's. Journal of Business and Economic Statistics, 18: 10-17.

Arize A C, Osang T, Slottje D J. 2005. Exchange-rate volatility in Latin America and its impact on foreign trade. Working Paper.

Arize A C, Osang T, Slottje D J. 2008. Exchange-rate volatility in Latin America and its impact on foreign trade. International Review of Economics and Finance, 17 (1): 33-44.

Asseery A, Peel D A. 1991. The effects of exchange rate volatility on exports—some new estimates. Economics Letters, 37: 173-177.

Avsar V, Turkcan K. 2013. Exchange rate volatility and U.S. auto-industry exports: a panel cointegration approach. International Journal of Economics and Financial Issues, 3(4): 772-787.

Bacchetta P, Wincoop E. 2000. Does exchange-rate stability increase trade and welfare? American Economie Review, 90 (5): 1093-1109.

Backus D, Kehoe P, Kydland F. 1992. International real business cycle models. Journal of Political Economy, 100: 745-775.

Backus D, Foresi S, Telmer C. 1996. AIne models of currency pricing. New York University Working Paper.

Baek J. 2014. Exchange rate effects on Korea—U.S. bilateral trade: a new look. Research in Economics, 68: 214-221.

Bahmani-Oskooee M, Goswami G. 2004. Exchange rate sensitivity of Japan's bilateral trade flows. Japan and the Worm Economy, 16: 1-15.

Bahmani-Oskooee M, Ardalani Z. 2006. Exchange rate sensitivity of U.S. trade flows: evidence from industry data. Southern Economic Journal, 72: 542-559.

Bahmani-Oskooee M, Hegerty S W. 2007. Exchange rate volatility and trade flows: a review article. Journal of Economic Studies, 34: 211-55.

Bahmani-Oskooee M, Mitra R. 2008. Exchange rate risk and commodity trade between the U.S. and India. Open Economies Review, 19: 71-80.

Bahmani-Oskooee M, Harvey H. 2011. Exchange-rate volatility and industry trade between the U.S. and Malaysia. Research in International Business and Finance, 25: 127-155.

Bahmani-Oskooee M, Bolhassani M, Hegerty S W. 2011. The effects of currency fluctuations and trade intergration in industry trade between Canada and mexico. Resource Economics, 64 (4): 213-223.

Bahmani-Oskooee M, Harvey H, Hegerty S W. 2013. The effects of exchange-rate volatility on commodity trade between the US and Brazil. North American Journal of Economic Finance, 25: 70-93.

Bahmani-Oskooee M, Harvey H, Hegerty S W. 2014. Exchange rate volatility and Spanish-American commodity trade flows. Economic Systems, 38: 243-260.

Barkoulas J C, Baumand M C. 2002. Exchange rate effects on the volume and variability of trade flows. Journal of International Money and Finance, 21 (4): 481-496.

Baron D P. 1976a. Fluctuating exchange rates and the pricing of exports. Economic Inquiry, 14: 425-438.

Baron D P. 1976b. Flexible exchange rates, forward markets, and the level of trade. American Economic Review, 66: 253-266.

Baum C F, Caglayan M. 2008. The volatility of international trade flows and exchange rate uncertainty. Boston College Working Papers in Economics, 695.

Baum C F, Caglay M, Ozkan N. 2004. Nonlinear effects of exchange rate volatility on the volume of bilateral exports. Journal of Applied Econometrics, 19: 1-23.

Bertola G. 1994. Continuous-time models of the exchange rates and intervention//van der Ploeg R. Handbook of International Macroeconomics. Basil: Blackwell Publishers.

Bini-Smaghi L. 1991. Exchange rate variability and trade: why it is so difficult to find any empirical relationship? Applied Economics, 23: 927-936.

Brada J C, Mendez J A. 1988. Exchange rate risk, exchange rate regime and the volume of international trade. KYKLOS, 41: 263-280.

Bredin D, Stilianos F, Murphy E. 2003. An empirical analysis of short-run and long-run Irish export functions: does exchange-rate volatility matter? International Review of Applied Economics, 17 (2): 193-208.

Broda C, Romalis J. 2003. Identifying the relationship between exchange rate volatility and trade. Mimeo, Federal Reserve Bank of New York, November 2003.

Broll U. 1994. Foreign production and forward markets. Australian Economic, 33: 1-6.

Broll U, Eckwert B. 1999. Exchange rate volatility and international trade. Southern Economic Journals, 66: 178-185.

Byrne J P, Darby J, Macdonald R, 2008, US trade and exchange rate volatility: a real sectoral bilateral analysis. Journal of Macroeconomics, 30 (1): 238-259

Caporale T, Doroodian K. 1994. Exchange rate variability and the flow of international trade. Economics Letters, 46: 49-54.

Cheung Y W, Rajeswari S. 2013. Impact of exchange rate movements on exports: an analysis of indian non-financial sector firms. Journal of International Money and Finance, 39: 231-245.

Chit M M, Rizov M, Willenbockel D. 2010. Exchange rate volatility and exports: new empirical evidence from the emerging east Asian economies. The World Economy, 33 (2) : 239-263.

Cho G, Sheldon I M, McCorriston S. 2002. Exchange rate uncertainty and agricultural trade. American Journal of Agricultural Economics, 84: 931-42.

Chou W L. 2000. Exchange rate variability and China's exports. Journal of Comparative Economics, 28: 61-79.

Choudhry T. 2005. Exchange rate volatility and the United States exports to Canada and Japan. Journal of the Japanese and International Economies, 19: 51-71.

Choudhry T. 2008. Exchange rate volatility and United Kingdom trade: evidence from Canada, Japan and New Zealand. Empirical Economics, 35 (3) : 607-619.

Choudhry T, Hassan S S. 2015. Exchange rate volatility and UK imports from developing countries: the effect of the global financial crisis. Journal of International Financial Markets Institutions & Money, 39: 89-101.

Clark P B. 1973. Uncertainty, exchange risk, and the level of international trade. Western Economic Journal, 11: 302-313.

Côte A. 1994. Exchange rate volatility and trade: a survey. Working Paper, Bank of Canada.

Cushman D O. 1983. The effects of real exchange rate risk on international trade. Journal of International Economics, 15: 45-65.

Cushman D O. 1988. U.S. bilateral trade flows and exchange risk during the floating period. Journal of International Economics, 24: 317-330.

de Grauwe P. 1988. Exchange rate variability and the slow down in growth of international trade.

International Monetary Fund Staff Papers, 35: 63-84.

de Grauwe P. 1992. The benefits of a common currency//de Grauwe P. The Economics of Monetary Integration. New York: Oxford University Press.

de Vita G, Abbott A. 2004a. The impact of exchange rate volatility on UK exports to EU countries. Scottish Journal of Political Economy, 51 (1): 62-81.

de Vita G, Abbott A. 2004b. Real exchange rate volatility and US exports: an ARDL bounds testing approach. Economic Issues, 9 (1): 69-78.

Dell A G. 1999. Exchange rate fluctuations and trade flows: evidence from the European Union. IMF Staff Papers, 46 (3): 315-334.

Dellas H, Zilberfarb B Z. 1993. Real exchange rate volatility and international trade: a re-examination of the theory. Southern Economic Journal, 59 (4): 641-647.

Demers M. 1991. Investment under uncertainty, irreversibility and the arrival of information over time. Review of Economic Studies, 58.

Dixit A, Pindyck R. 1994. Investment Under Uncertainty. Princeton: Princeton University Press.

Doyle E. 2001. Exchange rate volatility and Irish-UK trade, 1979—1992. Applied Economics, 33: 249-265.

Dumas B. 1992. Dynamic equilibrium and the real exchange rate in a spatially separated world. The Review of Financial Studies, 5 (3): 153-180.

Edison H J, Melvin M. 1990. The determinants and implications of the choice of an exchange rate system//Haraf W S, Willett T D. Monetary Policy for a Volatile Global Economy. http://www.aei.org/publication/monetary-policy-for-a-volatile-global-economy.

Engel C, Rogers J. 1995. How wide is the border? Working Paper, University of Washington.

Engle R F, Granger C W J. 1987. Co-intergration and error correction: representation, estimation and testing. Econometrica, 55: 251-276.

Ethier W. 1973. International trade and the forward exchange market. American Economic Review, 63: 494-503.

Fang W, Thompson H. 2004. Exchange rate risk and export revenue in Taiwan. Pacific Economic Review, 9 (2): 117-129.

Fang W, Lai Y, Miller S M. 2006. Export promotion through exchange rate changes: exchange rate depreciation or stabilization? Southern Economic Journal, 72 (3): 611.

Fang W, Lai Y, Thompson H. 2007. Exchange rates, exchange risk, and Asian export revenue. International Review of Economics and Finance, 16 (2): 237-254.

Franke G. 1991. Exchange rate volatility and international trading strategy. Journal of International Money and Finance, 10: 292-307.

Frankel J A, Wei S J. 1993. Trade blocks and currency blocks. Research Working Paper.

Giorgioni G, Thompson J L. 2002. Which volatility? The case of the exports of wheat. Applied Economics Letters, 9 (4): 681.

Goldstein N, Khan M. 1985. Income and price effects in foreign trade//Jones R, Kenen P. Handbook of International Economics. Amsterdam: Elsevier Science Ltd.

Gotur P. 1985. The effects of exchange rate volatility on trade: some further evidence. Journal of Monetary Economics, 3: 541-572.

Hall S, Hondroyiannis G, Swamy P, et al. 2010. Exchange-rate volatility and export performance: do emerging market economies resemble industrial countries or other developing countries? Economic Modelling, 27 (6): 1514-1521.

Hasan V. 1999. The impact of exchange rate volatility on international trade flows. Journal of

Economic Surveys, 13: 71-106.

Hasan V. 2002. Exchange rate volatility in Turkey and its effect on trade flows. Journal of Economic and Social Research, 4 (1): 83-99.

Hayakawa K, Kimura F. 2009. The effect of exchange rate volatility on international trade in East Asia. Journal of the Japanese & International Economies, 23 (4): 395-406.

Helmut H. 2003. On the nonlinear relationship between exchange rate uncertainty and trade—an investigation of US trade figures in the group of seven. Review of World Economics. 139 (4): 650-682.

Helmut H, Weber H. 2007. Exchange rate uncertainty and trade growth—a comparison of linear and nonlinear (forecasting) models. Applied Stochastic Models in Business and Industry, 21 (1): 1-26.

Hooper P, Kohlhagen S. 1978. The effect of exchange rate uncertainty on the price and volume of international trade. Journal of International Economics, 8: 483-511.

IMF. 2004. Exchange rate volatility and trade: some new evidence. IMF Staff Paper.

Ivan T. 2008. The effects of exchange rate volatility on agriculture trade. American Journal of Agriculture Economics, 90 (4): 1028-1043.

Johansen S. 1988. Statistical analysis of cointegration vectors. Journal of Economic Dynamics and Control, 12: 231-254.

Johansen S. 1995. Likelihood-based Inference in Cointegrated Vector Autoregressive Models. Oxford: Oxford University Press.

Joseph P B, Darby J, Macdonald R. 2008. US trade and exchange rate volatility: a real sectoral bilateral analysis. Journal of Macroeconomics, 30 (1): 238-259.

Klaassen F. 2004. Why is it so difficult to find an effect of exchange rate risk on trade? Journal of International Money Finance, 23: 817-839.

Koray F, Lastrapes W D. 1989. Real exchange rate volatility and U.S. bilateral trade: a VAR approach. Review of Economics and Statistics, 71: 708-712.

Koren M, Szeidl A. 2003. Portfolio choice with illiquid assets. Center for Economic Policy Research Discussion Papers, 3795.

Kroner K F, Lastrapes W D. 1993. The impact of exchange rate volatility on international trade: reduced form estimates using the GARCH-in-mean model. Journal of International Money and Finance, 12: 298-318.

Kumar V, Whitt J A. 1992. Exchange rate variability and international trade. Economic Review, Federal Reserve Bank of Atlanta, 37: 17-32.

Lee J. 1999. The effect of exchange rate volatility on trade in durables. Review of International Economics, 7 (2): 189-201.

Lee K S, Saucier P. 2007. Exchange rate instability and trade integration—the case of Asia. Equine Veterinary Journal, 30 (2): 117-122.

MacKinnon J G. 1991. Critical values for cointegration tests//Engle R F, Granger C W J. Long-run Economic Relationships: Readings in Cointegration. Oxford: Oxford University Press.

Makin J H. 1978. Portforlio theory and the problem of the foreign exchange risk. Journal of Fiance, 33 (2): 517-534.

McKenzie M D. 1999. The impact of exchange rate volatility on international trade flows. Journal of Economic Surveys, 13: 71-106.

McKenzie M D, Brooks R D. 1997. The impact of exchange rate volatility on German—U.S. trade lows. Journal of International Financial Markets, Institutions, and Money, 7: 73-88.

Michael P, Nobay A R, Peel D A. 1997. Transactions costs and nonlinear adjustment in real exchange rates: an empirical investigation. Journal of Political Economy, 105: 862-879.

Mustafa C, Di J. 2008. Does real exchange rate volatility affect sectoral trade flows? The University of Sheffield, Department of Economics Working Papers, 2008011.

Nicita A. 2013. Exchange rates, international trade and trade policies. International Economics, 135-136: 47-61.

Nishimura Y, Kenjiro H. 2013. Does exchange rate volatility deter Japan-China trade? Evidence from pre-and post-exchange rate reform in China. Japan and the World Economy, (25~26): 90-101.

O'Connell P. 1997. The bigger they are, the harder they fall: how price differences across U.S. cities are arbitraged. NBER Working Paper, 6089.

Obstfeld M, Taylor A M. 1997. Non-linear aspects of goods market arbitrage and adjustment: Heckscher's commodity points revisited. Center for International and Development Economic Research Working Paper, 1672.

Pål B, Fagereng A. 2010. Exchange rate volatility and export performance: a cointegrated VAR approach. Applied Economics, 42 (7): 851-864.

Péridy N. 2003. Exchange rate volatility, sectoral trade, and the aggregation bias. Review of World Economics, 139 (3): 389-418.

Peree E, Steinherr A. 1989. Exchange rate uncertainty and foreign trade. European Economic Review, 33: 1241-1264.

Pozo S. 1992. Conditional exchange rate volatility and the volume of international trade: evidence from the early 1900s. The Review of Economics and Statistics, (74): 325-329.

Pugh G, Tyrrall D. Tarnawa L. 1999. Exchange rate variability, international trade and the single currency debate: a survey//Meeusen W. Economic Policy in the European Union: Current Perspectives. Cheltenham: Edward Elgar.

Qian Y Varangis P. 1994. Does exchange rate volatility hinder export growth: additional evidence. Empirical Economics, 19: 371-396.

Rapp T A, Reddy N N. 2000. The effect of real exchange rate volatility on bilateral sector exports. The Journal of Economics, 26: 87-103.

Rauch J E. 1999. Networks versus markets in international trade. Journal of International Economics, 48: 7-35.

Riedel J. 1989. The demand for LDC exports of manufactures: estimates from Hong Kong. The Economic Journal, 98: 138-148.

Rose A. 2000. One money, one market: estimating the effect of common currency on trade. Economic Policy, 30: 7-45.

Sercu P. 1992. Exchange risk, exposure, and the option to trade. Journal of International Money and Finance, 11 (8): 579-593.

Sercu P. 1997. The variance of truncated variable and the riskiness of the underlying variables. Insurance: Mathematics and Economics, 20: 79-95.

Sercu P, Vanhulle C. 1992. Exchange rate volatility, international trade, and the value of exporting 3rms. Journal of Banking and Finance, 16: 155-182.

Sercu P, Vanhulle C. 1995. The exchange rate in the presence of transaction costs: implications for tests of relative purchasing power parity. Journal of Finance, 50 (4): 1309-1319.

Sercu P, Uppal R. 2003. Exchange rate volatility and international trade: a general equilibrium analysis. European Economic Review, 47: 429-441.

Siregar R，Rajan R S. 2004. Impact of exchange rate volatility on Indonesia's trade performance in 1990s. The Japanese and International Economnics，18：218-240.

Svensson L. 1992. An interpretation of recent research on exchange rate target zones. Journal of Economic Perspectives，6（4）：119-144.

Tenreyro S. 2004. On the trade impact of nominal exchange rate volatility. Federal Reserve Bank of Boston，unpublished.

Thorbecke W，Smith G. 2012. Are Chinese imports sensitive to exchange rate changes? Research Institute of Economy Trado and Industry Discussion Paper，12-E-007.

Uppal R. 1993. A general equilibrium model of international portfolio choice. Journal of Finance，48（3）：529-553.

Viaene J M，de Vries C G. 1992. International trade and exchange rate volatility. European Economic Review，36：1311-1321.

Wesseh P K，Niu L. 2012. The impact of exchange rate volatility on trade flows：new evidence from South Africa. International Review of Business Research Papers，8（1）：140-165.

Wolf A. 1995. Import and hedging uncertainty in international trade. Journal of Futures Markets，15（2）：101-110.

Yarmukhamedov S. 2007. Trade effects of exchange rate fluctuations：evidence from Sweden. Master Thesis in Economics，Department of Economics and Social Sciences Dolarna University Fall.

Zhang Y H，Hui C S，Gauger J. 2006. The threshold effect of exchange rate volatility on trade volumes：evidence from G-7 countries. International Economic Journal，20（4）：461-476.

第3章 基于总量与行业数据的汇率传递分析

3.1 汇率传递概念及其在宏观经济中的意义

在 2005 年中国改变汇率制度并且人民币对美元一次升值 2%时，有报道称中国出口企业只能承受 5%的升值，否则一半的出口企业都面临破产的危机。这一说法隐含中国出口的商品用进口国货币表示的价格不变的话（如美元），汇率升值会相应地减少出口商用本国货币表示的利润（由于人民币升值，相同的美元换算成人民币减少）。但是在汇率变化时，进出口价格是保持不变还是会相应变化呢？汇率变化导致进口（或出口）价格变化（换算成本币后的价格变化）的程度是汇率传递问题。汇率传递有两个层次的含义：第一层含义是进口国与出口国之间汇率改变 1%时，用进口国货币（本币）表示的进口品价格改变的百分比，这也被称为狭义的汇率传递。第二层含义是汇率变化导致国内一般价格水平的变化，如 CPI 和生产者价格指数（producer price index，PPI）等。第二个层次与货币政策、通货膨胀等宏观问题密切相关。在开放经济中，汇率变化无疑会导致一国国内一般价格水平的变化。Lafleche（1996）认为汇率可以通过直接和间接两个渠道影响国内价格。直接渠道包括最终消费进口品和中间产品进口品；间接渠道包括相对需求变化与工资调整。傅强和吴卯会（2011）还提到货币供给渠道。我们把汇率变化影响国内价格的直接和间接传递渠道总结为以下五个方面。

（1）最终进口产品渠道。汇率变化时，如本币贬值，直接导致进口品价格上升，进口的最终消费品作为 CPI 篮子中的一部分计入 CPI 的计算，这会直接导致 CPI 上升。

（2）中间进口产品渠道，可以看做生产成本渠道。许多进口商品属于原材料和中间产品，不能直接进入消费市场，需要进一步的加工处理，加工后由中间产品和原材料变为最终产品进入市场。本币贬值会增加进口的中间产品及原材料的价格，从而导致企业生产成本的增加，驱动国内一般价格水平的上升。另外，进口商品的成本上升会降低行业的生产能力，供给减少会促使商品价格上升。

（3）相对需求渠道或替代渠道。本币贬值，进口商品价格上升，名义货币工资不变时，进口价格增加降低了居民对进口商品的需求，转而寻找产品替代。相对变得便宜的本国产品的需求增加，本国产品价格有上升压力。另外，本币贬值，出口商品价格下降，外国居民会增加对本国出口产品的需求。本国居民和外国居民对本国产品的需求都增加，导致本国产品价格有上升压力。

（4）工资渠道。相对需求的变化会导致对本国产品需求的增加，从而对劳动力需求增加，进而工资有上升压力，工资的上升增加了生产成本，导致最终产品价格增加。

（5）货币供给渠道。本币贬值影响相对需求，导致出口增加以及进口减少，因此贸易经常账户改善，中央银行通过结售汇投放的货币供应量增加，宽松的货币供给带来国内价格上升的压力。但是在国际收支资本账户方面，本币贬值会带来资本流出，如果人们有持续贬值的预期，那么较大的资本流出带来资本账户赤字。从货币供给渠道看，本币贬值对国内物价的影响方向是不确定的。

在上述各种渠道的作用下，本币贬值会导致国内物价水平的变化，变化的程度取决于许多因素。例如，进口最终消费品在 CPI 篮子中的比重，厂商的价格调整能力和需求替代程度，货币政策目标以及对贬值持续长短的预期。

综上所述，汇率传递程度不同有不同的经济意义，对宏观经济造成不同的影响，对政策制度有不同的要求。下面从六个方面进行总结。

（1）汇率传递问题对企业在国际上的竞争能力有重要意义。Berman 等（2012）研究发现，当汇率发生变化时生产率高的企业更有能力调整利润加成，而生产率低的企业在加价方面空间有限，是价格的接受者，更多的是通过销售数量的调整来应对汇率变化。因此，可以根据汇率传递程度说明企业在国际上的竞争能力。

（2）在国际收支方面，有的学者强调一国汇率贬值导致本国出口的商品价格相对下降，外国对该商品需求增加，所以出口增加，另外导致进口到本国的商品价格相对上升，本国对该商品的进口需求降低，进口减少，因此贸易余额改善。这一表述实际上假设一价定律成立，汇率完全传递，同时马歇尔-勒纳条件成立。如果其中一个条件不成立，那么贬值不一定能改善贸易余额。极端情况下，汇率完全不传递，那么汇率变化不引起进出口价格的变动，任何基于汇率变动调整国际收支的政策的有效性丧失。Eithne 和 Lapadre（1999）分五种情况进行分析，发现短期内进口价格与出口价格在汇率传递为百分之百或零的不同组合下，贸易收支的变化是不同的。

（3）在汇率制度选择方面，Engel（2003）认为如果出口品用生产者货币定价（producer currency pricing，PCP），并且在汇率变动时出口品以本国货币表示的价格不变，即生产者货币定价，出口到外国的商品换算成外币时，外币价格改变幅度与汇率的变化幅度相同，这时汇率完全传递。Obstfeld 和 Rogoff（2005）认为在完全传递下应该采用浮动汇率制度。因为浮动汇率制度可以调整相对价格，是 pareto 最优的。Sutherland（2001）发现汇率传递接近 100%时浮动汇率更优越，但是汇率传递比较低，如果休闲与消费之间替代弹性非常高，则浮动汇率也是可行的。如果出口品是本地货币定价（local currency pricing，LCP），即企业用消费者货币定价。汇率变化时，在外国销售时用外币表示的价格不变。这种情况下，汇率传递对出口价格影响为零，Devereux 和 Engel（2003）的研究推导出在 LCP 下，固定汇率制度优于浮动汇率制度。生产者货币定价等价于完全传递的情况，LCP 等价于完全不传递情况，Corsetti 和 Pesenti（2001）提出了一个模型（假设汇率传递在 0 和 1 之间），该模型认为浮动汇率可以减少产出缺口，但是却偏离一价定律，仍然带来福利上的损失。

（4）在小型开放经济中，汇率被认为是货币政策传递渠道之一。汇率变化影响进口产品的价格，如果进口产品是最终消费品，则作为物价篮子的一部分直接影响一国的通货膨胀，如果进口产品是中间投入品，则会导致最终产品价格的上升，进而造成通货膨胀。另外，汇率变化通过影响相对价格的变化影响一国的总需求，从而间接对通货膨胀产生影响。早期假设汇率变动对进口价格完全传递，如果汇率传递不完全，汇率变化对 CPI 的影响是有限的并且被推迟。例如，Marazzi 和 Sheets（2007）发现在美国，汇率对进口价格的传递从 20 世纪 70~80 年代的 0.5 下降到最近的 0.2。即使汇率对进口价格完全传递，如果货币政策能够对通货膨胀做出有效反应，仍然可以消除汇率贬值对通胀带来的影响。一个著名的例子是英国在 ERM（exchange rate market）危机后，进口价格增长 13%，但是消费者价格通货膨胀增长却非常少。Mishkin（2008）认为近年来汇率传递对进口价格和国内一般物价水平传递率低正是美国在金融危机后实行贬值政策的原因，因为美元贬值对美国国内 CPI 影响比较小。他指出美国自 2002 年以来，贸易加权汇率（相对于一篮子主要货币）贬值超过 40%，美元贬值会提高进口成本，进而提高消费价格，因此给通货膨胀带来压力。Mishkin 使用美联储的 SIGMA 模型模拟比较汇率对进口价格完全传递和不完全传递的情况，研究发现汇率对进口价格无论传递程度如何，面临冲击时，经济变量的响应曲线走势一样，但是汇率对进口不完全传递时，经济变量变化的程度减少。因此汇率对进口价格传递率下降，降低了汇率对通胀的直接压力，同时降低了对净出口的影响，从而对实际需求的影响减小。由于对实际经济影响降低，所以降低了对通胀的间接压力。Mishkin 认为低汇率传递低的情况下，货币政策更容易维持通胀和实际经济的稳定。

（5）汇率传递程度在货币政策规则的制定方面也被关注。如果汇率贬值明显影响通货膨胀，那么货币政策规则是否需要直接对汇率变化做出反应？Anderson（2005）认为货币政策规则不需要直接对汇率变化做出响应。不管汇率传递程度如何，货币政策只需要对通货膨胀做出响应，即间接对汇率变化做出响应而不是直接对国内非贸易品价格做出响应，如此可以提高一国的福利水平。Taylor（2007）在研究各国货币政策是否需要协调时指出，如果汇率对消费价格传递率低，那么只要各国有效执行通货膨胀率锚，各国就不需要货币政策的协调。

（6）Engle（2006）强调汇率传递对汇率作为外部冲击吸收因子的有效性的影响。名义汇率如果是有效的吸收因子，名义汇率的贬值应该导致贸易品与非贸易品价格的比率上升，此时的变化将产生支出转移效果。如果希望名义汇率变化成为吸收外部冲击的有力途径，那么理想的情况是汇率对贸易品和非贸易品的传递程度不同，并且对贸易品传递程度高于对非贸易品的传递程度。Engle（2006）发现贸易品传递程度通常大于非贸易品传递程度，随着以通货膨胀率为锚，两种传递程度都下降，但是非贸易品传递下降的程度更大，因此名义汇率作为吸收因子的有效性增强。Betts 和 Kehoe（2001）研究货币政策与财政政策冲击的传递效果，发现冲击来自货币政策时，汇率传递程度假设为 0 和 100%情况下存在相反的结果，而冲击来自财政政策时，经济响应与汇率传递程度无关。

汇率传递程度对宏观经济的多个方面有重要影响，汇率传递在开放经济学中始终是一个中心议题，对汇率传递程度的实证研究非常丰富，3.2 节对汇率传递实证文献进行总结。

3.2　汇率传递实证文献回顾

3.2.1　国外实证文献

对汇率传递的研究从 20 世纪 70 年代开始丰富起来，在不同的历史时期研究的重点不同。早期研究主要集中在发达国家，近期研究开始关注发展中国家。一些重要的研究结论如下：从汇率传递的事实上看，基本上认为汇率传递不完全，在发达国家大约是 50%，发展中国家传递程度略高。Campa 和 Goldberg（2005）、Gagnon 和 Ihrig（2004）、Bailliu 和 Fujii（2004）发现发达国家近年来汇率传递程度有所下降。Knetter（1993）、Marazzi 和 Sheets（2007）发现出口产品不同汇率传递程度也不同。Goldberg（2004）发现，如果只是采用加总的美元有效汇率来计算汇率变化对各行业利润的影响会得到其对利润影响不明显的错误结论。Goldberg 对美国不同行业的汇率分别进行了测算，发现分行业有效汇率可以更精确地反映汇率变化对各行业利润的影响。Pollard 和 Coughlin（2003）发现进口价格与出口价格传递存在不对称，汇率升值与贬值的效果也不相同。Abdul 和 Amine

（2014）发现汇率传递存在非线性的特点，采用门限 VAR 模型研究一个单位汇率冲击对国内价格的影响，实证发现在月度通货膨胀率大于 0.79% 时，汇率变化对国内物价存在显著影响，但是低于 0.79% 的门限时，汇率变化对国内物价的影响不显著。

　　既然汇率传递在实际中基本上是不完全的，学者试图对汇率传递不完全进行解释。Dornbusch（1987）和 Krugman（1987）从市场的不完全竞争及产业组织角度来解释汇率对进出口价格的不完全传递问题。Krugman（1987）的研究表明，由于国际市场分割"一价定律"在现实中无法实现，出口商可以对进口商实行三级价格歧视，并将这种歧视定义为"依市场定价"（pricing to market，PTM）。Dixit（1989）、Baldwin 和 Krugman（1989）从供给的角度，用沉淀成本分析了汇率对进出口价格不完全传递的原因。Obstfeld 和 Rogoff（2000）认为运输成本是汇率对进出口价格不完全传递的原因。McCallum 和 Nelson（1999）认为非贸易分销成本导致汇率传递率较低。汇率传递程度低的情况下，浮动汇率虽然能调整相对价格的变化，但对经济调整来说已经不再重要。Obstfeld（2001）把进口品作为中间产品看待，进口品与本国中间品一起作为投入制造最终消费品。虽然进口品价格存在完全汇率传递，但是最终产品汇率传递率低。

　　近期国外汇率传递程度的研究方向是汇率传递程度与哪些因素有关。Taylor（2000）发现汇率传递程度与通货膨胀率有关。Campa 和 Goldberg（2005）认为进口产品结构的不同导致汇率传递不同。进口产品构成的变化影响汇率传递程度，Frankel 等（2005）发现在低收入国家汇率传递程度低，而且运输成本和关税壁垒都影响传递程度。Corsetti 和 Dedola（2005）认为汇率波动程度影响汇率传递程度，汇率波动率大的情况下，汇率传递程度高。Berman 等（2012）认为汇率传递与企业能力有关，生产率高的企业能够改变加价，可以通过价格变化应对汇率变化，汇率传递率高，而生产率低的企业只能通过数量来应对汇率变化。

3.2.2　国内实证文献

　　下面按照汇率与贸易类型的不同来分类介绍人民币汇率传递的研究。

　　先介绍使用有效汇率的研究。封北麟（2006）使用 1999~2006 年的数据，根据 VAR 模型通过脉冲响应函数估计了 NEER 变动对国内 CPI 和工业品出厂价格指数及其分类指数的传递效应；同时考察了其他宏观经济冲击对国内物价水平的影响。研究表明：在我国，总体上汇率的传递效应不显著；汇率变动对工业品出厂价格指数及其分类指数的影响显著大于对消费者价格指数及其分类指数的影响；不同行业的汇率传递效应存在显著差别；供给冲击是导致工业品价格指数变化的主要因素，而实际需求冲击是导致消费者价格变化的主要因素。毕玉江（2008）研究了汇率对我国商品进口价格的传递效应，发现商品进口价格的汇率传递程度是不完全的，短期和长期传递率存在明显的差异与时滞，进口价格受外国厂商生产成本的影响程度相对更高一些。杜运苏（2009）认为汇率传递是汇率变动与其经济影响的中间环节，进口价格传递弹性在很大程度上决定了汇率变动对进口的影响大小。毕玉江（2008）还研究了三种主要贸易方式的进口价格对人民币汇率变动的传递。结果显示，进料加工进口价格的传递弹性大于一般贸易。在其他条件不变的情形下，人民币升值对进料加工进口的促进作用明显大于一般贸易；而来料加工装配进口受人民币升值影响比较有限，主要受世界需求和国内劳动力成本等方面的影响。

曹伟和倪克勤（2010）从汇率变动方向与汇率变动幅度两个层面考察了人民币汇率传递的非对称性。研究表明，人民币汇率变动对进口价格传递效应总体呈现动态下降趋势。人民币汇率变动对进口价格的传递存在非对称性。人民币贬值对进口价格存在较高的传递效应，而人民币升值对进口价格的传递效应较小。曹伟等（2012）分析了1995年第一季度至2008年第四季度人民币汇率变动对原油进口价格的动态影响，同时考察了人民币汇率变动对原油进口价格传递效应是否具有对称性。研究表明，人民币汇率变动对进口价格传递效应总体呈现动态下降趋势，人民币汇率变动对进口价格的传递存在非对称性：一方面，人民币贬值对进口价格存在较高的传递效应，而人民币升值对进口价格的传递效应较小；另一方面，人民币汇率波幅越大，对进口价格的传递效应越大。

倪克勤和曹伟（2009）运用滚动回归分析方法研究了1995~2008年人民币汇率的变动情况，以动态发展为切入点分析了其对进口价格的传递效应。他们在实证计量分析中加入了虚拟变量，并且使用了门限模型等方法，分析了汇率变动的方向与汇率传递的非对称性以及汇率变动的幅度与进口价格的关系。

使用双边汇率的研究如下：王胜和李睿君（2009）在考虑国际价格竞争的基础上构建了研究人民币汇率传递效应的基本框架，并将其应用于中国对美国出口价格汇率传递程度的经验检验，发现中国对美国出口价格受到国际价格竞争的重要影响，所以人民币汇率传递程度并不高。因此，不完全汇率传递降低了支出转移效应，从而大大削弱了通过人民币升值来改善中国和美国贸易不平衡的有效性。Xing（2010）研究了人民币汇率变化对日本和美国从中国进口产品的价格，研究发现短期汇率传递不完全，但是长期接近完全传递，并且对日本的传递程度大于对美国的传递程度。

使用细分贸易数据的研究如下：陈学彬等（2007）基于22种HS分类出口商品的面板数据，按照行业特征对其进行分类，并在此基础上讨论了出口商的钉市能力。结论显示：基于比较优势、加工贸易特征、市场结构和世界市场竞争程度等方面的差异，各行业面对人民币汇率升值时的出口价格传递是极不相同的，表现出不同的钉市能力：具有传统比较优势的劳动密集型行业具备超强的钉市能力，在人民币升值时出口商能降低本币出口价格；而以加工贸易为特征的一些高科技制造业存在不完全汇率传递现象。马红霞和张朋（2008）探讨了人民币升值对向欧元区出口价格的汇率传递效应及其对中欧贸易顺差的调节作用。在 SITC 一位数商品分类层面上，考察了人民币/欧元汇率变动对中国向欧元区出口价格的影响。实证结果显示，不同类商品的出口价格汇率传递弹性存在较大差异，汇率变动引起中国向欧元区出口价格较大幅度的调整，人民币升值对占中欧出口总额一半以上的第 6 类和第 7 类商品出口没有抑制作用。因此，人民币升值对中欧贸易顺差的调节作用有限。王菁和张鹏（2009）探讨了人民币升值对中美出口价格的汇率传递效应及其对中美贸易顺差的调节作用，考察了中美 SITC 一位数分类商品出口价格的汇率传递效应。实证结果显示，不同类商品的出口价格汇率传递弹性存在较大差异，汇率变动引起中国向美国出口制成品价格较大幅度的调整，人民币升值对占中美出口总额 95%以上的工业制成品出口没有抑制作用。文争为（2010）按 SITC 第 3 版 5 位数产品分类，根据与中国贸易量的大小确立了 9 个贸易伙伴，选取 1996~2008 年中国制造业中 373 个行业的出口单位价值的年度数据构建面板数据，运用固定效应模型估计中国长期的汇率传递率，研究中国出口商在制定出口价格时是否存在按当地市场定价行为，并重点讨论了不同行业在 PTM 行为上的差异。研究发现：①373 个行业总体上长期汇率传递率非常高，即使存在 PTM 行为，PTM 系数也很小，近似于 0；②各个行业的 PTM 行为存在明显差异，第 7 大类（机械及运输设备）行业的 PTM 行为尤为突出。胡冬梅等（2010）从出口企业微观定价的角度，采用高度分解的面板数据构建模型，针对 2000 年 1 月至 2008 年 12 月经由深圳港出口美国的部分 8 位数 HS 编码商品月度单价，研究在人民币升值期间出口商品的汇率传递效应、汇率传递在不同商品上的异质性以及出口厂商定价与边际成本之间的关系。研究表明，所研究的出口商品平均汇率传递率较高，接近完全传递，但传递率因商品类别而有重大差异。纺织服装等简单技术出口商品存在不完全传递，机电产品等中高技术商品则有过度传递现象。此外，汇制改革对部分出口厂商的定价行为确实产生了影响。边际成本和汇率变化是影响出口价格的重要因素，但两者对不同商品的影响程度存在较大差异。李宏彬等（2011）首次使用 2000~2006 年的中国进出口企业面板数据，估计了人民币汇率的变动对企业的出口额与进口额所产生的影响，从微观层面估计了中国进出口的汇率弹性。李宏彬等（2011）发现私营企业、高科技和资本密集型行业中的企业，从事进料加工贸易的企业以及东部和南部沿海地区的企业，它们的进出口值在人民币升值过程中遭受的冲击最大。

3.3　计量方法介绍

一般情况下学者只研究汇率传递对一种价格指数的影响，本节将同时考虑三种价格指数，即进口价格指数（import price index，IMP）、PPI 和 CPI，分析汇率传递对不同价格指数造成的影响，并分析哪些因素的变动对价格指数的影响更大。本节数据采用的时间段较长，时间跨度为 1994 年 1 月至 2013 年 12 月，并以 2005 年 7 月汇率改革为分界点，将数据分为汇率改革前和汇率改革后，比较分析不同时间段汇率变动对价格水平的传递效果。另外，本节选取海关 HS 分类的行业作为分析切入点，利用出口总额、出口数量等数据，研究汇率变动对行业出口价格的影响，进而研究汇率传递在各行业的差别以及行业传递中汇率的非对称性问题。下面对汇率传递实证模型进行简要介绍。

3.3.1　VAR 模型

1. 模型定义与估计

多个变量间的动态关系经常使用 VAR 过程来表示。就是说在对多个时间序列建立模型时，我们不考虑它们的经济理论基础，而是直接用一个 VAR 模型来刻画这些变量间的动态特征。下面给出标准的 VAR 表达式与结构 VAR 模型的表达式。

满足下面向量随机差分方程的平稳向量随机过程是 VAR 过程：

$$Y_t = C + \Theta_1 Y_{t-1} + \cdots + \Theta_p Y_{t-p} + \varepsilon_t$$

其中，$E(\varepsilon_t) = 0$。

$$E\left(\varepsilon_t \varepsilon_\tau^{\mathrm{T}}\right) = \begin{cases} \Omega, & t = \tau \\ 0, & t \neq \tau \end{cases}$$

$$Y_t = \begin{pmatrix} y_{1t} \\ \vdots \\ y_{nt} \end{pmatrix}, \quad C = \begin{pmatrix} c_1 \\ \vdots \\ c_n \end{pmatrix}, \quad \Theta_i = \begin{pmatrix} \theta_{11,i} & \cdots & \theta_{1n,i} \\ \vdots & & \vdots \\ \theta_{n1,i} & \cdots & \theta_{nn,i} \end{pmatrix}, \quad \varepsilon_t = \begin{pmatrix} \varepsilon_{1t} \\ \vdots \\ \varepsilon_{nt} \end{pmatrix}$$

这种形式称为标准的 VAR 模型，记为 VAR（p）。

用滞后算子形式表示如下：

$$\Phi(L) Y_t = \varepsilon_t$$

其中，$\Phi(L) = \left(I - \Theta_1 L - \Theta_2 L^2 - \cdots - \Theta_p L^p\right)$。

VAR 过程有如下特点：①每个分量都是内生变量；②方程等号右边的解释变量都是滞后变量；③每个方程的解释变量都相同；④Y_t 的动态结构由它的 p 阶滞

后就可以刻画出来，p 时刻之前的变量对 Y_t 无影响；⑤$\{\boldsymbol{\varepsilon}_t\}$ 是向量白噪声过程，并且与 t 时刻之前的随机向量 Y_t 无关。

一般的结构式可以写为

$$\boldsymbol{A}\boldsymbol{Y}_t = \boldsymbol{B}_0 + \boldsymbol{B}_1\boldsymbol{Y}_{t-1} + \cdots + \boldsymbol{B}_p\boldsymbol{Y}_{t-p} + \boldsymbol{e}_t$$

两边乘以 $\boldsymbol{A}$ 的逆矩阵，可以得到简化式，即标准的 VAR 模型：

$$\boldsymbol{Y}_t = \boldsymbol{A}^{-1}\boldsymbol{B}_0 + \boldsymbol{A}^{-1}\boldsymbol{B}_1\boldsymbol{Y}_{t-1} + \cdots + \boldsymbol{A}^{-1}\boldsymbol{B}_p\boldsymbol{Y}_{t-p} + \boldsymbol{A}^{-1}\boldsymbol{e}_t$$

换成前面使用的符号

$$\boldsymbol{Y}_t = \boldsymbol{C} + \boldsymbol{\Theta}_1\boldsymbol{Y}_{t-1} + \cdots + \boldsymbol{\Theta}_p\boldsymbol{Y}_{t-p} + \boldsymbol{\varepsilon}_t$$

$$\boldsymbol{C} = \boldsymbol{A}^{-1}\boldsymbol{B}, \boldsymbol{\Theta}_i = \boldsymbol{A}^{-1}\boldsymbol{B}_i, i = 1, 2, \cdots, p$$

结构表达式模型和简化式模型的重要区别是残差向量的性质，结构表达式中残差向量的两个分量不相关，但是简化式中残差向量的两个分量一般是相关的。这一区别在脉冲响应函数的计算和经济解释有重要意义。

把模型用滞后算子的形式写出，特征方程为

$$\left| \boldsymbol{I}_n - \boldsymbol{\Theta}_1 z - \boldsymbol{\Theta}_2 z^2 - \cdots - \boldsymbol{\Theta}_p z^p \right| = 0$$

如果特征方程的根在单位圆外，则 VAR（p）过程是平稳的。

建立 VAR 模型的步骤与建立 AR 模型的步骤相同，包括定阶、估计未知参数和检验。

1）定阶

定阶方法包括信息准则和似然比检验。首先介绍 AIC 准则和 BIC（Schwartz information criterion）准则。

$$\text{AIC}(p) = \text{lndet}\left(\hat{\boldsymbol{\Sigma}}_p\right) + \frac{2n^2 p}{T}$$

$$\text{BIC}(p) = \text{lndet}\left(\hat{\boldsymbol{\Sigma}}_p\right) + \frac{n^2 p \ln T}{T}$$

其中，n 表示向量维数；T 表示样本长度；p 表示滞后长度；$\ln$ 表示自然对数；det 表示对矩阵求行列式；$\hat{\boldsymbol{\Sigma}}_p$ 表示当滞后长度为 p 时残差向量白噪声方差——协方差阵的估计。

$\hat{\boldsymbol{\Sigma}}_p$ 中的元素用下式估计：

$$\hat{\sigma}_{ij} = \frac{1}{T}\sum_{t=1}^{T}\hat{\varepsilon}_{it}\hat{\varepsilon}_{jt}$$

当给出一个滞后长度 p 后，就可以计算出一个 AIC 或 BIC 值。定阶步骤如下：①主观给定滞后长度的上限 Q；②对长度 $p=1, 2, \cdots, Q$，分别估计模型 VAR（p），利用估计结果可以计算出 $\hat{\boldsymbol{\Sigma}}_p$；③代入上面的公式，计算出 AIC（$p$）和 BIC（$p$）；

④求出最小值对应的 p 值作为 n 维 VAR 模型的阶数。

与单变量模型相同，根据 AIC 准则和 BIC 准则选择滞后长度存在以下缺陷：

（1）选择不同的准则具有主观任意性。不同的准则会得到不同的滞后长度。有时得到的结果也是不同的，这时只能主观选择一个。

（2）实际序列可能不是有限维的随机过程，但是对平稳时间序列用有限滞后长度的 VAR 模型建模可以得到令人满意的结果，但实际上很多时间序列是不平稳的。对于不平稳的时间序列，VAR 模型不能很好地近似不平稳的所有性质。

（3）即使数列是平稳的，如果实际的滞后长度大于 Q，那么我们就得不到正确的滞后长度。

根据似然比检验定阶的方法估计 VAR 模型，估计两次，但每次滞后长度不同。根据似然比检验判断适当滞后长度。假设考虑上海证券交易所股票价格指数收益率与交易金额的关系。先估计一个 VAR（4）模型，再估计一个 VAR（2）模型。零假设是模型合适的滞后长度是 2。VAR（4）的似然值记为 $l_4 = -13\ 025.84$，VAR（2）的似然值记为 $l_2 = -13\ 093.76$。统计量 LR$=-2(l_2 - l_4) = -2(-13\ 093.76 + 13\ 025.84) = 135.84$。LR 统计量服从 χ^2 分布，自由度是被约束的参数的个数，该例等于 8，相应的 $p = 0.000\ 0$，所以拒绝零假设，滞后长度为 4。

2）自回归模型的估计[①]

当滞后长度 p 确定以后，VAR（p）模型的未知参数为 $\boldsymbol{C}, \boldsymbol{\Theta}_1, \cdots, \boldsymbol{\Theta}_p, \boldsymbol{\Omega}$，每个方程用普通最小二乘法估计，可以得到 $\boldsymbol{C}, \boldsymbol{\Theta}_1, \cdots, \boldsymbol{\Theta}_p$ 的估计量，用公式表示如下。

考虑第 m 个方程：

$$y_{mt} = c_m + \theta_{m1,1} y_{1,t-1} + \cdots + \theta_{mn,1} y_{n,t-1} + \cdots + \theta_{m1,p} y_{1,t-p} + \cdots + \theta_{mn,p} y_{n,t-p} + \varepsilon_{mt}$$

假设有 T 个数据和 p 个初始数据，可以得到下面的向量：

$$\boldsymbol{Y}^m = \begin{pmatrix} y_{m1} \\ y_{m2} \\ \vdots \\ y_{mT} \end{pmatrix}, \quad \boldsymbol{Y}_{-i}^m = \begin{pmatrix} y_{m,1-i} \\ y_{m,2-i} \\ \vdots \\ y_{m,T-i} \end{pmatrix}, \quad \boldsymbol{\varepsilon}^m = \begin{pmatrix} \varepsilon_{m1} \\ \varepsilon_{m2} \\ \vdots \\ \varepsilon_{mT} \end{pmatrix}$$

$i = 1, 2, \cdots, p, m = 1, 2, \cdots, n$，使用这些符号可以把回归方程写为

$$\boldsymbol{Y}^m = c_m \boldsymbol{j} + \theta_{m1,1} \boldsymbol{Y}_{-1}^1 + \cdots + \theta_{mn,1} \boldsymbol{Y}_{-1}^n + \cdots + \theta_{m1,p} \boldsymbol{Y}_{-p}^1 + \cdots + \theta_{mn,-p} \boldsymbol{Y}_{-p}^n + \boldsymbol{\varepsilon}^m$$

其中，j 表示每个分量都是 1 的一个 T 维向量。可以简洁地写为

$$\boldsymbol{Y}^m = \boldsymbol{X}\boldsymbol{\theta}_m + \boldsymbol{\varepsilon}^m$$

其中，

$$\boldsymbol{X} = \left[\boldsymbol{j}, Y_{-1}^1, \cdots, Y_{-1}^n, \cdots, Y_{-p}^1, \cdots, Y_{-p}^n \right]$$

---

① 主要参考 Hamilton（1994）的相关研究。

$$\boldsymbol{\theta}_m = \left[c_m, \theta_{m1,1}, \cdots, \theta_{mn,1}, \cdots, \theta_{m1,p}, \cdots, \theta_{mn,p}\right]'$$

用普通最小二乘法估计得到第 m 个方程的未知参数的估计：

$$\hat{\boldsymbol{\theta}}_m = \left(\boldsymbol{XX}'\right)^{-1}\boldsymbol{X}'\boldsymbol{Y}^m$$

所有参数用 θ 表示，估计量用 $\hat{\boldsymbol{\theta}} = \left(\hat{\theta}_1, \cdots, \hat{\theta}_n\right)'$ 表示。

然后计算出向量白噪声过程样本 $\hat{\boldsymbol{\varepsilon}}_t$，$t=1$，$2$，$\cdots$，$T$。估计的协方差阵用 $\boldsymbol{\Omega}$ 表示，其中每个元素的计算公式为

$$\hat{\sigma}_{ij} = \frac{\left(Y^i - X\hat{\theta}_i\right)'\left(Y^j - X\hat{\theta}_j\right)}{T - np - 1}$$

2. Granger 因果检验

建立 VAR 模型后，基于 VAR 模型可以进行 Granger 因果检验。在经济分析中，经常要分辨谁是因，谁是果。要想验证因果关系，可以利用的只能是过去和现在的各种数据。一个广为使用的检验方法是 Granger 意义上的因果检验。该方法由 Granger 于 1969 年提出。Granger 当初提出这一概念时认为，如果两个变量之间在经济上存在因果关系，那么原因应该先发生，结果在原因之后发生，如降低利率促进了经济发展。那么首先观察到利率降低，一年以后或一季度以后 GDP 上升，但是在利率降低的同时 GDP 没有什么变化。既然利率是原因，通过利率的变化当然可以更好地预测 GDP 的变化。事实确实是这样。因此，Granger 认为反过来也成立，即先发生的事情，并且可以提高后发生事情的预测精确度，就可以认为先发生的是后发生的原因。所以 Granger 认为他定义的"因果关系"与日常使用的因果关系含义相同。因此，Granger 给他的方法命名为"因果检验"。简单来说，对服从平稳随机过程的两个变量，变量 y_2 是变量 y_1 的 Granger 意义上的原因，如果利用 y_1 和 y_2 的过去与现在的所有数据预测 y_1 比不用 y_2 的过去和现在的所有值预测，取得 y_1 的预测值更精确，那么存在从 y_2 到 y_1 的因果关系。

实际上，Granger 的定义原因发生在前，结果发生在后，容易把时间上发生在前的事误认为是因果。例如，气象局预报下雨，结果真下了雨，气象局的预报成了下雨的原因。其实气象局预报天晴雨也照样下。所以，Granger 的因果与日常生活中因果的含义并不一致。日常生活中的原因包含预测和控制，原因可以控制结果的产生，而 Granger 因果只有预测一层的含义，不能控制结果。另外，原因也并不总是发生在前。在理性预期情况下，结果发生在原因之前。例如，金融理论中的现值理论。资产的价格等于未来预期红利的现值，而红利是决定当前价格的原因，但是红利发生在后。还有远期利率是未来利率的预期，因此未来的利率状况决定了当前的远期利率。

　　所以 Granger 因果检验不是检验两者在经济上的因果关系。准确来说，Granger 因果检验是检验变量 y_2 对变量 y_1 是否有预测作用，所以后来大家习惯称这种检验为 Granger 因果检验，而不是 Granger 当初提的因果检验。下面提到因果关系都是在 Granger 意义上的因果关系。

　　尽管如此，Granger 因果仍然是有用的，通过了 Granger 因果检验再加上其他证据，仍然可以证明经济上因果关系是否成立。不是 Granger 意义上的因果，则一定不存在经济上的因果关系。另外，在充满不确定的世界中，能找出有利于预测的变量也是有用的，这种变量称为"信息变量"，变量 y_2 对变量 y_1 有预测作用，y_2 是 y_1 的信息变量。可以通过监测 y_2 的变化来预测 y_1，从而采取相应的对策。

　　检验 Y_2 是否是 Y_1 的 Granger 原因，需要建立一个二维的 VAR 模型，展开关于 Y_1 的方程：

$$Y_{1t}=c_1+\alpha_1 Y_{1t-1}+\alpha_2 Y_{1t-2}+\cdots+\alpha_p Y_{1t-p}+\beta_1 Y_{2t-1}+\beta_2 Y_{2t-2}+\cdots+\beta_p Y_{2t-p}+\varepsilon_{1t} \quad (3.3.1)$$

检验过程如下。

H_0：$\beta_1=\beta_2=\cdots=\beta_p=0$。

Y_2 的过去所有值对于预测 Y_{1t+1} 没有价值，等价于 Y_2 不是 Y_1 的 Granger 原因。检验统计量的计算是估计满足约束的回归方程，把变量 Y_2 的参数约束为 0。

$$Y_{1t}=c_1+\alpha_1 Y_{1t-1}+\alpha_2 Y_{1t-2}+\cdots+\alpha_p Y_{1t-p}+v_{1t} \quad (3.3.2)$$

计算下面 F 统计量的值：

$$F=\frac{(\mathrm{RSS}_0-\mathrm{RSS}_1)/p}{\mathrm{RSS}_1/(T-2p-1)}$$

RSS_1 无约束方程（3.3.1）的残差平方和，RSS_0 有约束方程（3.3.2）残差平方和，T 表示样本长度，p 表示滞后长度。统计量的含义是如果约束正确，则两者的残差平方和应差别不大，否则说明约束不正确，拒绝零假设。零假设成立时，S 服从 $F(p, T-2p-1)$ 分布。判别方法同一般的假设检验。

　　若 $\hat{S}$ 大于临界值，则拒绝 H_0，即 Y_2 是 Y_1 的 Granger 原因。

　　若 $\hat{S}$ 小于临界值，则不能拒绝 H_0，即 Y_2 不是 Y_1 的 Granger 原因。

　　这种检验方法存在以下缺陷：①假设信息集只包括两个变量，在经济系统中应该可以包括其他变量；②检验结果与 p 有关，p 的选择可以影响最终结果，但是没有很好的方法来科学地确定 p 的大小；③假设 VAR 过程平稳，不平稳时上面介绍的方法不适用。

　　下面介绍增加其他有用信息如何进行因果检验[①]。

---

① 参考 Mills（1999）的相关研究。

$$\boldsymbol{Z}_t = \left(y_{1t}, y_{2t}, \boldsymbol{R}_t'\right), \ \text{维数} \ n=1+1+r$$

满足 VAR（p）模型：

$$\boldsymbol{Z}_t = \boldsymbol{C} + \sum_{i=1}^{p} \boldsymbol{\Phi}_i \boldsymbol{Z}_{t-i} + \boldsymbol{\varepsilon}_t$$

把它展开则是 n 个方程，只关心前两个。

为了看起来清楚，假设 $p=1$，$r=1$。

$$y_{1t} = c_1 + \varphi_{11} y_{1,t-1} + \varphi_{12} y_{2,t-1} + \varphi_{13} r_{t-1} + \varepsilon_{1t}$$
$$y_{2t} = c_2 + \varphi_{21} y_{1,t-1} + \varphi_{22} y_{2,t-1} + \varphi_{23} r_{t-1} + \varepsilon_{2t}$$

因为关心 y_1 和 y_2 的关系，所以不列出第三个方程。

y_2 不是 y_1 的 Granger 原因的充要条件为 H_0：$\varphi_{12}=0_1$。

y_1 不是 y_2 的 Granger 原因的充要条件为 H_0：$\varphi_{21}=0$。

3. 脉冲响应函数

假设系统处于均衡状态，如果由于某种原因破坏了均衡，则系统对该干扰做出反映，偏离均衡然后恢复均衡，这个过程用脉冲响应函数来描述。首先，以二维为例介绍计算脉冲响应函数的方法；其次，给出 n 维时间序列脉冲响应函数的计算；最后，介绍如何对脉冲响应函数进行说明。

根据 $\{Y_{t-1}, Y_{t-2}, \cdots\}$ 对 Y_t 进行预测，最优线性预测用 Y_t^* 表示。可以证明条件期望是最优线性预测，即 $Y_t^* = E(Y_t | Y_{t-1}, Y_{t-2}, \cdots)$。那么令 $\varepsilon_t = Y_t - Y_t^* = Y_t - E(Y_t | Y_{t-1}, Y_{t-2}, \cdots)$，$\varepsilon_t$ 中包含的信息是不包括在 $\{Y_{t-1}, Y_{t-2}, \cdots\}$ 中的关于 Y_t 的信息，称为新息。

定义：如果对所有 t，随机过程 $\{\varepsilon_t\}$ 满足：①$E(\varepsilon_t)=0$；②$E(\varepsilon_t \varepsilon_t')=\sigma^2$，有界；③$E(\varepsilon_t|X_{t-1})=0$，如果 $\{X_{t-1}\}$ 是 t 时刻前的信息或者数据，那么 $\{\varepsilon_t\}$ 是相对于 $\{X_{t-1}\}$ 的新息过程。

新息过程一定是白噪声过程，反之则不一定。新息过程总是相对的，是相对于某个特定信息集，对其他信息集不一定是新息过程。

结构 VAR 模型是根据经济理论得到的模型，如下面是一个二维的例子：

$$y_{1t} = b_{10} - b_{12} y_{2t} + \gamma_{11} y_{1t-1} + \gamma_{12} y_{2t-1} + \varepsilon_{1t}$$
$$y_{2t} = b_{20} - b_{21} y_{1t} + \gamma_{21} y_{1t-1} + \gamma_{22} y_{2t-1} + \varepsilon_{2t}$$

结构模型的特点是在每个方程中解释变量不都是前定变量，还包括内生变量，结构模型的残差 ε_{1t} 与 ε_{2t} 不相关，其中 ε_{1t} 是只影响 y_1 不影响 y_2 的新息，ε_{2t} 是只影响 y_2 不影响 y_1 的新息。

把结构 VAR 模型进行简化可以得到标准式（或称简化式）VAR 模型：

$$y_{1t} = a_{10} + a_{11} y_{1t-1} + a_{12} y_{2t-1} + e_{1t}$$

$$y_{2t} = a_{20} + a_{21}y_{1t-1} + a_{22}y_{2t-1} + e_{2t}$$

标准 VAR 模型的未知参数可以使用观测值估计出来。标准 VAR 模型的参数 e_{1t} 和 e_{2t} 一般是相关的。标准 VAR 模型是对向量 Y_t 中的 n 个分量动态结构的统计描述。不需要关于变量间相互关系的先验理论假设。因此，标准 VAR 模型不能用来检验经济理论或用经济原则来解释数据。如果希望进行经济介绍需要先了解标准 VAR 模型和结构 VAR 模型的关系。

与单变量 AR 模型一样，VAR 模型可以表示成无穷阶向量滑动平均模型。例如，为了简单起见，考虑一个 VAR（1）模型：

$$Y_t = C + \boldsymbol{\Theta} Y_{t-1} + e_t$$

$$(I - \boldsymbol{\Theta} L)Y_t = C + e_t$$

$$Y_t = (I - \boldsymbol{\Theta} L)^{-1} C + (I - \boldsymbol{\Theta} L)^{-1} e_t$$

$$Y_t = \boldsymbol{\mu} + \sum_{i=0}^{\infty} \boldsymbol{\Theta}^i L^i e_t$$

$$Y_t = \boldsymbol{\mu} + \sum_{i=0}^{\infty} \boldsymbol{\Theta}^i e_{t-i}$$

假设是二维的，可以展开表示如下：

$$\begin{bmatrix} y_{1t} \\ y_{2t} \end{bmatrix} = \begin{bmatrix} \mu_1 \\ \mu_2 \end{bmatrix} + \sum_{i=0}^{\infty} \begin{bmatrix} \theta_{11}(i) & \theta_{12}(i) \\ \theta_{21}(i) & \theta_{22}(i) \end{bmatrix} \begin{bmatrix} e_{1t-i} \\ e_{2t-i} \end{bmatrix}$$

其中，$\boldsymbol{\Theta}^i = \begin{bmatrix} \theta_{11}(i) & \theta_{12}(i) \\ \theta_{21}(i) & \theta_{22}(i) \end{bmatrix}$。

把 VAR 模型变换成 VMA 形式后，容易计算 e 改变一个单位时，Y 的改变量。当没有任何变化时，在 $t+s$ 时刻有

$$\begin{bmatrix} y_{1t+s} \\ y_{2t+s} \end{bmatrix} = \begin{bmatrix} \mu_1 \\ \mu_2 \end{bmatrix} + \sum_{i=0}^{\infty} \begin{bmatrix} \theta_{11}(i) & \theta_{12}(i) \\ \theta_{21}(i) & \theta_{22}(i) \end{bmatrix} \begin{bmatrix} e_{1t+s-i} \\ e_{2t+s-i} \end{bmatrix} \tag{3.3.3}$$

假设 e_{1t} 在 t 时刻改变一个单位，在其他时刻不变，则 e_{2t} 不发生变化，即

$$\begin{bmatrix} y_{1t+s} \\ y_{2t+s} \end{bmatrix} = \begin{bmatrix} \mu_1 \\ \mu_2 \end{bmatrix} + \sum_{i=0,i\neq s}^{\infty} \begin{bmatrix} \theta_{11}(i) & \theta_{12}(i) \\ \theta_{21}(i) & \theta_{22}(i) \end{bmatrix} \begin{bmatrix} e_{1t+s-i} \\ e_{2t+s-i} \end{bmatrix} + \begin{bmatrix} \theta_{11}(s) & \theta_{12}(s) \\ \theta_{21}(s) & \theta_{22}(s) \end{bmatrix} \begin{bmatrix} e_{1t}+1 \\ e_{2t} \end{bmatrix} \tag{3.3.4}$$

把式（3.3.4）减去式（3.3.3），得到 Y 的改变量：

$$\begin{bmatrix} \Delta y_{1t+s} \\ \Delta y_{2t+s} \end{bmatrix} = \begin{bmatrix} \theta_{11}(s) & \theta_{12}(s) \\ \theta_{21}(s) & \theta_{22}(s) \end{bmatrix} \begin{bmatrix} 1 \\ 0 \end{bmatrix} = \begin{bmatrix} \theta_{11}(s) \\ \theta_{21}(s) \end{bmatrix}$$

下面给出与脉冲响应函数有关的一些概念。

乘子：元素 $\theta_{jk}(i)$ 是乘子。

$\theta_{11}(0)$ 表示 e_1 在 t 时刻改变一个单位而 y_1 在相同时刻改变的大小。

θ_{11}（1）表示 e_1 在 $t-1$ 时刻改变一个单位，y_1 在经过一个单位时间后，t 时刻改变的大小，或者把时间单位提前一个单位，θ_{11}（1）表示 e_1 在 t 时刻改变一个单位，y_1 在 $t+1$ 时刻的变化量。

长期乘子：$\sum_{i=0}^{\infty}\theta_{jk}(i)$，长期乘子反映了第 j 个扰动发生变化时对第 k 个分量带来的总的影响。

脉冲响应函数如下：

$$\theta_{11}(i),\ i=0,\ 1,\ \cdots$$
$$\theta_{12}(i),\ i=0,\ 1,\ \cdots$$
$$\theta_{21}(i),\ i=0,\ 1,\ \cdots$$
$$\theta_{22}(i),\ i=0,\ 1,\ \cdots$$

根据乘子的定义表示其他因素不变，在 t 时刻第 j 个扰动发生变化时对第 k 个分量带来的影响。但是在简化式模型中，扰动项的各个分量一般是相关的，如上面二维的情况。如果 t 时刻，e_1 增加 1 个单位，那么 e_2 也应该发生变化，因为它们的协方差不等于 0，这与计算乘子的假设矛盾。只有噪声向量的协方差阵是对角矩阵时，这样的假设才合适。但是一般情况下，各分量是相关的。因此需要对脉冲响应函数进行调整，利用 Choleski 分解可以把协方差阵变为对角矩阵。这时的脉冲响应函数称为正交脉冲响应函数。假设变换后的模型如下：这时的残差向量协方差阵是对角矩阵，即各分量间不相关，或者说相互正交。这时得到的脉冲响应函数称为正交脉冲响应函数。

$$\begin{bmatrix} y_{1t} \\ y_{2t} \end{bmatrix} = \begin{bmatrix} \mu_1 \\ \mu_2 \end{bmatrix} + \sum_{i=0}^{\infty} \begin{bmatrix} \psi_{11}(i) & \psi_{12}(i) \\ \psi_{21}(i) & \psi_{22}(i) \end{bmatrix} \begin{bmatrix} u_{1t-i} \\ u_{2t-i} \end{bmatrix}$$

正交脉冲响应函数如下：

$$\psi_{11}(i),\ i=0,\ 1,\ \cdots$$
$$\psi_{12}(i),\ i=0,\ 1,\ \cdots$$
$$\psi_{21}(i),\ i=0,\ 1,\ \cdots$$
$$\psi_{22}(i),\ i=0,\ 1,\ \cdots$$

经济上关心的是 $\boldsymbol{\varepsilon}_t$ 变化后 y 的变化，因为结构式模型中的残差具有经济含义，而简化式中的残差是结构式模型残差的线性组合。在实际应用中我们关心的是下面的脉冲响应函数。把 e_t 用 $\boldsymbol{\varepsilon}_t$ 代替，即 $e_t = \boldsymbol{B}^{-1}\boldsymbol{\varepsilon}_t$。

$$\begin{bmatrix} y_{1t} \\ y_{2t} \end{bmatrix} = \begin{bmatrix} \mu_1 \\ \mu_2 \end{bmatrix} + \sum \begin{bmatrix} a_{11} & a_{12} \\ a_{21} & a_{22} \end{bmatrix}^i \boldsymbol{B}^{-1} \begin{bmatrix} \varepsilon_{1t-i} \\ \varepsilon_{2t-i} \end{bmatrix}$$

用新的符号表示为

$$\begin{bmatrix} y_{1t} \\ y_{2t} \end{bmatrix} = \begin{bmatrix} \mu_1 \\ \mu_2 \end{bmatrix} + \sum_{i=0}^{\infty} \begin{bmatrix} \phi_{11}(i) & \phi_{12}(i) \\ \phi_{21}(i) & \phi_{22}(i) \end{bmatrix} \begin{bmatrix} \varepsilon_{1t-i} \\ \varepsilon_{2t-i} \end{bmatrix}$$

分析经济问题时我们希望计算的正是结构模型中扰动项的变化对内生变量的影响。但是一般结构 VAR 模型无法识别，必须增加其他的约束。当模型是递归形式时，可以唯一识别。例如，下面的结构式模型：

$$y_{1t} = b_{10} - b_{12}y_{2t} + \gamma_{11}y_{1t-1} + \gamma_{12}y_{2t-1} + \varepsilon_{1t}$$
$$y_{2t} = b_{20} - b_{21}y_{1t} + \gamma_{21}y_{1t-1} + \gamma_{22}y_{2t-1} + \varepsilon_{2t}$$

在结构模型中假设 $b_{12}=0$，含义是同期变量 y_2 对 y_1 没有影响，但是同期变量 y_1 对 y_2 有影响。这时结构式模型称为递归模型，可以证明，在这种情况下，正交脉冲响应函数恰好等于 y 关于 ε 的脉冲响应函数。

一般应用脉冲响应函数的步骤如下。

第一步：排序，根据经济理论构建递归模型，把不受其他变量当前影响的排在前面。

第二步：估计标准 VAR 模型。

第三步：计算正交脉冲响应函数。

第四步：进行经济解释。

一般可以通过计算得到 VAR（p）模型的脉冲响应函数。

对一个 n 维平稳时间序列 $\{Y_t\}$，$t \in T$，则有

$$Y_t = C + \boldsymbol{\Theta}_1 Y_{t-1} + \cdots + \boldsymbol{\Theta}_p Y_{t-p} + \boldsymbol{\varepsilon}_t$$

可以表示成一个无穷阶的向量滑动平均过程：

$$Y_t = \boldsymbol{\mu} + \boldsymbol{\varepsilon}_t + M_1 \boldsymbol{\varepsilon}_{t-1} + M_2 \boldsymbol{\varepsilon}_{t-2} + \cdots$$

其中，$M_0 = I; M_i = \sum_{j=1}^{\min(p,i)} \boldsymbol{\Theta}_j M_{i-j}, i = 1, 2, \cdots$。

对 VAR（1）来说，易知 $M_i = \boldsymbol{\Theta}_1^i$。

乘子：$\dfrac{\Delta y_{ki}}{\Delta \varepsilon_{j0}} = \dfrac{\partial y_{ki}}{\partial \varepsilon_{j0}}$ 是矩阵 M_i 中的元素（k, j），表示第 j 个分量的新息变化 1 个单位，i 个周期后第 k 个分量的变化量。

脉冲响应函数：$\dfrac{\Delta y_{ki}}{\Delta \varepsilon_{j0}} = \dfrac{\partial y_{ki}}{\partial \varepsilon_{j0}}$，$i=0$，1，2，3，$\cdots$。

矩阵 M_i 中的元素为（k, j），$i=0$，1，2，3，$\cdots$。

第 j 个分量新息变化 1 个单位，第 k 个分量在所有时刻的变化量。但是假设一个分量发生变化，另外的分量不发生变化，只有残差的协方差阵是对角阵才可以，一般情况下该假设不满足，但是可以证明 $\hat{\boldsymbol{\Sigma}}_\varepsilon$ 是正定矩阵，存在唯一的下三角矩阵 A（对角线上数值都为 1）和一个对角矩阵 D，满足 $\hat{\boldsymbol{\Sigma}}_\varepsilon = ADA^{\mathrm{T}}$

$$A = \begin{bmatrix} 1 & 0 & \cdots & 0 \\ a_{21} & 1 & \cdots & 0 \\ \vdots & \vdots & & \vdots \\ a_{n1} & 0 & \cdots & 1 \end{bmatrix}, D = \begin{bmatrix} d_{11} & & & \\ & d_{22} & & \\ & & \ddots & \\ & & & d_{nn} \end{bmatrix}$$

$$Y_t = C + \boldsymbol{\Theta}_1 Y_{t-1} + \cdots + \boldsymbol{\Theta}_p Y_{t-p} + \boldsymbol{\varepsilon}_t$$

$$Y_t = \boldsymbol{\mu} + \boldsymbol{\varepsilon}_t + M_1 \boldsymbol{\varepsilon}_{t-1} + M_2 \boldsymbol{\varepsilon}_{t-2} + \cdots$$

$$Y_t = \boldsymbol{\mu} + A A^{-1} \boldsymbol{\varepsilon}_t + M_1 A A^{-1} \boldsymbol{\varepsilon}_{t-1} + M_2 A A^{-1} \boldsymbol{\varepsilon}_{t-2} + \cdots$$

令 $A^{-1}\boldsymbol{\varepsilon}_t = u_t$，可得

$$Y_t = \boldsymbol{\mu} + A u_t + M_1 A u_{t-1} + M_2 A u_{t-2} + \cdots$$

令 $B_0 = A$，$B_i = M_i A$，可得

$$Y_t = \boldsymbol{\mu} + B_0 u_t + B_1 u_{t-1} + B_2 u_{t-2} + \cdots$$

把 Y_t 用 u_t 表示，新噪声项的协方差阵 $\boldsymbol{\Sigma}_u = A^{-1} \hat{\boldsymbol{\Sigma}}_\varepsilon (A^{-1})^{\mathrm{T}} = A^{-1} A D A^{\mathrm{T}} (A^{-1})^{\mathrm{T}} = D$ 是对角矩阵。这时假设 $u_{2,0} = 1$，$u_{1,0} = 0$ 是合理的。

正交脉冲响应函数 $= \dfrac{\partial y_{ki}}{\partial u_{j0}}$，$i = 0$，1，2，3，…是矩阵 B_i 中的元素（k，j），$i = 0$，1，2，3，…。表示第 j 个分量正交后的新息变化 1 个单位，第 k 个分量在所有时刻的变化量，正交脉冲响应函数构成的数列。

经常计算的是新息变化一个标准差大小 $\sqrt{d_{jj}}$ 时的脉冲响应函数，即 $\dfrac{\partial y_{ki}}{\partial u_{j0}} \cdot \sqrt{d_{jj}}$。

这时相当于做如下的正交化：

$$Y_t = \boldsymbol{\mu} + B_0 u_t + B_1 u_{t-1} + B_2 u_{t-2} + \cdots$$

$$Y_t = \boldsymbol{\mu} + B_0 D^{1/2} D^{-1/2} u_t + B_1 D^{1/2} D^{-1/2} u_{t-1} + B_2 D^{1/2} D^{-1/2} u_{t-2} + \cdots$$

令 $v_t = D^{-1/2} u_t, \boldsymbol{\psi}_t = B_t D^{1/2}$，可得

$$v_t = D^{-1/2} A^{-1} \boldsymbol{\varepsilon}_t = P \boldsymbol{\varepsilon}_t, \boldsymbol{\psi}_t = M_t A D^{1/2} = M_t P^{-1}$$

$$Y_t = \boldsymbol{\mu} + \boldsymbol{\Psi}_0 v_t + \boldsymbol{\Psi}_1 v_{t-1} + \boldsymbol{\Psi}_2 v_{t-2} + \cdots$$

$$\boldsymbol{\Sigma}_v = \begin{bmatrix} 1 & & & \\ & 1 & & \\ & & \ddots & \\ & & & 1 \end{bmatrix}$$

这时新息的标准差正好等于 1。

正交脉冲响应函数 $= \dfrac{\partial y_{ki}}{\partial v_{j0}}$，$i = 0$，1，2，3，…

矩阵 $\boldsymbol{\Psi}_i$ 中的元素为（k，j），$i = 0$，1，2，3，$\boldsymbol{\Psi}_i$ 中的元素（k，j）等于 B_i 中的

元素（k, j）·$\sqrt{d_{jj}}$　表示第 j 个分量, 正交后的新息变化一个标准差, 第 k 个分量在所有时刻的变化量, 正交脉冲响应函数构成的数列。

正交新息恰好是结构方程的扰动项的条件是 $\boldsymbol{B}_0 = \boldsymbol{A}^{-1}$。$\boldsymbol{A}$ 是一个下三角矩阵, 并且对角线上元素等于 1, 这样的矩阵是唯一的, 如果 $\boldsymbol{B}_0$ 是这样的下三角矩阵, 那么 $\boldsymbol{B}_0 = \boldsymbol{A}^{-1}$。当结构方程是递归模型时, $\boldsymbol{B}_0$ 是这样的下三角矩阵。$\boldsymbol{B}_0$ 是下三角矩阵的意义是后面的变量受前面变量当期影响, 而前面变量不受后面变量当期影响。因此在实证分析中, 各变量的顺序排列很重要, 要保证按照这样的排列得到的 $\boldsymbol{B}$ 是下三角矩阵。对次序需要注意下面事项:

（1）根据理论排序, 排序不同会得到完全不同的脉冲响应函数, 而排序有一定的主观性。

（2）交换次序, 观察结论变化是否很大。

（3）如果两个变量之间的相关性不大, 则排序顺序无关。一般 $|\rho| > 0.2$ 时, 认为相关。

4. 方差分解

利用 VAR 模型进行 h 步预测。

h 步预测的均方误差阵等于:

$$\boldsymbol{\Sigma}(h) = \boldsymbol{\Sigma}_\varepsilon + \boldsymbol{M}_1 \boldsymbol{\Sigma}_\varepsilon \boldsymbol{M}_1' + \cdots + \boldsymbol{M}_{h-1} \boldsymbol{\Sigma}_\varepsilon \boldsymbol{M}_{h-1}'$$

$$\boldsymbol{M}_0 = \boldsymbol{I}, \boldsymbol{M}_i = \sum_{j=1}^{\min(p,i)} \boldsymbol{\Theta}_j \boldsymbol{M}_{i-j}, \quad i = 1, 2, \cdots$$

因为 $\boldsymbol{\Sigma}_\varepsilon = \boldsymbol{A}\boldsymbol{D}\boldsymbol{A}' = \boldsymbol{A}\boldsymbol{D}^{1/2}\boldsymbol{D}^{1/2}\boldsymbol{A}' = \boldsymbol{P}^{-1}\boldsymbol{P}'^{-1}$。

利用 $\boldsymbol{A}\boldsymbol{D}^{1/2} = \boldsymbol{P}^{-1} = \boldsymbol{\Psi}_0, \boldsymbol{\Psi}_t = \boldsymbol{M}_t \boldsymbol{A}\boldsymbol{D}^{1/2} = \boldsymbol{M}_t \boldsymbol{P}^{-1}$, 则有

$$\boldsymbol{\Sigma}(h) = \boldsymbol{P}^{-1}\boldsymbol{P}'^{-1} + \boldsymbol{M}_1 \boldsymbol{P}^{-1} \boldsymbol{P}'^{-1} \boldsymbol{M}_1' + \cdots + \boldsymbol{M}_{h-1} \boldsymbol{P}^{-1} \boldsymbol{P}'^{-1} \boldsymbol{M}_{h-1}'$$

$$\boldsymbol{\Sigma}(h) = \boldsymbol{\Psi}_0 \boldsymbol{\Psi}_0' + \cdots + \boldsymbol{\Psi}_{h-1} \boldsymbol{\Psi}_{h-1}'$$

$$\boldsymbol{\Sigma}(h) = \begin{bmatrix} \text{var}(y_{1,T}(h)) & & \\ & \ddots & \\ & & \text{var}(y_{n,T}(h)) \end{bmatrix}$$, 对角线上元素是对分量预测的均方误差。

$$\boldsymbol{\Psi}_k \boldsymbol{\Psi}_k' = \begin{bmatrix} \sum_{j=1}^{n} \psi^2_{1j,k} & & \\ & \ddots & \\ & & \sum_{j=1}^{n} \psi^2_{nj,k} \end{bmatrix}$$

$\boldsymbol{\Psi}_k\boldsymbol{\Psi}'_k$ 对角线上第 i 个元素是 $\boldsymbol{\Psi}_k$ 中第 i 行元素的平方和。

$$\mathrm{var}\left(y_{i,T}\left(h\right)\right)=\sum_{j=1}^{n}\psi^2_{ij,0}+\cdots+\sum_{j=1}^{n}\psi^2_{ij,h-1}$$

重新组合为

$$\mathrm{var}\left(y_{i,T}\left(h\right)\right)=\sum_{k=0}^{h-1}\psi^2_{i1,k}+\cdots+\sum_{k=0}^{h-1}\psi^2_{im,k}$$

$\sum_{k=0}^{h-1}\psi^2_{i1,k}$ 是第 j 个分量的新息对预测方差的影响贡献度，n 个新息影响的总和就是预测方差。

计算下面的比率得到方差分解：

$$\frac{\sum_{k=1}^{h-1}\psi^2_{ij,k}}{\mathrm{var}\left(y_{i,T}\left(h\right)\right)},\quad j=1,2,\cdots,n$$

如果第 j 个分量 h 步预测的均方误差主要由第 j 个扰动项带来，其他扰动项影响不大，说明其他分量对该变量没有预测作用，反之则说明有预测作用。

3.3.2　面板回归与协整

收集不同个体在不同时期的数据，用 y_{it} 表示，i=1，2，$\cdots$，N，t=1，2，$\cdots$，T 表示解释变量，用 x_{it} 表示解释变量。一般截面数据个数 N 较大，时间序列数据个数 T 较小。变量对每个个体在每个时期都有数据被称为均衡面板数据，一个面板对至少一个个体在至少一个时期缺失数据，该面板被称为非均衡面板。Baltagi（2001）给出了使用面板数据的原因：①减少个体异方差，个体、企业或不同国家存在差异。时间序列数据和截面数据建立模型时，存在异方差会导致估计偏差。②面板数据给出更多信息，如更多数据的变换、更小的多重共线性、更大的自由度和更高的效率。③使用面板数据可以研究动态调整过程。④使用面板数据可以探测单独使用截面数据和时间序列数据无法研究的内容。⑤使用面板数据比单独使用截面数据和时间序列数据可以构造与检验更复杂的行为。

1. 面板回归模型

使用面板数据构造的最一般的模型如下：

$$y_{it}=\alpha_{it}+\beta_{1it}x_{1it}+\cdots+\beta_{kit}x_{kit}+u_{it}$$
$$i=1,2,\cdots,N;t=1,2,\cdots,T$$

对模型的不同假设可以得到以下几个具体模型。

1）混合模型

混合模型（pool regression）假设变量间关系不随个体和时间的变换而变换。

误差项 u_{it} 对所有个体 i 和时间 t 相互独立。解释变量 x_{it} 与误差项 u_{it} 相互独立。

$$y_{it} = \alpha + \beta_1 x_{1it} + \beta_2 x_{2it} + \cdots + \beta_k x_{kit} + u_{it}$$
$$i = 1, 2, \cdots, N; t = 1, 2, \cdots, T$$
$$u_{it} \sim N(0, \sigma_u^2)$$

混合回归模型使用 $N \times T$ 个数据估计未知参数，数据排列如下：

$$\begin{bmatrix} Y_1 \\ \vdots \\ Y_N \end{bmatrix} = \begin{bmatrix} X_1 \\ \vdots \\ X_N \end{bmatrix} \beta + \begin{bmatrix} u_1 \\ \vdots \\ u_N \end{bmatrix}$$

$$Y_i = \begin{bmatrix} y_{i1} \\ \vdots \\ y_{iT} \end{bmatrix}, X_i = \begin{bmatrix} x_{1,i1} & \cdots & x_{k,i1} \\ \vdots & & \vdots \\ x_{1,iT} & \cdots & x_{k,iT} \end{bmatrix}, u_i = \begin{bmatrix} u_{i1} \\ \vdots \\ u_{iT} \end{bmatrix}$$

混合回归模型的本质等同于截面数据的回归模型。

2）固定效应模型

固定效应模型假设截距项是固定不变的参数。误差项 u_{it} 对所有个体 i 和时间 t 相互独立。解释变量 x_{it} 与误差项 u_{it} 相互独立。固定效应估计法通过截距项的不同来度量个体的不同。假设变量间关系不随时间变换，只是在个体间存在不同。

$$y_{it} = \alpha_i + \beta_1 x_{1it} + \cdots + \beta_k x_{kit} + u_{it}$$
$$i = 1, 2, \cdots, N; t = 1, 2, \cdots, T$$
$$u_{it} \sim N(0, \sigma_u^2)$$

使用普通最小二乘法估计未知参数，数据排列如下：

$$\begin{bmatrix} Y_1 \\ \vdots \\ Y_N \end{bmatrix} = \begin{bmatrix} e \\ \vdots \\ 0 \end{bmatrix} \alpha_1 + \cdots + \begin{bmatrix} 0 \\ \vdots \\ e \end{bmatrix} \alpha_N + \begin{bmatrix} X_1 \\ \vdots \\ X_N \end{bmatrix} \beta + \begin{bmatrix} U_1 \\ \vdots \\ U_N \end{bmatrix}$$

但是当 N 很大时，如有 1 000 多家企业的数据，虚拟变量很大，超出了计算机的容量。使用下面的方法，可以把截距项去掉：

$$y_{it} - \bar{y}_i = (X_{it} - \bar{X}_i)' \beta + u_{it} - \bar{u}_i$$

这时类似混合回归模型，可以使用普通最小二乘法估计出 β。估计斜率 β 时，共有 NT 个数据，K 个解释变量。按照传统普通最小二乘法，有 NT-K 个自由度。但是实际上每个个体都减去均值，每个个体的残差之和等于 0，所以减少一个自由度。因此，正确的自由度是 NT-N-K。所以如果自己估计方程，需要调整自由度，以正确计算标准差和检验。

截距估计如下：

$$a_i = \bar{y}_i - \bar{X}_i b$$

参数的标准误使用下面的公式：

$$\text{Var}(b) = s^2 [X'M_D X]^{-1}$$

$$M_D = \begin{bmatrix} M_0 & & & \\ & M_0 & & \\ & & \ddots & \\ & & & M_0 \end{bmatrix}, M_0 = I_T - \frac{ee'}{T}$$

$$\text{Var}(a_i) = \frac{\sigma^2}{T} + \bar{X}_i' \, \text{Var}(b) \bar{X}_i$$

$$e_{it} = y_{it} - a_i - X_{it}'b = (y_{it} - \bar{y}_i) - (X_{it} - \bar{X}_i)' b$$

$$s^2 = \frac{\sum \sum e_{it}^2}{NT - N - K}$$

3）随机效应模型

固定效应模型包括 N 个截距项，当个体数目非常大时包括的未知参数太多，模型自由度会大大降低。因此，可以通过假设截距是随机变量来解决的。$\mu_i = \mu + \alpha_i$。α_i 服从相同的分布。α_i 与误差项 u_{it} 相互独立对所有的 i 和 t 成立。另外，解释变量独立于 u_{it} 和 α_i。

假设截距项是随机变量：

$$y_{it} = \mu_i + x_{it}'\beta + u_{it}$$

$$y_{it} = \mu + \alpha_i + x_{it}'\beta + u_{it}$$

$$y_{it} = \mu + x_{it}'\beta + v_{it}$$

这时残差满足：

$$v_{it} = \alpha_i + u_{it}$$

残差的特征如下：

$$E(v_{it}^2 \mid X) = \sigma_u^2 + \sigma_\alpha^2$$

$$E(v_{it}v_{is} \mid X) = \sigma_\alpha^2$$

$$E(v_{it}v_{js} \mid X) = 0, \forall i \neq j$$

$$\Sigma = \begin{bmatrix} \sigma_u^2 + \sigma_\alpha^2 & \sigma_\alpha^2 & \cdots & \sigma_\alpha^2 \\ & \sigma_u^2 + \sigma_\alpha^2 & \cdots & \sigma_\alpha^2 \\ & & \ddots & \vdots \\ & & & \sigma_u^2 + \sigma_\alpha^2 \end{bmatrix}$$

NT 个观察值下，残差结构如下：

$$\boldsymbol{\Omega} = \begin{bmatrix} \Sigma & \cdots & 0 \\ \vdots & & \vdots \\ 0 & \cdots & \Sigma \end{bmatrix}$$

第一步，使用固定效应估计法：

$$y_{it} - \overline{y}_i = \left(x_{it} - \overline{x}_i\right)'\beta + \left(u_{it} - \overline{u}_i\right)$$

根据残差计算出 u 的方差：

$$\hat{\sigma}_u = s_{\text{LSDV}}^2 = \frac{\displaystyle\sum_{i=1}^{N}\sum_{t=1}^{T}\left(e_{it}\right)^2}{\text{NT} - N - K}，\text{或者去 } K \text{ 使用一致估计量}$$

第二步，用普通最小二乘法估计模型：

$$y_{it} = \mu + x_{it}'\beta + v_{it}$$

计算得到

$$\hat{\sigma}_\alpha^2 + \hat{\sigma}_u^2 = \frac{e'e}{\text{NT} - K - 1}$$

第二步还有一个选择，即估计下面的模型：

$$\overline{y}_i = \mu + \overline{x}_i'\beta + \left(\alpha_i + \overline{u}_i\right)$$

计算残差的方差：

$$\hat{\sigma}_\alpha + \frac{1}{T}\hat{\sigma}_u = \frac{1}{N - K - 1}\sum_{i=1}^{N}\left(\hat{y}_i - \hat{\mu}_B - \overline{x}'\hat{\beta}_B\right)^2$$

第三步，计算 θ：

$$\hat{\theta} = 1 - \frac{\hat{\sigma}_u}{\sqrt{\hat{\sigma}_u^2 + T\hat{\sigma}_\alpha^2}}$$

第四步，对数据做变化，使用普通最小二乘法进行估计：

$$\left(y_{it} - \hat{\theta}\overline{y}_i\right) = \left(x_{it} - \hat{\theta}\overline{x}_i\right)'\beta + w_{it}$$

固定效应模型可以估计出截距 α_i，所以如果研究目的是对观测个体进行分析，则使用固定效应模型。如果研究目的是对总体进行推测，观测数据看做随机抽样。例如，关心的不是某个人而是对具有某种特征的人进行推断，则使用随机效应模型。另外一个使用情况是，如果一些被忽略的变量与模型中的解释变量有关，则使用固定效应模型，此时使用随机效应模型估计不满足一致性，通常使用 Hausman 检验来判断采用固定效应估计法还是随机效应估计法。Hausman 检验是检验 α_i 是否与 x_{it} 相关。

H_0：不相关。

H_1：相关。

检验思路设计两种估计方法：一是当零假设成立或对立假设成立时都是一致的；二是只有零假设成立时是一致的，当对立假设成立时不一致。如果零假设成立，则两种估计方法得到参数的估计应该差别不大。统计量服从 $\chi^2(K)$，K 是斜率的个数。

2. 面板协整

由于经济时间序列数据经常存在趋势性，所以要检验数据是否平稳，对于非平稳的数据建立模型时要检验变量间是否协整。当使用面板数据时要使用面板单位根检验和面板协整检验。Eviews 7.0 可以使用 Levin 等（2002）、Lm 等（2003）的面板单位根检验。Engle 和 Granger（1987）介绍了基于残差的协整检验法，对该方法在面板数据中进行推广得到 Pedroni（2000）和 Kao（1999）的面板协整检验。Eviews 7.0 还提供 Breitung（2005）的检验，该方法是对 Johansen 协整检验在面板数据中的推广。

面板数据用 y_{it} 表示，$i=1，2，\cdots，N$，$t=1，2，\cdots，T$。面板单位根检验的基本模型如下：

$$y_{it} - \mu_i = \varphi_i\left(y_{it-1} - \mu_i\right) + \varepsilon_{it}$$

每个时间序列都去掉均值，然后回归：

$$\tilde{y}_{it} = \varphi_i \tilde{y}_{it-1} + \varepsilon_{it}$$

面板单位根检验的零假设和对立假设如下。

H_0：$\varphi_i = 0$。

对立假设有两种情形。

H_{1a}：$\varphi_1 = \cdots = \varphi_N = 0$。

H_{1b}：$\varphi_1 < 0,\cdots,\varphi_{N0} < 0, N0 < N$。

第一种情形假设所有时间序列满足的随机过程相同，或者都是随机游动，或者都是平稳 AR（1）过程，并且具有相同的系数。Levin 和 Lin（1993）、Levin 等（2002）的面板单位根检验采用这种假设。第二种情形假设所有时间序列是单位根，但是对立假设是不是所有时间序列都是单位根，可能有部分时间序列是平稳的，并且它们的系数可能不同。Lm 等（2003）的检验采用这类假设。

检验统计量在第一种情形下可以进行混合回归，得到系数的估计量，与单变量单位根检验类似，得到检验统计量，记为 τ_φ，对该统计量进行修正，如 LL 统计量：

$$Z_{LL} = \frac{\tau_\varphi - E\left(\tau_\varphi\right)}{\sqrt{\operatorname{var}\left(\tau_\varphi\right)}}$$

第二种情形下，对每个时间序列 i 分别进行单位根检验，把 N 个单变量单位根检验统计量进行平均得到面板统计量：

$$\bar{\tau} = \frac{1}{N} \sum \tau_i$$

对该统计量进行修正，如 IPS 统计量：

$$Z_{\text{IPS}} = \frac{\sqrt{N}\left(\bar{\tau} - E(\tau_i)\right)}{\sqrt{\text{var}(\tau_i)}}$$

可以证明，当 T 趋于无穷时，两个统计量都收敛到 N（0，1）。

下面简要介绍 Pedroni（2000）和 Kao（1999）的面板协整检验。

Pedroni 先进行面板回归，面板模型如下：

$$y_{it} = \alpha_i + \delta_i t + \beta_{1i} x_{1it} + \cdots + \beta_{Mi} x_{Mit} + e_{it}$$

得到回归残差后，如果不存在协整关系，则 $e_{it} \sim I(1)$。对残差进行面板回归：

$$e_{it} = \rho_i e_{it-1} + v_{it}$$

根据面板回归和残差面板回归的不同假设，Pedroni 构造了七个不同的统计量，统一用 $\chi_{N,T}$ 表示。对 $\chi_{N,T}$ 进行修正：

$$\frac{\chi_{N,T} - \mu\sqrt{N}}{\sqrt{\upsilon}}$$

其中，μ 和 ν 通过模拟得到。修正后的统计量渐进分布，且服从 N（0，1）分布。

Kao与Pedroni研究的区别是假设对所有个体服从的过程相同。面板模型为

$$y_{it} = \alpha + \beta_1 x_{1it} + \cdots + \beta_M x_{Mit} + e_{it}$$

对残差的回归方程为

$$e_{it} = \rho e_{it-1} + v_{it}$$

Kao（1999）同样构造了多种形式的统计量，渐进分布为 N（0，1）。

3.4　汇率对进口价格、生产价格和国内一般物价水平的传递

3.4.1　数据与模型

2005 年 7 月 21 日人民币汇率体制开始新一轮的改革，人民币对美元即日升值 2%，达到 1 美元兑 8.11 元人民币。在此之后的几年内，我国汇率大部分时间一直处于断断续续的升值过程中。2011 年外汇市场首个交易日，成为连续第 10 个交易日升值，这是 2005 年 7 月后人民币对美元最长的连续升值纪录[①]。而最新数据表明，2014 年 6 月初至 11 月底，继上半年人民币有所贬值后，人民币对美

---

① 数据来源于中证网，http://www.cs.com.cn/hw/rmbdt/201101/t20110105_2732990.html。

元市场汇率又由 6.26 左右上升至 6.14 左右①。而与此同时，近些年来我国数度出现了贸易收支顺差不降反增（图 3.4.1）等诸多貌似"不合常理"的现象。

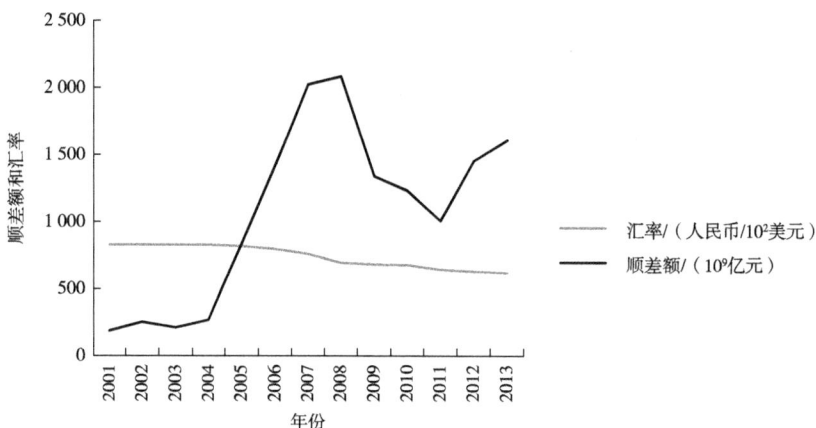

图 3.4.1　2001~2013 年我国贸易顺差额以及汇率的变化

从图 3.4.1 中可以看出，2004~2008 年我国贸易顺差额大幅度上升，而同一时段的人民币汇率却呈现下降趋势，换句话说，在人民币稳步升值的情况下，我国依然产生巨大的贸易顺差。类似上述情况在 2011~2013 年也可以由图 3.4.1 明显发现。基于以上这些现象，国内学术界也对汇率传递、依市定价等问题进行了新的探讨和研究。

本节选取 1994 年 1 月至 2013 年 12 月的相关数据，通过建立 VAR 模型，将供给冲击、需求冲击、汇率冲击、货币政策冲击、进口价格、生产者价格和消费者价格作为 VAR 系统的内生变量，基于 VAR 模型进行 Granger 因果检验、脉冲响应函数和方差分解，以 2005 年 7 月汇率改革发生的时期为分界点，从实证方面研究人民币汇率改革前后汇率传递效应是否发生变化。

IMP 是描述一定时间内一个国家所有进口商品的平均价格变化情况的一种指数。1994 年到汇改前，IMP 同期比数据上升和下降交替出现。自从 2005 年 7 月汇率制度改革过后，IMP 开始保持稳中有升的趋势。在 2008 年美国次贷危机后，IMP 开始迅速下降，随着经济的好转，IMP 从 2009 年 8 月开始逐步上升， 2010 年结束上升趋势并开始逐步下滑，2011 年短暂上升后开始小幅度下降。

IMP 数据来自中经网数据库。模型使用的是 1994 年 1 月至 2013 年 12 月的月度数据。IMP 没有月度环比数据，但是从 2005 年开始有假设上年全年为 100 的数据。因此令 2004 年 12 月=100，2005 年 1 月至 12 月的月度数据可以作为定基比数据。根据 2005 年 1 月至 12 月定基比数据以及同期比数据，计算得到 1994~2013

---

① 数据来源于中国社会科学网，http://www.cssn.cn/jjx/jjx_gzf/201502/t20150227_1526288.shtml。

年的所有定基比数据。

CPI 是反映一般居民家庭购买消费品和服务的价格水平变动情况。CPI 同人民群众的生活密切相关，在整个国民经济价格体系中占重要地位。1994~1996 年，CPI 同期比数据开始上升，从 1996 年开始一直在持续中下降，从 1999 年开始到汇率改革前，CPI 在交替的上升下降中趋于上升，2005 年 7 月至 2008 年，我国的 CPI 先上升后下降，并于 2008 年 2 月达到历史最高点。美国经济危机开始后，CPI 突然下降，然后在国家一系列的宏观调控政策下开始稳步上升。

CPI 的月度同比价格指数和月度环比价格指数来源于中经网，根据公式可计算以 1994 年 1 月为基期的定基指数，计算公式为

$$\frac{\mathrm{CPI}_{t,m}}{\mathrm{CPI}_{1994,1}} = \frac{\mathrm{CPI}_{t,m}}{\mathrm{CPI}_{t-1,m}} \frac{\mathrm{CPI}_{t-1,m}}{\mathrm{CPI}_{t-2,m}} \frac{\mathrm{CPI}_{t-2,m}}{\mathrm{CPI}_{t-3,m}} \cdots \frac{\mathrm{CPI}_{t-1995,m}}{\mathrm{CPI}_{1994,m}} \frac{\mathrm{CPI}_{1994,m}}{\mathrm{CPI}_{1994,m-1}} \cdots \frac{\mathrm{CPI}_{1994,2}}{\mathrm{CPI}_{1994,1}}$$

举例说明如下，计算 2006 年 12 月的定期指数 $\mathrm{CPI}_{2006,12}$，等于 2006 年 12 月的同比数据×2005 年 12 月的同比数据×⋯×1994 年 12 月的同比数据，再乘以 1994 年各月的环比数据，即先将 1994 年之前的各年的同比数据相乘，再乘以 1994 年各月的同比数据。

PPI 衡量企业购买一篮子物品和劳务的总费用。由于企业最终要把它们的费用以更高的价格转移给消费者，所以通常认为生产物价指数的变动对预测消费物价指数的变动是有用的。相比 CPI 而言，PPI 同期比在 1994~1995 年有小幅度上涨继而出现震荡，1996~1999 年 PPI 大幅下降。2000~2005 年，PPI 在震荡中保持明显的上升趋势。2005 年之后 PPI 大幅下降后趋于平稳。2008 年受金融危机的影响，PPI 在剧烈的震荡中下降，至 2009 年 9 月到达峰谷后开始持续上涨。2010 年 PPI 开始上升，继而出现一个短暂的下降后趋于平稳。2013 年开始出现小幅度的震荡。

PPI 的数据来源于中经网。PPI 的数据处理方法与 CPI 相同。

$$\frac{\mathrm{PPI}_{t,m}}{\mathrm{PPI}_{1994,1}} = \frac{\mathrm{PPI}_{t,m}}{\mathrm{PPI}_{t-1,m}} \frac{\mathrm{PPI}_{t-1,m}}{\mathrm{PPI}_{t-2,m}} \frac{\mathrm{PPI}_{t-2,m}}{\mathrm{PPI}_{t-3,m}} \cdots \frac{\mathrm{PPI}_{t-1995,m}}{\mathrm{PPI}_{1994,m}} \frac{\mathrm{PPI}_{1994,m}}{\mathrm{PPI}_{1994,m-1}} \cdots \frac{\mathrm{PPI}_{1994,2}}{\mathrm{PPI}_{1994,1}}$$

举例说明如下，计算 2006 年 12 月的定期指数，等于 2006 年 12 月的同比数据×2005 年 12 月的同比数据×⋯×1994 年 12 月的同比数据，再乘以 1994 年各月的环比数据。

通过对比汇率改革前后 1994 年 1 月至 2013 年 12 月 NEER、IMP、CPI 和 PPI 的价格走势，我们发现汇率与物价的变动具有一定的相关性。汇率改革是我们研究的一个分界点，因此为了更好地研究汇率改革前后的传递效果，将数据以 2005 年 7 月为分界点分为两个样本区间。

参考 McCarthy（2000）所提出 VAR（X, E, S, D）模型，建立 VAR 模型进行分析。其中，X 表示价格，E 表示汇率，S 表示供给冲击，D 表示需求冲击，

并在此基础上加入一个表示货币冲击的变量。选择 IMP、生产者物价指数和消费者物价指数作为国内价格水平的指标。汇率用 NEER 来表示，供给冲击采用国际原油价格，需求冲击采用国内工业增加值，货币冲击采用广义货币供给量。因此本节的模型共包含七个变量，即 IMP、PPI、CPI、NEER、国际原油价格、国民收入增量（DGDP）和 M2。各变量的数据来源如下。

1）国际原油价格

我们用以美元计价的国际原油价格（Oil），代表供给冲击可能对国内价格的影响。原油价格作为基础性原料，其价格的波动会通过影响生产、投资等活动对国民经济产生重要的影响。本节所需数据来源于 IMF 网站。

2）工业增加值

因为不存在 GDP 的月度数据，所以我们选取工业增加值 DGDP 作为 GDP 的代理变量。工业增加值是企业生产过程中新增加的价值，反映了企业生产活动的最终成果。本节所需数据来源于中经网统计数据库。

3）货币供应量

本节选取广义货币供应量 M2 的月度增加额作为货币政策冲击的代理变量。M2=流通中的现金+企业活期存款+农村存款+机关团体部队存款+个人持有的信用卡类存款+城乡居民储蓄存款+企业存款中具有定期性质的存款+信托类存款+其他存款。M2 是反映社会总需求变化和通货膨胀压力的指标。通常所说的货币供应量是指 M2。本节所需数据来源于中经网。

4）人民币 NEER

NEER 是指以一国对外贸易伙伴国与该国的贸易额在该国对外贸易总额中的比重为权数，将各贸易伙伴国的名义汇率进行加权平均而得到的汇率指数。由于人民币对美元升值并不意味着人民币对其他各种货币的升值趋势，本节采用人民币 NEER 为测度数据。该数据是由国际清算银行（Bank for International Settlements，BIS）定期测算和公布的，本节使用的是 1994 年的 1 月至 2013 年的 12 月的月度数据。

IMP、PPI 和 CPI 的数据来源于海关总署与中经网，构造方法见上面说明。

对有季节性的变量均做 X12 季节性调整，以消除季节性。

建立 VAR 模型确定各个变量的先后顺序非常重要，由于国际原油价格的外生性更为显著，所以将代表供给冲击的国际原油价格放在模型的第一位，根据克鲁格曼提出的长期名义汇率决定理论，假定名义汇率对产出、货币的冲击和自身做出反应，国民收入的代理变量——国内工业增加值 DGDP 作为模型中的第二位。接下来是货币冲击，即货币供应量的变化，广义货币供给量 M2 代表的货币冲击排在第三位。人民币名义汇率的变动排在第四位。

$$\mathrm{Oil}_t = E_{t-1}\left(\mathrm{Oil}_t\right) + \varepsilon_t^{\mathrm{oil}}$$

$$DGDP_t = E_{t-1}(DGDP_t) + b_1 \varepsilon_t^{oil} + \varepsilon_t^{DGDP}$$

$$M2_t = E_{t-1}(M2_t) + c_1 \varepsilon_t^{oil} + c_2 \varepsilon_t^{DGDP} + \varepsilon_t^{M2}$$

$$NEER_t = E_{t-1}(NEER_t) + d_1 \varepsilon_t^{oil} + d_2 \varepsilon_t^{DGDP} + d_3 \varepsilon_t^{M2} + \varepsilon_t^{NEER}$$

其中，ε_t^{oil} 代表石油冲击；ε_t^{DGDP} 代表需求冲击；ε_t^{M2} 代表货币供给冲击；ε_t^{NEER} 代表汇率冲击。

根据汇率对价格的传递理论和商品流通过程中不同价格对汇率的传递可知：

$$IMPI_t = E_{t-1}(IMP_t) + f_1 \varepsilon_t^{oil} + f_2 \varepsilon_t^{DGDP} + f_3 \varepsilon_t^{M2} + f_4 \varepsilon_t^{NEER} + \varepsilon_t^{IMP}$$

$$PPI_t = E_{t-1}(PPI_t) + g_1 \varepsilon_t^{oil} + g_2 \varepsilon_t^{DGDP} + g_3 \varepsilon_t^{M2} + g_4 \varepsilon_t^{NEER} + g_5 \varepsilon_t^{IMP} + \varepsilon_t^{PPI}$$

$$CPI_t = E_{t-1}(CPI_t) + h_1 \varepsilon_t^{oil} + h_2 \varepsilon_t^{DGDP} + h_3 \varepsilon_t^{M2} + h_4 \varepsilon_t^{NEER} + h_5 \varepsilon_t^{IMP} + h_6 \varepsilon_t^{PPI} + \varepsilon_t^{CPI}$$

其中，ε_t^{IMP}、ε_t^{PPI}、ε_t^{CPI} 分别代表 IMP、PPI 和 CPI 的冲击。

3.4.2　实证分析过程

1. 平稳性检验

将所有数据以 2005 年 7 月汇改为分界点，分为汇改前和汇改后，对所有数据进行单位根检验，表 3.4.1 和表 3.4.2 是汇改前与汇改后两个不同阶段的单位根检验的结果。

表 3.4.1　汇改前单位根检验的结果

变量	差分前	差分后
Oil	−0.40	−10.35
DGDP	−2.41	−10.40
M2	−1.28	−14.06
NEER	−1.88	−9.04
IMP	−2.34	−12.19
PPI	−1.59	−7.65
CPI	−2.34	−8.26

注：在 5%显著水平下，水平变量临界值为−3.47，差分变量临界值为−2.88

表 3.4.2　汇改后单位根检验的结果

变量	差分前	差分后
Oil	−3.32	−6.82
DGDP	−2.08	−9.50
M2	−0.89	−5.21
NEER	−2.04	−6.45
IMP	−2.78	−4.45

续表

变量	差分前	差分后
PPI	−2.07	−4.06
CPI	−2.63	−4.40

注：在5%显著水平下，水平变量临界值为−3.49，差分变量临界值为−2.89

从检验结果可以看出，5%的显著性水平下都无法拒绝原假设，因此所有变量都是非平稳的时间序列；而所有变量对数的一阶差分在5%的显著性水平下，都可以拒绝原假设，表明它们都是平稳的时间序列。所以可以说，所有的变量都是一阶单整的。

2. VAR 模型的最佳滞后长度

模型中的变量都有一定的趋势性，我们对 CPI、PPI、IMP、NEER、DGDP、货币供应量（M2）和世界原油价格进行对数一阶差分，平稳化后纳入 VAR 系统。用 AIC 准则来判断该 VAR 模型的最佳滞后长度。假设最大滞后长度等于6，AIC 值如表 3.4.3 所示。

表 3.4.3　汇改前最佳滞后阶数的选择

滞后长度	AIC
0	−26.582 60
1	−27.539 85*
2	−27.313 56
3	−27.048 60
4	−26.982 49
5	−26.793 83
6	−26.635 37

*$p<0.05$

通过表 3.4.3 中的统计量标准，由 AIC 的最小值判断最佳滞后长度，滞后长度为1时，AIC 值最小，所以 VAR 模型的最佳滞后阶长度是1。

表 3.4.4 是第二阶段的最佳滞后长度。

表 3.4.4　汇改后最佳滞后阶数的选择

滞后长度	AIC
0	−23.070 18
1	−28.902 82
2	−29.818 38*
3	−29.730 91
4	−29.671 98

续表

滞后长度	AIC
5	−29.548 35
6	−29.305 07

*$p<0.05$

从表 3.4.4 中的 AIC 值可以看出，滞后长度为 2 时，AIC 值最小，所以，第二阶段将 VAR 模型的最佳滞后阶长度设为 2。

3. Granger 因果检验

例如，两个平稳随机变量 X、Y，如果使用 X 和 Y 的现在与过去的所有数据预测 X 比不使用 Y 现在和过去数据预测 X 取得更加准确的数值，则 Y 到 X 存在因果关系，Y 是 X 的 Granger 原因。本节分析的是汇率对国内物价的影响，所以主要检验国际原油价格、国民收入增加量、货币供应量、人民币 NEER、IMP、PPI 和 CPI 之间是否存在预测关系。Granger 因果检验结果见表 3.4.5 和表 3.4.6。

表 3.4.5　汇改前 Granger 因果检验结果

解释变量	被解释变量						
	ΔOil	ΔDGDP	ΔM2	ΔNEER	ΔIMP	ΔPPI	ΔCPI
ΔOil	—	N	Y	N	N	Y	N
ΔDGDP	Y	—	N	Y	N	Y	Y
ΔM2	Y	Y	—	N	N	N	N
ΔNEER	Y	N	Y	—	N	N	N
ΔIMP	N	Y	Y	Y	—	N	N
ΔPPI	Y	Y	Y	Y	Y	—	N
ΔCPI	Y	Y	N	Y	Y	Y	—

注：Y 表示接受解释变量不是被解释变量的 Granger 原因的假设，N 表示拒绝原假设

表 3.4.6　汇改后 Granger 因果检验结果

解释变量	被解释变量						
	ΔOil	ΔDGDP	ΔM2	ΔNEER	ΔIMP	ΔPPI	ΔCPI
ΔOil	—	N	Y	N	N	Y	N
ΔDGDP	Y	—	N	Y	N	Y	Y
ΔM2	Y	Y	—	N	N	N	N
ΔNEER	Y	N	Y	—	N	N	N
ΔIMP	N	Y	Y	Y	—	N	N
ΔPPI	Y	Y	Y	Y	Y	—	N
ΔCPI	Y	Y	N	Y	Y	Y	—

注：Y 表示接受解释变量不是被解释变量的 Granger 原因的假设，N 表示拒绝原假设

　　从检验结果可以看出，汇改前后结论相同，在 5% 的置信水平下，国际原油价格、DGDP、货币供给量、NEER 都是 IMP 的 Granger 原因；国际原油价格、DGDP、货币供给量、NEER 和 IMP 是 PPI 的 Granger 原因；国际原油价格、DGDP、货币供给量、NEER、IMP 和 PPI 是 CPI 的 Granger 成因。国际原油是中国进口商品的重要组成部分，所以原油价格是价格水平的 Granger 原因；DGDP 通过国内需求的变化引起国内价格的改变；货币供应量的改变通过货币政策作用到价格水平；名义汇率通过直接或间接的影响传递到价格水平。国内价格水平间的传递依次是 IMP 影响 PPI 进而影响 CPI。

4. 脉冲响应函数

　　李颖（2008）认为，脉冲响应函数反映的是价格对一单位标准差的汇率冲击做出的反应，不能直接衡量汇率传递的效果。本小节基于吴志明和郭予锴（2010）累积的脉冲响应函数计算汇率传递效果，具体计算方法是用汇率冲击发生 T 月后价格的累加变动率除以 T 月后汇率的累加变动率，用公式表示如下：

$$\text{PTE}_{t,t+T} = \sum_{j=1}^{T} \Delta p_{t,t+j} \Big/ \sum_{j=1}^{T} \Delta E_{t,t+j}$$

其中，$\Delta p_{t,t+j}$ 表示汇率冲击发生 j 月后的价格变动率；$\Delta E_{t,t+j}$ 表示相应的汇率变动率。该指标能够直观地反映汇率传递效果随时间的变化趋势。

　　表 3.4.7 和表 3.4.8 是汇改前与汇改后 1~36 期汇率对国内物价的累计传递效率，"–"表示负相关。

表 3.4.7　汇改前 1 ~ 36 期汇率对国内物价的累计 PTE（单位：%）

时期	1	2	3	4	5	6	7	8	9	10	11	12
IMP	0.00	–0.19	–0.22	–0.18	–0.20	–0.20	–0.20	–0.20	–0.20	–0.20	–0.20	–0.20
PPI	0.10	0.36	–0.21	–0.25	–0.26	–0.27	–0.27	–0.28	–0.28	–0.28	–0.28	–0.28
CPI	0.10	0.36	–0.21	–0.55	–0.64	–0.86	–0.94	–0.31	–0.11	–0.11	–0.11	–0.11
时期	13	14	15	16	17	18	19	20	21	22	23	24
IMP	–0.20	–0.20	–0.20	–0.20	–0.20	–0.20	–0.20	–0.20	–0.20	–0.20	–0.20	–0.20
PPI	–0.28	–0.28	–0.28	–0.28	–0.28	–0.28	–0.28	–0.28	–0.28	–0.28	–0.28	–0.28
CPI	–0.11	–0.11	–0.11	–0.11	–0.11	–0.11	–0.11	–0.11	–0.11	–0.11	–0.11	–0.11
时期	25	26	27	28	29	30	31	32	33	34	35	36
IMP	–0.20	–0.20	–0.20	–0.20	–0.20	–0.20	–0.20	–0.20	–0.20	–0.20	–0.20	–0.20
PPI	–0.28	–0.28	–0.28	–0.28	–0.28	–0.28	–0.28	–0.28	–0.28	–0.28	–0.28	–0.28
CPI	–0.11	–0.11	–0.11	–0.11	–0.11	–0.11	–0.11	–0.11	–0.11	–0.11	–0.11	–0.11

表 **3.4.8**　汇改后 1～36 期汇率对国内物价的累计 PTE（单位：%）

时期	1	2	3	4	5	6	7	8	9	10	11	12
IMP	0.00	0.15	0.25	0.31	0.35	0.38	0.40	0.42	0.43	0.45	0.46	0.47
PPI	0.00	0.14	0.27	0.37	0.43	0.45	0.43	0.39	0.33	0.25	0.17	0.86
CPI	0.00	0.13	0.18	0.16	0.23	0.25	0.27	0.28	0.29	0.29	0.29	0.29
时期	13	14	15	16	17	18	19	20	21	22	23	24
IMP	0.48	0.49	0.50	0.51	0.51	0.52	0.52	0.53	0.53	0.54	0.54	0.54
PPI	0.00	−0.63	−0.12	−0.17	−0.21	−0.23	−0.24	−0.24	−0.24	−0.24	−0.24	−0.24
CPI	0.29	0.29	0.29	0.29	0.29	0.29	0.29	0.29	0.29	0.29	0.29	0.29
时期	25	26	27	28	29	30	31	32	33	34	35	36
IMP	0.54	0.54	0.54	0.54	0.54	0.54	0.54	0.54	0.54	0.54	0.54	0.54
PPI	−0.24	−0.24	−0.24	−0.24	−0.24	−0.24	−0.24	−0.24	−0.24	−0.24	−0.24	−0.24
CPI	0.29	0.29	0.29	0.29	0.29	0.29	0.29	0.29	0.29	0.29	0.29	0.29

　　由上述结果可知，人民币汇率变动对国内价格的传递存在不完全性和一定的时滞性。汇改前后，汇率变动对价格的传递效果也存在明显的差异性。汇改前，1%的汇率升值在第 3 期使进口价格降低 0.22%，从第 5 期开始传递效率保持在−0.20%。PPI 从第 3 期开始由正相关转变为负相关，负向传递效率在第 8 期开始保持在−0.28%。CPI 从第 3 期开始由正转负，并在第 9 期开始保持在−0.11%。汇改后，IMP 对 NEER 的传递效率始终为正值，从第 1 期到第 21 期都保持缓慢的上升趋势，并在第 22 期达到最大值 0.54%，之后一直保持这个趋势。PPI 的传递效率从第 1 期开始呈现先增加后减少，然后在第 13 期急剧增加并达到最大值 0.86%，从第 14 期开始传递效率由正转负，从第 19 期开始传递效率保持在−0.24%。CPI 的传递效率从第 1 期开始逐渐增加，并在第 9 期达到最大 0.29%，此后一直保持此趋势。

　　汇改前，汇率变动对 IMP、PPI、CPI 的影响始终为负，并且汇率变动对这三种价格指数的影响大小如下：IMP 最大，PPI 次之，CPI 最小。这是因为汇率变动首先引起以本币表示的进口商品的价格变化，其次通过生产加工等环节传递到生产者价格，最后进入消费领域传递至 CPI。所以汇率变动对 IMP 的传递效应最为敏感。

　　汇改后，汇率变动对 IMP、CPI 的影响是正的，这可能是因为虽然人民币对美元的名义利率升值促使人民币名义汇率 NEER 升值，带来对价格的紧缩效应，但是该效应小于人民币升值预期带来的对国内物价水平的上涨。所以近年来的经济现状是人民币升值，CPI 持续上涨。汇率变动对 PPI 的趋势变化是人民币升值带来的紧缩效应和通胀效应综合作用的结果。

　　汇率改革完成后，汇率制度发生的结构性突变以及国内通货膨胀环境等因素的综合变化使汇率传递效应发生了显著不同。2005 年汇率改革后，汇率弹性增强，这有利于减缓汇率变化对商品价格造成的影响，但是对人民币升值预期的不断加强使国外投机热钱流入，增加了中国人民银行对货币的供应量，使 CPI 的增长幅度大大增加，并且超过了汇率变动带来的紧缩效应。

5. 方差分解

方差分解是为了分析单个变量冲击对国内价格波动的贡献度。因此，我们运用方差分解可以估计汇率改革前后两个不同阶段、不同变量对国内物价水平变化的相对贡献程度。表 3.4.9 与表 3.4.10 表示不同变量对 IMP、PPI 和 CPI 的贡献度。

表 3.4.9　汇改前不同变量对 IMP、PPI 和 CPI 的贡献度（单位：%）

时期	ΔOil	ΔDGDP	ΔM2	ΔNEER	ΔIMP	ΔPPI	ΔCPI
IMP							
1	2.432 900	0.140 250	0.808 609	0.331 629	92.272 14	0	0
4	2.515 449	0.136 733	0.914 163	2.185 087	89.786 23	3.597 741	0.864 602
8	2.524 321	0.137 393	0.941 420	2.260 928	89.654 45	3.591 982	0.889 505
12	2.524 273	0.137 397	0.941 450	2.261 144	89.654 04	3.591 877	0.889 817
16	2.524 273	0.137 398	0.941 451	2.261 148	89.654 03	3.591 877	0.889 823
20	2.524 273	0.137 398	0.941 451	2.261 148	89.654 03	3.591 877	0.889 823
24	2.524 273	0.137 398	0.941 451	2.261 148	89.654 03	3.591 877	0.889 823
28	2.524 273	0.137 398	0.941 451	2.261 148	89.654 03	3.591 877	0.889 823
32	2.524 273	0.137 398	0.941 451	2.261 148	89.654 03	3.591 877	0.889 823
36	2.524 273	0.137 398	0.941 451	2.261 148	89.654 03	3.591 877	0.889 823
PPI							
1	7.197 014	0.120 908	1.219 998	2.990 644	4.799 823	82.340 89	0
4	10.429 310	1.173 696	1.733 391	2.607 769	4.899 467	72.177 74	6.978 633
8	10.471 510	1.200 097	1.740 441	2.598 478	4.952 229	71.806 43	7.230 815
12	10.471 460	1.200 431	1.740 643	2.598 605	4.952 427	71.802 32	7.234 108
16	10.471 460	1.200 435	1.740 642	2.598 606	4.952 444	71.802 29	7.234 123
20	10.471 460	1.200 435	1.740 642	2.598 606	4.952 444	71.802 29	7.234 123
24	10.471 460	1.200 435	1.740 642	2.598 606	4.952 444	71.802 29	7.234 123
28	10.471 460	1.200 435	1.740 642	2.598 606	4.952 444	71.802 29	7.234 123
32	10.471 460	1.200 435	1.740 642	2.598 606	4.952 444	71.802 29	7.234 123
36	10.471 460	1.200 435	1.740 642	2.598 606	4.952 444	71.802 29	7.234 123
CPI							
1	0.071 848	0.254 643	0.131 640	0.000 470	2.535 386	1.971 217	95.034 80
4	1.348 622	0.294 470	0.180 616	0.075 656	2.524 729	2.195 798	93.380 11

续表

时期	ΔOil	ΔDGDP	ΔM2	ΔNEER	ΔIMP	ΔPPI	ΔCPI
				CPI			
8	1.384 963	0.295 882	0.184 811	0.076 645	2.526 072	2.214 398	93.317 23
12	1.385 178	0.295 894	0.184 892	0.076 652	2.526 063	2.214 467	93.316 85
16	1.385 180	0.295 895	0.184 893	0.076 652	2.526 063	2.214 467	93.316 85
20	1.385 180	0.295 895	0.184 893	0.076 652	2.526 064	2.214 467	93.316 85
24	1.385 180	0.295 895	0.184 893	0.076 652	2.526 064	2.214 467	93.316 85
28	1.385 180	0.295 895	0.184 893	0.076 652	2.526 064	2.214 467	93.316 85
32	1.385 180	0.295 895	0.184 893	0.076 652	2.526 064	2.214 467	93.316 85
36	1.385 180	0.295 895	0.184 893	0.076 652	2.526 064	2.214 467	93.316 85

表 3.4.10　汇改后不同变量对 IMP、PPI 和 CPI 的贡献度（单位：%）

	时期	ΔOil	ΔDGDP	ΔM2	ΔNEER	ΔIMP	ΔPPI	ΔCPI
IMP	1	2.884 850	0.756 921	0.246 350	0.137 919	87.779 140	0	0
	4	8.755 388	2.555 640	0.153 137	0.037 445	68.662 730	18.794 020	1.041 635
	8	12.369 460	3.188 851	0.214 585	0.068 832	63.318 860	18.756 990	2.082 420
	12	12.853 880	3.350 665	0.390 548	0.157 856	62.639 750	18.474 520	2.132 780
	16	12.249 510	3.159 978	0.430 481	0.206 553	58.958 560	22.627 550	2.367 370
	20	11.909 700	2.994 250	0.410 790	0.213 540	55.734 600	25.895 600	2.841 630
	24	11.659 600	2.922 131	0.400 179	0.214 373	55.044 040	26.704 530	3.055 147
	28	11.474 480	2.904 711	0.393 695	0.216 396	55.477 980	26.476 340	3.056 395
	32	11.367 540	2.907 233	0.393 379	0.221 929	55.879 470	26.209 110	3.021 349
	36	11.264 050	2.901 787	0.397 015	0.229 693	55.967 400	26.230 680	3.009 382
PPI	1	2.018 924	0.425 315	0.249 857	0.058 002	15.575 780	80.531 060	0
	4	7.134 417	1.115 529	0.168 653	0.061 465	17.392 270	70.305 220	3.822 445
	8	10.278 950	1.392 352	0.105 075	0.051 465	14.454 430	67.317 270	6.400 458
	12	10.602 230	1.372 546	0.153 080	0.047 548	14.014 740	66.490 920	7.318 942
	16	10.354 570	1.423 633	0.155 595	0.045 733	17.755 180	63.257 790	7.007 508
	20	10.520 650	1.558 238	0.159 833	0.052 625	20.686 940	60.323 050	6.698 661
	24	10.549 880	1.614 407	0.183 578	0.070 365	21.599 640	59.398 670	6.583 461
	28	10.418 150	1.604 291	0.196 108	0.085 067	21.593 800	59.542 520	6.560 066
	32	10.296 420	1.583 713	0.197 161	0.092 329	21.478 000	59.761 800	6.590 575
	36	10.200 590	1.572 275	0.196 168	0.096 036	21.595 560	59.730 780	6.608 589
CPI	1	0.909 815	0.539 751	0.680 976	0.369 659	5.533 229	5.615 944	86.350 630
	4	1.921 325	1.159 613	1.858 627	0.763 077	5.285 545	7.057 534	81.954 280
	8	2.077 613	1.163 191	1.840 075	0.755 809	6.922 784	8.242 647	78.997 880
	12	2.765 864	1.244 377	1.744 925	0.716 681	8.501 281	9.978 091	75.048 780

续表

时期		ΔOil	ΔDGDP	ΔM2	ΔNEER	ΔIMP	ΔPPI	ΔCPI
CPI	16	3.018 187	1.280 200	1.738 647	0.711 401	8.719 304	10.218 780	74.313 480
	20	3.025 506	1.279 444	1.741 549	0.712 630	8.752 236	10.340 820	74.147 810
	24	3.071 268	1.281 575	1.733396	0.709 672	8.806 967	10.579 980	73.817 140
	28	3.094 071	1.282 952	1.731 388	0.708 620	8.805 709	10.650 950	73.726 310
	32	3.094 634	1.282 942	1.731 281	0.708 461	8.823 229	10.651 020	73.708 430
	36	3.099 278	1.283 953	1.730 471	0.708 131	8.852 231	10.652 640	73.673 300

　　汇改前,对于 IMP 的变动,DGDP 和货币供给量的贡献度较弱,随着时间的增加,这两个变量的解释力度有一个非常缓慢的增加过程,在第 8 期,DGDP 和货币供给量的解释趋于稳定,解释力度分别约为 0.14% 和 0.94%,除进口价格自身以及上述两种冲击外,国际原油价格和汇率变动是影响进口价格的主要因素,分别解释了 2.52% 和 2.26%。对于生产者价格的变动,除去它自身的冲击外,国际原油价格冲击的解释力最强,到第 8 期,它能解释 10.47% 左右的生产者价格变动,汇率冲击对 PPI 的解释力度从第 1 期开始逐渐增强,至第 8 期开始达到稳定值 1.74%,解释力度偏弱。这可能是因为在汇改前,国际原油在我国的进口产品中占有很重要的地位,汇率变动对原油价格产生重要影响,从而进入投资、生产和消费等领域,对我国的价格指数产生重大影响。而对于消费者价格的波动,汇率冲击的解释力非常弱,至多只能解释 0.08% 的变动。消费者价格变动除自身外,其余变量的冲击解释力只得到 7%,其中最强的是 IMP 的变动。

　　汇改后,对于 IMP 的变动,汇率和货币供给量的贡献度较弱,随着时间的增加,货币供给的解释力度有一个先增加后减少的趋势,在第 16 期达到最大值 0.43%,然后开始减小,并在第 28 期达到稳定值 0.39%。汇率变动对 IMP 的贡献度有一个非常缓慢的增大过程,在第 20 期解释力趋于稳定值 0.21%,对于生产者价格的变动,汇率和货币供给量的贡献度较弱,并且随着时间的增加,货币供给的解释力度呈现先减小后增加的趋势,到第 8 期贡献度达到最小值 0.11%,NEER 的贡献度随着时间的延续,呈现先增加再减小再增加的趋势,并第 36 期达到最大解释度 0.96%;而对于消费者价格的波动,汇率冲击的解释力非常弱,只能解释 0.08% 的变动。消费者价格变动除自身外,其余各变量的冲击解释力只得到 0.70%。

　　通过对汇改前后的对比分析可知:影响价格指数变动的最主要因素还是其自身的惯性,并且带有一定的时滞性。同时汇率变动对价格指数变化的解释力度非常小,这说明汇率变动不是使价格指数发生变化的唯一因素,一定还存在其他因素对价格指数产生影响。与汇率改革前相比,人民币汇率变动对消费者价格的贡献度更强,但是却小于货币供应量对消费者价格的贡献度。这较弱的传递效应也表明人民币升值对通货膨胀的抑制作用较小,通过升值降低通货膨胀的作用有限。

本节采用 1994 年 1 月至 2013 年 12 月的月度数据作为研究样本，通过建立 VAR 模型，将 IMP、PPI、CPI、NERR、GDDP、M2 和 Oil 七个变量纳入这个系统中，从实证角度对人民币名义汇率变动对国内价格的不同阶段进行影响。归纳总结如下。

在不同时期，人民币 NEER 对进口价格、生产者价格、消费者价格的传递都是不完全的且存在一定的时滞。

根据汇率冲击对三种价格指数（IMP、PPI 与 CPI）的脉冲响应分析，汇改前，汇率变动对 IMP、PPI、CPI 的影响始终为负，并且汇率变动对这三种价格指数的影响大小依次为，IMP 最大，PPI 次之，CPI 最小。这是因为汇率变动首先影响到以本币表示的进口商品的价格变化，其次通过汇率传递的间接传导机制，如货币供给、成本、工资、替代品等作用，最终传导到消费者价格。也正是因为汇率对消费者的价格传导更为复杂，使汇率波动对 CPI 的传递效果更小。汇改后，汇率变动对 IMP、CPI 的影响是正的，这可能是因为虽然人民币对美元的名义利率升值促使人民币名义汇率 NEER 升值，带来价格的紧缩效应，但是对人民币升值预期的不断加强使国外投机热钱流入，增加了中国人民银行对货币的供应量，使 CPI 的增长幅度大大增加，并且超过了汇率变动带来的紧缩效应，导致国内物价水平上涨。所以近年来的经济现状是人民币升值，CPI 持续上涨。汇率变动对 PPI 的趋势变化是人民币升值带来的紧缩效应和通胀效应综合作用的结果。

对 IMP、PPI 及 CPI 的方差分解显示，CPI 、PPI 和 IMP 的变化不完全受汇率的影响，并且在不同阶段，不同因素对价格指数的贡献度随时间不同存在明显的差异性，但是相同的是，汇率变动对价格指数的解释力度都非常弱，这表明汇率变动不是引起 IMP、PPI 和 CPI 变化的唯一原因，必定还有其他因素对国内价格指数产生影响。与汇率改革前相比，人民币汇率变动对消费者价格的贡献度更强，但是却小于货币供应量对消费者价格的贡献度。这较弱的传递效应也表明人民币升值对通货膨胀的抑制作用较小，通过升值降低通货膨胀的作用有限。

从以上分析并结合国内和国际的经济形势，我们给出以下建议：

（1）鉴于人民币汇率对价格的传递效应较汇率改革前略有上升，但是仍然微弱，我们可以适度增加汇率变动区间，让市场决定汇率水平，实行更有弹性的汇率形成机制，逐渐由固定汇率向浮动汇率转变。

（2）应加强资本流动的监测，控制热钱流入和流出，以避免大量热钱流入对国内经济产生显著影响，消除人民币升值的非理性预期。人民币"内贬外升"的经济现实也表明，人民币升值的方法对通货膨胀的抑制作用有限，我们应该处理好治理人民币升值与通胀之间的关系，不应仅仅钉住汇率，而应该从制定独立的货币政策出发，如通过收缩货币供应量、上调存款准备金等政策，抑制对货币的需求来控制通货膨胀。

（3）汇率取决于经济发展水平，因此对人民币汇率机制改革和人民币升值的把握不应仅局限于物价指数的变化，应改变现有的出口导向型经济发展战略，降低对外依存度，将经济增长的动力更多地转向国内消费。

3.5 基于行业数据的汇率传递实证分析

下面选取海关 HS 分类的行业作为分析切入点，利用出口总额、出口数量等数据，研究汇率变动对行业出口价格的影响，进而研究汇率传递在各行业的差别以及行业传递中汇率的非对称性问题。

3.5.1 变量和数据的选取

本节选取海关 HS 分类的行业作为分析切入点，研究汇率传递在各行业的差别以及行业传递中汇率的非对称性问题。按海关 HS 分类，全部大类包括以下 22 种，具体如表 3.5.1 所示。

表 3.5.1　海关 HS 分类

编码	行业
HS01	活动物；动物产品
HS02	植物产品
HS03	动、植物油脂、蜡；精制的食用油脂；动、植物蜡
HS04	食品；饮料、酒及醋；烟草、烟草及烟草代用品的制品
HS05	矿产品
HS06	化学工业及其相关工业的产品
HS07	塑料及其制品；橡胶及其制品
HS08	革、毛皮及制品；箱包；肠线制品
HS09	木及制品；木炭；软木；编织品
HS10	纤维素浆；废纸；纸、纸板及其制品
HS11	纺织原料及纺织制品
HS12	鞋帽伞等；羽毛品；人造花；人发制品
HS13	矿物材料制品；陶瓷品；玻璃及制品
HS14	珠宝、贵金属及制品；仿首饰；硬币
HS15	贱金属及其制品
HS16	机电、音像设备及其零件、附件
HS17	车辆、航空器、船舶及运输设备
HS18	光学、医疗等仪器；钟表；乐器

续表

编码	行业
HS19	武器、弹药及其零件、附件
HS20	杂项制品（家具、玩具等）
HS21	艺术品、收藏品及古物
HS22	特殊交易品及未分类商品

　　根据出口额的比较，本章将 HS 分类重新分类。在此基础上，考虑到数据的可获取性以及各行业的特性，本章最终归集了主要的 10 个行业作为研究对象。它们分别是动植物产品、化学品、医药品、橡胶及塑料制品、皮革木绳及纸制品、纺织原料及纺织制品、贱金属及其制品、机电设备、家用电器、交通及运输设备。重新分类后的十大行业如表 3.5.2 所示。

表 3.5.2　重新分类后的十大行业

编码	行业编码	行业
H01	HS01~HS03	动植物产品
H02	HS06（除去 CH30）	化学品
H03	HS06（CH30）	医药品
H04	HS07	橡胶及塑料制品
H05	HS08~HS10	皮革木绳及纸制品
H06	HS11	纺织原料及纺织制品
H07	HS15	贱金属及其制品
H08	HS16（CH84）	机电设备
H09	HS16（CH85）	家用电器
H10	HS17	交通及运输设备

注：CH 表示 HS 大类下属的章节

　　由于我国没有各个行业的分类进出口价格指数，所以本节参考一些同类文献，决定采用 Cerra 和 Saxena（2002）提出的单位价值法构造按 HS 分类的出口价格指数。首先，选取中经网海关月度库中《出口主要商品量值表》中包含在上述 HS 行业分类的商品，根据出口商品的月度出口额和出口数量计算出单位出口价格（美元计价）。其次，使用同期的人民币对美元的名义汇率，换算成人民币标价。最后，利用"单位值指数法"构建各行业的出口价格指数（人民币计价），并取对数。出口价格指数（人民币计价）的具体公式如下：

$$EXP_{it} = \frac{\sum_j W_{ijt} / Q_{ijt}}{\sum_j W_{ij0} / Q_{ij0}}$$

其中，EXP 表示第 i 类（章）商品的出口价格指数（人民币计价）；W_{ijt} 和 W_{ij0} 分

别为第 i 类下的第 j 种出口商品在 t 期与基期的出口额（人民币计价）; Q_{ijt} 和 Q_{ij0} 分别为第 i 类下的第 j 种出口商品在 t 期与基期的出口数量。全部数据来源于中经网统计数据库海关月度统计库。

国外需求用 FDEM 表示，本节选择了 OECD 计算的各国消费者信心指数作为替代，并借鉴贺莹（2014）的方法构建权重来计算不同行业在不同月份的加权消费者信心指数。首先，选择 2001 年 2 月至 2014 年 12 月在我国总出口额中排名前十的主要出口伙伴国将其作为分行业计算的货币篮子；根据样本期间上述出口伙伴国在每个行业的出口额所占份额，分别选择在各行业中排名前八的国家作为每个行业的出口伙伴国，其对应出口额比重作为计算分行业需求的权重。其次，选用中经网 OECD 月度统计库各个国家的消费者信心指数作为加权的基础。最后，对其进行加权。数据来源于中经网海关月度统计库和 OECD 月度统计库。

人民币名义有效汇率用 NEER 表示，根据 BIS 的统计数据，同样按上述方法加权得到各个行业的有效汇率。数据来源于 BIS、中经网海关月度统计库和 OECD 月度统计库。

国内分行业边际成本用 DPPI 表示，本节选择锐思数据库中行业对应的 PPI 作为各行业边际成本的替代变量，对于新增行业采用算术平均的方式进行合并。数据来源于锐思统计数据库。

虚拟变量 D=0 代表汇率下降（即贬值），D=1 代表汇率上升（即升值）。交互项为虚拟变量与 REER 的乘积。

各变量定义说明具体如表 3.5.3 所示。

表 3.5.3　各变量定义说明

变量符号	变量名称	具体描述
EXP	以人民币标价的各行业出口价格指数	本节采用的行业分类基于海关行业标准 HS 分类，合并归集为 10 大类。由于我国没有公开的行业出口价格指数，本节通过各行业主要进口商品的数量和金额，计算得出各行业的 IMP（人民币标价）。数据来源于中经网统计数据库和海关月报
D	哑变量	D=0 代表汇率下降（即贬值），D=1 代表汇率上升（即升值）
NEER	人民币名义有效汇率	按主要国家贸易出口额加权。行业数据来源于中经网统计数据库和 BIS
DNEER	虚拟变量交互项	交互项为虚拟变量与 NEER 的乘积
DPPI	国内替代品价格	利用分行业工业品出厂价格替代国内替代品价格。数据来源于锐思数据库
FDEM	国外需求	利用 OECD 计算的各国消费者信心指数作为替代，并按主要国家贸易出口额加权。数据来源于中经网海关月度统计库和 OECD 月度统计库

考虑到经济学意义，本节在模型设定时倾向于选取对数形式，因为对数形式下的系数具有弹性的含义，更符合本节的考察目的。所以在下文的数据检验及实证分析中，采用的是几个变量的对数形式。

3.5.2　单位根检验和协整检验

1. 单位根检验

由于面板数据时间跨度较大，所以首先进行单位根检验，判断数据的平稳性。本小节采取的单位根检验方法主要有 Levin 等（2002）的方法（LLC 检验）和 Augmented Dickey-Fuller（ADF 检验）方法，综合两种方法进行考虑。检验结果如表 3.5.4 所示。

表 3.5.4　单位根检验结果

变量		LLC			ADF		
		统计量	p 值		统计量	Z 值	
LNDPPI	IT	−1.121 9	0.130 9	不平稳	0.000 3	0.000 1	平稳
	I	−1.955 8	0.025 2		0.000 0	0.000 0	
	N	0.330 2	0.629 4		0.997 6	0.970 3	
DLNDPPI	IT	−2.801 5	0.002 5	平稳	0.000 0	0.000 0	平稳
	I	−3.381 5	0.000 4		0.000 0	0.000 0	
	N	−13.243 7	0.000 0		0.000 0	0.000 0	
LNEXP	IT	10.766 4	1.000 0	不平稳	0.000 0	0.000 0	平稳
	I	6.753 3	1.000 0		0.000 0	0.000 0	
	N	−0.286 6	0.387 2		0.991 2	0.915 8	
DLNEXP	IT	0.527 1	0.000 2	平稳			
	I	0.406 1	0.000 0				
	N	−36.375 2	0.000 0				
LNNEER	IT	−1.891 8	0.029 3	不平稳	0.806 4	0.454 8	不平稳
	I	5.421 8	1.000 0		1.000 0	1.000 0	
	N	3.119 8	0.999 1		1.000 0	1.000 0	
DLNNEER	IT	−14.786 6	0.000 0	平稳	0.000 0	0.000 0	平稳
	I	−11.998 3	0.000 0		0.000 0	0.000 0	
	N	−16.907 3	0.000 0		0.000 0	0.000 0	
LNFDEM	IT	0.409 6	0.658 9	不平稳	0.128 0	0.039 4	不平稳
	I	−0.590 9	0.277 3		0.010 8	0.002 3	
	N	0.374 5	0.646 0		0.969 2	0.873 2	
DLNFDEM	IT	−12.391 6	0.000 0	平稳	0.000 0	0.000 0	平稳
	I	−11.127 1	0.000 0		0.000 0	0.000 0	
	N	−15.181 9	0.000 0		0.000 0	0.000 0	

采用 LLC 方法，认为对于有趋势和截距项、只含有截距项和两者皆无三种情况下全部通过检验才算通过检验；而 ADF 方法三种情况通过一种即可。根据检验结果，四个变量皆不平稳，于是进行一阶差分后再检测。根据检测结果，一阶差分数据全部平稳。所以原数据为一阶单整，也即同阶单整。

2. 协整检验

本小节采用 Pedroni 法对 EXP、DPPI、NEER、FDEM 进行面板协整检验，包括含有截距项和趋势、只含截距项、全部不含有三种情况。面板协整检验结果如表 3.5.5 所示。

表 3.5.5　面板协整检验结果

统计量	IT		I		N	
	统计量	p 值	统计量	p 值	统计量	p 值
面板-v-统计量	2.666 43	0.003 8	4.012 838	0.000 0	1.825 58	0.034 0
面板-rho-统计量	−6.928 94	0.000 0	−6.458 110	0.000 0	−4.692 32	0.000 0
面板-PP-统计量	−7.191 20	0.000 0	−6.163 340	0.000 0	−4.113 18	0.000 0
面板-ADF-统计量	−3.246 04	0.000 6	−2.929 860	0.001 7	−2.419 67	0.007 8
分组-rho-统计量	−26.014 20	0.000 0	−29.859 700	0.000 0	−9.632 83	0.000 0
分组-PP-统计量	−22.177 70	0.000 0	−22.319 700	0.000 0	−7.416 49	0.000 0
分组-ADF-统计量	−13.915 70	0.000 0	−14.407 800	0.000 0	−4.367 86	0.000 0

结果表明，在 5% 的置信水平下，四个变量之间存在协整关系。虽然原数据同阶单整且存在协整关系，可以用面板数据进行回归分析，但是由于面板回归假设各行业系数相同，考虑到本节的研究目的，所以对十个行业分别采用时间序列的方法进行操作。

下面分别对 10 个行业进行 Johansen 协整检验，检验结果见表 3.5.6。

表 3.5.6　Johansen 协整检验结果

编码	原假设	迹统计量	临界值（5%）	p 值
HS01	H_0: $r=0$	104.606 70	69.818 89	0.000 0
	H_0: $r=1$	63.060 83	47.856 13	0.001 0
	H_0: $r=2$	32.250 29	29.797 07	0.025 6
	H_0: $r=3$	10.744 75	15.494 71	0.227 7
HS02	H_0: $r=0$	90.869 67	69.818 89	0.000 4
	H_0: $r=1$	47.997 53	47.856 13	0.048 5
	H_0: $r=2$	28.815 87	29.797 07	0.064 6
	H_0: $r=3$	11.305 45	15.494 71	0.193 4

编码	原假设	迹统计量	临界值（5%）	p 值
HS03	H_0: $r=0$	88.355 24	69.818 89	0.000 8
	H_0: $r=1$	47.899 51	47.856 13	0.049 5
	H_0: $r=2$	24.102 55	29.797 07	0.196 1
	H_0: $r=3$	4.616 07	15.494 71	0.848 2
HS05	H_0: $r=0$	89.603 42	69.818 89	0.000 6
	H_0: $r=1$	41.846 70	47.856 13	0.163 1
	H_0: $r=2$	22.591 49	29.797 07	0.266 7
	H_0: $r=3$	9.276 00	15.494 71	0.340 5
HS07	H_0: $r=0$	105.003 10	69.818 89	0.000 0
	H_0: $r=1$	66.351 22	47.856 13	0.000 4
	H_0: $r=2$	30.692 17	29.797 07	0.039 3
	H_0: $r=3$	7.539 09	15.494 71	0.515 9
HS08	H_0: $r=0$	78.938 55	69.818 89	0.007 8
	H_0: $r=1$	43.767 18	47.856 13	0.114 9
	H_0: $r=2$	16.838 53	29.797 07	0.652 0
	H_0: $r=3$	6.996 80	15.494 71	0.578 0
HS09	H_0: $r=0$	62.082 69	47.856 13	0.001 3
	H_0: $r=1$	24.550 46	29.797 07	0.178 1
	H_0: $r=2$	9.140 58	15.494 71	0.352 5
	H_0: $r=3$	0.475 14	3.841 47	0.490 6
HS10	H_0: $r=0$	67.903 30	47.856 13	0.000 2
	H_0: $r=1$	31.906 30	29.797 07	0.028 2
	H_0: $r=2$	9.247 76	15.494 71	0.343 0
	H_0: $r=3$	0.791 47	3.841 47	0.373 7

分析第一个行业（HS01），由检验结果可以看出，原假设为 H_0: $r=0$，H_0: $r=1$ 和 H_0: $r=2$ 时统计值表明均拒绝了零假设，而后在原假设为 H_0: $r=3$ 时，统计值表明接受了零假设，因此表示 3 个变量在 5%显著程度下存在 3 个独立协整关系。同理，根据表 3.5.6 可以看出，HS02、HS03、HS05、HS07、HS08、HS09 和 HS10 均存在协整关系。需要说明的是，除 HS09 和 HS10 之外，剩下的存在协整关系的行业均是由 LNEXP、LNNEER、LNFDEM、LNDPPI 和 LNDREER 几个变量做协整检验，而 HS09 与 HS10 的数据在协整检验时发现存在高度的共线性，于是删除 DPPI 这个变量，用剩下的变量做协整检验。此外，HS04 与 HS06 不存在协整关系，后面将不再分析。

3.5.3　误差修正模型

根据上述检验，我们对存在协整关系的八个行业建立误差修正模型。本节以第一个行业 HS01 为例进行具体说明，首先对 EXP、NEER、FDEM、DPPI 和 DREER 几个变量求自然对数，用最小二乘法做回归，得到的回归方程结果如表 3.5.7 所示。

表 3.5.7　协整方程 HS01

自变量名称	系数	标准差	t 值	p 值
LNNEER	−0.239 733	0.008 822	−27.174 45	0.000 0
LNDPPI	0.504 330	0.027 735	18.184 11	0.000 0
LNFDEM	−1.923 737	0.026 691	−72.074 03	0.000 0
C	12.331 650	0.240 246	51.329 24	0.000 0

由于 LNDNEER 交互项并不显著（p 值约 0.6），所以在模型估计时删除了 LNDNEER 这个变量进行回归。

进一步根据回归结果在 EVIEWS 得到残差序列，并对残差进行 ADF 检验以确定残差的平稳性，检验结果如表 3.5.8 所示。

表 3.5.8　残差的 ADF 检验

ADF 检验值		t 值	p 值
ADF 检验值		−10.741 07	0.000 0
临界水平	1%	−4.65	
	5%	−4.16	
	10%	−3.84	

由表 3.5.8 可知，该残差序列在 1%的置信水平下平稳，因此可以进一步建立误差修正模型。考虑建立对 LNEXP、LNREER、LNFDEM、LNDPPI 的差分形式和 ECM 的一阶滞后（上述回归的残差的一阶滞后）的误差修正模型，形式如下：

$$\Delta LNEXP_t = \gamma_0 + \gamma_1 \cdot \Delta LNNEER_t + \gamma_2 \cdot \Delta LNFDEM_t + \gamma_3 \cdot \Delta LNDPPI_t + \gamma_4 \cdot ECM_{t-1} + \epsilon_t$$

其中，ECM_{t-1} 表示上面回归方程的残差。估计此误差修正模型，最终得出的结果见表 3.5.9。

表 3.5.9　误差修正模型回归结果

自变量名称	系数	标准差	t 值	p 值
DLNNEER	−0.307 190	0.037 792	−8.128 500	0.000 0
DLNDPPI	0.537 263	0.027 852	19.290 230	0.000 0

续表

自变量名称	系数	标准差	t 值	p 值
DLNFDEM	−1.834 603	0.111 709	−16.423 070	0.000 0
ECM（−1）	−1.034 651	0.094 479	−10.951 090	0.000 0

根据 p 值可知变量均显著，其中模型的拟合优度为 88%，表示模型模拟效果较好。表 3.5.8 说明变量之间存在长期的均衡关系。在行业 HS01 中，LNNEER 的系数代表的正是汇率传递效应的程度，结果表明，汇率每上升一百分比，出口价格指数下降 0.239 百分比。这说明在动植物产品行业中存在依市定价的行为，即汇率进行了不完全传递。面对人民币汇率的上升，企业的选择是降低出口价格的人民币定价。另外，从实证结果来看，LNDPPI 与 LNFDEM 对行业出口价格指数的系数也是非常显著的，分别为 0.5 与−1.9，同理说明国内边际成本和国外需求每上升一百分比，出口价格指数分别上升 0.5 百分比与下降 1.9 百分比。这说明国内厂商生产的边际成本和国外进口国家的需求对行业出口价格的影响也很大，这也佐证了本节模型所借鉴的理论部分。从系数大小来看，国内厂商生产的边际成本和国外进口国家的需求大于汇率的系数。此外，根据系数的符号可以看出，国外进口需求的价格弹性为负，这说明在需求增加时，出口企业可以不同程度地降低本币表示的出口价格。边际成本对出口价格的弹性系数为正，说明边际成本越高，出口价格越高。

根据表 3.5.9 可知，行业出口价格对汇率的短期弹性约为−3.07，即在短期，汇率每增长 1%，出口价格下降 0.307%。同理，行业出口价格对国外需求与国内边际成本的短期弹性分别约为−1.83 和 0.54。

另外八个行业的分析方法可参考第一个行业，将得出的结果进行汇总，其中协整回归模型结果如表 3.5.10 所示。

表 3.5.10　长期均衡关系汇总

类别	LNNEER	LNDPPI	LNFDEM	DLNNEER
H01	−0.239 733	0.504 33	−1.923 737	
p 值	0.000 0	0.000 0	0.000 0	
H02	−0.103 305	0.823 546	−1.545 161	
p 值	0.000 0	0.000 0	0.000 0	
H03	−0.575 186	0.627 97	−2.538 174	
p 值	0.000 0	0.000 0	0.000 0	
H05	−0.153 584	0.275 452	0.203 304	
p 值	0.000 0	0.000 0	0.011 1	
H07	0.169 289	−5.890 126	−1.957 597	
p 值	0.003 8	0.000 0	0.000 0	

续表

类别	LNNEER	LNDPPI	LNFDEM	DLNNEER
H08	−0.192 464	2.891 342	−0.131 03	
p 值	0.000 0	0.000 0	0.000 3	
H09	−0.320 78	0.823 741		−0.002 251
p 值	0.000 0	0.014 3		0.109 3
H10	−0.271 011	3.840 133		−0.001 428
p 值	0.000 0	0.000 0		0.047 1

以上所有行业残差检验均平稳，而且上述模型拟合优度均在 85% 以上。于是建立误差修正回归模型，得出的结果汇总如下（表 3.5.11）。

表 3.5.11　误差修正模型汇总

类别	d（NEER）	d（DPPI）	d（FDEM）	d（DNEER）	ECM（−1）
H01	−0.303 5	0.536 4	−1.834 9		−1.033 8
p 值	0.000 0	0.000 0	0.000 0		0.000 0
H02	−0.116 8	0.774 9	−1.545 2		−1.586 8
p 值	0.000 0	0.000 1	0.000 0		0.000 0
H03	−0.519 5	0.426 7	−2.753 9		−2.588 2
p 值	0.000 0	0.203 4	0.000 0		0.000 0
H05	0.071 5	0.233 1	0.074 3		−0.269 6
p 值	0.321 8	0.000 0	0.746 0		0.000 4
H07	0.121 3	−1.954 0	−1.662 2		−0.098 4
p 值	0.315 2	0.034 7	0.000 0		0.008 3
H08	−0.293 8	2.332 6	−0.036 5	0.000 3	−0.211 3
p 值	0.000 0	0.000 0	0.577 0	0.099 2	0.000 4
H09	−0.205 3	1.432 1	−0.000 4		−0.122 4
p 值	0.051 6	0.079 6	0.473 1		0.015 2
H10	0.064 1	0.340 6	−0.000 1		0.233 0
p 值	0.045 2	0.056 3	0.072 8		0.015 2

注：模型拟合优度均在 80% 以上，不详细列出

首先，从模型的结果中观察 LNNEER 的系数。LNNEER 的系数代表了依市定价的程度，即汇率传递系数。从整体观测，LNNEER 的系数均显著，这说明国内行业普遍存在依市定价的行为，即汇率进行了不完全传递。大部分系数是负值，也就是面对人民币汇率的上升，企业的选择是降低出口价格的人民币定价。但是通过这个结果也可以看出依市定价程度不高。

　　其次,观察分行业固定效应模型中 LNNEER 的系数。在本节所估计的八个行业中均存在不同程度的汇率不完全传递现象。另外,观察这八个行业的汇率传递系数(−0.6~0.2),数值都比较小,说明不完全传递的程度并不是特别大。

　　通过对八个行业的时间序列综合进行比较分析,发现不同行业之间的汇率传递程度存在差异,八个行业除 HS07 贱金属及其制品系数为正外,其他都是负值,按市定价程度大小排序如下:HS03 医药品,H09 家用电器,H10 交通及运输设备,H01 动植物产品,H08 机电设备,H05 皮革木绳及纸制品,H02 化学品。从这个排序可以看出,高端技术密集型产业(如医药、运输设备等)排序比较靠前,依市定价程度较高。中低端产业(如纺织、化学品等)排名靠后,但是并不能完全按照汇率传递系数来判断是否为高端产业。

　　从实证结果来看,LNFDEM 与 LNDPPI 对行业出口价格指数的系数也是非常显著的。对于 LNDPPI 的系数,H08 机电设备与 H10 交通及运输设备的系数尤其大。根据数据可以看出,对于国内边际成本每增加一百分比,H08 机电设备与 H10 交通及运输设备的出口价格指数分别会上升 2.89 百分比和 3.84 百分比。说明这两个行业的出口价格受到国外需求的影响尤为明显。其他行业系数均小于 1。而对于 LNFDEM 的系数均为负值,这说明在需求增加时出口企业可以不同程度地降低本币表示的出口价格。

　　综上所述,国内厂商生产的边际成本和国外进口国家的需求对行业出口价格的影响也很大,这也佐证了本节模型所借鉴的理论部分。从系数大小来看,国内厂商生产的边际成本和国外进口国家的需求和影响要更甚于汇率的变化。此外,根据系数的符号可以看出,HS07 贱金属及其制品的边际成本对出口价格的弹性系数为负,这可能是因为行业在国际市场上并没有自主定价的势力存在,只能依靠大环境来决定自己的价格。

　　DLNNEER 是交互项,通过对它的观察可以研究汇率传递在汇率上升或下降时的不同,即汇率传递的非对称性。根据时间序列模型的结果,大部分行业 DLNNEER 是非常不显著的,所以在实证分析过程中删除,说明样本观测期内汇率传递的非对称性不明显。但是其中 H09 家用电器、H10 交通及运输设备两个行业的交互项系数显著,分别为−0.002 251 与−0.001 482。由于 D=0 代表汇率下降(即贬值),D=1 代表汇率上升(即升值),说明汇率上升时传递效应更大,依市定价程度更高。但由于系数很小,说明差别很小。

　　根据表 3.5.11 可知:首先,行业出口价格对汇率的短期弹性大部分为负值,也就是汇率短期增长率的增加会带来出口价格短期增长率的下降。前面已经分析过行业 HS01,行业出口价格对汇率的短期弹性约为−3.04,即在短期相对增长 1% 的汇率增长率会带来 0.304% 的出口价格的增长率的下降,其他行业同理分析。其次,行业出口价格对国外需求的短期弹性基本为负,也就是国外需求短期增长率的增加会带来出口价格短期增长率的下降。同理，行业出口价格对国内边际成本的短期弹性基本为正，即国内边际成本短期增长率的增加会带来出口价格短期增长率的上升。

通过上述模型分析，我们认为汇率传递程度因行业而不同，而且没有明显的分类标签，分析时需要根据行业不同特点而定。

在十个行业中，H03 医药品具有最强的依市定价程度，也就是说在汇率升高时，H03 和 H10 两类行业的企业一般会采取降低产品本币价格以期保持或扩大现有的市场份额。虽然医药品和交通运输设备属于技术密集型产业，但是依然以价格作为维持份额的手段，说明在我国这些行业较缺乏市场竞争力。

以医药品行业为例进行说明，近几年国际医药市场一直处于稳定发展的态势。著名咨询公司罗兰贝格发布研究报告称，截至 2016 年，国际医药产品市场平均年增长率将达到 4.5%，其中新兴市场接近 12%①。新兴市场包括中国、巴西、印度等，其医药产品市场平均年增长率将会远超 12%的平均水平。中国医药品的发展离不开大环境的发展，所以国际市场的发展态势也为中国医药外贸的增长提供了有利的大环境。虽然在许多大宗原料药方面中国医药产品的比较优势尚存，但竞争激烈。尤其是医用敷料、一次性耗材、保健器材等低端产品在国际竞争中的优势是以打价格战为代价，利润十分微薄，而且很多国家由于市场压力，国家间的贸易保护主义加剧。贸易保护主义不仅多发，而且向中国、印度、巴西等新兴市场迅速转移。综上所述，这些也都印证了本章的结论，医药品出口行业依市定价现象明显，依然以价格作为维持份额的手段。

H09 家用电器、H10 交通及运输设备、H01 动植物产品这三个行业，依市定价程度处于中间水平。比较大的动植物产品行业是劳动密集型产业，中国凭借廉价的劳动力成本会占据一定的市场份额，但这些企业并没有形成大规模经济，而且随着经济发展，会有越来越多的发展中或不发达国家依靠劳动力成本优势进入世界市场，对中国的劳动密集型行业形成强大的竞争关系。所以这个行业汇率不完全传递程度也比较高。而对于家用电器和机电设备行业：一方面，如上面对医药品和交通设备产业的分析一样，在国际上较为缺乏竞争力；另一方面，值得注意的是，这两个行业相对医药品和交通设备产业来说，具有相对更强的市场竞争力和市场势力，从近年来中国在家电、机电设备的表现来说，依市定价程度有望下降。

就 2014 年家电行业的表现举例，2014 年 1 月至 12 月家用电器行业主营业务收入为 14 139.1 亿元，累计同比增长 10.0%；利润总额为 931.6 亿元，累计同比增长 18.5%；税金总额为 475.8 亿元，累计同比增长 21.5%。从数字也可以看出，这

---

① 数据来源于中国产业洞察网，http://www.51report.com/free/3025619.html。

是个快速发展的行业。目前来说，想要在全球家电行业大环境中竞争主要还是取决于各国优质品牌的竞争。其中，韩国的家电品牌是实力强劲的对手；日本和欧美的品牌资历很老，但发展活力不如新兴企业，相比较之下我国的家电品牌还是有较强活力的。比起各种国外老牌家电品牌，我国出口的家电产品低中高档全面覆盖，在宽度上有较大的竞争力，市场发展更加多元化。这也印证了在依市定价的程度上，家电行业确实比第一梯度的医药品、交通运输行业更低一些。另外，我国家电出口行业的一般贸易和品牌出口份额增长缓慢，家电企业缺乏像韩国或欧美一样可以引导品牌可持续发展的核心竞争力，在政策方面也缺乏切实有效的品牌引导政策。所以，家电行业在依市定价方面处于第二梯队，不同于第三梯队的纺织业、化学品等行业，但是从近年来我国在家电、机电设备的表现来说，依市定价程度有望下降。

根据实证分析结果，有如下建议。

（1）按市定价程度较高的劳动密集产业，要引导产业集群化、规模化和集约化发展。要将劳动密集与先进的科学技术进行有机结合，使过去单纯的劳动密集型产业转变为含有高科技的劳动密集型产业，单纯的劳动密集型生产环节变为高科技产业中的劳动密集型生产环节。此外，还要制定政策引导鼓励个性化和多样化的行业市场。

（2）按市定价程度较高的技术密集型企业，要进行重点扶持和引导。众所周知，技术水平的竞争在很大程度上就代表了技术密集型产业的竞争，因此我国技术密集型产业必须尽快通过提高企业的规模经济和产业的集中度以及促进企业并购、重组和合并来提高企业的规模与产业集中度，借此来加强自身的技术能力和国际竞争力。由于这些行业目前来说国际竞争力不强，但发展潜力较大，可以借此进一步优化行业的市场结构。

目前虽然我国在发展支持劳动密集型产业方面制定了一系列相关政策措施，但与欧美等发达国家相比，总体上政策支持的力度还不够。对于国内劳动密集型企业，尤其是非公有企业和中小企业，无论在政策扶持还是在贸易等方面经常会感觉到缺乏自由公平的竞争环境。在合法合理的基础上政府应该做到以下几点：①进一步降低这类企业的税收，减少企业的运营压力。②政府要给予企业更大的自主权，在审批和管理上放宽限制，这样可以为劳动密集型企业的发展提供一个更宽松的外部环境。③借鉴欧美等发达国家的管理经验。因为劳动密集型企业一向是提供就业岗位的重要部分，政府可以给这些企业提供就业奖励。例如，可对增加就业超过一定规模的企业主，在地方可减免的权限内提供税收优惠。另外，劳动成本的补贴、税收的降低等政策工具，也会在一定程度上对这些劳动密集型企业提供很大帮助。

参 考 文 献

毕玉江. 2008. 人民币汇率变动对中国进口商品价格的传递效应——基于 VECM 的实证研究. 数量经济技术经济研究,（8）：70-82.

毕玉江，朱钟棣. 2006. 人民币汇率变动的价格传递效应——基于协整与误差修正型的实证研究. 财经研究, 7：53-56.

毕玉江，朱钟棣. 2007a. 人民币汇率变动对中国商品出口价格的传递效应. 世界经济, 5：3-15.

毕玉江，朱钟棣. 2007b. 人民币汇率变动与出口价格一个分析框架与实证检验. 世界经济研究, 1：41-67.

曹伟，倪克勤. 2010. 人民币汇率变动的不完全传递——基于非对称性视角的研究. 数量经济技术经济研究,（7）：105-118.

曹伟，申宇. 2013. 人民币汇率传递、行业进口价格与通货膨胀：1996—2011. 金融研究, 10：68-79.

曹伟，赵颖岚，倪克勤. 2012. 汇率传递与原油进口价格关系——基于非对称性视角的研究. 金融研究, 7：123-136.

陈六傅，刘厚俊. 2007. 人民币汇率的价格传递效应——基于VAR模型的实证分析. 金融研究, 4：1-13.

陈学彬，李世刚，芦东. 2007. 中国进出口汇率传递率和盯市能力的实证研究. 经济研究, 12：106-117.

杜运苏. 2009. 人民币汇率变动的出口价格传递效应——基于贸易方式的实证研究. 中南财经大学学报, 4：75-82.

封北麟. 2006. 汇率传递效应与宏观经济冲击对通货膨胀的影响分析. 世界经济研究, 12：45-51.

傅强，吴卯会. 2011. 人民币汇率汇率的价格传递效应研究. 世界经济研究, 7：17-22.

贺莹. 2014. 人民币汇率变动对我国出口商品价格的传递——基于 13 个行业的面板数据. 厦门大学硕士学位论文.

胡冬梅，郑尊信，潘世明. 2010. 汇率传递与出口商品价格决定的经验分析——基于深圳港 2000~2008 年高度分解面板数据. 世界经济, 6：45-59.

李宏彬，马弘，熊艳艳，等. 2011. 人民币汇率对企业进出口贸易的影响——来自中国企业的实证研究. 金融研究, 2：1-15.

李颖. 2008. 人民币价值对通货膨胀抑制效应的实证分析. 经济科学, 5：34-38.

刘亚，李伟平，杨宇俊. 2008. 人民币汇率传递对我国通货膨胀的影响. 汇率传递视角的研究, 金融研究, 3：28-40.

刘尧成，周继忠，徐晓萍. 2010. 人民币汇率变动对我国贸易差额的动态影响. 经济研究, 5：32-40.

马红霞，张朋. 2008. 人民币汇率变动对中欧出口价格的传递效应. 世界经济研究, 7：32-37.

倪克勤，曹伟. 2009. 人民币汇率变动的不完全传递研究：理论及实证. 金融研究，6：105-129.

施建淮，傅雄广. 2010. 汇率传递理论文献综述. 世界经济，5：3-23.

施建淮，傅雄广，许伟. 2008. 人民币汇率变动对我国价格水平的传递. 经济研究，7：52-64.

王晋斌，李南. 2009. 中国汇率传递效应的实证分析. 经济研究，4：17-26.

王菁，张鹏. 2009. 人民币汇率变动对中美出口价格的传递效应. 经济评论，6：25-31.

王胜，李睿君. 2009. 国际价格竞争与人民币汇率传递的实证研究. 金融研究，5：9-21.

文争为. 2010. 中国制造业出口中 PTM 行为的经验研究. 世界经济，7：82-95.

吴志明，郭予锴. 2010. 汇率制度改革前后人民币汇率的传递效应研究——以 2005 年 7 月汇率制度改革为界. 经济评论，2：120-127.

周杰琦. 2010. 人民币汇率变动对国内价格水平的传递效应. 统计研究，8：33-39.

Abdul A，Amine L. 2014. A threshold vector autoregression model of exchange rate pass-through in Mexico. Research in International Business and Finance，30：24-33.

Anderson J. 2005. The complete RMB handbook（3rd ed.）. Asian Economic Perspective，UBS Investment Research，Hong Kong（China）.

Auer R，Chaney T. 2009. Exchange rate pass-through in a competitive model of pricing-to-market. Journal of Money，Credit and Banking，41（1）：151-175.

Bailliu J，Fujii E. 2004. Exchange rate pass through and the inflation environment in industrialized countries：an empirical investigation，bank of Canada. Working Paper，21.

Baldwin R，Krugman P. 1989. Persistent trade effect of large exchange rate changes. Quarterly Journal of Economics，104：635-654.

Baltagi B H. 2001. Econometric Analysis of Panel Data. Chichester：John Wiley & Sons.

Berman N，Martin P，Mayer T. 2012. How do different exporters react to exchange rate changes? Quarterly Journal of Economics，127：437-492.

Betts C M，Kehoe T J. 2001. Real exchange rate movements and the relative price of non-traded goods. Federal Reserve Bank of Minneapolis，Staff Report.

Breitung J. 2005. A parametric approach to the estimation of cointegration vectors in panel data. Econometric Reviews，24：1-20.

Bugamelli M，Fabiani S，Sette E. 2010. The pro-competitive effect of imports from China：an analysis of firm level price data. Temi Discussione 737.

Campa J M，Goldberg L S. 2005. Exchange rate pass-through into import prices. The Review of Economics and Statistics，87（4）：679-690.

Campa J M，Goldberg L S. 2010. The sensitivity of the CPI to exchange rates：distribution margins，imported inputs，and trade exposure. The Review of Economics and Statistics, 92（2）：392-407.

Cerra C，Saxena S C. 2002. What caused the 1991 currency crisis in India? IMF Staff Papers，49（3）：395-425.

Cline W R. 2010. Renminbi undervaluation，China's surplus，and the US trade deficit. China's Foreign Trade，19：44-46.

Corsetti G，Pesenti P A. 2001. The international dimension of optimal monetary policy. National Bureau of Economic Research Working Paper，8230.

Corsetti G，Dedola L. 2005. A macroeconomic model of international price discrimination. Journal of International Economics，67：129-155.

Corsetti G，Dedola L，Leduc S. 2004. Pass through and exchange rate fluctuations. Manuscript，Board of Governeours of the Federal Reserve.

Devereux M. 2001. Monetary policy，exchange rate fexibility and exchange rate pass-through//

Revisiting the case for flexible exchange rates. Bank of Canada, 8: 47-82.

Devereux M, Engel C. 2003. Monetary policy in the open economy revisited: price setting and exchange rate flexibility. Review of Economic Studies, 70（4）: 765-784.

Dickey D A, Fuller W A. 1979. Distribution of the estimates for autoregressive time series with a unit root. Journal of the American Statistical Association, 74: 427-431.

Dixit A K. 1989. Hysteresis, import penetration, and exchange rate pass-through. Quarterly Journal of Economics, 104: 205-228.

Dixit A K, Stiglitz J E. 1977. Monopolistic competition and optimum product diversity. The American Economic Review, 67（3）: 297-308.

Dornbusch R. 1987. Exchange rates and prices. American Economic Review, 77: 93-106.

Edwards S. 2006. The relationship between exchange rates and inflation targeting revisited. National Bureau of Economic Research Working Paper Series, 12163.

Eithne M, Lapadre L. 1999. Exchange rate pass-through, the terms of trade and the trade balance, National University of Ireland Galway. Department of Economics Working Papers, 34.

Engel C. 2003. Expenditure switching and exchange rate policy. National Bureau of Economic Research Macroeconomics Annual, 17: 231-272.

Engle C. 2006. Equivalence results for optimal pass-through, optimal indexing to exchange rates, and optimal choice of currency for export pricing. Journal of European Economic Association, 4(6): 1249-1260.

Engle R F, Granger C W J. 1987. Cointegration and error correction: representation, estimation, and testing. Econometrica, 55: 251-276.

Frankel J A. 2009. New estimation of China's exchange rate regime. Pacific Economic Review, 14（3）: 346-360.

Frankel J A, Wei S J. 2007. Assessing China's exchange rate regime. Economic Policy, 51: 575-614.

Frankel J A, Parsley D C, Wei S J. 2005. Slow passthrough around the world: a new import for developing countries. National Bureau of Economic Research Working Paper, 11199.

Froot K, Kim M, Rogoff K. 1995. The law of one price over 700 years. National Bureau of Economic Research Working Paper, 5132.

Gagnon J E. 2004. The effect of exchange rates on prices, wages, and profits: a case study of the United Kingdom in the 1990s. International Finance Discussion Papers, 772.

Gagnon J E, Ihrig J. 2004. Monetary policy and exchange rate pass-through. International Journal of Finance and Economics, 9（4）: 315-338.

Ghosh A, Rajan R. 2009. Exchange rate pass-through in Korea and Thailand: trends and determinants. Japan and the World Economy, 21: 55-70.

Giovannini A. 1988. Exchange rates and traded goods prices. Journal of International Economics, 24（1~2）: 45-68.

Goldberg L. 2004. Industry-specific exchange rates for the United States. Federal Reserve Bank of New York Economic Policy Review, 5: 1-16.

Goldberg P K, Knetter M M. 1997. Goods prices and exchange rates: what have we learned. Journal of Economic Literature, 35（8）: 1243-1272.

Gopinath G, Itskhoki O. 2010. Frequency of price adjustment and pass-through. The Quarterly Journal of Economics, 125（2）: 675-727.

Gopinath G, Itskhoki O, Rigobon R. 2010. Currency choice and exchange rate pass-through. American Economic Review, 100（1）: 304-336.

Hamilton J. 1994. Time Series Analysis. Princeton: Princeton University Press.

Ihrig J E, Marazzi M, Rothenberg A D. 2006. Exchange rate pass-through in G7 Countries, board of governors of the federal reserve system. International Finance Discussion Papers, 851.

Isard P. 1977. How far can we push the law of one price. American Economic Review, 67（5）: 942-948.

Junttila J, Korhonen M. 2012. The role of inflation regime in the exchange rate pass-through to importprices. International Review of Economics & Finance, 24（1）: 88-96.

Kao C. 1999. Spurious regression and residual-based tests for cointegration inpanel data. Journal of Econometrics, 90: 1-44.

Khundrakpam J. 2007. Economic reforms and exchange rate pass-through to domestic prices in India. Bank for International Settlement Working, 225.

Klau M, Fung S. 2006. The new BIS effective exchange rate indices. BIS Quarterly Review, 3: 51-56.

Knetter M M. 1993. International comparison of pricing to market behavior. American Economic Review, 83（3）: 473.

Kravis I B, Lipsey R E. 1977. Export prices and the transmission of inflation. American Economic Review, 67（1）: 155-163.

Kreinin M E. 1977. The effect of exchange rate changes on the prices and volume of foreign trade. International Monetary Fund Staff Papers, 24（5）: 297-329.

Krugman P. 1987. Pricing to Market When the Exchange Rate Changes. Real Financial Linkages Among Open Economies. Cambridge: Massachuetts Institute of Technology Press.

Lafleche T. 1996. The impact of exchange rate movements on consumer prices. Bank of Canada Review, 21-32.

Levin A, Lin C F. 1993. Unit root tests in panel data: asymptotic and finite-sample properties. Unpublished manuscript, University of California, San Diego.

Levin A, Lin C, Chu C J. 2002. Unit root tests in panel data: asymptotic and finite-sample properties. Journal of Econometrics, 108: 1-24.

Lm K S, Pesaran M H, Shin Y. 2003. Testing for unit roots in heterogenous panels. Journal of Econometrics, 115: 53-74.

Marazzi M, Sheets N. 2007. Declining exchange rate pass-through to U.S. import prices: the potential role of global factors. Journal of International Money and Finance, 26: 924-947.

McCallum B T, Nelson E. 1999. Nominal income targeting in an open-economy optimizing model. Journal of Monetary Economics, 43（3）: 553-578.

McCarthy J. 2000. Pass-through of exchange rates and import prices to domestic inflation in some industrialized economies. Federal Reserve Bank of New York Working Paper.

Menon J. 1996. The degree and determinants of exchange rate pass-through: market structure, non-tariff barriers and multinational corporations. Economic Journal, 435（106）: 434-444.

Mills T C. 1999. The Econometric Modeling of Financial Time Series（2nd ed.）. Cambrige: Cambridge Universtiy Press.

Mishkin F S 2008. Exchange rate pass-through and monetary policy. National Bureau of Economic Research Working Papers, 13889.

Obstfeld M. 2001. International macroeconomics: beyond the mundell-fleming model. International Monetary Fund Staff Papers, 47.

Obstfeld M, Rogoff K. 1995. Exchange rate dynamics redux. Journal of Political Economy, 103（3）: 624-660.

Obstfeld M, Rogoff K. 2000. The six major puzzles in international macroeconomics: is there a common cause? National Bureau of Economic Research Macroeconomics Annual, 15（15）:

339-390.

Obstfeld M, Rogoff K. 2005. Global current account imbalances and exchange rate adjustments. Brookings Papers on Economic Activity, 1: 67-146.

Orabusch R. 1987. Exchange rates and prices. American Economic Review, 77: 93-106.

Pedroni P. 2000. Fully modified OLS for heterogeneous cointegrated panels. Advances in Econometrics, 15: 93-130.

Pigou A C. 1920. Some problems of foreign exchange. Economic Journal, 30 (120): 460-472.

Pollard P S, Coughlin C C. 2003. Size matters asymmetric exchange rate pass through in the industry level. Federal Reserve bank of S. T. Louis, Working Paper, 2003-029c.

Sutherland A. 2001. Incomplete pass-through and the welfare effects of exchange-rate volatility. Department of Economics, University of St. Andrews, Manuscript.

Taylor J B. 2000. Low inflation, path-through, and the pricing power of firms. European Economics Review, 44 (7): 1389-1408.

Taylor J B. 2007. Housing and monetary policy. Paper presented at the Federal Reserve Bank of Kansas City's Symposium on Housing, Housing Finance, and Monetary Policy. Jackson Hole, Wyoming, August.

Walter E. 2004. Applied Econometric Time Series (2nd ed.). New York: John Wiley & Sons.

Xing Y. 2010. The yuan's exchange rates and pass-through effects on the prices of Japanese and US imports. ADBI Working Papers 216, Asian Development Bank Institute.

第4章 汇率与货币政策基于 DSGE 模型的分析

4.1 动态随机一般均衡模型简介

4.1.1 DSGE 模型的基本特点

DSGE 模型从微观角度入手，对单独的经济主体（如家庭、企业等）在不确定情况下的跨期决策行为进行分析。该模型对微观经济主体设定动态最优函数，在给定约束情况下，求出个体的跨期最优行为方程。通过加总得到宏观情况下总体的行为方程，再加上市场出清条件，最终得到不确定环境下总体经济满足的所有方程。DSGE 模型的动态性体现在研究跨期最优，随机体现在模型中允许随机冲击，一般均衡体现在从经济学假设出发，刻画居民和企业个体的最优行为，最后在市场出清条件下达到一般均衡。随着软件的开发以及计算机功能的提高，DSGE 模型的应用越来越广泛。许多国家的中央银行、财政部门等采用 DSGE 模型进行政策分析，越来越多的学者使用 DSGE 模型进行经济分析和模拟。

DSGE 模型与传统的计量模型相比有如下特点：

（1）传统的计量经济模型直接对总体行为进行研究，没有说明行为之间关系的理论来源，形式设定具有一定的随意性，模型一般是某种简化式，不是结构性模型，只能了解总体效果，不能从模型挖掘微观的经济含义。DSGE 模型从微观行为出发，根据动态一般均衡理论，给出最优化行为函数。例如，假设居民效用最大化，厂商利润最大化，成本最小化，通过满足约束的动态优化求解得到最优行为方程，变量之间的关系有显性的理论依据和解释，再对个体进行恰当加总，从微观加总得到总体的关系式，微观与宏观完美结合，本质上是一种结构模型。

（2）传统的计量模型假设参数是常数，从而变量间具有稳定的经济关系。政策变化时，假设参数保持不变，以此来模拟政策的效果。Lucas（1983）认为人们对将来的事态做出预期时，不但要考虑过去，还要估计当前经济政策对将来事态的影响，并且按照估计的影响采取对策，即改变他们的行为，行为的改变会使经济模型的参数发生变化。因此传统计量模型假设政策发生变化后参数不变，按照不变的参数进行政策模拟会得出错误的结果。因为计量模型的参数依赖于一些深层次的参数，政策变化时，这些深层次参数会发生变化，计量模型的参数也会发生变化而不是保持不变，所以导致政策模拟失败。DSGE 模型假设理性预期，预期时考虑了未来可能发生的变化，避免了 Lucas 批判。

（3）传统计量经济模型对动态机制进行描述，这些动态机制基本是根据统计和经验得到的，如使用误差修正模型，处理具有随意性。计量模型对稳态一般不进行研究。DSGE 模型根据动态均衡理论进行推导，研究经济体跨期最优化行为，DSGE 模型给出动态机制的同时可以通过求解得到稳态解，从而实现短期与长期分析的有机结合。

4.1.2　DSGE 模型建立步骤

DSGE 模型的建立主要包括如下步骤。

1. 微观行为的确定

一般首先针对问题确定模型中包含的经济主体，模型中的经济主体一般分为居民（有时用家庭表示）、企业（有时用厂商表示）、政府和中央银行。根据研究目的每个部门可以再细分。例如，企业可以分为最终产品企业和中间产品企业；贸易品企业和非贸易品企业；贸易品生产企业还可以分为加工贸易和一般贸易；等等。确定经济包含的主体后，对不同主体的决策行为进行描述进而得到行为方程。各经济主体的行为决策表示为不确定情况下动态最优化问题。给定目标函数和约束条件进行最优化求解，得到一阶条件。一阶条件和约束条件是刻画经济主体的行为方程。

2. 宏观行为的确定

得到经济个体行为方程后，对个体行为进行加总，假设个体同质的情况下，个体行为方程与加总后的行为方程相同。如果假设个体异质，加总得到的总体行为与个体行为方程存在差异，大部分情况都假设个体同质。本节也假设个体同质，因此得到个体行为后就得到了总体的行为方程。另一类宏观行为的确定是根据总体市场出清条件给出一些约束方程。至此，DSGE 涉及的所有方程都已经得到，可以基于这个模型进行分析。

3. 模型求解

得到 DSGE 模型后可以对模型求解，但是 DSGE 模型一般是非线性方程，而且包括几十个方程，求解非常复杂。一般不会直接推导解析解，而是对模型进行简化。大部分情况是对模型进行线性化，线性模型可以表示成状态空间模型的形式，有成熟的算法可以快速求解。

4. 参数设定

DSGE 模型的参数一般分成两类：一类反映模型稳态特性；一类反映模型动态特性。反映模型稳态特性的参数一般通过校准的方法来确定。校准方法根据实际收集的经济数据和模型稳态时的行为方程得到参数的取值。例如，收集本国利率数据，计算平均值。根据稳态时的行为方程可以知道贴现率是利率的倒数，因此用观测数据得到的平均利率取倒数作为贴现率的估计。还有一些参数（如消费跨期替代弹性、货币需求的利率弹性等）可以通过回归模型把相关变量求自然对数后回归得到弹性的估计值。有些变量缺乏实际数据的支持，因此根据经验主观设定某个取值。确定部分参数后，根据稳态方程可以推导出剩余参数的估计。校准不是一次性可以成功的，需要多次调试。对反映动态特性的参数通常采用估计的方法，估计方法包括极大似然估计、广义矩估计、SMM（simulation moment method）和贝叶斯估计等。其中，极大似然估计和贝叶斯估计是经常使用的估计方法。如果某个似然函数顶部比较平滑，极大似然估计效果不佳，可以采用贝叶斯估计法可以通过先验分布，观察数据对参数进行事后矫正，参数估计更加有效。

5. 应用

得到 DSGE 模型的参数后（DSGE 模型是一个结构模型），可以使用该模型进行经济分析。目前的应用一般包括两个方向，即模拟和最优政策选择。模拟是令某个政策变量改变取值，观察其他内生变量如何发生变化；或者令外部冲击发生随机变化，观察模型中内生变量的响应。最优政策的选择是政策部门通过选择政策操作工具使政策目标达到最优，在 DSGE 模型的约束下，选择政策工具可以使损失函数最小或者福利函数最大。

4.1.3　DSGE 模型求解

DSGE 模型线性化后求解得到的关系式是模型在面临各种政策冲击和外部冲击时计算脉冲响应的基础。下面通过一个简单的例子说明模型求解的意义，该例参考人大经济论坛中关于 DSGE 模型的一系列讨论。

假设如下一个简单模型：

$$y_t = \beta E_t \left(y_{t+1} \right) + w_t \tag{4.1.1}$$

$$w_t = \rho w_{t-1} + v_t \tag{4.1.2}$$

其中，w 可以看做模型以外决定的变量，如技术冲击、需求冲击和外国产出等，满足 AR（1）过程，随机性来自 v。v 表示均值为 0 的白噪声过程。当然 w 也是内生的，因为它由过去值和白噪声过程决定。y 与对未来的预期有关。把与现在和未来预期有关的变量称为前瞻性变量（forward-looking-variable），前瞻性变量在 Dynare 软件中也被称为 "跳" 变量（jump variable）。把只与过去和当前变量有关的变量称为后顾性变量（backward-looking variable）。还有一类变量与过去、现在和未来预期都有关，被称为混合变量（hybird variable）。我们把前瞻性变量和混合变量归为一类，都称为前瞻性变量，即只要与未来预期有关就称为前瞻性变量。这个简单的模型包括一个前瞻性变量 y 和一个后顾性变量 w。

求解随机差分方程就是把随机过程用白噪声过程表示，或者内生变量用现在和过去的变量表示，因此方程（4.1.2）不再需要考虑求解问题，主要考虑包括预期的方程（4.1.1）的求解。

根据迭代的关系，有

$$y_{t+1} = \beta E_{t+1}(y_{t+2}) + w_{t+1}$$

两边求基于 t 期的条件期望，可得

$$E_t(y_{t+1}) = \beta E_t(y_{t+2}) + E_t(w_{t+1})$$

代入式（4.1.1），可得

$$y_t = \beta^2 E_t(y_{t+2}) + \beta E_t(w_{t+1}) + w_t$$

类似地，不断迭代，可得

$$y_t = E_t \sum_{i=0}^{\infty} w_{t+i} \qquad (4.1.3)$$

其中，假设：

$$\lim_{i \to \infty} \beta^i E_t y_{t+i} = 0$$

根据方程（4.1.2），有

$$E_t w_{t+1} = \rho w_t$$

整理得

$$E_t w_{t+i} = \rho^i w_t \qquad (4.1.4)$$

把式（4.1.4）代入式（4.1.3），可得

$$y_t = \frac{w_t}{1 - \beta \rho} \qquad (4.1.5)$$

当 $|\beta| < 1$ 时，对方程（4.1.1）整理可得

$$(1 - \rho L) w_t = v_t$$

移项得

$$w_t = \frac{v_t}{1 - \rho L}$$

因此有

$$y_t = \frac{v_t}{(1-\beta\rho)(1-\rho L)} \qquad (4.1.6)$$

至此已经得到方程（4.1.1）的解［式（4.1.6）］，但是为了研究方便，我们把式（4.1.6）进一步处理，得到递推关系：

$$y_t - \rho y_{t-1} = \frac{v_t}{1-\beta\rho}$$

整理可得

$$y_t = \rho y_{t-1} + \frac{1}{1-\beta\rho} v_t$$

此时整体系统的解可以表示为

$$\begin{bmatrix} y_t \\ w_t \end{bmatrix} = \rho \begin{bmatrix} y_{t-1} \\ w_{t-1} \end{bmatrix} + \begin{pmatrix} \dfrac{1}{1-\beta\rho} \\ 1 \end{pmatrix} v_t \qquad (4.1.7)$$

在 Dynare 软件估计结果中式（4.1.7）被称为政策函数（policy or transition function）（或传递函数）。在做模拟时，假设所有变量所有时刻取值为 0，在 t 时刻来自外部的冲击为 0.1 个单位，即 $v_t = 0.1$，这时有

$$y_t = \frac{1}{1-\beta\rho} \times 0.1$$

在 $t+1$ 期时，根据递推模型（4.1.7），有

$$y_{t+1} = \rho \cdot y_t$$

类似地，依次递推，可以计算 t 期冲击发生后任意时期 y 的响应。

下面介绍 Blanchard-Kahn 法求解一般的 DSGE 模型。在求解前把模型进行对数线性化，得到模型的线性理性预期形式，可以表示如下：

$$A_0 E_t X_{t+1} = A_1 X_t + B_0 V_{t+1}$$

两边乘以 A_0 的逆矩阵可得

$$E_t X_{t+1} = A_0^{-1} A_1 X_t + A_0^{-1} B_0 V_{t+1}$$

令 $A = A_0^{-1} A_1$，$B = A_0^{-1} B_0$ 有

$$E_t X_{t+1} = A X_t + B V_{t+1}$$

其中，V_{t+1} 表示独立同分布的白噪声过程，为外生冲击向量。

把变量分成前瞻性变量和后顾性变量两组：

$$\begin{bmatrix} w_{t+1} \\ E_t y_{t+1} \end{bmatrix} = A \begin{bmatrix} w_t \\ y_t \end{bmatrix} + B V_{t+1}$$

把 A 进行约当特征值分解 $A = P \Lambda P^{-1}$。如果 A 的特征值大于 1 的个数恰好等

于前瞻变量的个数，则模型有唯一平稳解。

$$\begin{bmatrix} w_{t+1} \\ E_t y_{t+1} \end{bmatrix} = \boldsymbol{P\varLambda P^{-1}} \begin{bmatrix} w_t \\ y_t \end{bmatrix} + \boldsymbol{B V}_{t+1}$$

整理得

$$\boldsymbol{P}^{-1} \begin{bmatrix} w_{t+1} \\ E_t y_{t+1} \end{bmatrix} = \boldsymbol{\varLambda P}^{-1} \begin{bmatrix} w_t \\ y_t \end{bmatrix} + \boldsymbol{P}^{-1} \boldsymbol{B V}_{t+1} \qquad (4.1.8)$$

令

$$\boldsymbol{P}^{-1} = \begin{bmatrix} P_{11} & P_{12} \\ P_{21} & P_{22} \end{bmatrix}, \quad \boldsymbol{\varLambda} = \begin{bmatrix} \varLambda_1 & 0 \\ 0 & \varLambda_2 \end{bmatrix}, \quad \boldsymbol{R} = \boldsymbol{P}^{-1}\boldsymbol{B} = \begin{bmatrix} R_1 \\ R_2 \end{bmatrix}$$

其中，$\varLambda_1$ 表示所有小于 1 的特征值；$\varLambda_2$ 表示所有大于 1 的特征值，进行分块计算，假设：

$$\begin{bmatrix} P_{11} & P_{12} \\ P_{21} & P_{22} \end{bmatrix} \begin{bmatrix} w_{t+1} \\ E_t y_{t+1} \end{bmatrix} = \begin{bmatrix} \widetilde{w_{t+1}} \\ \widetilde{y_{t+1}} \end{bmatrix}$$

则

$$\begin{bmatrix} P_{11} & P_{12} \\ P_{21} & P_{22} \end{bmatrix} \begin{bmatrix} w_t \\ y_t \end{bmatrix} = \begin{bmatrix} \widetilde{w_t} \\ \widetilde{y_t} \end{bmatrix} \qquad (4.1.9)$$

展开写成方程的形式，有

$$P_{11} w_t + P_{12} y_t = \widetilde{w_t} \qquad (4.1.10)$$

$$P_{21} w_t + P_{22} y_t = \widetilde{y_t} \qquad (4.1.11)$$

代入式（4.1.8）得

$$\begin{bmatrix} \widetilde{w_{t+1}} \\ \widetilde{y_{t+1}} \end{bmatrix} = \begin{bmatrix} \boldsymbol{\varLambda}_1 & 0 \\ 0 & \boldsymbol{\varLambda}_2 \end{bmatrix} \begin{bmatrix} \widetilde{w_t} \\ \widetilde{y_t} \end{bmatrix} + \begin{bmatrix} \boldsymbol{R}_1 \\ \boldsymbol{R}_2 \end{bmatrix} V_{t+1}$$

整理可得

$$\widetilde{w_{t+1}} = \boldsymbol{\varLambda}_1 \widetilde{w_t} + \boldsymbol{R}_1 V_{t+1} \qquad (4.1.12)$$

$$\widetilde{y_{t+1}} = \boldsymbol{\varLambda}_2 \widetilde{y_t} + \boldsymbol{R}_2 V_{t+1} \qquad (4.1.13)$$

方程（4.1.12）是平稳过程，方程（4.1.13）是不平稳过程。方程（4.1.13）存在的平稳解是 $\widetilde{y_t} = 0$。根据式（4.1.11），有

$$P_{21} w_t + P_{22} y_t = \widetilde{y_t} = 0$$

整理得

$$y_t = -P_{22}^{-1} P_{21} w_t \qquad (4.1.14)$$

把式（4.1.14）代入式（4.1.10），可得

$$\widetilde{w_t} = \left(P_{11} - P_{12} P_{22}^{-1} P_{21} \right) w_t$$

整理得

$$\widetilde{w_{t+1}} = \left(P_{11} - P_{12}P_{22}^{-1}P_{21}\right)w_{t+1} \tag{4.1.15}$$

结合式（4.1.15）与式（4.1.12），得到

$$w_{t+1} = \left(P_{11} - P_{12}P_{22}^{-1}P_{21}\right)^{-1}\Lambda_1\left(P_{11} - P_{12}P_{22}^{-1}P_{21}\right)w_t + \left(P_{11} - P_{12}P_{22}^{-1}P_{21}\right)^{-1}R_1V_{t+1}$$

此时可以模拟 DSGE 模型。

第一步，赋予后顾性变量初始值，一般取值为 0，即 $w_0 = 0$。

第二步，从正态分布随机取值 $\{V_t\}$。

第三步，模拟计算后顾性变量：

$$w_t = \left(P_{11} - P_{12}P_{22}^{-1}P_{21}\right)^{-1}\Lambda_1\left(P_{11} - P_{12}P_{22}^{-1}P_{21}\right)w_{t-1} + \left(P_{11} - P_{12}P_{22}^{-1}P_{21}\right)^{-1}R_1V_t$$

第四步，模拟计算前瞻性变量：

$$y_t = -P_{22}^{-1}P_{21}w_t$$

4.1.4　贝叶斯估计、MCMC 模拟和卡尔曼滤波

1. 贝叶斯估计

贝叶斯思想与传统统计方法不同。传统模型如 $y=a+bx$，我们认为 a 和 b 是未知参数，是常数，通过一些最优化方法估计出 a 和 b。而贝叶斯方法认为所有未知参数是随机变量服从某个分布，在该模型中贝叶斯方法认为（a，b）服从某个联合分布，通过观测数据推断（a，b）的后验分布是贝叶斯估计的本质思想。贝叶斯估计主要包括三个部分：

（1）先验分布 $p(\theta)$，用 θ 表示所有未知参数，根据经验假设它服从联合分布 $p(\theta)$。在没有看到数据之前就设定了，因此称为先验分布。

（2）似然函数，当 θ 等于给定的一组值时，观测值服从的分布 $p(Y|\theta=\theta_0)$ 被称为似然函数。

（3）后验分布，在给定的观测值下，未知参数服从的分布函数是根据观察值对先验分布进行的更新，称为后验分布 $p(\theta|Y)$。

与古典估计方法相比贝叶斯估计有许多优点。古典学派一般通过最优化（如普通最小二乘法）进行参数估计，但是有时最优解的求解非常困难。贝叶斯学派只需要使用贝叶斯定理，不用最优化。虽然贝叶斯分析也经常没有解析解，但是随着算法的发展，使大量模拟完成贝叶斯估计已经没有问题。古典学派要用不同统计量来估计均值、方差、中位数和分位数等，贝叶斯得到整个分布，从后验分布可以容易地得到各阶矩。古典学派常常不容易找到"有限样本分布"，只能推导大样本渐进分布，贝叶斯学派可以直接计算精确的有限样本分布。

一般地，对于随机向量 $\boldsymbol{\theta}$（视为参数）与随机向量 $\boldsymbol{y}$（视为样本数据），根据

贝叶斯定理：

$$f(\boldsymbol{\theta}|y) = \frac{f(\boldsymbol{\theta}, y)}{f(y)} = \frac{f(y|\boldsymbol{\theta})\pi(\boldsymbol{\theta})}{f(y)}$$

其中，$f(\boldsymbol{\theta}|y)$ 为得到数据后的 $\boldsymbol{\theta}$ 的条件分布密度（后验分布）；$\pi(\boldsymbol{\theta})$ 为参数 $\boldsymbol{\theta}$ 的先验分布密度；$f(\boldsymbol{\theta}, y)$ 为联合密度；$f(y|\boldsymbol{\theta})$ 为给定参数 $\boldsymbol{\theta}$ 时，y 的密度函数；$f(y)$ 表示 y 的边缘分布密度。

在贝叶斯分析中，一般把后验分布记为 $P(\boldsymbol{\theta}|y)$（p 表示 posterior），把 y 的密度函数 $f(y|\boldsymbol{\theta})$ 记为似然函数 $L(\boldsymbol{\theta}; y)$。分母 y 的边缘分布 $f(y)$ 不含 $\boldsymbol{\theta}$，因此视为常数。因此，后验分布可以写为

$$P(\boldsymbol{\theta}|y) \propto L(\boldsymbol{\theta}; y)\pi(\boldsymbol{\theta})$$

$\propto$ 表示"成正比"，省略常数后，可以简化后验分布的推导，省略常数的密度函数 $P(\theta|y)$ 被称为"密度核"（density kernel）。

参数的先验分布是主观给定的，似然函数通过后面介绍的卡尔曼滤波方法得到，因此先验分布与似然函数相乘可以方便地得到后验似然函数。后验分布的均值通常作为参数的估计量。因为参数的分布已知，还可以方便地求出置信区间等。由于一般模型中包括多个参数，所以后验分布是联合密度函数，往往非常复杂，有些后验分布也不是标准函数，求后验分布的均值或者其他统计量的解析解非常困难。一般通过模拟的方式取得。例如，要得到参数的一些统计量，假设统计量分布是 $g(\boldsymbol{\theta})$，那么该参数的均值为

$$E(g(\boldsymbol{\theta})) = \int g(\boldsymbol{\theta}) p(\boldsymbol{\theta}|y) \mathrm{d}\boldsymbol{\theta}$$

用模拟的方法从分布中进行随机抽样，假设抽样 N 次，那么根据大数定律，有

$$E(g(\boldsymbol{\theta})) = \frac{1}{N}\sum_{k=1}^{N}\boldsymbol{\theta}_k$$

目前从后验分布随机抽样通常采用 MCMC 法，即马尔科夫链蒙特卡罗抽样法。

2. MCMC 模拟

一个随机过程，如果它的条件分布函数只与当前状态有关，与过去状态无关，这个随机过程是马尔科夫过程，马尔科夫过程是一种无记忆过程。马尔科夫链是时间离散时的马尔科夫过程。马尔科夫链模拟要求存在唯一一个平稳概率并且是极限概率。MCMC 法的思想是找到一个马尔科夫链，该链的极限分布等于参数的后验分布。那么对该马尔科夫链求平均，就是对后验分布求平均。

假设某离散随机变量 X 取值 X_i 时的概率是 π_i，假设 X 有 N 个取值，计算 $h(X)$ 的均值：

$$E(h(X)) = \sum h(X)\pi_i$$

构造一个非周期不可约马尔科夫链，该马尔科夫链的极限概率是 π_i，模拟马尔科夫链 X_1，X_2，X_3……可以证明：

$$\sum_{i=1}^{N} \pi_i h(X_i) = \lim_{T \to \infty} \sum_{i=1}^{T} h(X_i)$$

例如，某随机变量只有 1，2，3，三个可能的取值概率相同，都是 1/3。假设模拟得到如下的马尔科夫链，每一行是一个马尔科夫链的模拟结果。马尔科夫链长度是 10，重复 6 次。6 个马尔科夫链最后状态中 1，2，3 出现的概率都是 1/3，正好等于稳定概率，所以马尔科夫链的极限概率是该随机变量的概率。

$$1, 1, 2, 3, 2, 1, 2, 3, 3, \mathbf{2}$$
$$1, 2, 2, 1, 1, 2, 3, 3, 3, \mathbf{3}$$
$$1, 1, 1, 2, 3, 2, 2, 1, 1, \mathbf{1}$$
$$1, 2, 3, 2, 2, 1, 2, 2, \mathbf{3}$$
$$1, 1, 2, 2, 3, 3, 3, 2, 1, \mathbf{1}$$
$$1, 2, 2, 3, 3, 3, 3, 2, 2, \mathbf{2}$$

根据上面的定理，只要模拟一条马尔科夫链，如第一行数字求均值，就是该随机变量均值的估计，即

$$（1+1+2+3+2+1+2+3+3+2）/10=2$$

那么这个数字 2 就是对你希望计算的随机变量均值（1+2+3）/3=2 的一个估计。

MCMC 模拟是在给定一个分布函数情况下寻找一个马尔科夫链。该马尔科夫链的极限分布恰好等于给定的分布。马尔科夫链构造方式是赋予随机变量一个初始值，然后按照一定的转移概率模拟下一次的取值，按照一定的概率接受该样本，否则重新抽样。接受概率与转移概率和极限概率分布有关，不断递推，可以得到一个马尔科夫链。一般实际模拟的马尔科夫链的长度要大于 10 000 次。

假设希望模拟的分布是 $p(\theta)$，$p(\theta)=f(\theta)/B$，B 可能是一个未知常数，一般很难计算出来。MCMC 模拟常用的抽样方式是 Metropolis Hasting（MH）抽样。

第一步，得到 θ 的一个初始值。

第二步，根据当前的模拟值 θ_{t-1}，按照转移概率从 θ_{t-1} 转移到下一个状态，得到 θ^*。这个转移概率称为跳跃分布函数 $q(\theta_{t-1}|\theta^*)$（也是条件分布函数，因为已知前一个时期的状态）。

第三步，计算比率：

$$r = \frac{p(\theta^*)q(\theta_{t-1}|\theta^*)}{p(\theta_{t-1})q(\theta^*|\theta_{t-1})} = \frac{f(\theta^*)q(\theta_{t-1}|\theta^*)}{f(\theta_{t-1})q(\theta^*|\theta_{t-1})}$$

第四步，从（0，1）均匀分布中产生一个样本 U；如果该样本值 $U<r$，那么令 $\theta_t=\theta^*$，否则 $\theta_t=\theta_{t-1}$（以概率 r 接受该模拟）。

模拟的初始值建议选择分布的中位数,并且一般去掉前面 1 000~5 000 个模拟值,只使用后面的模拟值,以避免模型的非随机性。例如,模拟分布如下:

$$p(\theta)=C\theta^{-2.5}e^{-2/\theta}$$

令初始值 $\theta_0=1$,跳跃概率选择 χ^2(1)。模拟过程是根据分布 χ^2(1)得到一个模拟值,如 2.32,计算比率得到 $r=1.12$,模拟均匀分布的一个随机数假设是 0.6,因为 0.6<1.12,因此接受 χ^2(1)的模拟值为下一个模拟值 $\theta_1=2.32$,依此类推。

下面是 eviews 程序编制的上例的模拟程序。

```
Workfile u 2000
series theta=1
series r
series rand
for !i=2 to 2000
    theta(!i)=@rchisq(1)
    r(!i)=(theta(!i)^(-2.5)*exp(-2/theta(!i))*@dchisq(theta(!i-1),
    1))/(theta(!i-1)^(-2.5)*exp(-2/theta(!i-1))*@dchisq(theta(!i),
    1))
    rand(!i)=@runif(0,1)
     if  rand(!i)<r(!i) then theta(!i)=theta(!i)
                    else theta(!i)=theta(!i-1)

     endif
next
```

表 4.1.1 是模拟得到的前 9 个数值。

表 4.1.1　MCMC 模拟结果

模拟次数	r	U	模拟值
0	—	—	1.000 000
1	1.121 655	0.601 833	2.320 912
2	1.016 381	0.875 872	2.902 706
3	0.702 210	0.327 084	0.745 602
4	0.767 750	0.575 964	0.609 360
5	0.222 106	0.344 806	0.609 360
6	1.911 200	0.478 754	3.361 119
7	0.364 248	0.652 841	3.361 119
8	0.740 488	0.095 323	0.813 002

下面证明 MH 算法得到的马尔科夫链的极限概率确实是 $p(x)$。根据 MH 算

法，按照分布 $q（x，y）$ 由状态 x 转到状态 y，然后按照概率 $\alpha（x，y）$ 来接受这个状态，因此从状态 xy 到状态 y 的概率如下：

$$\mathrm{pr}\left(x\rightarrow y\right)=q\left(x,y\right)\alpha\left(x,y\right)$$

$$\alpha\left(x,y\right)=\min\left(\frac{p\left(y\right)q\left(y,x\right)}{p\left(x\right)q\left(x,y\right)},1\right)$$

只要证明下式成立，则 $p（x）$ 是稳定概率：

$$\mathrm{pr}\left(x\rightarrow y\right)p\left(x\right)=\mathrm{pr}\left(y\rightarrow x\right)p\left(y\right)$$

证明如下。

当 $p\left(y\right)q\left(y,x\right)<p\left(x\right)q\left(x,y\right)$ 时：

$$\alpha\left(x,y\right)=\min\left(\frac{p\left(y\right)q\left(y,x\right)}{p\left(x\right)q\left(x,y\right)},1\right)=\frac{p\left(y\right)q\left(y,x\right)}{p\left(x\right)q\left(x,y\right)}$$

此时有

$$\alpha\left(x,y\right)=1$$

则

$$\mathrm{pr}\left(x\rightarrow y\right)p\left(x\right)=q\left(x,y\right)\alpha\left(x,y\right)p\left(x\right)$$

从而有

$$\mathrm{pr}\left(x\rightarrow y\right)p\left(x\right)=q\left(x,y\right)\frac{p\left(y\right)q\left(y,x\right)}{p\left(x\right)q\left(x,y\right)}p\left(x\right)=p\left(y\right)q\left(y,x\right)$$

另外

$$\mathrm{pr}\left(y\rightarrow x\right)p\left(y\right)=q\left(y,x\right)\alpha\left(y,x\right)p\left(y\right)$$

从而有

$$\mathrm{pr}\left(y\rightarrow x\right)p\left(y\right)=q\left(y,x\right)p\left(y\right)$$

因此有

$$\mathrm{pr}\left(x\rightarrow y\right)p\left(x\right)=\mathrm{pr}\left(y\rightarrow x\right)p\left(y\right)$$

同理，$p\left(y\right)q\left(y,x\right)>p\left(x\right)q\left(x,y\right)$ 时，结果相同。因此，MH 法构造的马尔科夫链的极限分布是事先设定的分布。

3. 卡尔曼滤波

DSGE 模型线性化后，模型解的形式如下：

$$\boldsymbol{X}_t=\boldsymbol{F}\boldsymbol{X}_{t-1}+\boldsymbol{e}_t$$

$\boldsymbol{X}_t$ 是 DSGE 模型中的 n 维向量，这些变量可能可以观测，也可能不能观察到。$E\left(e_t e_t'\right)=\boldsymbol{Q}$，$\boldsymbol{Q}$ 和 $\boldsymbol{F}$ 已知。$\boldsymbol{X}_t$ 可以映射到可观测变量：

$$\boldsymbol{O}_t=\boldsymbol{H}'\boldsymbol{X}_t$$

首先给出初始条件，令

$$X_{1|0} = 0$$

$X_{1|0}$ 方差协方差阵 $P_{1|0}$ 满足

$$P_{1|0} = FP_{1|0}F' + Q$$

整理可得

$$\mathrm{vec}(P_{1|0}) = (I - F \otimes F')^{-1} \mathrm{vec}(Q)$$

其中，vec 为列算子。下面构造 O_1，有

$$O_{1|0} = H'X_{1|0} = 0$$

$O_{1|0}$ 的方差协方差阵为

$$\Omega_{1|0} = E(O_1 - O_{1|0})(O_1 - O_{1|0})' = H'P_{1|0}H$$

因此，O_1 服从正态分布 N（0，$\Omega_{1|0}$），密度函数为

$$L(O_1) = (2\pi)^{-m/2} \left| \Omega_{1|0}^{-1} \right|^{0.5} \exp\left(-0.5 O_1' \Omega_{1|0}^{-1} O_1\right)$$

根据观测到的 O_1 更新信息：

$$X_{1|1} = FX_{1|0} + P_{1|0}H\Omega_{1|0}^{-1}(O_1 - O_{1|0})$$

$$P_{1|1} = P_{1|0} - P_{1|0}H\Omega_{1|0}^{-1}H'P_{1|0}$$

可以依此类推，对 O_t，$t = 2, 3, \cdots, T$ 的条件概率进行递推。

$$X_{t|t-1} = FX_{t-1|t-1}$$

$$P_{t|t-1} = FP_{t|t-1}F' + Q$$

$$\mathrm{vec}(P_{t|t-1}) = (I - F \otimes F')^{-1} \mathrm{vec}(Q)$$

因此，O_t 服从正态分布 N（0，$\Omega_{t|t-1}$），密度函数为

$$L(O_t) = (2\pi)^{-m/2} \left| \Omega_{t|t-1}^{-1} \right|^{0.5} \exp\left(-0.5 O_t' \Omega_{t|t-1}^{-1} O_t\right)$$

根据观测到的 O_t 更新信息：

$$X_{t|t} = FX_{t|t-1} + P_{t|t-1}H\Omega_{t|t-1}^{-1}(O_t - O_{t|t-1})$$

$$P_{t|t} = P_{t|t-1} - P_{t|t-1}H\Omega_{t|t-1}^{-1}H'P_{t|t-1}$$

进行新一轮预测，反复迭代，得到似然函数：

$$L(O) = \prod_{t=1}^{T} L(O_t)$$

注意可观测变量的个数如果大于 DSGE 模型中外生冲击的个数，则似然函数等于 0，无法估计，这就是随机奇异性（stochastic singularity）。为了避免这一情况，可观测变量个数一般等于或小于外生冲击的个数。

4.2　基于凯恩斯的开放经济 DSGE 模型设定

本节建立开放经济中的 DSGE 模型，模型包括家庭部门、最终产品部门、中间产品部门和中央银行四个部门。家庭部门的假设与 Zhang（2009）类似，最终产品部门和中间产品部门的假设与 Kollmann（2001）、Bergin（2003）和 Ambler 等（2003）的设定类似，最终产品和中间产品又分为国内需求、进口需求和出口需求。中央银行部门的设定考虑了多种货币规则。下面分部门详细介绍行为方程的设定。

4.2.1　家庭部门

假设经济学中存在许多无期限生存的家庭，在（0，1）上连续变化。代表性家庭 j 通过选择消费、劳动供给和货币实现家庭效用最大化。家庭效用函数如下：

$$U_0 = E_0 \sum_{t=0}^{\infty} \beta^t u\big(c_t(j), m_t(j), h_t(j)\big) \tag{4.2.1}$$

其中，β 代表贴现率；$c_t(j)$ 代表家庭 j 在第 t 期的消费；$m_t(j)$ 代表家庭 j 在 t 期末实际货币存量；$h_t(j)$ 代表家庭 j 在 t 期劳动时间。效用函数的具体形式如下：

$$u_t(j) = \chi_{ct} \frac{\big(c_t(j) - \tau c_{t-1}\big)^{1-\sigma}}{1-\sigma} + \frac{\left(\dfrac{M_t(j)}{P_t}\right)^{1-\sigma_m}}{1-\sigma_m} - \frac{h_t^{1+\eta}(j)}{1+\eta} \tag{4.2.2}$$

其中，c_{t-1} 代表所有家庭在 $t-1$ 期所有消费者的总消费；令 $m_t = M_t/P_t$，M_t 为名义货币存量，m_t 表示实际货币存量；P_t 表示最终产品价格；σ 表示居民跨期消费替代弹性的倒数；σ_m 表示货币需求的利率弹性的倒数；η 表示劳动供给弹性的倒数；τ 代表消费习惯；χ_{ct} 代表总需求冲击。总需求冲击外生，满足下面的随机过程：

$$\log(\chi_{ct}) = \big(1-\rho_{\chi_c}\big)\log(\chi_c) + \rho_{\chi_c}\log(\chi_{ct-1}) + \varepsilon_{\chi_t} \tag{4.2.3}$$

其中，$-1 < \rho_{\chi_c} < 1$；新息 ε_{χ_t} 服从正态分布，序列无关，均值为 0，标准差为 σ_{χ_c}。

家庭预算约束为

$$P_t\big(c_t(j) + i_t(j)\big) + M_t(j) + \frac{B_t(j)}{R_t} + \frac{e_t B_t^*(j)}{\kappa_t R_t^*}$$

$$\leqslant W_t h_t(j) + Q_t k_n(j) + M_{t-1}(j) + B_{t-1}(j) + e_t B_{t-1}^*(j) \tag{4.2.4}$$

$$+ D_t(j) + T_t(j) - \frac{\psi_k}{2}\left(\frac{i_t(j)}{k_t(j)} - \delta\right)^2 P_t k_t(j)$$

各家庭同质，除了消费需要区分第 j 个家庭的消费与 $t-1$ 期的总消费，仍然保留 j。其他变量为了符号简便，把 j 去掉，结论没有变化。代表性家庭在 t 期期初（第 t 期，期初时刻 $t-1$，期末时刻 t）有 M_{t-1} 本国货币，在 t 期得到要素收入为 $W_t h_t + Q_t k_t$。W_t 为名义工资率，k_t 为资本存量，Q_t 为资本租赁率。从政府得到一次性转移支付 T_t，从垄断企业得到一次性红利支付 D_t。家庭 t 期收入用来消费 c_t，投资 i_t，持有货币 M_t，购买债券，其中 B_t 是本国非政府债券，B_t^* 是外国非政府债券，R_t 和 R_t^* 分别代表 t 到 $t+1$ 时段上的国内与世界利率。购买外国债券需要支付风险溢价。为了简单起见，假设风险溢价为 κ_t。e_t 为名义汇率，用直接标价法表示。ψ_k 为资本调整成本参数。

家庭部门除了预算约束，还满足以下一些约束条件。

资本存量变化满足：

$$k_{t+1} = \left(1-\delta\right) k_t + i_t \qquad (4.2.5)$$

其中，δ 表示资本折旧率，$\delta \in \left(0,1\right)$。

投资存在二次调整成本：

$$\frac{\psi_k}{2}\left(\frac{i_t}{k_t}-\delta\right)^2 k_t \qquad (4.2.6)$$

其中，$\psi_k > 0$。

购买外债存在风险溢价，意味着不满足无抛补的利率平价。为了方便，假设风险溢价依赖于净外债相对于国内产出的比率，没有风险溢价模型存在单位根，风险溢价保证方程存在唯一稳态的存在。Bergin（2006）、Curdia 和 Finocchiaro（2005）、Benigno（2009）、Linde 等（2009）都在模型中引入外汇市场风险溢价因子。本章假设外债风险溢价为净国外资产相对规模的减函数。

$$\kappa_t = \chi_t^k \exp\left(-\omega \frac{e_t B_t^*}{P_t y_t}\right) \qquad (4.2.7)$$

把汇率变换成实际汇率，外债用实际外债代替，得到 $\dfrac{e_t P_t^* B_t^*}{P_t P_t^* y_t} = \dfrac{s_t b_t^*}{y_t}$，令

$$\mathrm{bf}_t = \frac{e_t B_t^*}{P_t y_t} = \frac{s_t b_t^*}{y_t}, b_t^* = \frac{B_t^*}{P_t^*}, s_t = \frac{e_t P_t^*}{P_t}$$

其中，P_t^* 表示外国一般价格水平；y_t 表示本国总需求。

风险溢价冲击外生，满足下面过程：

$$\log\left(\chi_t^\kappa\right) = \left(1-\rho_{\chi^\kappa}\right)\log\left(\chi^\kappa\right) + \rho_{\chi^\kappa} \log\left(\chi_{t-1}^\kappa\right) + \varepsilon_{\chi^\kappa t} \qquad (4.2.8)$$

其中，$-1 < \rho_{\chi^\kappa} < 1$；新息 $\varepsilon_{\chi^\kappa t}$ 服从正态分布，序列无关，均值为 0，标准差为 σ_{R^*}。

世界利率外生，满足下面随机过程：

$$\log\left(R_t^*\right) = \left(1-\rho_{R^*}\right)\log\left(R^*\right) + \rho_{R^*}\log\left(R_{t-1}^*\right) + \varepsilon_{R^* t} \qquad (4.2.9)$$

其中，$-1 < \rho_{R^*} < 1$；新息 $\varepsilon_{R^*_t}$ 服从正态分布，序列无关，均值为 0，标准差为 σ_{R^*}。

代表家庭选择 c_t，h_t，M_t，B_t，B_t^*，K_{t+1}，假设效用函数形式如式（4.2.2），最大化总效用如式（4.2.1），满足预算约束［式（4.2.4）］和资本存量约束［式（4.2.5）］，得到的一阶条件如下：

$$\lambda_t = \chi_{ct}\left(c_t - \tau c_{t-1}\right)^{-\sigma} \tag{4.2.10}$$

$$\lambda_t w_t = h_t^{\eta} \tag{4.2.11}$$

$$\lambda_t = \beta E_t\left(\frac{\lambda_{t+1}}{\pi_{t+1}}\right) + m_t^{-\sigma_m} \tag{4.2.12}$$

$$\lambda_t = \beta R_t E_t\left(\frac{\lambda_{t+1}}{\pi_{t+1}}\right) \tag{4.2.13}$$

$$\lambda_t = \beta \kappa_t R_t^* E_t\left(\frac{\lambda_{t+1}}{\pi_{t+1}}\frac{e_{t+1}}{e_t}\right) \tag{4.2.14}$$

$$\lambda_t = \frac{\beta E_t\left\{\lambda_{t+1}\left[1 + q_{t+1} - \delta + \psi_k\left(\frac{i_{t+1}}{k_{t+1}} - \delta\right) + \frac{\psi_k}{2}\left(\frac{i_{t+1}}{k_{t+1}} - \delta\right)^2\right]\right\}}{1 + \psi_k\left(\frac{i_t}{k_t} - \delta\right)} \tag{4.2.15}$$

其中，$w_t = W_t / P_t$；$\pi_t = P_t / P_{t-1}$；$q_t = Q_t / P_t$。

4.2.2　企业部门

1. 最终品企业

最终品部门的企业完全竞争。把国内和进口的中间品组合在一起生产同质最终产品，假设常数弹性系数（constant elasticity of substitution，CES）如下：

$$y_t = \left[\phi^{\frac{1}{v}}\left(y_t^d\right)^{\frac{v-1}{v}} + \left(1-\phi\right)^{\frac{1}{v}}\left(y_t^m\right)^{\frac{v-1}{v}}\right]^{\frac{v}{v-1}} \tag{4.2.16}$$

其中，$y_t^d = \left(\int_0^1 y_t^d(i)^{(\theta-1)/\theta} \, \mathrm{d}i\right)^{\theta/(\theta-1)}$；$y_t^m = \left(\int_0^1 y_t^d(i)^{(\vartheta-1)/\vartheta} \, \mathrm{d}i\right)^{\vartheta/(\vartheta-1)}$；$\theta$（$\vartheta$）>1 表示国内（国外）中间产品之间的替代弹性；$\phi > 0$ 表示国内产品的权重；$v > 0$ 表示国内和国外进口产品的替代弹性。定义总量 y_t^d 和 y_t^m 对应的价格指数为

$$P_t^d = \left(\int_0^1 P_t^d(i)^{1-\theta} \, \mathrm{d}i\right)^{1/(1-\theta)}$$

$$P_t^m = \left(\int_0^1 P_t^m(i)^{1-\vartheta} \, \mathrm{d}i\right)^{1/(1-\vartheta)}$$

对国内和进口中间产品 i 的需求分别是

$$y_t^d(i) = \left(\frac{P_t^d(i)}{P_t^d}\right)^{-\theta} y_t^d, \quad i \in (0,1) \tag{4.2.17}$$

$$y_t^m(i) = \left(\frac{P_t^m(i)}{P_t^m}\right)^{-\vartheta} y_t^m, \quad i \in (0,1) \tag{4.2.18}$$

代表性最终产品厂商对产品 i 最优化问题是

$$\max_{\{y_t^d(i), y_t^m(i)\}} P_t y_t - P_t^d(i) y_t^d(i) - P_t^m(i) y_t^m(i) \tag{4.2.19}$$

满足式（4.2.16）~式（4.2.18）时，价格在这里外生给定，利润最优化意味着：

$$y_t^d(i) = \phi \left(\frac{P_t^d(i)}{P_t}\right)^{-v} y_t \tag{4.2.20}$$

$$y_t^m(i) = (1-\phi)\left(\frac{P_t^m(i)}{P_t}\right)^{-v} y_t \tag{4.2.21}$$

根据式（4.2.16）和式（4.2.20）、式（4.2.21）整理得到最终产品价格为

$$P_t = \left[\phi\left(P_t^d\right)^{1-v} + (1-\phi)\left(P_t^m\right)^{1-v}\right]^{1/(1-v)} \tag{4.2.22}$$

2. 国内中间产品企业

国内中间产品生产企业具有相同的 Cobb-Douglas 生产函数：

$$z_t(i) = y_t^d(i) + y_t^x(i) = A_t k_t(i)^\alpha h_t(i)^{1-\alpha} \tag{4.2.23}$$

其中，$\alpha \in (0,1)$；$k_t(i)$、$h_t(i)$ 分别表示第 i 个企业的资本投入和劳动投入；A_t 为技术冲击，服从下面的随机过程：

$$\log(A_t) = (1-\rho_A)\log(A) + \rho_A \log(A_{t-1}) + \varepsilon_{At} \tag{4.2.24}$$

其中，$-1 < \rho_A < 1$；新息 ε_{At} 服从正态分布，序列无关，均值为 0，标准差为 σ_A。

国内中间产品制造企业是垄断竞争（monopolistically competitive），是价格的制定者。它们根据不同的目的设定不同的价格，即企业 i 设定用本币表示的国内销售价格 $P_t^d(i)$，用外币表示的出口价格为 $P_t^x(i)$。改变价格存在 Rotemberg 二次调整，调整公式为

$$\frac{\psi_j}{2}\left(\frac{P_t^j(i)}{\pi^j P_{t-1}^j(i)} - 1\right)^2$$

其中，$j = d, x$；$\psi_j \geqslant 0$；$\pi^j \equiv P_t^j / P_{t-1}^j$ 为稳态时通胀的值。企业 i 最优化下面动态问题：

$$\max_{\{h_t(i), k_t(i), P_t^d(i), P_t^x(i)\}} E_t \sum_{s=0}^{\infty} \beta^s \frac{\lambda_{t+s}}{\lambda_t} \frac{D_{t+s}^d(i)}{P_{t+s}} \tag{4.2.25}$$

其中，

$$D_t^d(i) \equiv P_t^d(i) y_t^d(i) + e_t P_t^x(i) y_t^x(i) - W_t h_t(i) - Q_t k_t(i)$$

$$- \frac{\psi_d}{2}\left(\frac{P_t^d(i)}{\pi^d P_{t-1}^d(i)} - 1\right)^2 P_t^d(i) y_t^d(i) - \frac{\psi_x}{2}\left(\frac{P_t^x(i)}{\pi^x P_{t-1}^x(i)} - 1\right)^2 e_t P_t^x(i) y_t^x(i)$$

（4.2.26）

假设世界对国内中间产品 i 的需求与国内对产品的需求类似：

$$y_t^x(i) = \left(\frac{P_t^x(i)}{P_t^x}\right)^{\theta} y_t^x, \quad i \in (0,1)$$

（4.2.27）

其中，$P_t^x = \left(\int_0^1 P_t^x(i)^{1-\theta} \, \mathrm{d}i\right)^{1/(1-\theta)}$；$y_t^x$ 为中间产品出口总量，占世界总需求的一部分。

$$y_t^x = \varphi\left(\frac{P_t^x}{P_t^*}\right)^{-1} y_t^*$$

（4.2.28）

其中，P_t^* 为世界价格；y_t^* 为世界总产出，假设其外生满足下面的随机过程：

$$\log\left(y_t^*\right) = \left(1 - \rho_{y^*}\right)\log\left(y^*\right) + \rho_{y^*}\log\left(y_{t-1}^*\right) + \varepsilon_{y^*t}$$

（4.2.29）

其中，$-1 < \rho_{y^*} < 1$；新息 ε_{y^*t} 服从正态分布，序列无关，均值为 0，标准差为 σ_{y^*}。

满足式（4.2.17）、式（4.2.23）、式（4.2.26）和式（4.2.27）时，最优化方程（4.2.25），得到国内中间产品制造企业 i 的一阶条件：

$$w_t = (1-\alpha)\xi_t(i)\frac{z_t(i)}{h_t(i)}$$

（4.2.30）

$$q_t = \alpha\xi_t(i)\frac{z_t(i)}{h_t(i)}$$

（4.2.31）

$$-\theta\frac{\xi_t(i)}{p_t^d(i)} = (1-\theta)\left[1 - \frac{\psi_d}{2}\left(\frac{\pi_t^d(i)}{\pi^d} - 1\right)^2\right]$$

$$- \psi_d\left[\frac{\pi_t^d(i)}{\pi^d}\left(\frac{\pi_t^d(i)}{\pi^d} - 1\right) - \beta\left(\frac{\lambda_{t+1}}{\lambda_t}\right)\frac{\left(\pi_{t+1}^d(i)\right)^2}{\pi_{t+1}\pi^d}\left(\frac{\pi_t^d(i)}{\pi^d} - 1\right)\frac{y_{t+1}^d(i)}{y_t^d(i)}\right]$$

（4.2.32）

$$-\theta\frac{\xi_t(i)}{p_t^x(i)}\frac{1}{s_t} = (1-\theta)\left[1 - \frac{\psi_x}{2}\left(\frac{\pi_t^x(i)}{\pi^x} - 1\right)^2\right]$$

$$- \psi_x\left[\frac{\pi_t^x(i)}{\pi^x}\left(\frac{\pi_t^x(i)}{\pi^x} - 1\right) - \beta\left(\frac{\lambda_{t+1}}{\lambda_t}\right)\frac{s_{t+1}}{s_t}\frac{\left(\pi_{t+1}^x(i)\right)^2}{\pi^x}\left(\frac{\pi_t^x(i)}{\pi^x} - 1\right)\frac{y_{t+1}^x(i)}{y_t^x(i)}\right]$$

（4.2.33）

其中，$\xi_t(i)$ 表示与方程（4.2.26）有关的拉格朗日乘子，等于企业 i 的实际边际成本，这里用相对价格代替一般价格水平，其他符号的含义如下：$p_t^d(i) = P_t^d(i) / P_t$；$p_t^x(i) = P_t^x(i) / P_t^*$；$\pi_t^d(i) = P_t^d(i) / P_{t-1}^d(i)$；$\pi_t^x(i) = P_t^x(i) / P_{t-1}^x(i)$；$\pi_t^* = P_t^* / P_{t-1}^*$，下文把 π_t^* 规范化到 1，即国外价格保持不变。

3. 进口中间品企业

外国中间产品是垄断竞争企业生产，按照世界价格 P_t^* 进口，然后用本币标价出售给本国企业生产最终产品。再销售价格同样满足二次调整成本：

$$\frac{\psi_m}{2}\left(\frac{P_t^m(i)}{\pi^m P_{t-1}^m(i)} - 1\right)^2$$

其中，π^m 为 $\pi_t^m = P_t^m / P_{t-1}^m$ 的稳态值。进口企业 i 最优化下面问题：

$$\max_{\{P_t^m(i)\}} E_t \sum_{s=0}^{\infty} \beta^s \frac{\lambda_{t+s}}{\lambda_t} \frac{D_{t+s}^m(i)}{P_{t+s}} \tag{4.2.34}$$

其中，

$$D_t^m(i) \equiv \left(P_t^m(i) - e_t P_t^*\right) y_t^m(i) - \frac{\psi_m}{2}\left(\frac{P_t^m(i)}{\pi^m P_{t-1}^m(i)} - 1\right)^2 P_t^m(i) y_t^m(i) \tag{4.2.35}$$

该问题的一阶条件是

$$-\vartheta \frac{s_t}{p_t^m(i)} = (1-\vartheta)\left[1 - \frac{\psi_m}{2}\left(\frac{\pi_t^m(i)}{\pi^m} - 1\right)^2\right] - \psi_m\left[\frac{\pi_t^m(i)}{\pi^m}\left(\frac{\pi_t^m(i)}{\pi^m} - 1\right)\right.$$
$$\left. - \beta E_t\left(\frac{\lambda_{t+1}}{\lambda_t}\right)\frac{\left(\pi_{t+1}^m(i)\right)^2}{\pi_{t+1}\pi^m}\left(\frac{\pi_t^m(i)}{\pi^m} - 1\right)\frac{y_{t+1}^m(i)}{y_t^m(i)}\right] \tag{4.2.36}$$

其中，$p_t^m(i) = P_t^m(i) / P_t$；$\pi_t^m = P_t^m(i) / P_{t-1}^m(i)$。

4.2.3　其他部门

1. 政府

政府一次性转移支付满足：

$$T_t = M_t - M_{t-1} \tag{4.2.37}$$

2. 外债

在外债市场出口减进口得到外汇盈余，加上上期外债到期的资金可以购买下期外债。

$$\frac{B_t^*}{\kappa_t R_t^*} = B_{t-1}^* + P_t^x y_t^x - P_t^* y_t^m \qquad (4.2.38)$$

两边除以 P_t^*，假设国外价格不随时间变化，得到

$$\frac{b_t^*}{\kappa_t R_t^*} = b_{t-1}^* + p_t^x y_t^x - y_t^m \qquad (4.2.39)$$

其中，$b_t^* = B_t^* / P_t^*$，两边乘以实际汇率除以实际产出，得到

$$\frac{s_t b_t^*}{y_t \kappa_t R_t^*} = \frac{s_t b_{t-1}^* + s_t p_t^x y_t^x - s_t y_t^m}{y_t}$$

整理得

$$\frac{\mathrm{bf}_t}{\kappa_t R_t^*} = \frac{s_{t-1} b_{t-1}^*}{y_{t-1}} \frac{s_t y_{t-1}}{s_{t-1} y_t} + \mathrm{nx}_t$$

进一步整理得到

$$\frac{\mathrm{bf}_t}{\kappa_t R_t^*} = \mathrm{bf}_{t-1} \frac{s_t y_{t-1}}{s_{t-1} y_t} + \mathrm{nx}_t \qquad (4.2.40)$$

其中，

$$\mathrm{nx}_t = \left(p_t^x y_t^x - y_t^m \right) \frac{s_t}{y_t} \qquad (4.2.41)$$

稳态时净外债 bf 等于 0，净出口 nx 等于 0，购买外国债券的风险溢价 κ 等于 1。

3. 货币当局

中国货币当局的政策目标是维持价格稳定促进经济增长。但是 Zhang（2009）认为中国货币政策目标非常多样，除了维持价格稳定和促进经济增长，还包括就业和国际收支平衡等。为了实现货币政策目标，中央银行可以使用货币供给量或者利率工具。发达国家货币政策工具一般是单一的，早期采用货币供给量，近期一般采用短期利率。但是中国往往既采用数量工具也采用价格工具。

在过去的几十年，货币供给量 M2 被认为是重要的政策工具。简单地说，名义 M2 的增长率等于 12%，等于设定的实际 GDP 增长率 8% 和通货膨胀率 4%。但是事实上，M2 增长速度大部分年份都超过 12%。随着经济日益市场化，货币供应量与 GDP 的关系、基础货币与 M2 的关系逐渐变得不稳定。Zhang（2009）发现 CPI 度量的通货膨胀率与 M2 的相关系数从 1992~1999 年的 0.9 下降到 2000~2006 年的 0.16。反之，通货膨胀率与利率的相关系数从 1992~1999 年的 0.16 上升到 2000~2006 年的 0.676。因此，本章采用利率作为货币政策变量。中央银行制定货币政策，定期调整目标政策利率，利率调整由预计通货膨胀离目标的偏差、实际

产出与潜在产出的偏差（产出缺口）决定。通常情况下，中央银行寻求平滑利率波动。货币政策反应函数如下：

$$\log\left(\frac{R_t}{R}\right) = \rho_R \log\left(\frac{R_{t-1}}{R}\right) + \left(1-\rho_R\right)\left[\rho_\pi \log\left(\frac{\pi_t}{\pi}\right) + \rho_y \log\left(\frac{y_t}{y}\right)\right] + v_t$$

（4.2.42a）

在开放经济通货膨胀目标条件下，中央银行把汇率明确地放入货币政策反应函数。事实上，许多发达和发展中国家（巴西、哥伦比亚、土耳其、捷克、波兰）根据汇率的波动调整利率。政策反应函数包括汇率的方式如下：

$$\log\left(\frac{R_t}{R}\right) = \rho_R \log\left(\frac{R_{t-1}}{R}\right) + \left(1-\rho_R\right)$$

$$\times \left[\rho_\pi \log\left(\frac{\pi_t}{\pi}\right) + \rho_y \log\left(\frac{y_t}{y}\right) + \rho_s \left(\log\left(\frac{s_t}{s}\right) - \chi \log\left(\frac{s_{t-1}}{s}\right)\right)\right] + v_t$$

（4.2.42b）

如果 $\chi = 0$，中央银行系统性消除实际汇率和稳态水平之间的偏差。如果 $\chi = 1$，中央银行根据汇率的变化减小汇率波动。

v_t 代表其他冲击，满足下面过程：

$$v_t = \rho_v v_{t-1} + \varepsilon_{vt}$$

（4.2.43）

其中，$-1 < \rho_v < 1$；新息 ε_{vt} 服从正态分布，序列无关，均值为 0，标准差为 σ_v。

在对称均衡系统中所有中间产品企业做出相同的决策，即 $z_t(i) = z_t$，$k_t(i) = k_t$，$h_t(i) = h_t$，$P_t^d(i) = P_t^d$，$P_t^m(i) = P_t^m$，$P_t^x(i) = P_t^x$，对所有 $i \in$（0，1）成立。因此，该经济的对称均衡系统包括 26 个序列，即 $\{c_t, m_t, h_t, i_t, k_{t+1}, y_t, z_t, w_t,$ $q_t, \pi_t, R_t, s_t, \mathrm{nx}_t, \kappa_t, \mathrm{bf}_t, \xi_t, P_t^d, P_t^m, P_t^x, \lambda_t, y_t^d, y_t^m, y_t^x, \pi_t^d, \pi_t^m,$ $\pi_t^x\}$ 满足一阶条件、货币政策规则、市场出清条件和收支平衡方程。本节最终模型包括 26 个方程，见附录 A。

4.3　DSGE 模型线性化

为了求解 DSGE 模型，需要在稳态附近把变量对数线性化。把一个变量 X_t 对数线性化是指 $\ln(X_t) - \ln(X)$，假设 X 是 X_t 稳态时的取值。

$$\ln(X_t) - \ln(X) = \ln\left(\frac{X_t}{X}\right) = \ln\left(\frac{X_t}{X} - 1 + 1\right) = \ln\left(1 + \frac{X_t - X}{X}\right) \cong \frac{X_t - X}{X}$$

因此，变量相对于稳态值的对数线性化近似等于变量的增长率。

4.3.1 直接线性化

在附录 A 的 26 个方程中, 方程 (a.2)、方程 (a.11)、方程 (a.12)、方程 (a.14)~方程 (a.17)、方程 (a.24)~方程 (a.26) 10 个方程对数线性化的方法相同, 都是对方程两边求自然对数, 然后减去稳态时的值, 直接对数线性化。以方程 (a.11) 为例给出详细过程, 其他几个方程方法相同, 因此直接给出线性化后的表达式, 不再详细给出线性化过程。对方程 (a.11) 两边求自然对数, 得到

$$\ln\left(y_t^d\right) = \ln\phi - v\ln\left(p_t^d\right) + \ln\left(y_t\right)$$

稳态时, 有

$$\ln\left(\overline{y}^d\right) = \ln\phi - v\ln\left(\overline{p}^d\right) + \ln\left(\overline{y}\right)$$

对数后的方程减去稳态时的方程, 得到

$$\ln\left(y_t^d\right) - \ln\left(\overline{y}^d\right) = -v\left(\ln\left(p_t^d\right) - \ln\left(\overline{p}^d\right)\right) + \ln\left(y_t\right) - \ln\left(\overline{y}\right)$$

用变量上加 "⌒" 号表示对数线性化后的变量, 线性化后的表达式是

$$\widehat{y_t^d} = \widehat{y_t} - v\widehat{p_t^d}$$

对于变量间都是乘除关系的式 (a.2)、式 (a.12)、式 (a.14)~式 (a.17)、式 (a.24)~式 (a.26), 对数线性化非常直接, 首先求自然对数, 然后减去稳态值, 非常方便地得到对数线性化后的方程:

$$\eta\widehat{h}_t = \widehat{w}_t + \widehat{\lambda}_t$$

$$\widehat{y_t^m} = -v\widehat{p_t^m} + \widehat{y_t}$$

$$\widehat{z}_t = \widehat{A}_t + \alpha\widehat{k}_t + (1-\alpha)\widehat{h}_t$$

$$\widehat{y_t^x} = -\widehat{p_t^x} + \widehat{y_t^*}$$

$$\widehat{w}_t = \widehat{mc}_t + \widehat{z}_t - \widehat{h}_t$$

此后用 mc 代替符号 ξ。

$$\widehat{q}_t = \widehat{mc}_t + \widehat{z}_t - \widehat{k}_t$$

$$\widehat{\pi_t^m} = \widehat{p_t^m} - \widehat{p_{t-1}^m} + \widehat{\pi_t}$$

$$\widehat{\pi_t^d} = \widehat{p_t^d} - \widehat{p_{t-1}^d} + \widehat{\pi_t}$$

$$\widehat{\pi_t^x} = \widehat{p_t^x} - \widehat{p_{t-1}^x}$$

五个外部随机冲击根据定义容易得到对数线性后的形式都满足 AR (1) 过程:

$$\widehat{\chi}_t = \rho_\chi \widehat{\chi}_{t-1} + \varepsilon_{\chi t}$$

$$\widehat{R_t^*} = \rho_{R^*} \widehat{R_{t-1}^*} + \varepsilon_{R^* t}$$

$$\widehat{A_t} = \rho_A \widehat{A_{t-1}} + \varepsilon_{At}$$

$$\widehat{y_t^*} = \rho_{y^*} \widehat{y_{t-1}^*} + \varepsilon_{y^*t}$$

$$\widehat{v_t} = \rho_v \widehat{v_{t-1}} + \varepsilon_{vt}$$

剩余的方程需要一些其他技巧，下面按照家庭部门、企业部门、外债部门和中央银行部门分别介绍。

4.3.2 家庭部门方程线性化

关于消费需求使用在稳态位置的全微分公式如下：

$$d\lambda_t = \left(\overline{\overline{c}} - \tau \overline{\overline{c}}\right)^{-\sigma} d\chi_{ct} - \sigma \overline{\overline{\chi_c}} \left(\overline{\overline{c}} - \tau \overline{\overline{c}}\right)^{-\sigma-1} dc_t + \sigma\tau \overline{\overline{\chi_c}} \left(\overline{\overline{c}} - \tau \overline{\overline{c}}\right)^{-\sigma-1} dc_{t-1} \quad (4.3.1)$$

稳态时满足：

$$\overline{\overline{\lambda}} = \overline{\overline{\chi_c}} \left(\overline{\overline{c}} - \tau \overline{\overline{c}}\right)^{-\sigma} \quad (4.3.2)$$

式（4.3.1）两边除以 $\overline{\overline{\lambda}}$，利用式（4.3.2），得到

$$\frac{d\lambda_t}{\overline{\overline{\lambda}}} = \frac{\left(\overline{\overline{c}} - \tau \overline{\overline{c}}\right)^{-\sigma} d\chi_{ct}}{\overline{\overline{\chi_c}} \left(\overline{\overline{c}} - \tau \overline{\overline{c}}\right)^{-\sigma}} - \frac{\sigma \overline{\overline{\chi_c}} \left(\overline{\overline{c}} - \tau \overline{\overline{c}}\right)^{-\sigma-1} dc_t}{\overline{\overline{\chi_c}} \left(\overline{\overline{c}} - \tau \overline{\overline{c}}\right)^{-\sigma}} + \frac{\sigma\tau \overline{\overline{\chi_c}} \left(\overline{\overline{c}} - \tau \overline{\overline{c}}\right)^{-\sigma-1} dc_{t-1}}{\overline{\overline{\chi_c}} \left(\overline{\overline{c}} - \tau \overline{\overline{c}}\right)^{-\sigma}}$$

整理得

$$\widehat{\lambda_t} = \widehat{\chi_{ct}} - \frac{\sigma}{1-\tau} \widehat{c_t} + \frac{\sigma\tau}{1-\tau} \widehat{c_{t-1}} \quad (4.3.3)$$

关于货币需求的关系式，进行简单变换后，根据关于国债的一阶条件（a.4）可以得到

$$\lambda_t / R_t = \beta E_t \left(\frac{\lambda_{t+1}}{\pi_{t+1}}\right) \quad (4.3.4)$$

把式（4.3.4）代入关于货币的一阶条件（a.4）得到

$$\lambda_t = \lambda_t / R_t + m_t^{-\sigma_m} \quad (4.3.5)$$

整理得

$$\lambda_t \left(\frac{R_t - 1}{R_t}\right) = m_t^{-\sigma_m}$$

此时再对数线性化，把 $\frac{R_t - 1}{R_t}$ 看做一个整体，记为 $\text{ll}_t = \frac{R_t - 1}{R_t}$。

$$\widehat{\lambda_t} + \widehat{\text{ll}_t} = -\sigma_m \widehat{m_t}$$

利用全微分公式把 ll_t 在稳态处展开，得到

$$\mathrm{dll}_t = \frac{1}{\overline{\overline{R}}^2}\mathrm{d}R_t \qquad (4.3.6)$$

两边除以 ll_t 的稳态值，得到

$$\widehat{\mathrm{ll}}_t = \frac{\mathrm{dll}_t}{\overline{\overline{\mathrm{ll}}}} = \frac{1}{\overline{\overline{\mathrm{ll}}}}\frac{1}{\overline{\overline{R}}}\frac{\mathrm{d}R_t}{\overline{\overline{R}}} \qquad (4.3.7)$$

其中，$\overline{\overline{\mathrm{ll}}} = \dfrac{\overline{\overline{R}}-1}{\overline{\overline{R}}}$。把式（4.3.7）代入式（4.3.6），整理得

$$\widehat{\lambda}_t + \frac{1}{\overline{\overline{R}}-1}\widehat{R}_t = -\sigma_m\widehat{m}_t \qquad (4.3.8)$$

根据式（a.4）稳态时满足：

$$\overline{\overline{\lambda}} = \beta\cdot\overline{\overline{R}}\cdot\overline{\overline{\lambda}}$$

假设稳态时 $\overline{\overline{\pi}}=1$，因此有

$$\overline{\overline{R}} = 1/\beta \qquad (4.3.9)$$

把式（4.3.9）代入式（4.3.8）得到

$$\widehat{\lambda}_t + \frac{\beta}{1-\beta}\widehat{R}_t = -\sigma_m\widehat{m}_t \qquad (4.3.10)$$

对于包含期望的方程（a.4）和方程（a.5）对数化的方法采用 Uhlig（1999）法。根据定义：

$$\widehat{x}_t = \ln(X_t) - \ln(X)$$

两边求指数运算

$$X_t = Xe^{\widehat{x}_t}$$

线性化时所有变量都用相应的 $Xe^{\widehat{x}_t}$ 代替。然后利用下面的规则线性化：

$$e^{\widehat{x}_t} \approx 1 + \widehat{x}_t$$
$$e^{\widehat{x}_t+\widehat{y}_t} \approx 1 + \widehat{x}_t + \widehat{y}_t$$
$$\widehat{x}_t\cdot\widehat{y}_t \approx 0$$
$$E_t(ae^{\widehat{x}_{t+1}}) \approx aE_t(\widehat{x}_{t+1}) + a$$

把式（a.4）用 $Xe^{\widehat{x}_t}$ 代替所有变量，得到

$$\overline{\overline{\lambda}}e^{\widehat{\lambda}_t} = \beta\cdot\overline{\overline{R}}\cdot e^{\widehat{R}_t}E_t\left(\frac{\overline{\overline{\lambda}}e^{\widehat{\lambda}_{t+1}}}{e^{\widehat{\pi}_{t+1}}}\right)$$

稳态时 $\overline{\overline{\lambda}} = \beta\cdot\overline{\overline{R}}$，因此有

$$e^{\widehat{\lambda_t}} = e^{\widehat{R_t}} E_t \left(\frac{e^{\widehat{\lambda_{t+1}}}}{e^{\widehat{\pi_{t+1}}}} \right)$$

$$e^{\widehat{\lambda_t} - \widehat{R_t}} = E_t \left(e^{\widehat{\lambda_{t+1}} - \widehat{\pi_{t+1}}} \right)$$

用近似关系式 $e^x \cong 1 + x$ 代替得到

$$1 + \widehat{\lambda_t} - \widehat{R_t} = E_t \left(1 + \widehat{\lambda_{t+1}} - \widehat{\pi_{t+1}} \right)$$

整理得

$$\widehat{\lambda_t} = \widehat{R_t} + E_t \left(\widehat{\lambda_{t+1}} \right) - E_t \left(\widehat{\pi_{t+1}} \right) \tag{4.3.11}$$

关于外债的一阶条件（a.5）满足：

$$\lambda_t = \beta \kappa_t R_t^* E_t \left(\frac{\lambda_{t+1}}{\pi_{t+1}^*} \frac{s_{t+1}}{s_t} \right), \quad s_t = \frac{e_t P_t^*}{P_t}$$

稳态时 $1 = \overline{\overline{\beta \kappa R^*}}$，根据式（4.3.9）整理得

$$\overline{\overline{R}} = \overline{\overline{\kappa R^*}} \tag{4.3.12}$$

$$e^{\widehat{\lambda_t}} = e^{\widehat{\kappa_t} + \widehat{R_t^*}} E_t \left(e^{\widehat{\lambda_{t+1}} + \widehat{s_{t+1}} - \widehat{\pi_{t+1}^*} - \widehat{s_t}} \right)$$

利用前面的近似公式：

$$\widehat{\lambda_t} = \widehat{\kappa_t} + \widehat{R_t^*} - \widehat{s_t} + E_t \widehat{\lambda_{t+1}} + E_t \widehat{s_{t+1}} - E_t \widehat{\pi_{t+1}^*} \tag{4.3.13}$$

把式（4.3.11）代入式（4.3.13）可得

$$\widehat{R_t} + E_t \left(\widehat{\lambda_{t+1}} \right) - E_t \left(\widehat{\pi_{t+1}} \right) = \widehat{\kappa_t} + \widehat{R_t^*} - \widehat{s_t} + E_t \widehat{\lambda_{t+1}} + E_t \widehat{s_{t+1}} - E_t \widehat{\pi_{t+1}^*}$$

整理得

$$\widehat{s_t} - E_t \widehat{s_{t+1}} = \widehat{\kappa_t} + \left(\widehat{R_t^*} - E_t \widehat{\pi_{t+1}^*} \right) - \left(\widehat{R_t} - E_t \left(\widehat{\pi_{t+1}} \right) \right) \tag{4.3.14}$$

稳态时外债风险溢价满足式（a.8），两边求自然对数：

$$\log \left(\kappa_t \right) = \log \left(\chi_t^\kappa \right) - \omega \frac{s_t b_t^*}{y_t}$$

稳态时，$\dfrac{\overline{\overline{sb^*}}}{\overline{\overline{y}}} = 0$，因此 $\overline{\overline{\kappa}} = 1$，$\overline{\overline{\chi}}^\kappa = 1$。

减去稳态值可得

$$\log \left(\kappa_t \right) - \log \left(\overline{\overline{\kappa}} \right) = \left(\log \left(\chi_t^\kappa \right) - \log \left(\overline{\overline{\chi}}^\kappa \right) \right) - \omega \left(\frac{s_t b_t^*}{y_t} - 0 \right)$$

令 $\mathrm{bf}_t = \dfrac{s_t b_t^*}{y_t}$，得到

$$\widehat{k_t} = \hat{\chi}_t^\kappa - \omega \left(\mathrm{bf}_t - \overline{\overline{\mathrm{bf}_t}} \right)$$

因为净外债在稳态时等于 0，所以净外债线性化在 0 处进行。

令 $\widehat{\mathrm{bf}}_t = \mathrm{bf}_t - \overline{\overline{\mathrm{bf}}}_t$，有

$$\widehat{k}_t = \hat{\chi}_t^{\kappa} - \omega\widehat{\mathrm{bf}} \tag{4.3.15}$$

把资本存量投资方程线性化，用全微分方法：

$$\widehat{k_{t+1}} = (1-\delta)\widehat{k}_t + \frac{\overline{\overline{i}}}{\overline{\overline{k}}}\hat{i}_t$$

根据式（a.7），稳态时：

$$\overline{\overline{k}} = (1-\delta)\overline{\overline{k}} + \overline{\overline{i}}$$

因此，$\delta = \overline{\overline{i}} / \overline{\overline{k}}$，最后得到投资方程的线性化：

$$\widehat{k_{t+1}} = (1-\delta)\widehat{k}_t + \delta\hat{i}_t \tag{4.3.16}$$

式（a.6）稳态时，$1 = \beta\left(1 + \overline{\overline{q}} - \delta\right)$。

$$\overline{\overline{\lambda}}\mathrm{e}^{\hat{\lambda}_t} \cdot \left[1 + \psi_k\left(\frac{\overline{\overline{i}}}{\overline{\overline{k}}}\mathrm{e}^{\hat{i}_t - \widehat{k}_t} - \delta\right)\right]$$

$$= \beta\overline{\overline{\lambda}}E_t\left\{\mathrm{e}^{\widehat{\lambda_{t+1}}}\left[1 + \overline{\overline{q}}\mathrm{e}^{\widehat{q_{t+1}}} - \delta + \psi_k\left(\frac{\overline{\overline{i}}}{\overline{\overline{k}}}\mathrm{e}^{\widehat{i_{t+1}} - \widehat{k_{t+1}}} - \delta\right) + \frac{\psi_k}{2}\left(\frac{\overline{\overline{i}}}{\overline{\overline{k}}}\mathrm{e}^{\widehat{i_{t+1}} - \widehat{k_{t+1}}} - \delta\right)\right]\right\}^2$$

整理可得

$$\mathrm{e}^{\hat{\lambda}_t} \times \left[1 + \psi_k\delta\left(\mathrm{e}^{\hat{i}_t - \widehat{k}_t} - 1\right)\right] = \beta E_t\left\{\mathrm{e}^{\widehat{\lambda_{t+1}}}\left[1 + \overline{\overline{q}}\mathrm{e}^{\widehat{q_{t+1}}} - \delta + \psi_k\delta\left(\mathrm{e}^{\widehat{i_{t+1}} - \widehat{k_{t+1}}} - 1\right) + \frac{\delta^2\psi_k}{2}\left(\mathrm{e}^{\widehat{i_{t+1}} - \widehat{k_{t+1}}} - 1\right)^2\right]\right\}$$

进一步整理可得

$$1 + \hat{\lambda}_t + \psi_k\delta\hat{i}_t - \psi_k\delta\widehat{k}_t = \beta E_t\left\{1 + \overline{\overline{q}} - \delta + \left(1 + \overline{\overline{q}} - \delta\right)\widehat{\lambda_{t+1}} + \overline{\overline{q}}\widehat{q_{t+1}} + \psi_k\delta\widehat{i_{t+1}} - \psi_k\delta\widehat{k_{t+1}}\right\}$$

进一步：

$$\hat{\lambda}_t + \psi_k\delta\hat{i}_t - \psi_k\delta\widehat{k}_t = E_t\left(\widehat{\lambda_{t+1}}\right) + \beta E_t\left(\overline{\overline{q}}\widehat{q_{t+1}}\right) + \beta\psi_k\delta E_t\left(\widehat{i_{t+1}} - \widehat{k_{t+1}}\right)$$

因为 $\beta\overline{\overline{q}} = 1 - \beta(1-\delta)$，代入上式得到

$$\hat{\lambda}_t + \psi_k\delta\hat{i}_t - \psi_k\delta\widehat{k}_t = E_t\left(\widehat{\lambda_{t+1}}\right) + \left(1 - \beta + \beta\delta\right)E_t\left(\widehat{q_{t+1}}\right) + \beta\psi_k\delta E_t\left(\widehat{i_{t+1}} - \widehat{k_{t+1}}\right) \tag{4.3.17}$$

4.3.3　企业部门方程线性化

总产出方程两边求（v–1）/v 次方：

$$y_t^{\frac{v-1}{v}} = \phi^{\frac{1}{v}}\left(y_t^d\right)^{\frac{v-1}{v}} + (1-\phi)^{\frac{1}{v}}\left(y_t^m\right)^{\frac{v-1}{v}}$$

稳态时的关系式如下：

$$\overline{\overline{y}}^{\frac{v-1}{v}} = \phi^{\frac{1}{v}}\left(\overline{\overline{y^d}}\right)^{\frac{v-1}{v}} + \left(1-\phi\right)^{\frac{1}{v}}\left(\overline{\overline{y^m}}\right)^{\frac{v-1}{v}}$$

使用 Uhlig 法：

$$\left(\overline{\overline{y}}e^{\widehat{y_t}}\right)^{\frac{v-1}{v}} = \phi^{\frac{1}{v}}\left(\overline{\overline{y^d}}e^{\widehat{y_t^d}}\right)^{\frac{v-1}{v}} + \left(1-\phi\right)^{\frac{1}{v}}\left(\overline{\overline{y^m}}e^{\widehat{y_t^m}}\right)^{\frac{v-1}{v}}$$

再泰勒展开：

$$\overline{\overline{y}}^{\frac{v-1}{v}} + \overline{\overline{y}}^{\frac{v-1}{v}}\frac{v-1}{v}\widehat{y_t} = \phi^{\frac{1}{v}}\left(\overline{\overline{y^d}}\right)^{\frac{v-1}{v}} + \left(1-\phi\right)^{\frac{1}{v}}\left(\overline{\overline{y^m}}\right)^{\frac{v-1}{v}} + \phi^{\frac{1}{v}}\left(\overline{\overline{y^d}}\right)^{\frac{v-1}{v}}\frac{v-1}{v}\widehat{y_t^d}$$

$$+ \left(1-\phi\right)^{\frac{1}{v}}\left(\overline{\overline{y^m}}\right)^{\frac{v-1}{v}}\frac{v-1}{v}\widehat{y_t^m}$$

整理得

$$\overline{\overline{y}}^{\frac{v-1}{v}}\widehat{y_t} = \phi^{\frac{1}{v}}\left(\overline{\overline{y^d}}\right)^{\frac{v-1}{v}}\widehat{y_t^d} + \left(1-\phi\right)^{\frac{1}{v}}\left(\overline{\overline{y^m}}\right)^{\frac{v-1}{v}}\widehat{y_t^m} \qquad (4.3.18)$$

稳态时 $\overline{p}^d = 1, \overline{p}^m = 1$，因此根据式（a.11）和式（a.12）可知，稳态时：

$$\overline{\overline{y}}^d = \phi\overline{\overline{y}},\ \overline{\overline{y}}^m = \left(1-\phi\right)\overline{\overline{y}} \qquad (4.3.19)$$

把式（4.3.19）代入式（4.3.18），整理得

$$\widehat{y_t} = \phi\widehat{y_t^d} + \left(1-\phi\right)\widehat{y_t^m} \qquad (4.3.20)$$

根据全微分方法，容易得到式（a.10）、式（a.13）的线性化方程：

$$\widehat{y_t} = \frac{\overline{\overline{c}}}{\overline{\overline{y}}}\widehat{c_t} + \frac{\overline{\overline{i}}}{\overline{\overline{y}}}\widehat{i_t} \qquad (4.3.21)$$

$$\widehat{z_t} = \frac{\overline{\overline{y^d}}}{\overline{\overline{z}}}\widehat{y_t^d} + \frac{\overline{\overline{y^x}}}{\overline{\overline{z}}}\widehat{y_t^x} \qquad (4.3.22)$$

稳态时式（a.18）有

$$\overline{\overline{p^d}} = -\frac{\theta}{1-\theta}\overline{\overline{\mathrm{mc}}} = 1 \qquad (4.3.23)$$

从而有

$$\overline{\overline{\mathrm{mc}}} = \frac{\theta-1}{\theta} \qquad (4.3.24)$$

使用 Uhlig 法线性化式（a.18）：

$$-\theta\frac{\overline{\overline{\mathrm{mc}}}}{\overline{\overline{p^d}}}e^{\widehat{mc_t}-\widehat{p_t^d}} = \left(1-\theta\right)\left[1-\frac{\psi_d}{2}\left(e^{\widehat{\pi_t^d}}-1\right)^2\right] - \psi_d\left[e^{\widehat{\pi_t^d}}\left(e^{\widehat{\pi_t^d}}-1\right)\right]$$

$$+ \psi_d\beta E_t\left[e^{\widehat{\lambda_{t+1}}-\widehat{\lambda_t}+2\widehat{\pi_{t+1}^d}-\widehat{\pi_{t+1}}+\widehat{y_{t+1}^d}-\widehat{y_t^d}}\left(e^{\widehat{\pi_{t+1}^d}}-1\right)\right]$$

整理得

$$-\theta\frac{\overline{\overline{mc}}}{p^d}\left(1+\widehat{mc_t}-\widehat{p_t^d}\right)=(1-\theta)-\psi_d\widehat{\pi_t^d}+\psi_d\beta E_t\left[\widehat{\pi_{t+1}^d}\right]$$

代入稳态时的结果，线性化最终结果如下：

$$(1-\theta)\left(\widehat{mc_t}-\widehat{p_t^d}\right)+\psi_d\widehat{\pi_t^d}=\psi_d\beta E_t\left[\widehat{\pi_{t+1}^d}\right] \tag{4.3.25}$$

对出口方程线性化方法与国内价格方程类似，稳态时：

$$\overline{\overline{p^x}}=-\frac{\theta}{1-\theta}\frac{\overline{\overline{mc}}}{\overline{\overline{s}}}$$

根据式（4.3.24），有

$$\overline{\overline{p^x}}=1/\overline{\overline{s}} \tag{4.3.26}$$

Uhlig 法线性化式（a.19）：

$$-\theta\frac{\overline{\overline{mc}}}{p^x s}e^{\widehat{mc_t}-\widehat{p_t^d}-\widehat{s_t}}=(1-\theta)\left[1-\frac{\psi_x}{2}\left(e^{\widehat{\pi_t^x}}-1\right)^2\right]-\psi_x\left[e^{\widehat{\pi_t^x}}\left(e^{\widehat{\pi_t^x}}-1\right)\right]$$

$$+\psi_x\beta E_t\left[e^{\widehat{\lambda_{t+1}}-\widehat{\lambda_t}+\widehat{s_{t+1}}-\widehat{s_t}+2\widehat{\pi_{t+1}^x}-\widehat{\pi_{t+1}^x}+\widehat{y_{t+1}^x}-\widehat{y_t^x}}\left(e^{\widehat{\pi_{t+1}^x}}-1\right)\right]$$

整理得

$$(1-\theta)\left(\widehat{mc_t}-\widehat{p_t^x}-\widehat{s_t}\right)+\psi_x\widehat{\pi_t^x}=\psi_x\beta E_t\left[\widehat{\pi_{t+1}^x}\right] \tag{4.3.27}$$

进口方程，稳态时有

$$\overline{\overline{p^m}}=-\frac{\vartheta}{1-\vartheta}\overline{\overline{s}}=1$$

从而有

$$\overline{\overline{s}}=\frac{\vartheta-1}{\vartheta} \tag{4.3.28}$$

Uhlig 法线性化式（a.20）：

$$-\vartheta\frac{\overline{\overline{s}}}{p^m}e^{\widehat{s_t}-\widehat{p_t^m}}=(1-\vartheta)\left[1-\frac{\psi_m}{2}\left(e^{\widehat{\pi_t^m}}-1\right)^2\right]-\psi_m\left[e^{\widehat{\pi_t^m}}\left(e^{\widehat{\pi_t^m}}-1\right)\right]$$

$$+\psi_m\beta E_t\left[e^{\widehat{\lambda_{t+1}}-\widehat{\lambda_t}+2\widehat{\pi_{t+1}^m}-\widehat{\pi_{t+1}^m}+\widehat{y_{t+1}^m}-\widehat{y_t^m}}\left(e^{\widehat{\pi_{t+1}^m}}-1\right)\right]$$

整理得

$$(1-\vartheta)\left(\widehat{s_t}-\widehat{p_t^m}\right)+\psi_m\widehat{\pi_t^m}=\psi_m\beta E_t\left[\widehat{\pi_{t+1}^m}\right] \tag{4.3.29}$$

4.3.4　外债部门方程线性化

外债方程稳态时净外债和净出口都等于 0，因此这两个变量在 0 处泰勒展开，用增量代替增长率进行线性化。把方程（a.21）在 0 处泰勒展开：

$$\frac{1}{\overline{\overline{\kappa R}}}\mathrm{dbf}_t = \mathrm{dbf}_{t-1} + \mathrm{dnx}_t$$

根据式（4.3.12），有

$$\beta\widehat{\mathrm{bf}}_t = \widehat{\mathrm{bf}}_{t-1} + \widehat{\mathrm{nx}}_t \tag{4.3.30}$$

对净出口进一步展开：

$$\mathrm{dnx}_t = \frac{\overline{\overline{s}}}{\overline{\overline{y}}}\left(\overline{\overline{\overline{p^x}}}\mathrm{d}y^x_t + \overline{\overline{\overline{y^x}}}\mathrm{d}p^x_t - \mathrm{d}y^m_t\right)$$

整理得

$$\widehat{\mathrm{nx}}_t = \frac{\overline{\overline{s}}}{\overline{\overline{y}}}\left(\frac{\overline{\overline{\overline{y^x}}}}{\overline{\overline{\overline{y^x}}}}\overline{\overline{\overline{p^x}}}\mathrm{d}y^x_t + \frac{\overline{\overline{\overline{p^x y^x}}}}{\overline{\overline{\overline{p^x}}}}\mathrm{d}p^x_t - \frac{\overline{\overline{\overline{y^m}}}}{\overline{\overline{\overline{y^m}}}}\mathrm{d}y^m_t\right)$$

$$\widehat{\mathrm{nx}}_t = \frac{\overline{\overline{\overline{s\,p^x y^x}}}}{\overline{\overline{y}}}\widehat{y^x_t} + \frac{\overline{\overline{\overline{s\,p^x y^x}}}}{\overline{\overline{y}}}\widehat{p^x_t} - \frac{\overline{\overline{s\,y^m}}}{\overline{\overline{y}}}\widehat{y^m_t} \tag{4.3.31}$$

根据式（a.22），因为稳态时 $\overline{\overline{\mathrm{nx}}} = 0$ ，所以 $\dfrac{\overline{\overline{\overline{s\,p^x y^x}}}}{\overline{\overline{y}}} = \dfrac{\overline{\overline{s\,y^m}}}{\overline{\overline{y}}}$ ，名义出口（名义进口，进口价格计算）占 GDP 的比率相同，代入式（4.3.21），得到

$$\widehat{\mathrm{nx}}_t = \frac{\overline{\overline{\overline{s\,p^x y^x}}}}{\overline{\overline{y}}}\left(\widehat{y^x_t} + \widehat{p^x_t} - \widehat{y^m_t}\right) \tag{4.3.32}$$

4.3.5　中央银行部门方程线性化

中央银行货币规则给出的就是对数线性化的形式，用统一的符号可以表示为

$$\hat{R}_t = \rho_R \hat{R}_{t-1} + (1 - \rho_R)\left[\rho_\pi \hat{\pi}_t + \rho_y \hat{y}_t\right] + v_t \tag{4.3.33a}$$

$$\hat{R}_t = \rho_R \hat{R}_{t-1} + (1 - \rho_R)\left[\rho_\pi \hat{\pi}_t + \rho_y \hat{y}_t + \rho_s\left(\hat{s}_t - \chi\hat{s}_{t-1}\right)\right] + v_t \tag{4.3.33b}$$

线性化后的所有方程见附录 B。

4.4　参数校准与稳态值的估计

基于线性化后的模型进行模拟分析，先估计线性化模型中的参数。参数分成

两类：一类与模型的稳态有关，一类与模型的动态有关。与模型稳态有关的参数采用校准的方法，与动态模型有关的参数使用贝叶斯估计得到。先对与稳态有关的参数进行校准。校准时需要根据稳态时的关系进行推导，因此在校准参数的同时推导出内生变量的稳态值。

主观设定部分稳态值。模型的价格采用相对价格的方式，假设稳态时下面这些相对价格值等于 1。

$$\overline{\overline{p^d}} = 1, \overline{\overline{p^m}} = 1, \overline{\overline{\pi}} = 1, \overline{\overline{\pi^*}} = 1, \overline{\overline{\pi^d}} = 1, \overline{\overline{\pi^m}} = 1, \overline{\overline{\pi^x}} = 1$$

外部冲击参数在稳态时假设都等于 1。

$$\overline{\overline{A}} = 1, \overline{\overline{\chi^\kappa}} = 1, \overline{\overline{\chi}}_c = 1$$

净外债比率和净出口比率稳态时都等于 0。

$$\overline{\overline{bf}} = 0, \overline{\overline{nx}} = 0$$

其他参数通过三种方式校准：一是根据观测数据计算均值作为稳态时的估计，特别是一些比率，包括 $\overline{\overline{\dfrac{c}{y}}}$，$\overline{\overline{\dfrac{i}{y}}}$，$\overline{\overline{\dfrac{y^m}{y}}}$，$\overline{\overline{\dfrac{y^d}{y}}}$，$\overline{\overline{\dfrac{y^d}{z}}}$，$\overline{\overline{\dfrac{y^x}{z}}}$，$\overline{\overline{\dfrac{y^x}{y}}}$，或者通过稳态关系式，代入观测数据推导得到。二是参考已有文献，采用大家公认的一些数值。三是采用回归方法估计得到。

家庭部门需要校准的参数包括 β，σ，σ_m，η，τ，ψ_k，δ，ω。根据式（a.4），稳态时有 $1 = \overline{\overline{\beta R}}$。使用一年期定期存款利率，利率用小数表示，把年度利率除以 4 得到季度利率，再加 1 得到毛利率。利率走势见图 4.4.1。利率在 1999 年第三季度之后保持在低位。计算 1992 年第一季度至 2015 年第三季度的季度毛利率的平均值，得到季度毛利率的均值等于 1.01。把 1.01 作为稳态时季度利率的估计值，对 $\overline{\overline{R}}$ 求倒数得到 β 的估计值，等于 0.99。黄志刚（2009）、Bouakez 和 Rebei（2008）、Smets 和 Wouters（2002）、Obstfeld 和 Rogoif（2005）、Christiano 等（2005）、Ferrero 等（2007）等对 β 的估计与本书相同。

消费的跨期替代弹性的倒数 σ 参考 Walsh（2003）和 Zhang（2009）的相关研究，设定为 2。劳动的 Frisch 弹性的倒数 η 代表劳动供给的跨期弹性的倒数，一般该参数值大于等于 1。例如，Prescott（2004）设为 4，Bergin（2006）、黄志刚（2009）、王君斌（2010）、仝冰（2010）等设为 1，侯克强和陈万华（2009）利用加拿大的数据估计其为 1.24，Smets 和 Wouters（2003）用欧盟的数据估计其为 2，刘斌（2008）利用中国的数据估计其为 6.16。本书参考 Bouakez 和 Rebei（2008）设 η 为 3，同样参考 Bouakez 和 Rebei（2008）的研究，设货币需求的利率弹性的倒数为 3.13，ψ_k 为 25。参考 Zhang（2009）设消费习惯参数 τ 为 0.62，Boldrin 等（2001）和仝冰（2010）将 τ 的值设为 0.7，两者差别不大。ω 参考刘

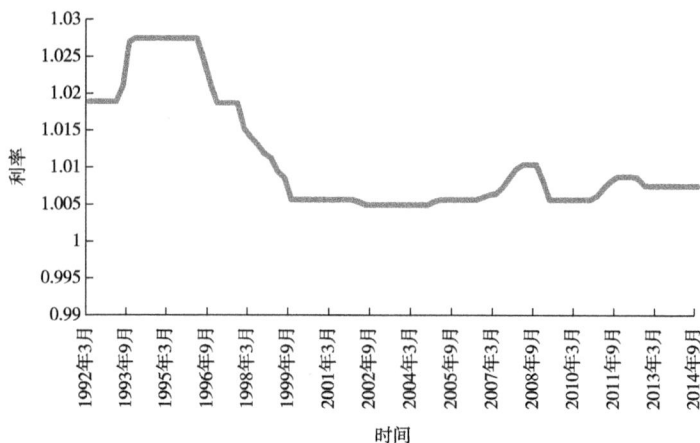

图 4.4.1　一年期定期存款利率（季度）

斌（2008）的相关研究，设为 0.001 5。

企业部门需要校准的参数包括 ϕ，α，v，θ，ϑ，ψ_d，ψ_m，ψ_x。根据净出口公式：

$$\mathrm{nx}_t = \frac{\mathrm{ex}_t P_t^x y_t^x}{P_t y_t} - \frac{\mathrm{ex}_t P_t^* y_t^m}{P_t y_t} = \frac{\mathrm{ex}_t P_t^* P_t^x y_t^x}{P_t P_t^* y_t} = \left(p_t^x y_t^x - y_t^m \right) \frac{s_t}{y_t}$$

稳态时，有

$$\overline{\overline{\mathrm{nx}}} = \frac{\overline{\overline{s\, p^x\, y^x}}}{\overline{\overline{y}}} - \frac{\overline{\overline{s\, y^m}}}{\overline{\overline{y}}} = 0$$

根据 1992 年第一季度到 2015 年第三季度的数据计算名义进口（人民币计价）占名义 GDP 的比率约等于 0.2。

$$\frac{\overline{\overline{s\, p^x\, y^x}}}{\overline{\overline{y}}} = \frac{\overline{\overline{y^x}}}{\overline{\overline{y}}} = \frac{\overline{\overline{s\, y^m}}}{\overline{\overline{y}}} = 0.2$$

根据式（4.3.28）得到

$$\frac{\overline{\overline{y^m}}}{\overline{\overline{y}}} = \frac{0.2}{\overline{\overline{s}}} = \frac{0.2 \times 11}{10} = 0.22 = 1 - \phi$$

因此有

$$\phi = \frac{\overline{\overline{y^d}}}{\overline{\overline{y}}} = 1 - \frac{\overline{\overline{y^m}}}{\overline{\overline{y}}} = 1 - 0.22 = 0.78 \tag{4.4.1}$$

模型参数 α 的设定根据式（a.16）和式（a.17）稳态时有

$$\overline{\overline{w}} = (1-\alpha)\mathrm{mc}\frac{\overline{\overline{z}}}{\overline{\overline{h}}} \qquad (4.4.2)$$

$$\overline{\overline{q}} = \alpha\mathrm{mc}\frac{\overline{\overline{z}}}{\overline{\overline{k}}} \qquad (4.4.3)$$

根据式（4.4.2）和式（4.4.3），计算稳态时劳动收入与投资收入的比率：

$$\frac{\overline{\overline{w}}\,\overline{\overline{h}}}{\overline{\overline{q}}\,\overline{\overline{k}}} = \frac{(1-\alpha)}{\alpha}$$

根据收入法可以计算劳动收入和投资收入，使用 1999~2014 年的年度数据求出比率的平均值，从而得到 α 的估计值。表 4.4.1 是根据收入法统计的数据（数据来自中经网）。

表 4.4.1　收入法国民核算数据

年份	收入法 生产总值	收入法生产总值： 劳动者报酬	收入法生产总值： 生产税净额	收入法生产总值： 固定资产折旧	收入法生产总值： 营业盈余
1999	87 671.13	45 926.43	11 870.17	13 209.04	16 665.49
2000	97 209.37	49 948.07	13 760.27	14 972.41	18 528.61
2001	106 766.26	54 934.65	15 027.36	16 779.28	20 024.97
2002	118 020.69	60 099.14	16 573.11	18 493.78	22 854.65
2003	135 539.14	67 260.69	19 362.42	21 551.46	27 364.57
2005	197 789.03	81 888.02	27 919.21	29 521.99	58 459.81
2006	231 053.34	93 822.83	32 726.66	33 641.84	70 862.02
2007	275 624.62	109 532.27	40 827.52	39 018.85	86 245.97
2009	365 303.69	170 299.71	55 531.11	49 369.64	90 103.24
2010	437 041.99	196 714.07	66 608.73	56 227.58	117 456.61
2011	521 441.11	234 310.26	81 399.26	67 344.51	138 387.09
2012	576 551.85	262 864.06	91 635.05	74 132.87	147 919.85
2014	684 349.41	318 258.10	107 007.87	88 223.90	170 859.55

注：2004 年、2008 年和 2013 年数据缺失

把生产税净额、固定资产折旧和企业盈余都算作资本收入。计算得到的劳动者报酬与资本收入比率见图 4.4.2。

从图 4.4.2 看到比率呈下降趋势。把 1999~2014 年的数据求平均，得到均值 0.88。因此有

$$劳动者报酬 / （生产税净额+固定资产折旧+企业盈余）=0.88=\frac{1-\alpha}{\alpha}$$

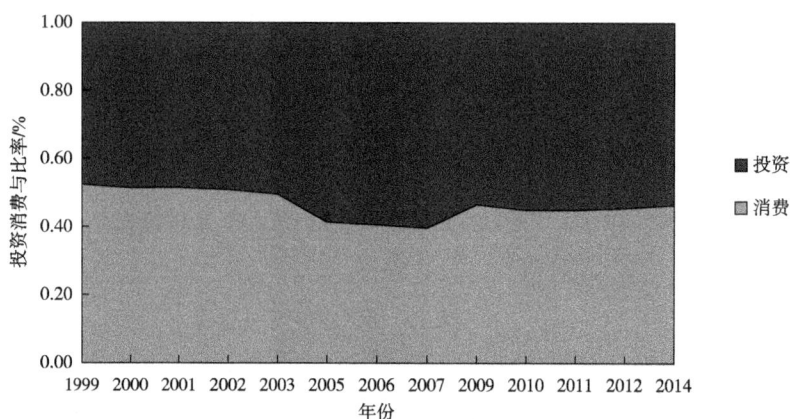

图 4.4.2　劳动者报酬与投资报酬之比

　　计算得到 $\alpha=0.53$。夏春（2001）、仝冰（2010）也采取类似做法估计该参数。Zhang（2009）直接设定 α 等于 0.5，大小与本章类似。

　　根据式（a.18），稳态时有

$$\overline{\overline{p^d}} = \frac{\theta\overline{\overline{\mathrm{mc}}}}{\theta-1}$$

　　由于 $\theta/(\theta-1)$ 是价格加成，根据经验选择 $\theta=11$，即加成率是 10%。利用 $\overline{\overline{p^d}}=1$ 得到边界成本的稳态值：

$$\overline{\overline{\mathrm{mc}}} = \frac{\theta-1}{\theta} \tag{4.4.4}$$

　　根据式（a.20）和稳态时进口品相对价格等于1，得到

$$\overline{\overline{p^m}} = \frac{\vartheta\overline{\overline{s}}}{\vartheta-1} = 1 \tag{4.4.5}$$

　　从而，实际汇率稳态时等于：

$$\overline{\overline{s}} = \frac{\vartheta-1}{\vartheta} \tag{4.4.6}$$

　　根据式（a.19）和式（4.3.28）可以得到稳态时出口相对价格：

$$\overline{\overline{p^x}} = \frac{1}{\overline{\overline{s}}} = \frac{\vartheta}{\vartheta-1} \tag{4.4.7}$$

　　把相对价格变换回绝对价格，有

$$\overline{\overline{P^x}} = \frac{\vartheta}{\vartheta-1}\overline{\overline{P^*}}$$

　　说明稳态时出口价格是价格加成乘以国际价格的稳态值。根据经验设 $\vartheta=11$。把 ϑ 和 θ 的设定值代入式（4.4.4）、式（4.4.6）和式（4.4.7），可以计算得到

边际成本、实际汇率，以及相对出口价格稳态时的值。

v 表示国内产品与进口产品的替代弹性，参考 Bouakez 和 Rebei（2008）设为 1.5。ψ_d、ψ_m 和 ψ_x 三个参数使用贝叶斯估计得到。

下面是稳态时的一些比率数据。根据产出支出法计算得到消费占 GDP 比例的平均数，令该值为稳态时消费占产出的比率。根据出清条件可知投资占需求的比率是 0.41。

$$\frac{\overline{\overline{c}}}{\overline{\overline{y}}} = 0.59, \quad \frac{\overline{\overline{i}}}{\overline{\overline{y}}} = 1 - \frac{\overline{\overline{c}}}{\overline{\overline{y}}} = 0.41$$

根据以上设定的参数，进一步计算得到其他变量的稳态值。根据式（a.15）、式（a.17）和式（a.18）得到

$$\overline{\overline{z}} = \overline{\overline{\kappa^\alpha h^{1-\alpha}}} \tag{4.4.8}$$

$$\left(\overline{\overline{hw}}\right)^{1-\alpha} = (1-\alpha)^{1-\alpha}\left(\overline{\overline{mcz}}\right)^{1-\alpha} \tag{4.4.9}$$

$$\left(\overline{\overline{kq}}\right)^{\alpha} = \alpha^\alpha\left(\overline{\overline{mcz}}\right)^{\alpha} \tag{4.4.10}$$

式（4.4.10）乘以式（4.4.9），根据式（4.4.8），整理得到工资率的稳态值：

$$\overline{\overline{w}} = \left(\frac{(1-\alpha)^{1-\alpha}\,\alpha^\alpha\,\dfrac{\theta-1}{\theta}}{\left(\dfrac{1}{\beta}-1+\delta\right)^\alpha}\right)^{\frac{1}{1-\alpha}} \tag{4.4.11}$$

根据式（a.17），有

$$\frac{\overline{\overline{h}}}{\overline{\overline{z}}} = (1-\alpha)\frac{\overline{\overline{mc}}}{\overline{\overline{w}}}$$

代入式（4.4.4）和式（4.4.11），得到

$$\frac{\overline{\overline{h}}}{\overline{\overline{z}}} = (1-\alpha)\frac{\theta-1}{\theta}\left(\frac{(1-\alpha)^{1-\alpha}\,\alpha^\alpha\,\dfrac{\theta-1}{\theta}}{\left(\dfrac{1}{\beta}-1+\delta\right)^\alpha}\right)^{\frac{-1}{1-\alpha}} \tag{4.4.12}$$

从而可以得到劳动与产出的比率。

根据式（a.18）可以知道稳态时：

$$\frac{\overline{\overline{k}}}{\overline{\overline{z}}} = \frac{\alpha\overline{\overline{mc}}}{\overline{\overline{q}}} \tag{4.4.13}$$

从而可以得到资本存量占产出的比率。根据：

$$\overline{\delta} = \overline{\overline{i}} / \overline{\overline{k}} \qquad (4.4.14)$$

可以计算得到投资与 z 的比率：

$$\frac{\overline{\overline{i}}}{\overline{\overline{z}}} = \frac{\overline{\overline{i}}}{\overline{\overline{k}}} \frac{\overline{\overline{k}}}{\overline{\overline{z}}} = \delta \frac{\alpha(\theta-1)}{\theta\left(\dfrac{1}{\beta}-1+\delta\right)}$$

根据产出的支出法计算投资占产出的比率，有下面的关系式：

$$\frac{\overline{\overline{z}}}{\overline{\overline{y}}} = \frac{\overline{\overline{i}}}{\overline{\overline{y}}} \frac{\overline{\overline{z}}}{\overline{\overline{i}}} = \frac{\overline{\overline{i}}}{\overline{\overline{y}}} \cdot \frac{\theta\left(\dfrac{1}{\beta}-1+\delta\right)}{\alpha\delta(\theta-1)} \qquad (4.4.15)$$

根据式（a.19）有

$$\overline{\overline{z}} = \overline{\overline{y^d}} + \overline{\overline{y^x}} \qquad (4.4.16)$$

根据式（a.11）有

$$\overline{\overline{y^d}} = \phi\left(\overline{\overline{p^d}}\right)^{-\nu}\overline{\overline{y}}$$

因为稳态时设定国内产品相对价格等于 1，因此有

$$\overline{\overline{y^d}} = \phi\overline{\overline{y}}$$

从而有

$$\overline{\overline{y^m}} = (1-\phi)\overline{\overline{y}}$$

$$\frac{\overline{\overline{y^x}}}{\overline{\overline{y}}} = \frac{s\,\overline{\overline{y^m}}}{\overline{\overline{y}}}$$

$$\frac{\overline{\overline{y^x}}}{\overline{\overline{y}}} = (1-\phi)\overline{s} = \frac{(1-\phi)(\vartheta-1)}{\vartheta}$$

代入式（4.4.16）可得

$$\overline{\overline{z}} = \phi\overline{\overline{y}} + \frac{(1-\phi)(\vartheta-1)}{\vartheta}\overline{\overline{y}}$$

$$\frac{\overline{\overline{z}}}{\overline{\overline{y}}} = \frac{\phi+\vartheta-1}{\vartheta} \qquad (4.4.17)$$

两种方式得到的 $\dfrac{\overline{\overline{z}}}{\overline{\overline{y}}}$ 数值应该相同，即式（4.4.17）等于式（4.4.15）。

$$\frac{\phi+\vartheta-1}{\vartheta} = \frac{\overline{\overline{i}}}{\overline{\overline{y}}} \cdot \frac{\theta\left(\dfrac{1}{\beta}-1+\delta\right)}{\alpha\delta(\theta-1)} \qquad (4.4.18)$$

根据关系式（4.4.18），因为 ϕ、ϑ、β、α 和 θ 已经设定，所以 δ 和 $\dfrac{\bar{\bar{i}}}{y}$ 只有一个可以自由设定。根据 $\dfrac{\bar{\bar{i}}}{y}$ 推导 δ，有

$$\delta = \left(\frac{1}{\beta}-1\right) \cdot \left(\frac{\phi+\vartheta-1}{\vartheta} \cdot \frac{\bar{\bar{y}}}{\bar{i}} \cdot \frac{\alpha(\theta-1)}{\theta}-1\right)^{-1} \tag{4.4.19}$$

用支出法国民核算数据，有资本形成率数据，把该数据与 1992~2014 年的数据求平均值作为 $\dfrac{\bar{\bar{i}}}{y}$ 的估计，估计值等于 0.41，可以推导出 δ=0.067。刘斌（2010）的研究采用该方法。根据式（a.6），稳态时得到投资收益率满足 $1/\beta=1+\bar{\bar{q}}-\delta$。根据估计 β=0.99，δ=0.06，计算得到 $\bar{\bar{q}}$=0.077。

但是 Kaihatsu 和 Kurozumi（2014）通过赋值给 δ 来估计 $\dfrac{\bar{\bar{i}}}{y}$。按照这种方法直接给 δ 赋值，直接设定折旧率，一般设定值为 0.025 或者 0.035。相当于年度折旧 10%和 14%。本节估计的 0.067 说明中国折旧率比较高。如果按照习惯设定折旧率等于 0.035，那么计算得到 $\dfrac{\bar{\bar{i}}}{y}$=0.37。

$$\frac{\bar{\bar{i}}}{\bar{\bar{y}}}=\frac{\phi+\vartheta-1}{\vartheta} \cdot \frac{\alpha\delta\overline{\overline{mc}}}{\bar{\bar{q}}}=\frac{\phi+\vartheta-1}{\vartheta}\frac{\alpha\delta(\theta-1)}{\left(\frac{1}{\beta}-1+\delta\right)\theta}=0.37 \tag{4.4.20}$$

从图 4.4.3 看到投资与总需求的比率大部分时间超过 37%，特别是 2006 年以后。因此，为了让数据与实际数据更接近，令 $\dfrac{\bar{\bar{i}}}{y}$ 等于观察数据 0.41，根据式（4.4.19）校准 δ=0.067。

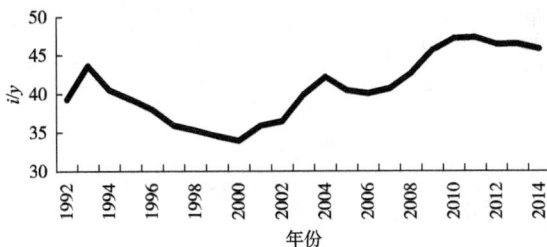

图 4.4.3　投资形成率图形

根据式（4.4.1）和式（4.4.16），得到

$$\frac{\overline{\overline{y^d}}}{\overline{\overline{z}}} = \frac{\overline{\overline{y^d}}}{\overline{\overline{y}}} \frac{\overline{\overline{y}}}{\overline{\overline{z}}} = \phi \frac{\vartheta}{\phi + \vartheta - 1} \tag{4.4.21}$$

$$\frac{\overline{\overline{y^x}}}{\overline{\overline{z}}} = 1 - \frac{\overline{\overline{y^d}}}{\overline{\overline{z}}} \tag{4.4.22}$$

根据式（a.1）和式（a.2），稳态时有

$$\overline{\overline{w}} \left(\overline{\overline{c}} - \tau \overline{\overline{c}} \right)^{-\sigma} = \overline{\overline{h^\eta}}$$

变化成与总需求比率的形式：

$$\overline{\overline{y^{-\sigma}}} \, \overline{\overline{w}} \left(\frac{\overline{\overline{c}} - \tau \overline{\overline{c}}}{\overline{\overline{y}}} \right)^{-\sigma} = \overline{\overline{y^\eta}} \left(\frac{\overline{\overline{h}}}{\overline{\overline{y}}} \right)^{\eta}$$

$$\overline{\overline{y^{-\sigma-\eta}}} = \left(\frac{\overline{\overline{h}}}{\overline{\overline{y}}} \right)^{\eta} \left(\frac{\overline{\overline{c}} - \tau \overline{\overline{c}}}{\overline{\overline{y}}} \right)^{\sigma} \overline{\overline{w^{-1}}} \tag{4.4.23}$$

根据式（4.4.11）和式（4.4.17），有

$$\frac{\overline{\overline{h}}}{\overline{\overline{y}}} = \frac{\overline{\overline{h}}}{\overline{\overline{z}}} \cdot \frac{\overline{\overline{z}}}{\overline{\overline{y}}} = (1-\alpha) \frac{\theta - 1}{\theta} \left(\frac{(1-\alpha)^{1-\alpha} \alpha^{\alpha} \dfrac{\theta-1}{\theta}}{\left(\dfrac{1}{\beta} - 1 + \delta \right)^{\alpha}} \right)^{\frac{-1}{1-\alpha}} \frac{\phi + \vartheta - 1}{\vartheta}$$

式（4.4.23）右边的参数都是已知的，因此可以估计得到稳态时的总需求$\overline{\overline{y}}$。再根据上面的各种比率得到稳态时的劳动$\overline{\overline{h}}$、资本存量$\overline{\overline{k}}$、投资$\overline{\overline{i}}$、消费$\overline{\overline{c}}$、中间产出$\overline{\overline{z}}$、国内需求$\overline{\overline{y^d}}$、进口需求$\overline{\overline{y^m}}$和出口需求$\overline{\overline{y^x}}$。

计算中国实际 GDP 与美国实际 GDP 的比率，1992~2014 年的平均值大约是 1/4。根据式（a.15），稳态时：

$$\overline{\overline{y^x}} = \varphi s \overline{\overline{y^*}}$$

则$\dfrac{\overline{\overline{y^x}}}{\overline{\overline{y^*}}} = \varphi \overline{\overline{s}}$，$\dfrac{\overline{\overline{y^x}}}{\overline{\overline{y}}} = 4\varphi \overline{\overline{s}}$。

上文有

$$\frac{\overline{\overline{y^x}}}{\overline{\overline{y}}} = (1-\phi) \overline{\overline{s}}$$

因此得到

$$\varphi = \frac{1-\phi}{4} = 0.055 \qquad (4.4.24)$$

下面推导出剩余变量稳态时的值。

根据式（a.1），稳态时有

$$\overline{\overline{\lambda}} = \overline{\overline{\chi}}_c \left(\overline{\overline{c}} - \tau \overline{\overline{c}} \right)^{-\sigma} \qquad (4.4.25)$$

根据稳态时的消费 $\overline{\overline{c}}$，稳态时 $\overline{\overline{\chi}}_c = 1$，由设定的参数 $\tau = 0.62$，以及 $\sigma = 2$ 可以计算得到 $\overline{\overline{\lambda}}$。

根据式（a.3），稳态时有

$$\overline{\overline{\lambda}} = \beta \overline{\overline{\lambda}} + \overline{\overline{m^{-\sigma_m}}} \qquad (4.4.26)$$

代入式（4.4.22）和 β 可以得到稳态的货币需求 $\overline{\overline{m}}$。$_{\psi_k}$

参数校准结果与部分稳态时的比率见表 4.4.2，变量稳态值见附录 C。

表 4.4.2　参数的校准与稳态值

参数名称	参数符号	校准值	方法
国内中间产品替代率	θ	11	设定，使价值加成 10%，1/（11-1）=10%
进口中间产品替代率	ϑ	11	设定，使得价值加成 10%，1/（11-1）=10%
最终产品国内外产品替代率	ν	1.5	设定
折旧率	δ	0.067	$\left(\frac{1}{\beta}-1\right) \cdot \left(\frac{\phi+\vartheta-1}{\vartheta} \cdot \frac{\overline{\overline{y}}}{\overline{\overline{i}}} \cdot \frac{\alpha(\theta-1)}{\theta}\right)^{-1}$
中间品产出中的资本与劳动力的替代弹性	α	0.53	收集收入法计算的国民经济核算数据，劳动收入/资本收入=（1-α）/α，推测出 α，数据来自中经网
消费的跨期替代弹性	σ	2	设定
贴现率	β	0.99	收集国内季度利率，把历年季度利率求平均得到 $\overline{R}$，令 $\beta = 1/\overline{R}$，数据来自中经网
消费惯性	τ	0.62	设定
劳动供给弹性的倒数	η	3	设定
货币需求的利率弹性	σ_m	3.13	设定来自 Zhang（2009）
外债调整风险系数	ω	0.0014	设定来自刘斌（2008）
总需求中本国产品占的比率，最终产品中本国产品比例	ϕ	0.78	根据稳态比率 $\phi = \frac{\overline{\overline{y^d}}}{\overline{\overline{y}}} = 1 - \frac{\overline{\overline{y^m}}}{\overline{\overline{y}}}$
出口占外国总需求的比率	φ	0.055	根据式（4.2.24）
资本调整风险系数	ψ_k	25	设定
稳态比率			
投资占总需求的比率	$\dfrac{\overline{\overline{i}}}{\overline{\overline{y}}}$	0.41	收集支出法国民核算数据，计算资本收入占 GDP 比率

参数名称	参数符号	校准值	方法
消费占总需求的比率	$\dfrac{\overline{\overline{c}}}{\overline{\overline{y}}}$	0.59	等于 $1-\dfrac{\overline{\overline{c}}}{y}$
出口占总需求的比率	$\dfrac{\overline{\overline{y^x}}}{\overline{\overline{y}}}$	0.2	用名义出口除以名义 GDP 的平均值得到，数据来自中经网
进口量占总需求的比率	$\dfrac{\overline{\overline{y^m}}}{\overline{\overline{y}}}$	0.22	等于 $\dfrac{\overline{\overline{y^m}}}{y}=\dfrac{\overline{\overline{y^x}}}{sy}$
国内需求占总需求的比率	$\dfrac{\overline{\overline{y^d}}}{\overline{\overline{y}}}=\phi$	0.78	等于 $1-\dfrac{\overline{\overline{y^m}}}{y}$
国内需求占总产出的比率	$\dfrac{\overline{\overline{y^d}}}{\overline{\overline{z}}}$	0.796	等于 $\dfrac{\phi\vartheta}{\phi+\vartheta-1}$
出口占总产出的比率	$\dfrac{\overline{\overline{y^x}}}{\overline{\overline{z}}}$	0.204	等于 $1-\dfrac{\overline{\overline{y^d}}}{z}$
冲击的稳态值	$\overline{\overline{A}}=\overline{\chi_c}=\overline{\overline{\chi^\kappa}}$	1	设定

4.5　动态参数的贝叶斯估计

线性化模型中没有校准的剩余参数采用目前流行的基于 MCMC 的贝叶斯估计法估计。剩余未估计参数可以分成三类：一是价格调整成本中的参数，包括投资调整参数 ψ_k、国内价格调整参数 ψ_d、进口价格调整参数 ψ_m 和出口价格调整参数 ψ_x。二是外生冲击的 AR（1）的系数和扰动项的标准差，包括 ρ_{χ_c}、ρ_{χ^κ}、ρ_A、ρ_{y^*}、ρ_ν、ρ_{R^*}、σ_{χ_c}、σ_{χ^κ}、σ_A、σ_{y^*}、σ_ν 和 σ_{R^*}。三是中央银行货币政策函数中的参数，包括 ρ_R、ρ_π、ρ_y 和 ρ_s。

本节包括六个外部冲击，因此最多选择六个可观测变量。变量的选择一般根据变量数据可得性以及变量是否包含未知参数的信息来选取。本文使用 1994 年第一季度至 2015 年第三季度的季度数据。最终确定的观测数据包括本国总产出 y、中国名义利率 R、实际汇率 s、中国用 CPI 表示的通货膨胀率 π、本国消费 c 和外国名义利率共六个变量。

本国总产出用中国名义季度 GDP 除以 CPI 定基比数据得到实际 GDP，中国名义利率选择一年期定期存款利率除以 4，得到季度利率，然后加上 1。实际汇率用人民币对美元名义汇率乘以美国 CPI 除以中国 CPI 数据得到。通货膨胀率根据中国季度 CPI 定基数据计算季度环比得到。本国消费用中国季度零售品销售总额除以 CPI 得到实际消费数据来代表，外国名义利率选择美国 3 月期国债利率。美国 3 月期国债数据来自 IMF，其他所有数据都来自中经网。

　　本节对 DSGE 模型在稳态附近线性化后估计参数，因此把收集的数据进行规范化。规范化的方法是首先把所有变量求自然对数，其中中国的名义季度 GDP 和 CPI 存在季节性，把这两个变量求自然对数后进行季节调整，其他变量没有季节性，所以不做处理。然后用 HP 滤波得到数据的趋势，减去 HP 趋势，用得到的数据来估计未知参数。

　　使用贝叶斯估计需要设定参数的初始值和先验分布，先验分布基本上没有什么争论，初始值参考刘斌（2008）、仝冰（2010）、王家玮（2012）等的研究来设定。所有外生冲击过程的自回归系数的先验分布均是均值为 0.5 标准差为 0.2 的 Beta 分布，外生冲击过程标准差的先验分布均是均值为 0.01 标准差为 +∞ 的逆 Gamma 分布。中央银行货币政策的参数设定通常令 ρ_R 服从均值为 0.5、标准差为 0.2 的 Beta 分布，ρ_π、ρ_y 和 ρ_s 服从均值为 2、标准差为 0.5 的 Gamma 分布，下文通过修改 ρ_s 的参数大小来反映中国汇率制度从固定汇率制度到浮动汇率制度的不同情况。价格二次调整函数中的参数根据已有文献，都设为 Gamma 分布。

　　与其他研究相同，我们使用基于 MATLAB 的 Dynare 工具箱计算，后验分布使用 MH 马尔科夫链蒙特卡罗算法。该方法分成两步：第一步是最大化对数的后验分布函数，使用 mode_compute 选择最优化的算法，隐含设定 mode_compute=4，方法是 Chris Sims 的 csminwel，详见 Sims（2002）。利用 mode_check 命令查看优化的结果。第二步使用 MH 算法得到完整的后验分布。进一步了解估计过程可以参考 Koop（2003）、An 和 Schorfheide（2007）与 Dai（2012）的相关研究。mh_replic 控制抽样次数，默认为 2 万次。一般至少为 1 万次。mh_jscale 控制 MH 算法中跳跃分布的尺度，尺度越大，接受率越低，随机模拟有可能陷入一个局部最优。尺度越小，接受率越高，但是可能无法模拟整个分布。一般需要调整使接受率为 27% 左右。mh_nblocks 表示从不同的起点模拟得到马尔科夫链，默认值等于 2。收敛性检验要求两个模拟链的诊断结果应该比较接近，多变量诊断有 3 种度量，分别是参数均值、方差和三阶矩。本节模拟 100 000 次，平行的马尔科夫链的数目为两条，跳跃尺度参数选择使两条链的接受率为 25%~45%。

　　以 2005 年第三季度的汇率改革为界，把数据分成两个区间分别估计参数进行对比研究。

　　使用 1996 年第一季度至 2005 年第二季度的数据估计模型未知参数，估计结果见表 4.5.1。图 4.5.1~图 4.5.5 是估计效果。从多变量收敛性分析可以看到，两个链随着模拟次数的增加逐渐收敛。单变量收敛性分析也比较好，利率 R 的自相关系数整体有一定趋势性。从先验分布与后验分布图形可以看到，后验分布对先验分布都有所改进，数据包含了参数的信息。

表 4.5.1　1996 年第一季度至 2005 年第二季度的参数估计结果

参数	先验均值	后验均值	90%下界	90%上界	先验分布	先验标准差
psai_m	50.000	41.163 2	12.842 8	65.448 9	Gamma	20.000 0
psai_x	50.000	42.651 0	17.899 6	67.288 3	Gamma	20.000 0
psai_d	150.000	214.065 9	162.889 8	266.389 2	Gamma	40.000 0
ruo_RF	0.500	0.510 6	0.362 1	0.664 7	Beta	0.100 0
ruo_A	0.500	0.162 5	0.113 8	0.212 2	Beta	0.100 0
ruo_yf	0.500	0.774 0	0.711 8	0.837 1	Beta	0.100 0
ruo_c	0.500	0.299 8	0.190 3	0.412 5	Beta	0.100 0
ruo_b	0.500	0.508 2	0.360 5	0.662 2	Beta	0.100 0
ruo_v	0.500	0.400 4	0.306 9	0.496 9	Beta	0.100 0
ruo_R	0.500	0.899 5	0.856 5	0.944 3	Beta	0.200 0
ruo_pai	2.000	2.563 2	1.406 4	3.737 6	Gamma	1.000 0
ruo_y	2.000	3.053 9	1.742 7	4.343 8	Gamma	1.000 0
e_RF	0.010	0.005 3	0.002 8	0.007 7	Invg	Inf
e_v	0.010	0.002 8	0.002 1	0.003 5	Invg	Inf
e_yf	0.010	0.032 9	0.023 9	0.042 0	Invg	Inf
e_kaic	0.010	0.086 6	0.068 7	0.102 2	Invg	Inf
e_kaib	0.010	0.005 2	0.002 7	0.007 7	Invg	Inf
e_A	0.010	0.022 8	0.016 7	0.028 5	Invg	Inf

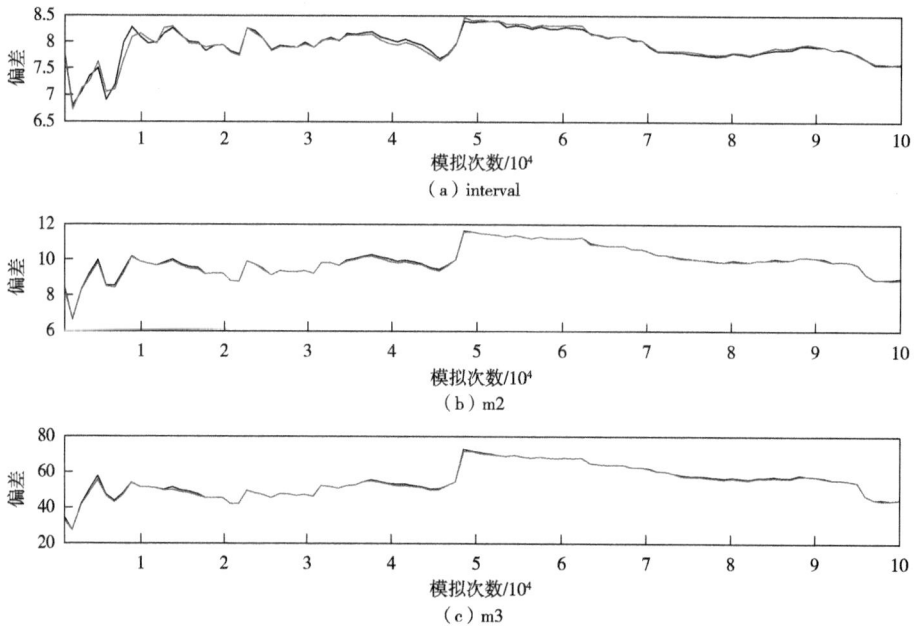

图 4.5.1　多变量收敛性检验（一）

图中的两条线表示模拟路径，两条路径越接近越好；interval 是均值，m2 是方差，m3 是 3 阶矩

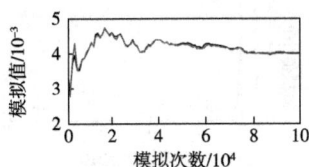

（1）SE_*e*_RF (interval)

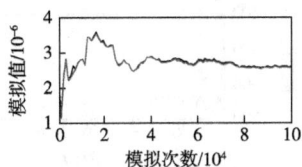

（2）SE_*e*_RF (m2)

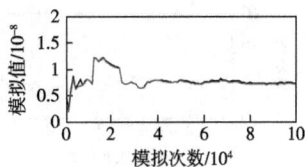

（3）SE_*e*_RF (m3)

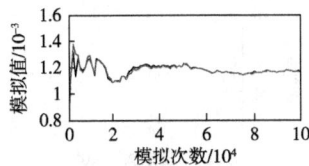

（4）SE_*e*_*v* (interval)

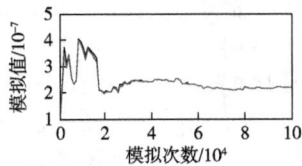

（5）SE_*e*_*v* (m2)

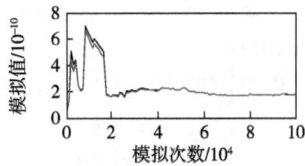

（6）SE_*e*_*v* (m3)

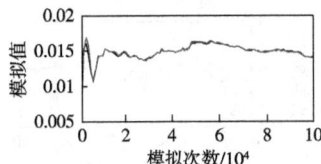

（6）SE_*e*_yf (interval)

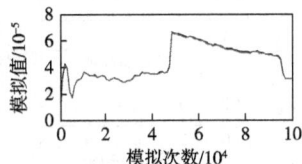

（7）SE_*e*_yf (m2)

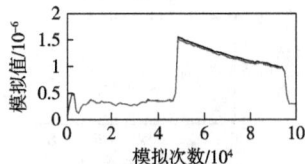

（9）SE_*e*_yf (m3)

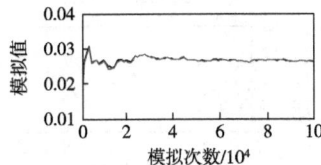

（10）SE_*e*_kaic (interval)

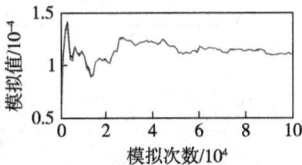

（11）SE_*e*_kaic (m2)

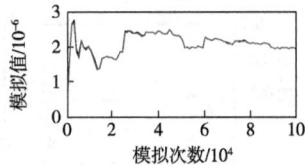

（12）SE_*e*_kaic (m3)

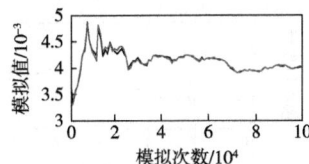

（13）SE_*e*_kaib (interval)

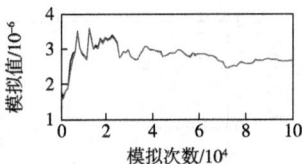

（14）SE_*e*_kaib (m2)

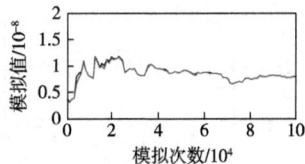

（15）SE_*e*_kaib (m3)

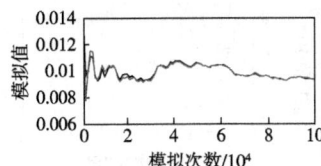

（16）SE_*e*_*A* (interval)

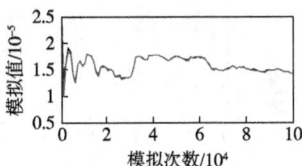

（17）SE_*e*_*A* (m2)

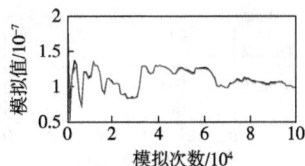

（18）SE_*e*_*A* (m3)

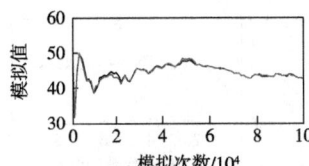

（19）psai_*m* (interval)

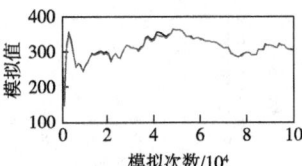

（20）psai_*m* (m2)

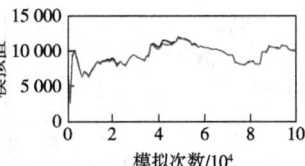

（21）psai_*m* (m3)

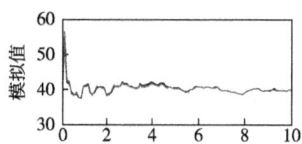

（22）psai_x (interval)

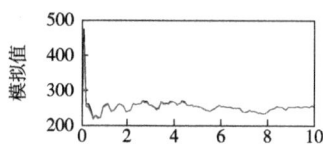

（23）psai_x (m2)

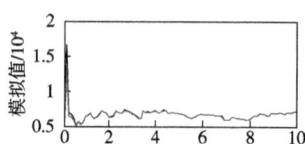

（24）psai_x (m3)

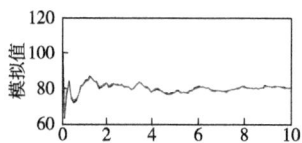

（25）psai_d (interval)

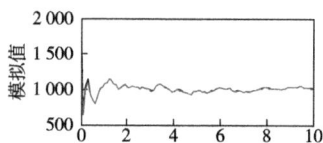

（26）psai_d (m2)

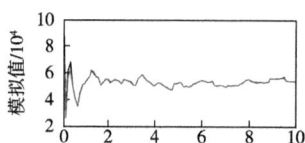

（27）psai_d (m3)

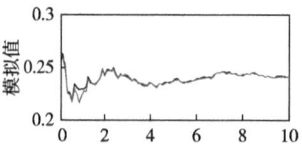

（28）ruo_RF (interval)

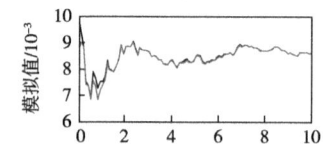

（29）ruo_RF (m2)

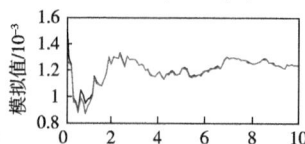

（30）ruo_RF (m3)

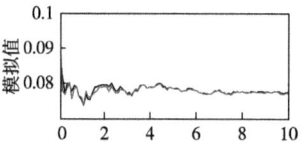

（31）ruo_A (interval)

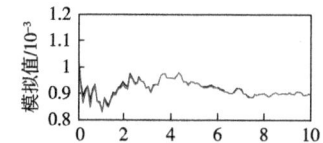

（32）ruo_A (m2)

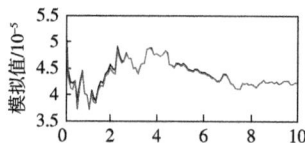

（33）ruo_A (m3)

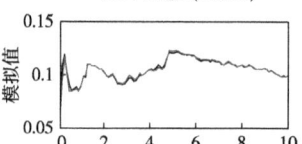

（34）ruo_yf (interval)

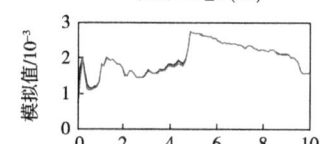

（35）ruo_yf (m2)

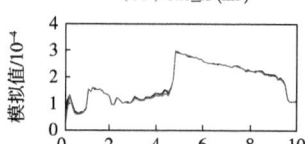

（36）ruo_yf (m3)

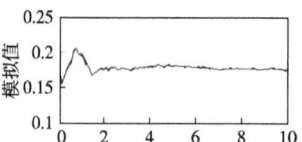

（37）ruo_c (interval)

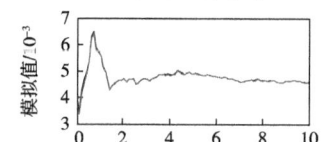

（38）ruo_c (m2)

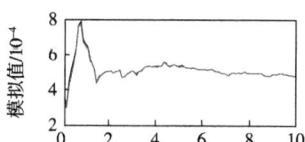

（39）ruo_c (m3)

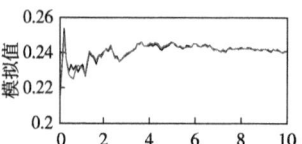

（40）ruo_b (interval)

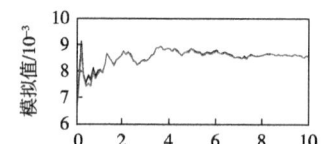

（41）ruo_b (m2)

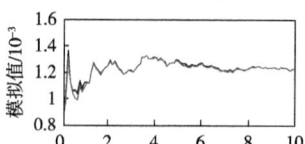

（42）ruo_b (m3)

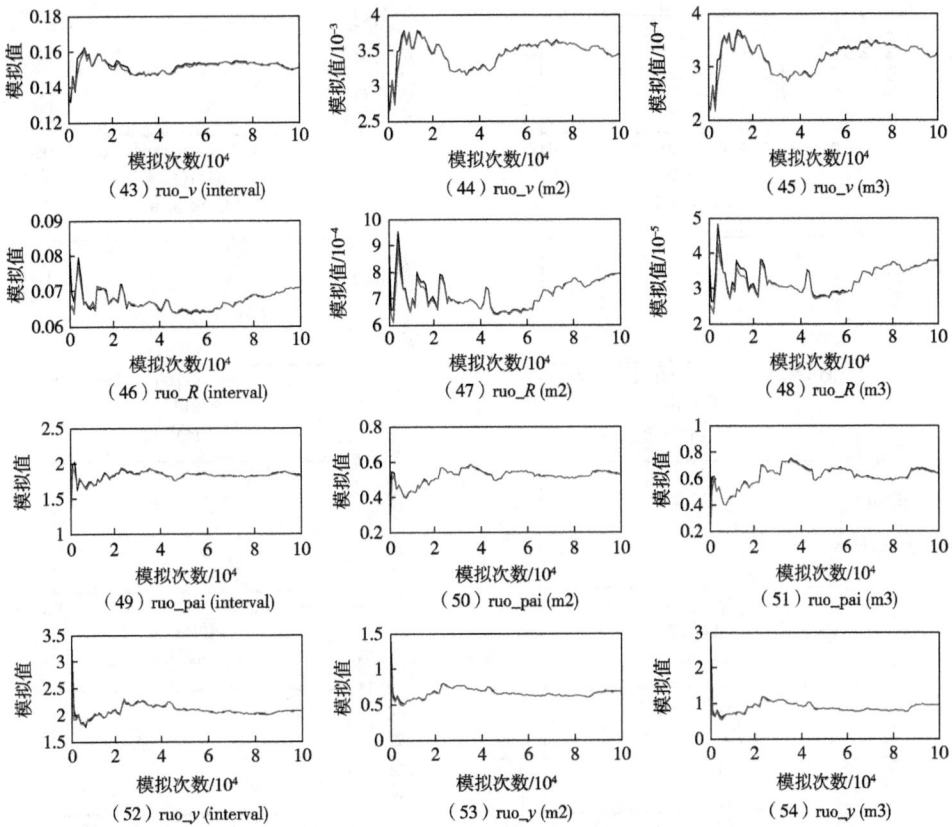

（43）ruo_v (interval)

（44）ruo_v (m2)

（45）ruo_v (m3)

（46）ruo_R (interval)

（47）ruo_R (m2)

（48）ruo_R (m3)

（49）ruo_pai (interval)

（50）ruo_pai (m2)

（51）ruo_pai (m3)

（52）ruo_y (interval)

（53）ruo_y (m2)

（54）ruo_y (m3)

图 4.5.2　单变量收敛性分析

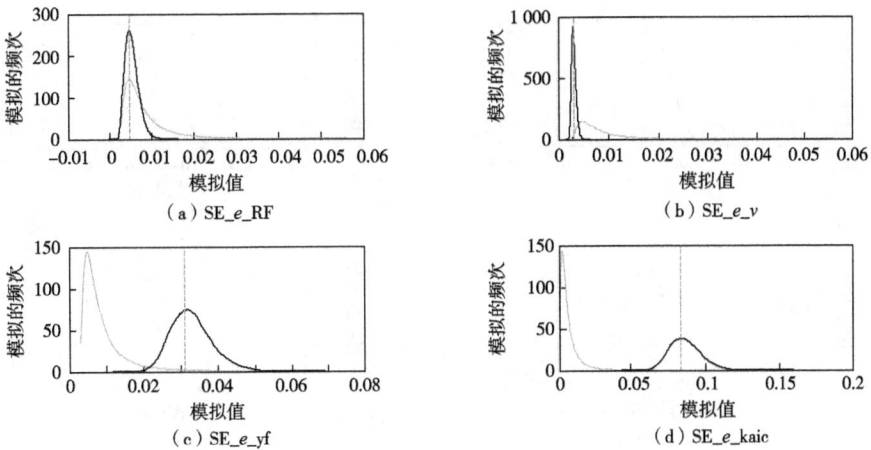

（a）SE_e_RF

（b）SE_e_v

（c）SE_e_yf

（d）SE_e_kaic

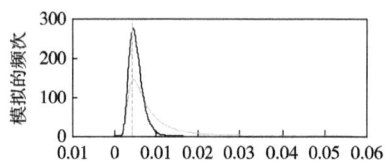

（e）SE_*e*_kaib

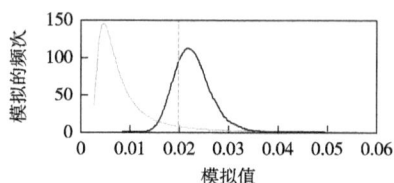

（f）SE_*e*_A

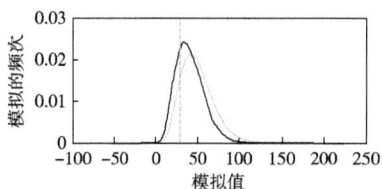

（g）psai_*m*

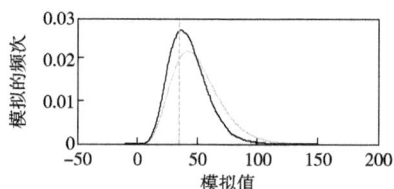

（h）psai_*x*

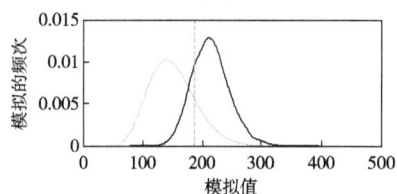

（i）psai_*d*

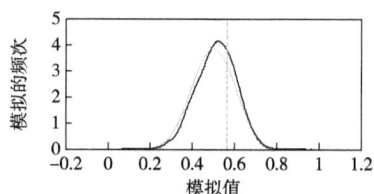

（j）ruo_RF

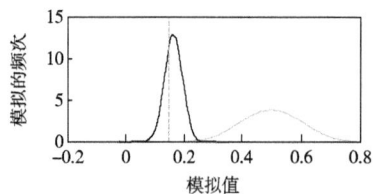

（k）ruo_*A*

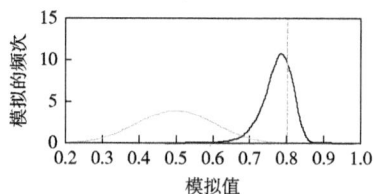

（l）ruo_yf

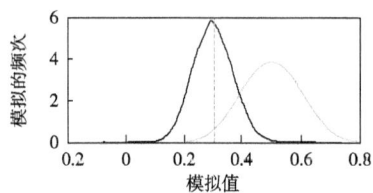

（m）ruo_*c*

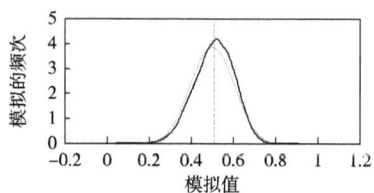

（n）ruo_*b*

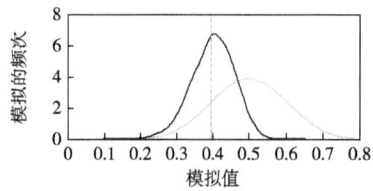

（o）ruo_*v*

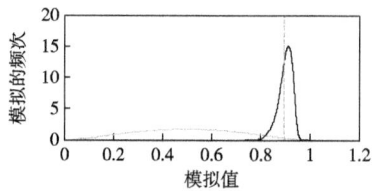

（p）ruo_*R*

（q）ruo_pai

（r）ruo_y

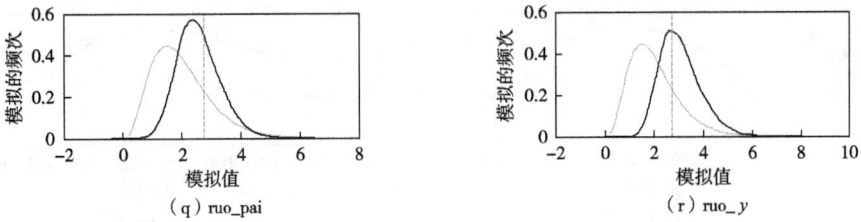

图 4.5.3　先验分布与后验分布（一）

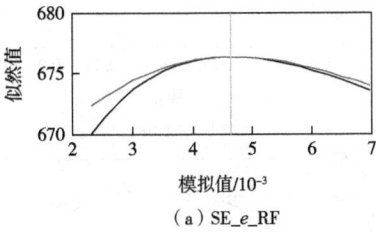

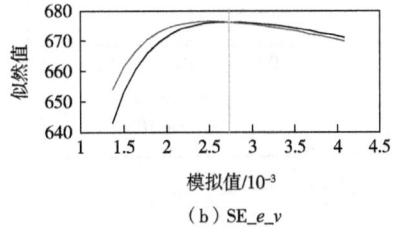

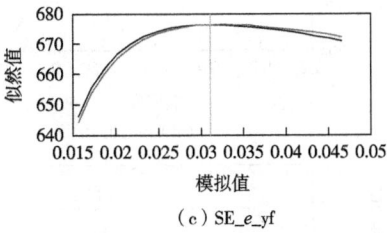

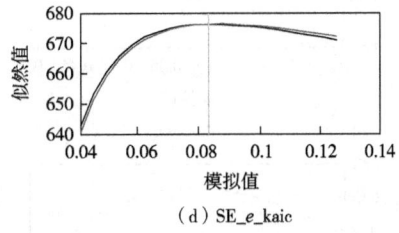

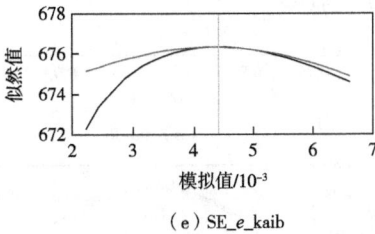

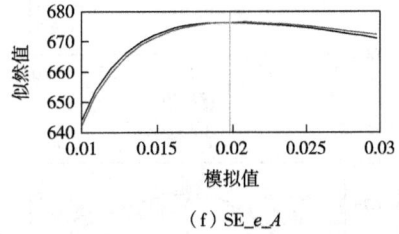

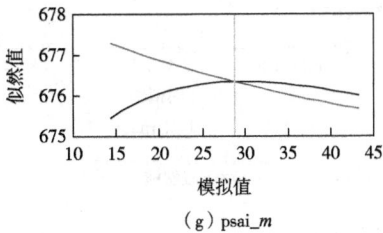

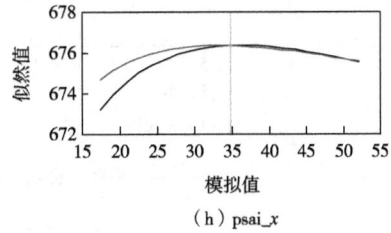

（a）SE_e_RF

（b）SE_e_v

（c）SE_e_yf

（d）SE_e_kaic

（e）SE_e_kaib

（f）SE_e_A

（g）psai_m

（h）psai_x

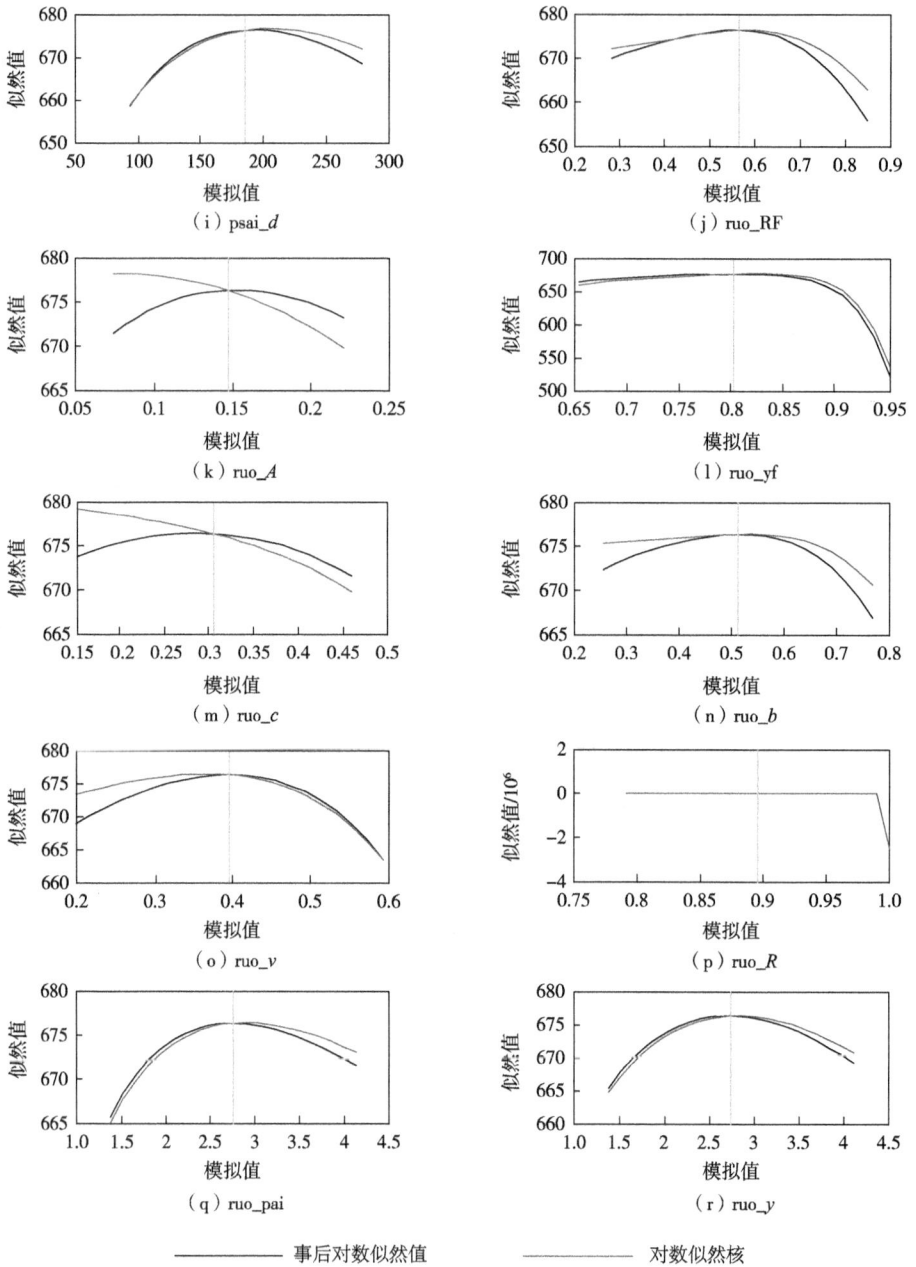

（i）psai_d

（j）ruo_RF

（k）ruo_A

（l）ruo_yf

（m）ruo_c

（n）ruo_b

（o）ruo_v

（p）ruo_R

（q）ruo_pai

（r）ruo_y

——————— 事后对数似然值　　　　　　——————— 对数似然核

图 4.5.4　模式检验（一）

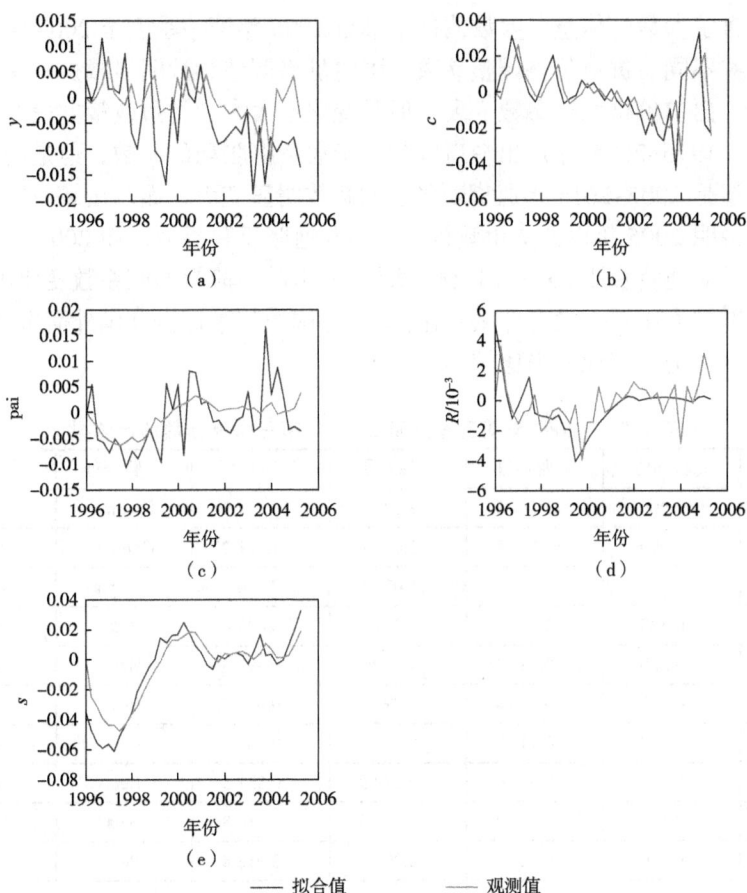

图 4.5.5　观察值与一步预测比较（一）

外生冲击中外国产出和利率的系数比较大说明具有明显的持续性。国内需求和国外需求冲击比较大，其次是技术冲击。但是冲击程度除了外生变量标准差的大小还依赖于传递过程，需要方差分解来研究。三个价格调整成本参数估计由小到大分别是进口、出口和国内价格。研究结果表明，国内价格具有非常大的黏性，而进口价格和出口价格调整参数几乎相同，说明可贸易品价格调整速度大于非贸易品。外部冲击的自回归系数中，国外需求冲击滞后性比较大，其他都小于 0.5。在货币政策参数中利率自回归系数接近 0.9，与中国利率调整不频繁现象一致。货币政策对产出偏离敏感度大于对通货膨胀偏离敏感度。

使用 2005 年第三季度至 2015 年第三季度数据估计的结果见表 4.5.2，图 4.5.6~图 4.5.10 是各种估计效果图。单变量收敛性、多变量收敛性同样说明收敛情况基本可以接受。先验分布与后验分布比较图也可以看到后验分布位置移动，说明观察数据包含了参数的信息。参数估计结果与 1996 年第一季度至 2005 年第二季度的大小有些不同。进口价格调整参数，国内价格调整参数明显减少，说明调整速度比较快。出口价格调整参数变大，但是变化不太大。货币政策方程的系数变化比较明显，1996~2005 年产出缺口系数大于通货膨胀前的系数，但是两者相差不是很大，但是 2005~2015 年通货膨胀前的系数明显变大，而产出缺口前的系数显著减少，说明 2005 年以前货币政策对产出和通胀反映类似，而 2005 年以后利率调整主要针对通货膨胀，对产出反映很小。冲击的一阶自回归系数变化不是很大。冲击的标准差大小顺序没有什么变化，仍然是国内需求冲击和国外需求冲击最多，其次是技术冲击，其他冲击比较小。

表 4.5.2　2005 年第三季度至 2015 年第三季度参数估计结果

参数	先验均值	后验均值	90%下界	90%上界	先验分布	先验标准差
psai_m	40.000	23.162 8	8.175 5	38.111 0	Gamma	15.000 0
psai_x	60.000	50.759 7	15.000 1	83.831 2	Gamma	20.000 0
psai_d	150.000	185.767 1	125.039 1	257.364 7	Gamma	40.000 0
ruo_RF	0.500	0.624 3	0.387 7	0.844 4	Beta	0.100 0
ruo_A	0.500	0.288 4	0.172 6	0.392 9	Beta	0.100 0
ruo_yf	0.500	0.853 6	0.794 2	0.911 3	Beta	0.100 0
ruo_c	0.500	0.448 3	0.323 2	0.581 6	Beta	0.100 0
ruo_b	0.500	0.604 6	0.379 9	0.831 5	Beta	0.100 0
ruo_v	0.500	0.380 2	0.249 6	0.510 8	Beta	0.100 0
ruo_R	0.500	0.929 7	0.907 6	0.952 8	Beta	0.200 0
ruo_pai	2.000	3.558 4	2.425 1	4.838 0	Gamma	0.500 0
ruo_y	2.000	1.112 9	0.391 8	1.960 6	Gamma	0.500 0
e_RF	0.010	0.005 2	0.002 2	0.008 0	Invg	Inf
e_v	0.010	0.002 1	0.001 5	0.002 6	Invg	Inf
e_yf	0.010	0.055 3	0.040 1	0.070 2	Invg	Inf
e_kaic	0.010	0.059 6	0.048 5	0.070 3	Invg	Inf
e_kaib	0.010	0.005 0	0.002 3	0.007 5	Invg	Inf
e_A	0.010	0.017 2	0.011 9	0.022 8	Invg	Inf

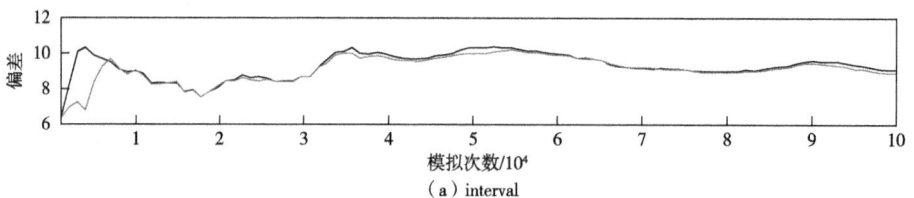

（a）interval

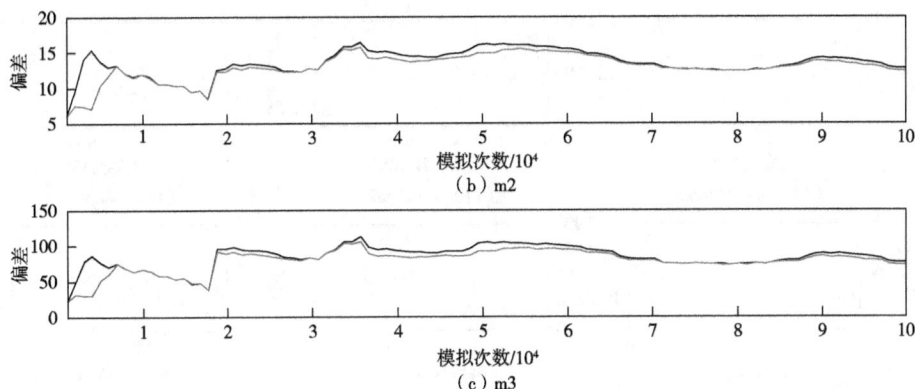

（b）m2

（c）m3

图 4.5.6　多变量收敛性检验（二）

图中的两条线表示模拟路径，两条路径越接近越好

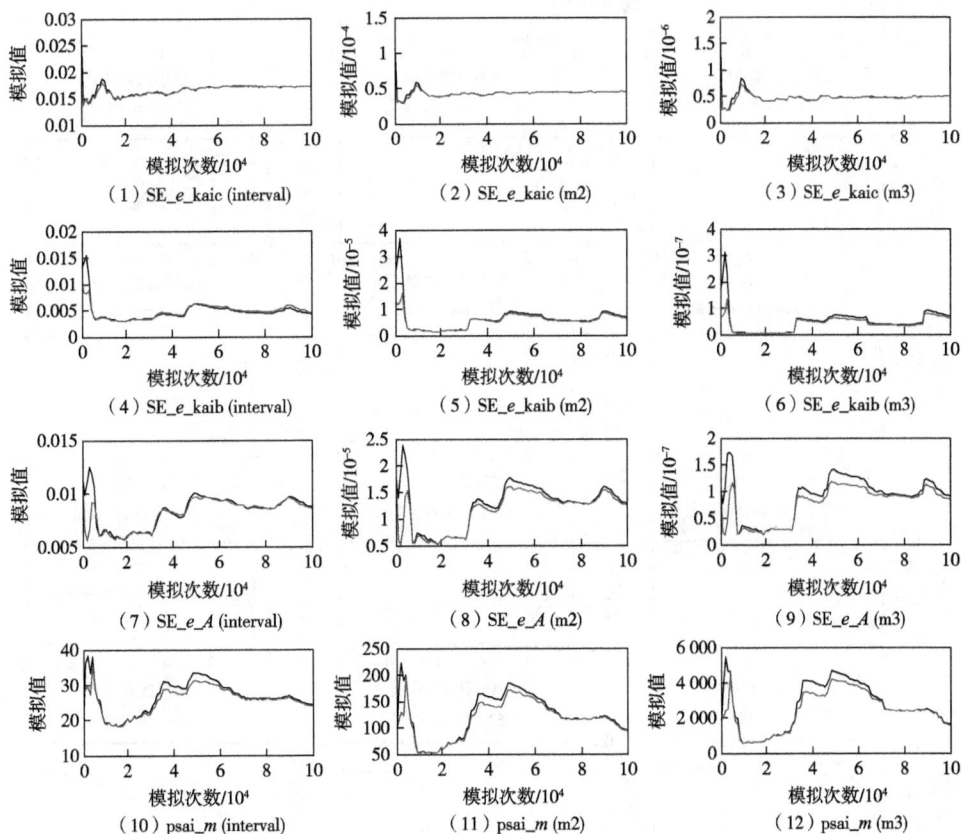

（1）SE_e_kaic (interval)

（2）SE_e_kaic (m2)

（3）SE_e_kaic (m3)

（4）SE_e_kaib (interval)

（5）SE_e_kaib (m2)

（6）SE_e_kaib (m3)

（7）SE_e_A (interval)

（8）SE_e_A (m2)

（9）SE_e_A (m3)

（10）psai_m (interval)

（11）psai_m (m2)

（12）psai_m (m3)

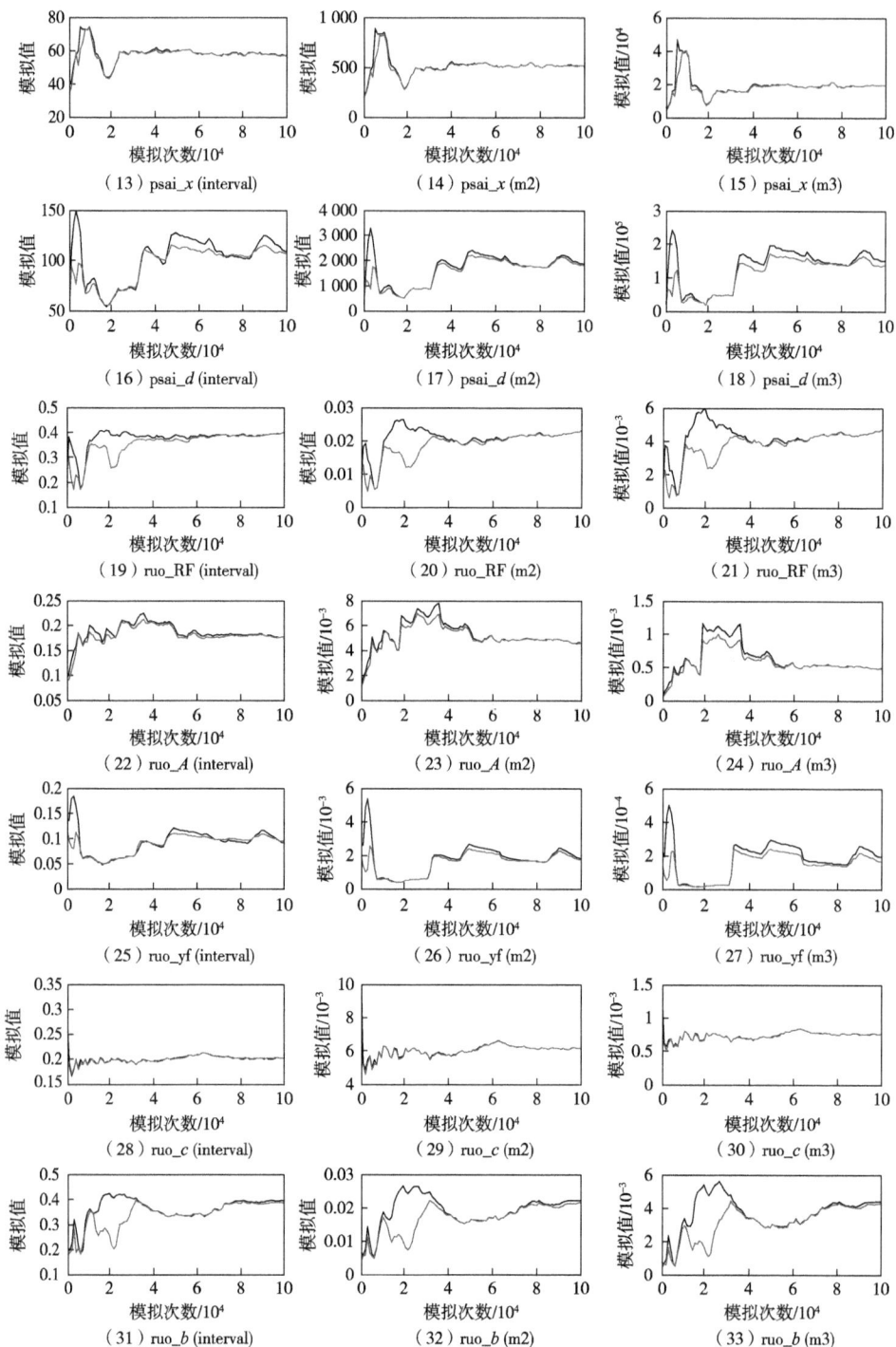

（13）psai_x (interval)

（14）psai_x (m2)

（15）psai_x (m3)

（16）psai_d (interval)

（17）psai_d (m2)

（18）psai_d (m3)

（19）ruo_RF (interval)

（20）ruo_RF (m2)

（21）ruo_RF (m3)

（22）ruo_A (interval)

（23）ruo_A (m2)

（24）ruo_A (m3)

（25）ruo_yf (interval)

（26）ruo_yf (m2)

（27）ruo_yf (m3)

（28）ruo_c (interval)

（29）ruo_c (m2)

（30）ruo_c (m3)

（31）ruo_b (interval)

（32）ruo_b (m2)

（33）ruo_b (m3)

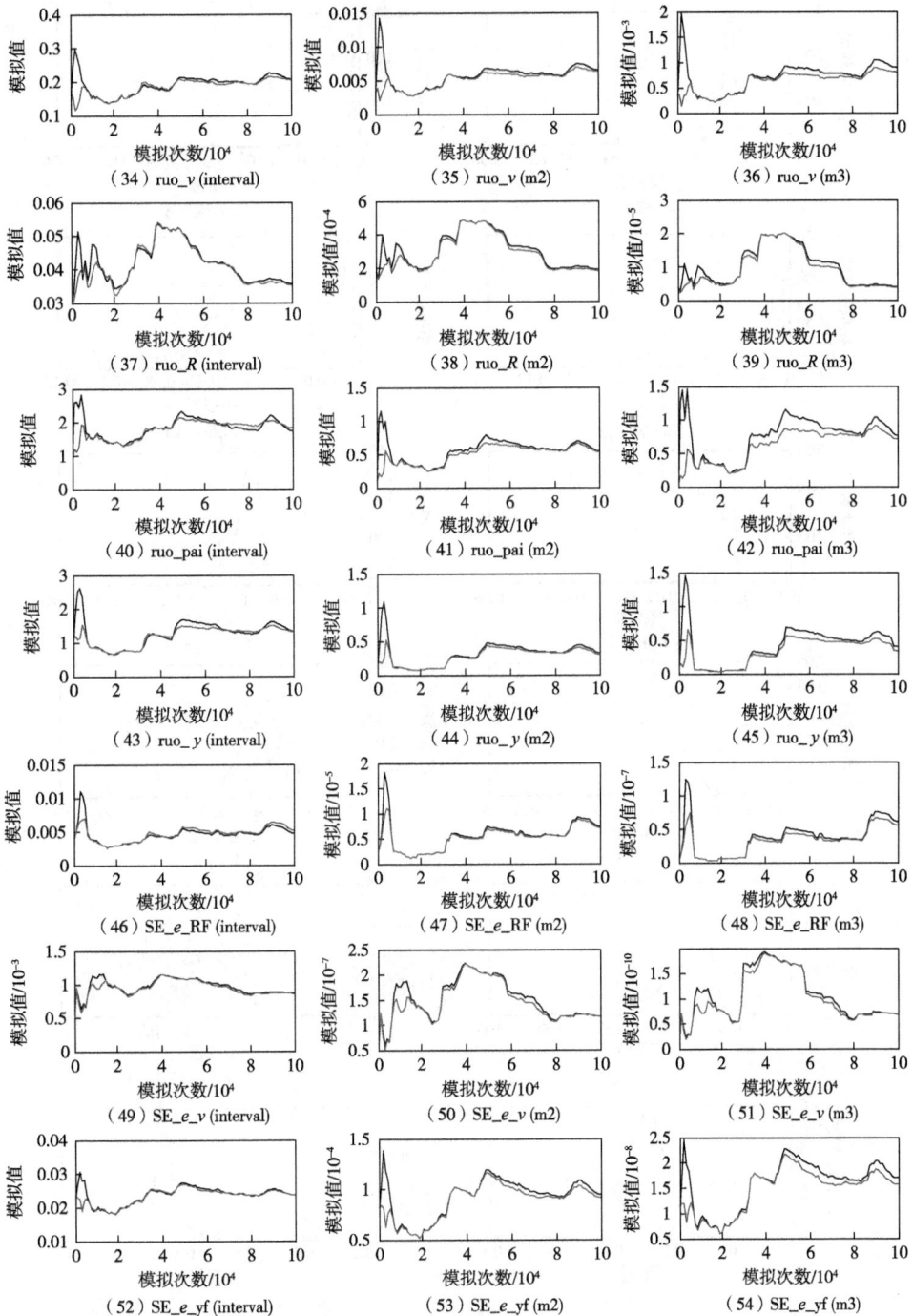

（34）ruo_v (interval)　　（35）ruo_v (m2)　　（36）ruo_v (m3)

（37）ruo_R (interval)　　（38）ruo_R (m2)　　（39）ruo_R (m3)

（40）ruo_pai (interval)　　（41）ruo_pai (m2)　　（42）ruo_pai (m3)

（43）ruo_y (interval)　　（44）ruo_y (m2)　　（45）ruo_y (m3)

（46）SE_e_RF (interval)　　（47）SE_e_RF (m2)　　（48）SE_e_RF (m3)

（49）SE_e_v (interval)　　（50）SE_e_v (m2)　　（51）SE_e_v (m3)

（52）SE_e_yf (interval)　　（53）SE_e_yf (m2)　　（54）SE_e_yf (m3)

图 4.5.7　单变量收敛性检验

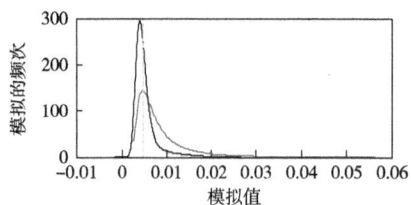

（a）SE_*e*_RF

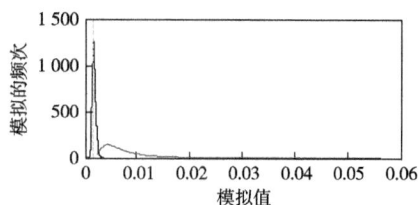

（b）SE_*e*_v

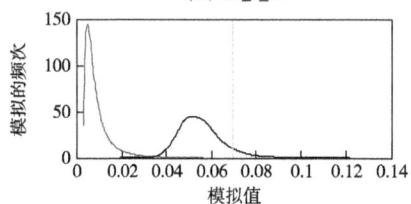

（c）SE_*e*_yf

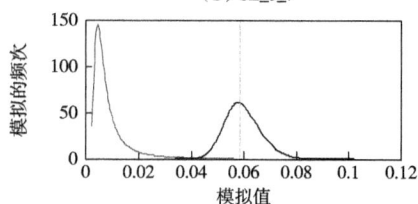

（d）SE_*e*_kaic

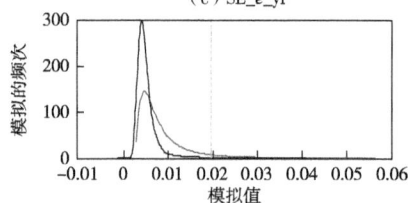

（e）SE_*e*_kaib

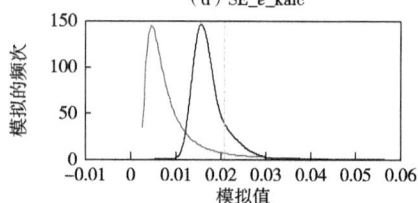

（f）SE_*e*_A

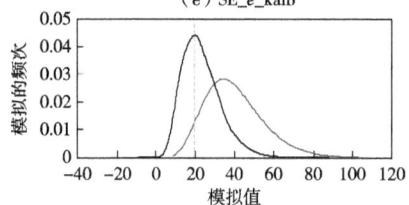

（g）psai_*m*

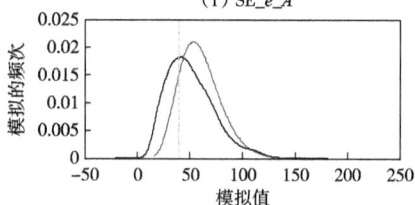

（h）psai_*x*

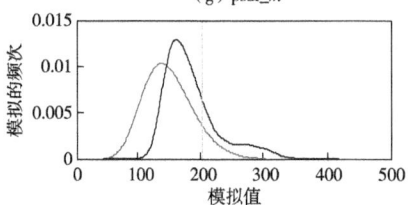

（i）psai_*d*

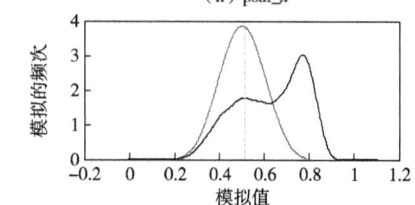

（j）ruo_RF

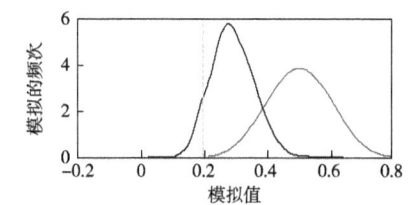

（k）ruo_A

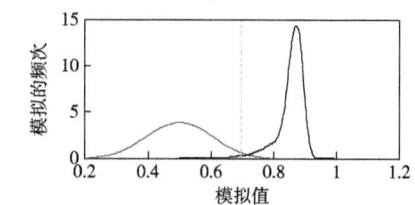

（l）ruo_yf

（m）ruo_c　　　　　　　　　　（n）ruo_b

（o）ruo_v　　　　　　　　　　（p）ruo_R

（q）ruo_pai　　　　　　　　　　（r）ruo_y

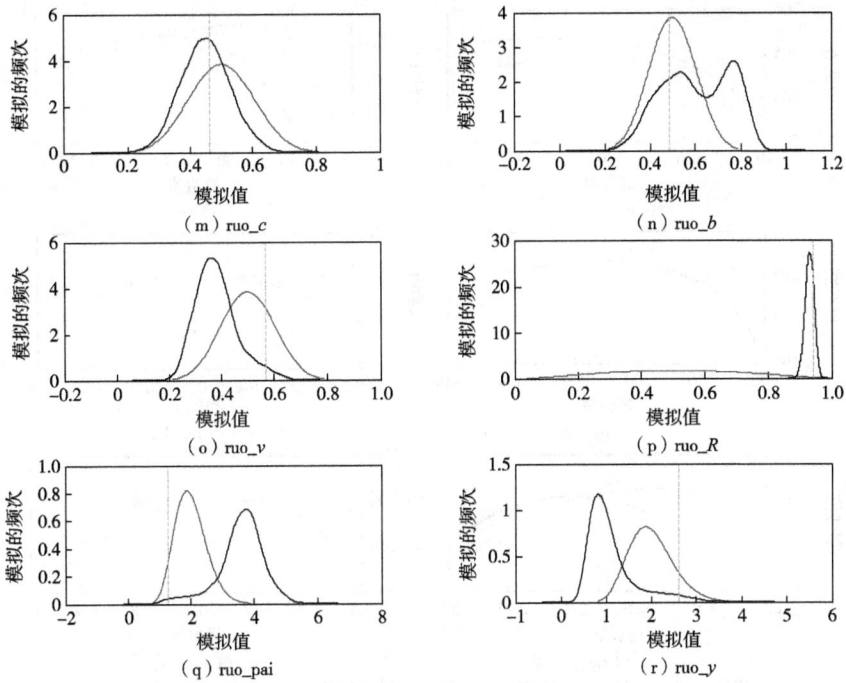

图 4.5.8　先验分布与后验分布（二）

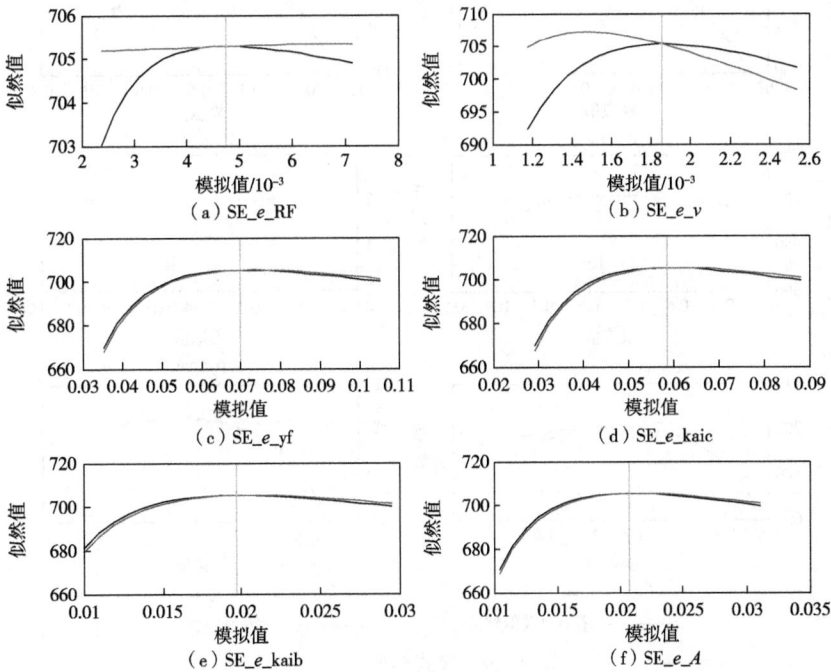

（a）SE_e_RF　　　　　　　　　　（b）SE_e_v

（c）SE_e_yf　　　　　　　　　　（d）SE_e_kaic

（e）SE_e_kaib　　　　　　　　　　（f）SE_e_A

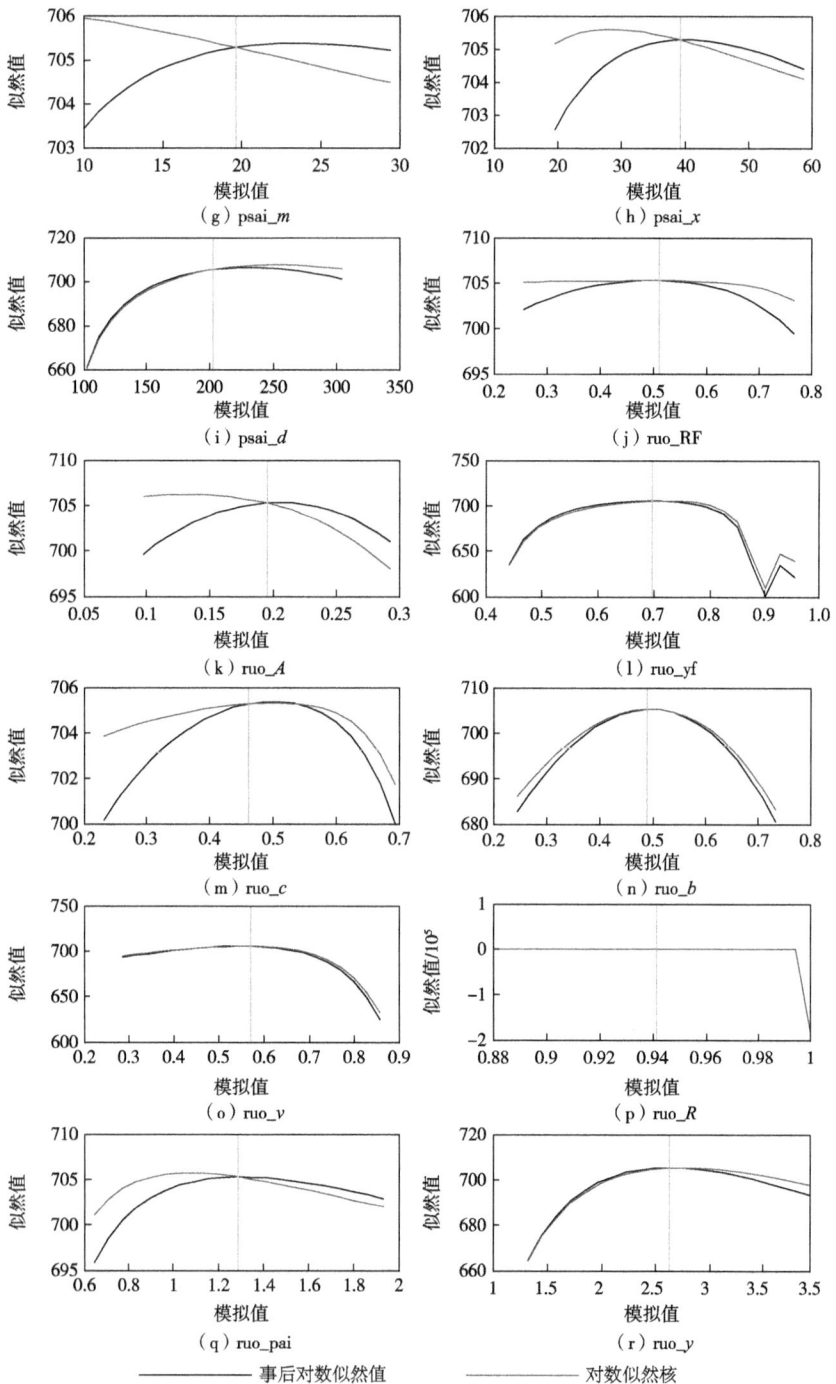

（g）psai_m

（h）psai_x

（i）psai_d

（j）ruo_RF

（k）ruo_A

（l）ruo_yf

（m）ruo_c

（n）ruo_b

（o）ruo_v

（p）ruo_R

（q）ruo_pai

（r）ruo_y

——— 事后对数似然值　　　——— 对数似然核

图 4.5.9　模式检验（二）

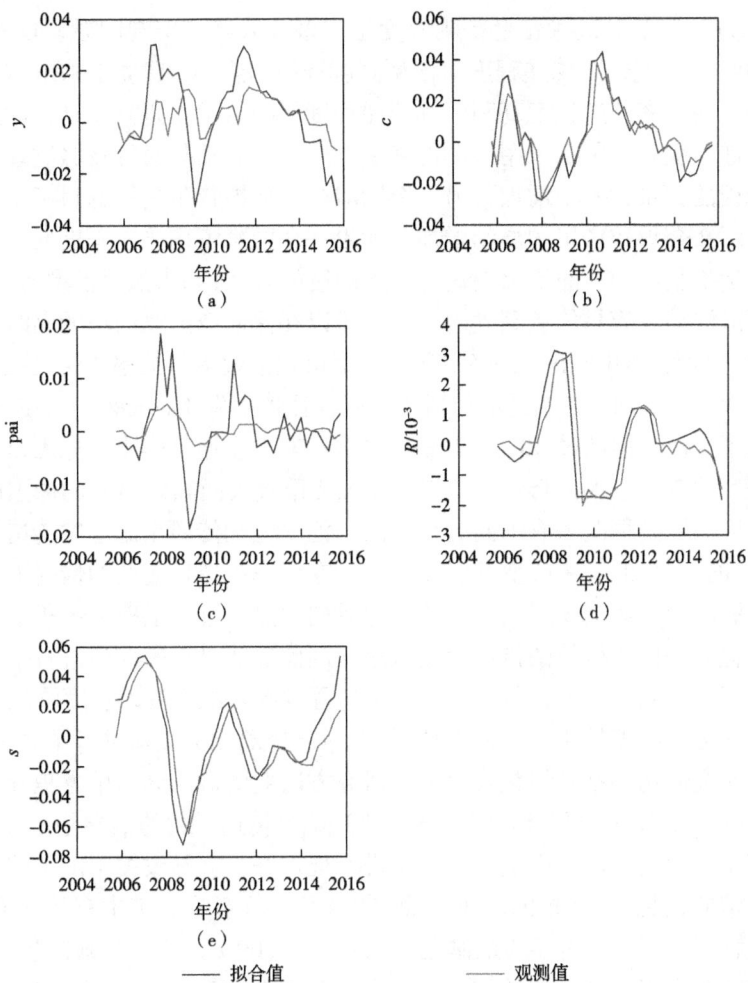

图 4.5.10　观察值与一步预测比较（二）

4.6　DSGE 模型应用——汇率传递是否下降?

汇率传递是指汇率变动对贸易品（出口和进口）以销售地货币计价价格，以及国内一般物价水平变动的程度。例如，人民币对美元双边名义汇率改变 1%，汇率对进口价格的传递表示中国从国外进口的产品用人民币表示的价格的改变程度。如果汇率改变 1%，价格（出口价格、进口价格和国内一般价格水平）也改变 1%，汇率传递程度（或汇率传递率）是 100%，称汇率完全传递；如果价格改变幅度低于 1%，则称汇率不完全传递。

汇率变化影响出口价格和进口价格，进而影响贸易条件和实际汇率，最终影响经济行为。汇率对这些变量影响程度是许多开放经济宏观问题。Devereux 和 Engel（2003）研究汇率传递程度对汇率制度选择的影响，建立 DSGE 模型，通过修改参数代表汇率传递程度高和汇率传递程度低的情况。研究发现，如果一个国家汇率传递程度高，那么采用浮动汇率制度时产出波动与通货膨胀波动之间存在一个跷跷板的关系，一个增加，另一个则减少。如果货币政策的目标是通货膨胀的稳定，那么会导致产出的波动增加。如果一个国家汇率传递程度低，那么产出波动与通货膨胀波动之间不存在这种非此即彼的联系，因为如果汇率传递程度低，那么外国的波动不容易传递到国内，所以可以在保证产出波动小的同时，通货膨胀的波动也不大。Mishkin（2008）研究了货币政策效果与汇率传递的关系，传统理论认为货币扩张时，汇率贬值与通货膨胀往往伴随发生，虽然美国在 2002 年美元对一篮子货币贬值超过 40%，但是美国并没有发生通货膨胀，原因是同时期汇率传递程度比较低。Adolfson（2007）发现货币政策面临国内外的冲击时，在汇率传递程度不同的情况下有不同的响应。与汇率完全传递相比汇率传递程度低的时候外部冲击发生时利率改变的幅度更小。在汇率传递程度低的情况下，通胀波动与产出波动的矛盾减少，两者的波动边界向原点靠近。汇率传递程度降低，那么汇率变化对进口价格等的传递程度减小，因此要通过汇率变化进行价格调整的话要求汇率变化幅度更大，所以低汇率传递程度导致汇率波动程度增加。

对汇率传递程度的研究非常丰富，第 3 章已经对相关文献进行了详细的回顾。这些实证研究使用的都是简化式模型，研究方法主要可以分为单方程计量模型和 VAR 模型两大类。单方程计量模型的主要缺陷是传递方程的推导基于部分均衡，假设汇率是外生的。汇率内生问题如果没有处理好，会导致关于汇率传递程度的估计是有偏的，并且统计推断不再正确。VAR 模型在已有文献中有几种不同方法，但是每一种形式下，都有相应的缺陷，Carlos（2009）认为这些缺陷包括 VAR 模型要求时间序列满足平稳条件，如果通过差分方式平稳化，会导致参数系统低估。理论上使用协整分析和向量误差修正模型避免了这一困难，但是确定协整空间的秩和识别协整向量在实际中无法正确确定。基于 VAR 模型的分析手段是通过脉冲响应函数来研究传递程度，众所周知这一方法的缺陷就是依赖于变量排列的顺序，可以对模型结构施加约束而得到不依赖于变量排列顺序的脉冲响应函数，但是这些约束往往是主观性给出的，具有任意性。

Bouakez 和 Rebei（2008）使用 DSGE 模型通过脉冲响应研究不同冲击下汇率传递程度，并且研究加拿大采用通货膨胀锚后汇率传递程度是否下降。他们认为采取 DSGE 模型有两个优点。一方面，这也是最重要的，避免了汇率内生性问题。价格与名义汇率是同时决定的。另一方面，DSGE 模型是结构模型，可以研究冲击来源不同时，汇率传递程度是否有区别。Bouakez 和 Rebei（2008）发现加拿大汇率传递程度在 1991 年后有所下降，主要原因是加拿大采取钉住通胀的货币政策目标。黄志刚（2009）建立了一个具有加工贸易部门的开放宏观经济多国模型研究中国汇率传递效应。黄志刚假设价格和工资具有黏性，发现汇率变动对一国国内价格的传递程度存在差异，对进出口价格传递快，对生产者价格和消费者价格传递慢。黄志刚（2009）通过改变价格调整参数发现进口价格和出口价格的短期汇率弹性大小取决于出口企业采用的定价货币的比例。如果贸易中更多采用本国货币定价，那么进出口价格的短期汇率弹性相对较小；反之，采用外币定价，进出口价格的短期汇率弹性相对较大。但是不论如何定价，汇率传递弹性大小顺序不变，对进口价格传递程度大，而对 CPI 传递程度小。

我们采用 4.2 节~4.5 节建立的 DSGE 模型，研究中国汇率传递程度在 2005 年前后是否发生变化。我们研究实际汇率改变 1%时，两个价格进口价格的通胀 paim 和基于 CPI 的通货膨胀 pai 改变的程度。参考 Bouakez 和 Rebei（2008）的方法计算条件汇率传递程度和总汇率传递程度。DSGE 模型设定 6 个结构冲击，分别是外国利率、外国需求、本国货币政策、技术、本国需求和外债风险溢价冲击。假设时点 t 某结构冲击 i 发生 1 单位变化，那么实际汇率在 j 期后的脉冲响应记为 ψ_{ij}^s，价格变量的脉冲响应记为 ψ_{ij}^p，$p = \pi_m, \pi$。那么定义条件汇率传递程度为

$$\frac{\sum_{l=0}^{j} \psi_{il}^p}{\sum_{l=0}^{j} \psi_{il}^s} \tag{4.6.1}$$

称为条件传递的原因是价格变化程度与面临的冲击有关。无条件传递或者总传递定义如下：

$$\sum_{i=1}^{6} \sum_{l=0}^{j} \frac{\psi_{il}^p}{\psi_{il}^s} \frac{\left(\psi_{il}^s\right)^2 \sigma_i^2}{\sum_{i} \sum_{l=0}^{j} \left(\psi_{il}^s\right)^2 \sigma_i^2} \tag{4.6.2}$$

总汇率传递依赖于条件汇率传递和结构冲击在所有冲击中占的比率。汇率传递程度计算结果见图 4.6.1。图 4.6.1（a）（c）（e）（g）（i）（k）是 6 个不同冲击发生时，基于 CPI 的通货膨胀的条件传递。图 4.6.1（m）是无条件汇率传递。实线表示 2005 年第二季度前，虚线表示 2005 年第二季度之后。研究发现国内货币政策冲击和国外需求冲击发生时，2005 年第二季度之后传递程度增加，而国内需求、国外利率、外债风险溢价冲击和技术冲击发生时传递程度明显下降，并且总传递程度明显下降。图 4.6.1（b）（d）（f）（h）（j）（e）是进口价格通胀针对不同冲击的汇率传递弹性，图 4.6.1（n）是进口价格通胀总汇率传递程度。左右两边图形的规律相同。但是从纵坐标的数字可以看到，进口通胀传递程度大于一般价格的通胀传递程度。对进口传递程度大约是 50%，对一般通胀传递程度大约是

26%。根据 DSGE 模型，总价格是国内价格与进口价格的平均，进口价格传递程度大于总价格传递程度，说明国内非贸易品价格传递程度更低。

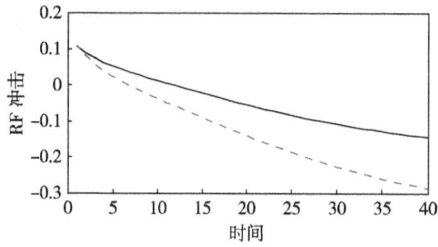

（a）

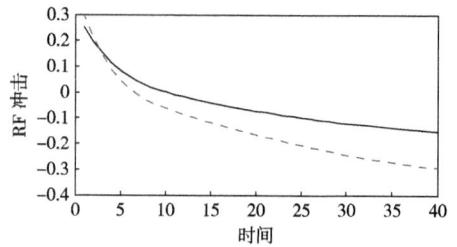

（b）

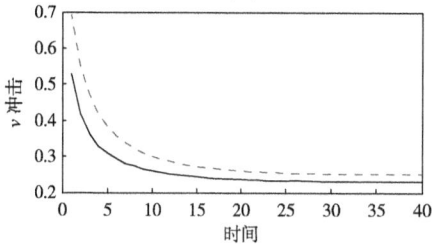

（c）

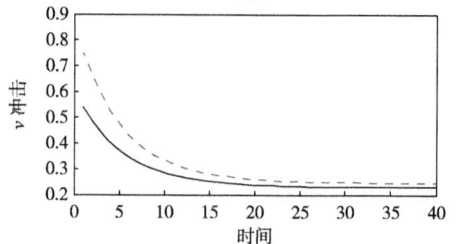

（d）

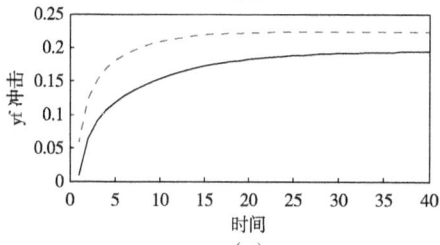

（e）

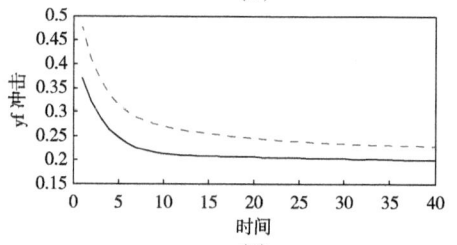

（f）

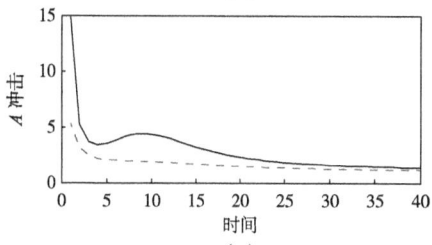

（g）

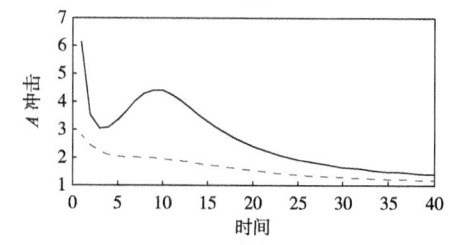

（h）

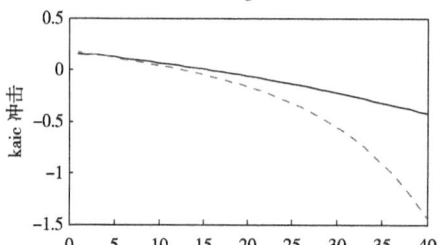

（i）

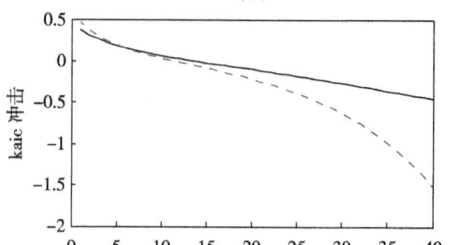

（j）

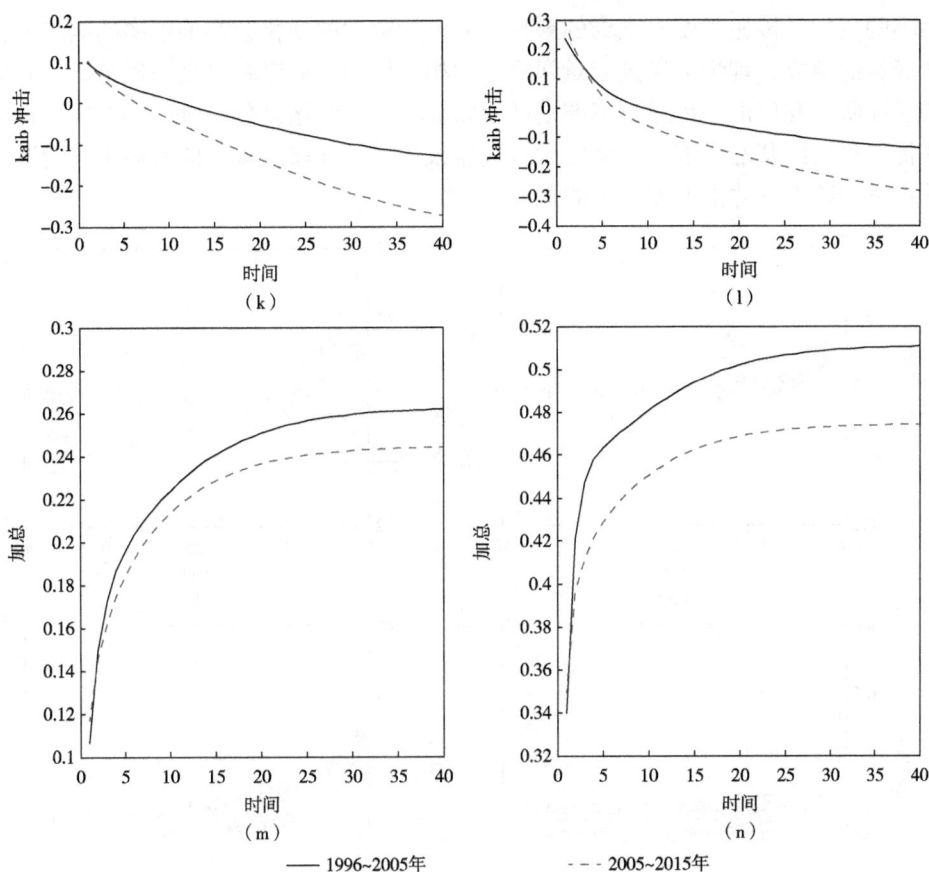

图 4.6.1　基于 DSGE 模型的汇率传递

　　汇率传递下降的原因一般认为有四个，即冲击方差的变化、冲击持续时间的大小、价格滞后程度和货币政策规则。我们使用模拟的方法假设其他参数不变，只有冲击方差、持续性、价格滞后程度和货币政策规则发生变化，观察汇率传递程度是否变化。不变的参数使用 1996~2005 年估计得到的值。方差冲击参数的改变是令各冲击方差乘以 10 来表示方差增加；冲击持续时间是把所有自相关系数都提高到 0.9；价格滞后程度是减少价格调整参数的值；货币政策规则变化是修改原来的货币政策规则，修改后货币外生，货币供给增长率满足 AR（1）过程。

　　冲击方差的变化影响响应的程度大小，但是不影响响应函数的形状。根据汇率传递弹性的定义，汇率传递弹性是价格变化的响应与汇率变化的响应函数之比，因为响应函数随着方差变化同等程度变化，求比率之后比值没有变化。因此，冲击方差的变化不是条件汇率传递下降的原因。图 4.6.2 中实线是基准线，虚线是改变冲击方差后的传递线，两者基本重合，因此看不到虚线。但是在总传递中冲击大小的变化对传递程度有微弱的影响。冲击持续性的变化会影响汇率的响应和其他变量的响应,理论上经过变量间复杂的相互作用,最终结果是不确定的,我们的实证研究发现汇率传递与基准模型相比基本没有变化,因此在图 4.6.2 中条件汇率传递只列出基准模型、价格滞后调整参数的情况和修改货币政策规则的情况,总汇率传递中有冲击方差变大的情况。

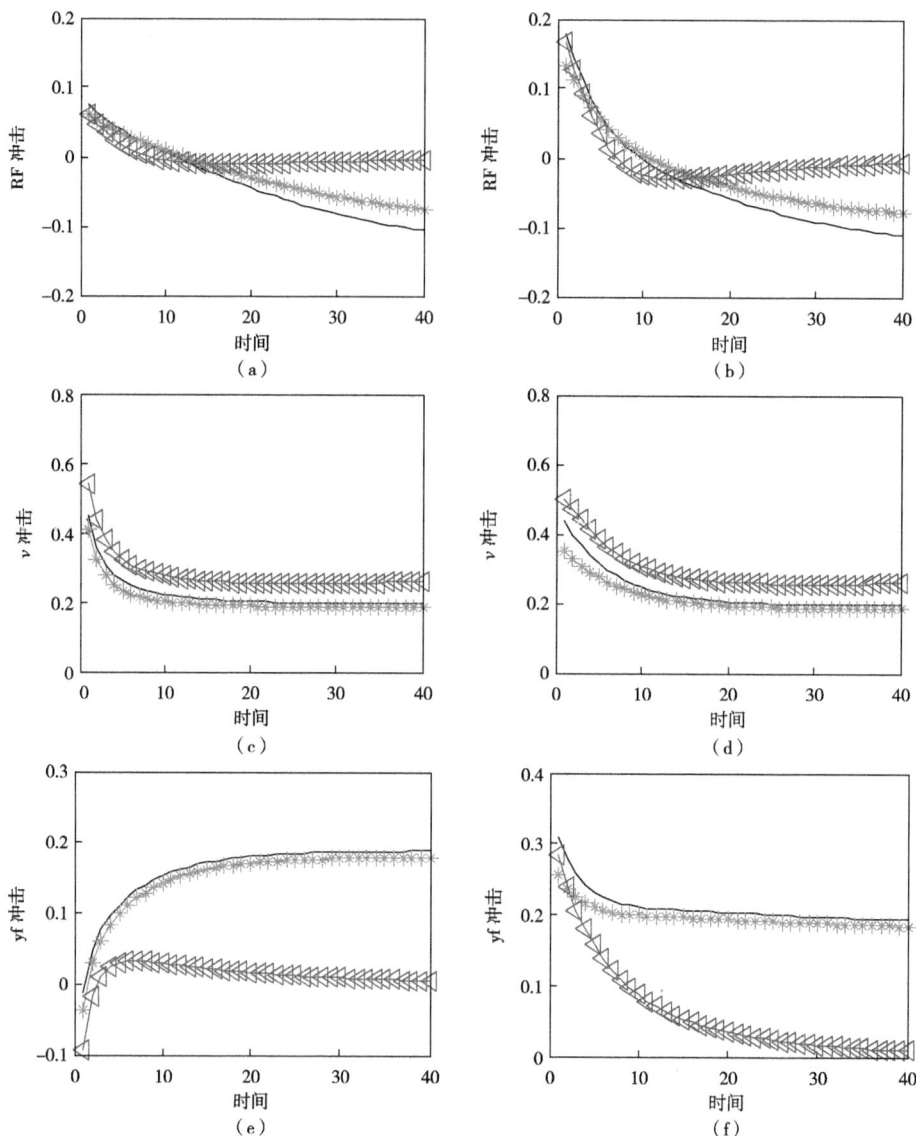

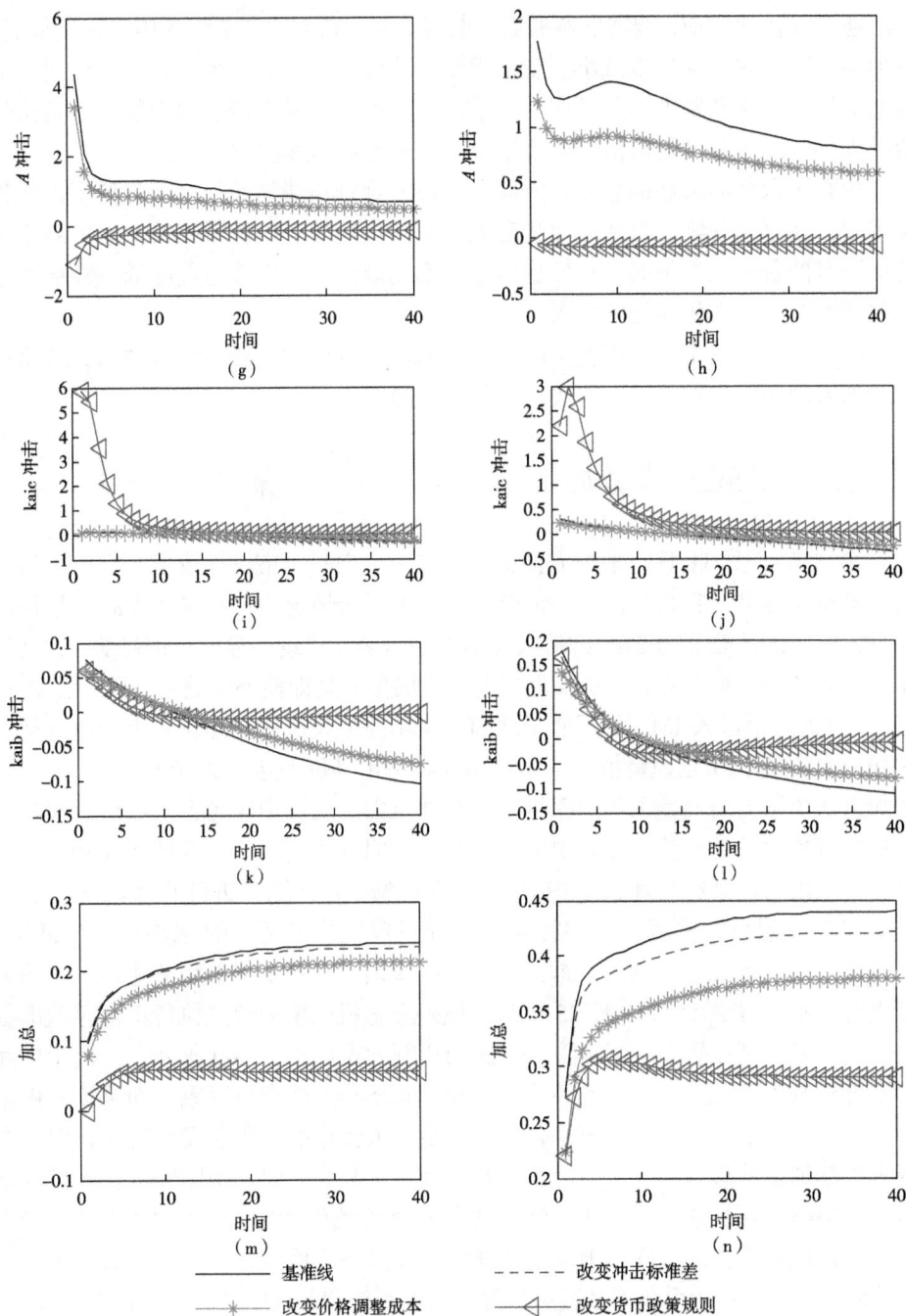

图 4.6.2　汇率传递下降的原因

（a）（c）（e）（g）（i）（k）（m）表示不同冲击对 CPI 的传递；
（b）（d）（f）（h）（j）（l）（n）表示不同冲击对 import 的传递

在条件传递方面，调高价格滞后参数时，外国利率冲击下汇率传递程度提高，其他冲击下汇率传递程度减小。货币政策修改为货币供给外生时，汇率传递程度与基准情况差别非常大，除了国内需求冲击下，基准模型传递程度都大于货币供给外生的情况，并且货币供给外生情况下传递系数迅速收敛到零。

综合了六个冲击后的总传递方面，可以看到价格调整参数变大降低了汇率传递程度，在泰勒规则下汇率传递程度大于货币供给外生的货币政策，这一结论与发达国家的研究结果不同，在发达国家是泰勒规则下汇率传递程度低。外部冲击方差变大时，汇率传递程度变大。

综上可知，汇率传递程度下降的可能原因是价格调整滞后程度增加，货币政策规则采用外生的货币供给方式，外部冲击的方差变小。

4.7　DSGE 模型应用——混合货币政策目标

2015 年 8 月 11 日，中国人民银行宣布汇率中间价市场化改革，完善中间价报价机制，参考上日收盘价，并综合考虑外汇供求情况，最终确定中间价报价，同时宣布一次性贬值约 2%。此后人民币汇率对美元呈现明显的贬值趋势，并且伴随外汇储备的大量下降。但是管理当局给人的信号是即使外汇储备下降，在 2015 年 12 月人民币进入 IMF 货币篮子之前，也不改变人民币国际化和市场化进程。2016 年年初人民币迅速贬值，离岸市场与在岸市场价差达到 2 000 基点以上，资本加速从中国流出。美国等国家给中国施加压力，质询中国是否采取贬值策略来促进出口从而拉动经济，要求中国当局给汇率明确预期。此后管理当局开始加强对资本流出的控制和监管。这些措施包括对频繁换汇的账户进行监管。2015 年 12 月据路透社消息，中国人民银行窗口指导暂停机构申请新的 RQDII（qualified foreign institutional investors，即人民币合格境内机构投资者）相关业务。中国人民银行表示，自 2016 年 1 月 25 日起对境外金融机构境内存放执行正常存款准备金率，并且控制在香港购买保险，一次购买额度需低于 5 000 美元。人民币中间价定价机制也不再遵从 811 改革方案，中间价不再与收盘价联系，而是恢复由中国人民银行设定，中间价甚至小幅上升。虽然人民币贬值预期没有变化，但是在资本管制加强的形势下，人民币汇率暂时稳定。与此同时，中国经济发展进入新常态，2015 年国民生产总值为 6.9%，经济仍然面临巨大压力。人民币贬值，资本外流，造成外汇占款下降，国内资金紧张。在经济下滑的基本面下，需要扩张的货币政策，扩张的货币政策会进一步导致人民币贬值，从而进一步导致资本外流，经济环境进一步恶化。如果维持汇率水平，虽然可以避免资本外流，但是高估的汇率不利于经济发展。放开汇率让汇率自由浮动，汇率大的波动同样给经济带来风险，是否需要把汇率作为管理目标放入货币政策框架呢？这是我们研究的主题。

当前主要发达国家的货币政策是钉住通货膨胀。通货膨胀目标是货币当局首先明确通货膨胀目标，然后预测未来的通货膨胀，根据对通货膨胀的预测决定采取的措施。许多国家发生较高的通货膨胀后，都采取了通货膨胀目标。例如，新西兰通货膨胀超过 10%，该国首先采取了通货膨胀目标。智利在 1990 年开始采取通货膨胀目标。智利中央银行将通胀目标确定在以 3% 为中心，以 2%~4% 为上下限的一个对称区间内，并且承诺在两年（中期）以及更长时间内达到该目标。智利采取通货膨胀目标后取得了良好的效果，此后许多拉美国家也相继采用了通胀目标。到 2014 年有 87 个国家采取汇率锚，有 36 个国家采取了通货膨胀目标框架，有 25 个国家采取货币供给量锚，还有 43 个国家钉住其他变量。

货币政策的主要目的是达到通货膨胀目标，经济发展等其他目标不是主要考虑的，这种货币政策规则的优点是透明，可以明确预期，但是缺乏灵活性。采用通货膨胀钉住货币政策框架后，汇率波动比以往幅度更大，从理论上说，对一国的福利是一种损失。特别是对新兴市场国家，汇率过度升值会导致出口竞争力下降，而过度贬值会导致外债负担加重。如果汇率传递程度高，汇率的波动会导致一国通胀的波动。因此，在开放经济中发展中国家的货币当局是否应该对汇率变化做出反应，以达到经济发展和控制通货膨胀目标，成为学者和政策当局关注的内容。

传统观点认为在开放经济中，货币政策可以通过汇率渠道对经济产生影响。汇率变化直接导致进口价格变化，进口品价格作为通胀篮子的一部分直接导致通胀的变化。另外，汇率变化会影响两个国家产品的相对价格，相对价格的变化会影响总需求，总需求的变化影响总供给，导致通胀发生变化。Ball（1999）和 Taylor（1999）最早对汇率波动是否应该放入货币政策反应函数进行了研究，他们认为把汇率放入货币政策函数，经济变量并没有变得更加平稳。Cavoli 和 Rajan（2006）建议在中央银行货币政策反应函数中明确放入汇率变量，但是发现该变量的权重比较小。McCallum（2006）发现对于开放程度比较高的国家，如新加坡，应该把汇率放入通货膨胀框架的货币政策函数。Pavasuthipaisit（2010）认为名义汇率是内生的，汇率变化由经济状态决定，如果货币当局能够观察到经济状态，那么名义利率变化已经对经济状态做出了反应，不用再考虑汇率的变化。但是如果货币当局不能观察到经济状态的完全信息，那么汇率可以反映一些货币当局没有了解到的信息，因此把汇率放入货币政策目标是有益的。

Devereux 和 Engel（2003）从理论角度进行研究，结果发现，如果采用 LCP 方式，那么制定货币政策时需要考虑汇率目标。Monacelli（2004）同样从理论方面进行研究，发现在开放经济中，汇率传递程度与货币政策规则是否需要考虑汇率目标有关，在汇率传递不完全时，货币政策需要对汇率变化做出反应，利率对汇率变化的直接响应可以减小通货膨胀的波动。

使用 DSGE 模型研究中国货币政策方面，刘斌（2008）建立了一个包括金融加速器的开放经济下的 DSGE 模型研究货币政策传导机制。他采用扩展的泰勒规则，根据中国把货币供给量作为中间目标的特点，把货币供给量偏离均衡的程度放入泰勒规则，使用校准和贝叶斯估计得到模型参数后，对外部冲击的传导过程进行分析和模拟。刘斌（2008）只给出政府支出冲击发生时主要经济变量的响应，对冲击传导过程进行了分析。Zhang（2009）认为中国货币政策目标不是单一的，促进经济增长比控制通货膨胀是更重要的目标，除此之外，还包括就业、汇率等目标。另外，货币政策工具也更加复杂。发达国家基本是通过调控利率传递货币政策，中国除了间接条件利率渠道，还包括直接管制等手段。Zhang（2009）认为虽然中国主要控制货币供给量，但是 2000 年之后，利率逐渐发挥了更重要的作用，并且货币供给量与产出的相关系数减小，货币流通速度变得不平稳且不容易预测，因此很难通过控制货币供给中间目标达到政策目的。对比价格型货币政策工具和数量型货币政策工具可以发现，价格型货币政策工具能够使通胀波动水平更低，与中国政府目前推动利率市场化，让市场发挥更大的作用是一致的。

到目前为止，还没有学者使用 DSGE 模型研究中国的货币政策是否应该对汇率做出响应。下面我们设定四种货币政策规则，其中三种规则包括汇率、采用模拟和福利分析的方法，研究何种货币政策规则更有利于中国经济的发展。

四种货币政策规则如下。

规则 1，该规则作为基准规则，货币政策只对产出和通胀做出反应：

$$\log\left(\frac{R_t}{R}\right) = \rho_R \log\left(\frac{R_{t-1}}{R}\right) + \left(1 - \rho_R\right)\left[\rho_\pi \log\left(\frac{\pi_t}{\pi}\right) + \rho_y \log\left(\frac{y_t}{y}\right)\right] + v_t$$

规则 2，把汇率放入货币政策方程，货币政策对汇率偏离均衡水平做出反应：

$$\log\left(\frac{R_t}{R}\right) = \rho_R \log\left(\frac{R_{t-1}}{R}\right) + \left(1 - \rho_R\right)\left[\rho_\pi \log\left(\frac{\pi_t}{\pi}\right) + \rho_y \log\left(\frac{y_t}{y}\right) + \rho_s \log\left(\frac{s_t}{s}\right)\right] + v_t$$

规则 3，货币政策权衡汇率随时间的波动和汇率偏离均衡水平的程度：

$$\log\left(\frac{R_t}{R}\right) = \rho_R \log\left(\frac{R_{t-1}}{R}\right) + \left(1 - \rho_R\right)\left[\rho_\pi \log\left(\frac{\pi_t}{\pi}\right) + \rho_y \log\left(\frac{y_t}{y}\right) + \rho_s \left(\log\left(\frac{s_t}{s}\right) - \frac{1}{2}\log\left(\frac{s_{t-1}}{s}\right)\right)\right] + v_t$$

规则 4，货币政策目标是汇率随时间平滑波动：

$$\log\left(\frac{R_t}{R}\right) = \rho_R \log\left(\frac{R_{t-1}}{R}\right) + \left(1 - \rho_R\right)\left[\rho_\pi \log\left(\frac{\pi_t}{\pi}\right) + \rho_y \log\left(\frac{y_t}{y}\right) + \rho_s \left(\log\left(\frac{s_t}{s}\right) - \log\left(\frac{s_{t-1}}{s}\right)\right)\right] + v_t$$

使用 2005 年第三季度至 2015 年第三季度的数据以及 4.2 节~4.5 节建立的 DSGE 模型，中央银行的行为方程分别采用四种规则，其中货币政策规则 1 作为基准模型，在基准模型下采用贝叶斯估计得到参数。然后只改变货币政策规则参数，重新估计模型，比较不同规则下的模拟结果。我们主要观察四种货币政策规则下，六个外部冲击发生时，产出、消费、投资、通胀、实际汇率、实际利率、外债比率和净出口八个经济变量的响应，模拟结果见图 4.7.1~图 4.7.6。实线是规则 1 下的响应，虚线是规则 2 下的响应，圆圈是规则 3 下的响应，加号线是规则 4 下的响应。响应距离横轴近，说明该变量响应幅度较小，变化比较稳定。

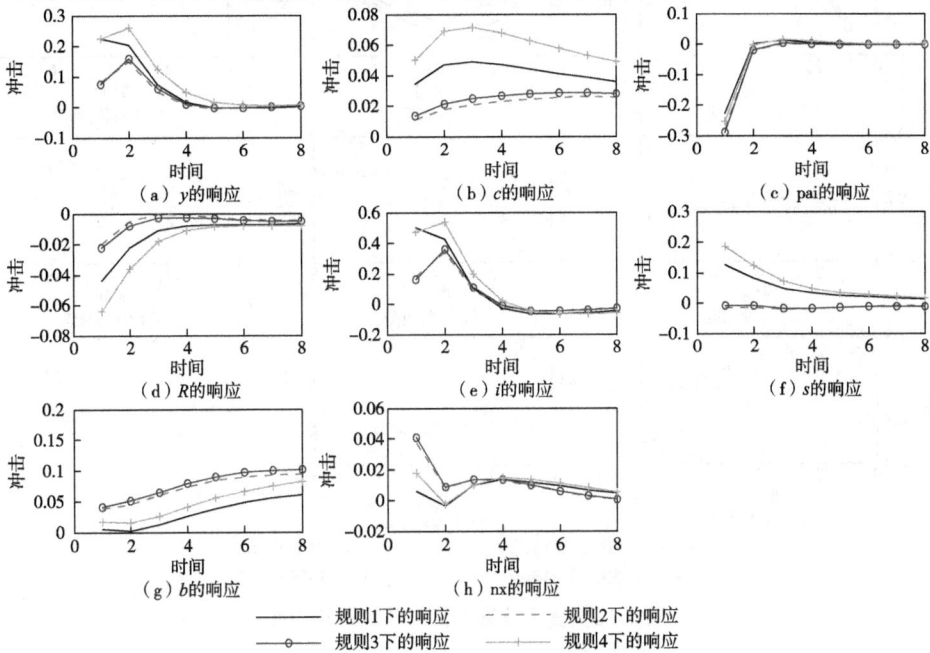

图 4.7.1　技术冲击下各变量响应图

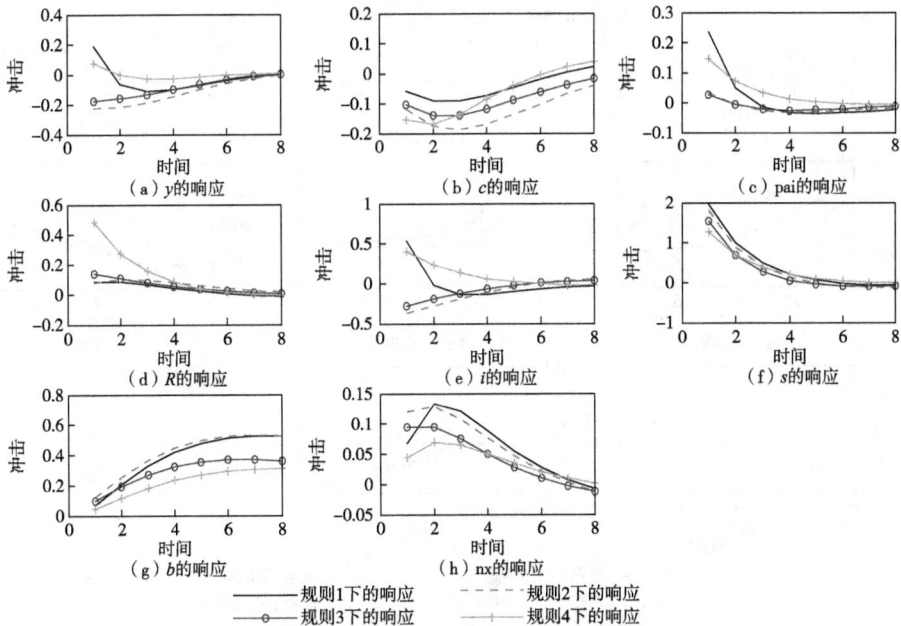

图 4.7.2　国外利率冲击各变量响应图

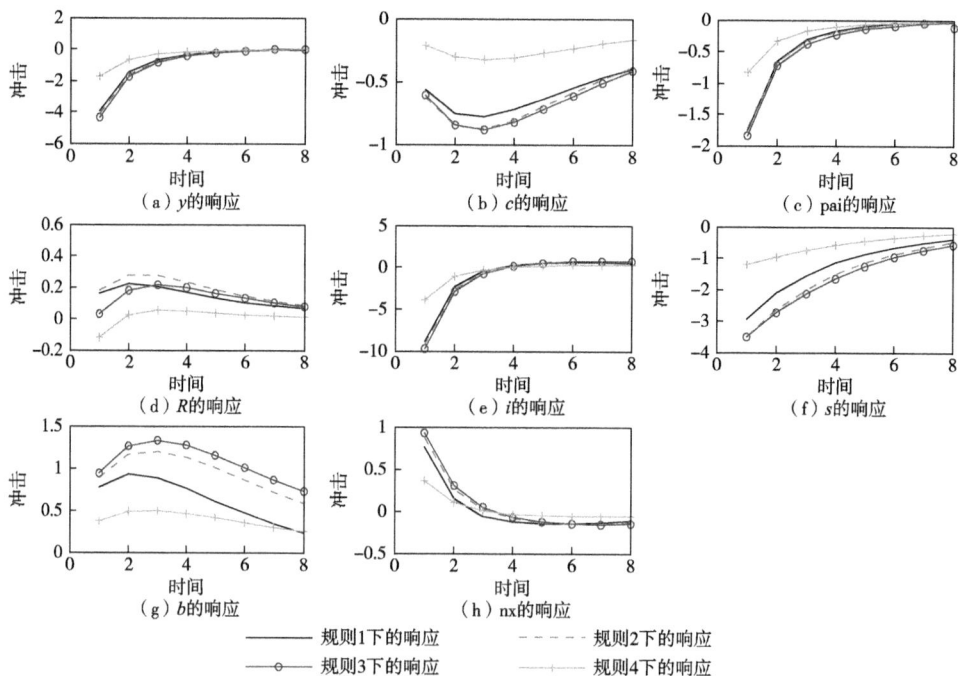

图 4.7.3　货币政策冲击下各变量响应图

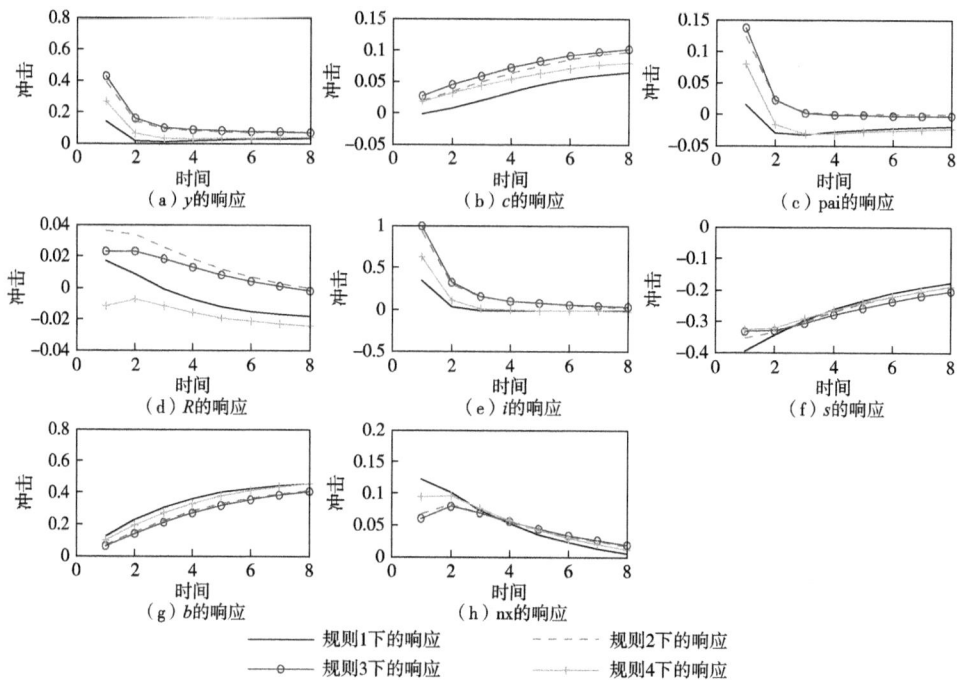

图 4.7.4　国外需求冲击下各变量响应图

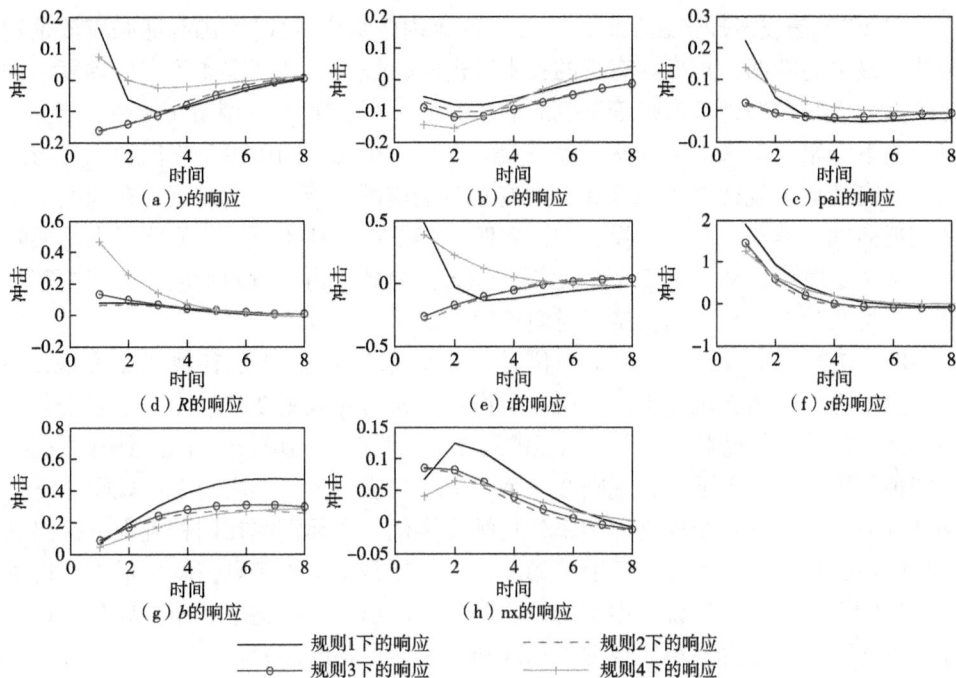

（a）y的响应　（b）c的响应　（c）pai的响应
（d）R的响应　（e）i的响应　（f）s的响应
（g）b的响应　（h）nx的响应

规则1下的响应　　　规则2下的响应
规则3下的响应　　　规则4下的响应

图 4.7.5　外债风险冲击下各变量响应图

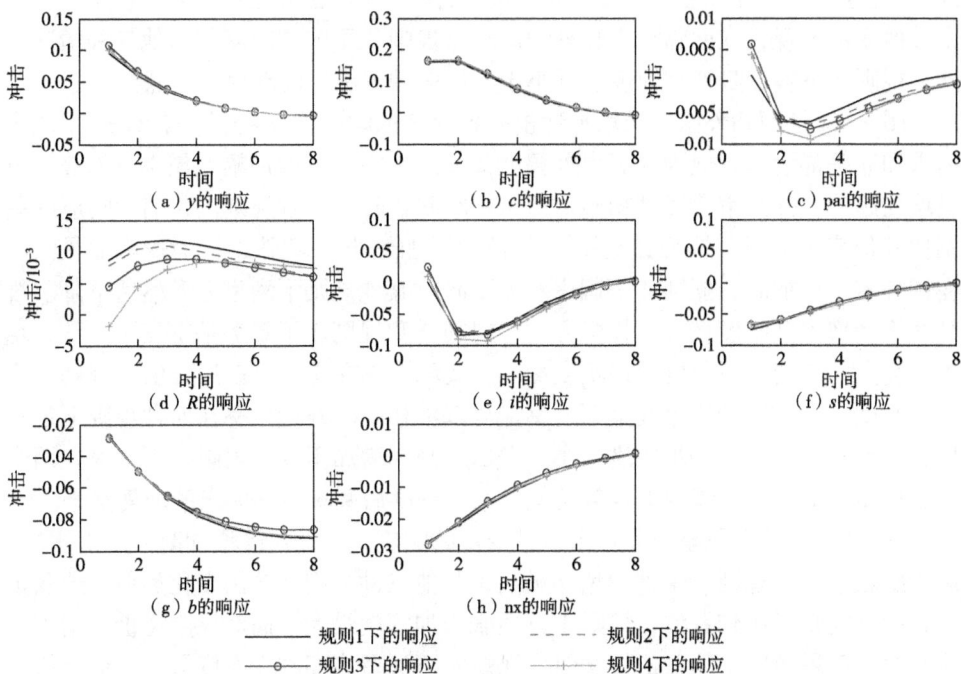

（a）y的响应　（b）c的响应　（c）pai的响应
（d）R的响应　（e）i的响应　（f）s的响应
（g）b的响应　（h）nx的响应

规则1下的响应　　　规则2下的响应
规则3下的响应　　　规则4下的响应

图 4.7.6　需求冲击下各变量响应图

图 4.7.1 是技术冲击发生时八个变量两年内的响应函数。产出和通胀应该是货币政策最关心的两个指标。有正的技术冲击时，规则 1 和规则 4 下产出幅度增加比较大。通胀在四种货币政策下反应非常类似，在规则 1 下稍微小一些，规则 3 时通胀下降幅度最大。再观察其他变量，发现一个统一的规律是它们的走势与产出和通胀类似，规则 2 和规则 3 下所有变量响应图形走势非常接近，在幅度上也最接近横轴。消费、利率、投资和汇率四个变量在规则 4 下变化幅度最大。实际外债比率、净出口在规则 3 下变化幅度最大。总体上可以看到响应在一年内基本都恢复均衡状态，只有消费持续时间比较长。

图 4.7.2 是外国利率上升 1 单位时，各变量的响应图形。在规则 2 和规则 3 下产出下降，但是在规则 1 和规则 4 下产出增长。在规则 2 和规则 3 下通胀非常小，而在规则 1 和规则 4 下发生明显的通胀。说明产出的增长伴随着通胀的发生。在四种规则下消费都下降，规则 2 下消费下降幅度最大。国内利率在规则 4 下当期上升最大，其他三个规则下利率变化幅度类似。实际汇率在四种规则下都出现明显贬值，规则 4 下实际汇率贬值幅度最小，规则 1 下汇率贬值幅度最大。投资和产出的图形基本一致说明中国的投资决定了产出。外债比率和净出口都增加，在规则 4 下增加幅度最小，规则 1 和规则 2 下增加幅度最大。

图 4.7.3 是货币政策冲击下各变量的响应。利率上升时，产出与通胀下降，规则 1~规则 3 下产出与通胀响应基本相同，规则 4 下产出和通胀下降幅度最低。观察其他变量发现，在面临货币政策冲击时，规则 4 下响应幅度与其他三种情况不同，规则 4 下各变量波动幅度远远小于其他三种情况，波动程度最低。

图 4.7.4 是面临外国需求增加冲击时各变量的响应。如果外国需求增加，国内需求和通胀都增加，规则 3 下增加幅度最大。规则 1 下增加幅度最小。消费一直呈增加趋势，并且消费回到初始均衡水平时间比较长，各规则下，消费响应的差别比其他变量明显，同样是规则 1 下消费增加最小，规则 3 下消费增加最大。在国外需求增加时，规则 4 下国内利率下降，其他规则下利率上升然后下降。规则 2 下利率上升幅度最大。投资方面，规则 2 和规则 3 下走势基本完全一致，增加幅度大，规则 1 下投资增加幅度最小。实际汇率在 1 个季度后升值，规则 1 下升值幅度最大，四种货币政策下汇率走势基本相同。外债比率在四种规则下走势比较一致，规则 4 下增加幅度最小。净出口当期增加幅度在规则 1 下最大，两个季度后净出口在四种规则下走势类似，八个季度后基本回到原来的均衡水平。

图 4.7.5 是外债风险溢价冲击下各变量的响应。外债风险增加时，产出增加，通货膨胀增加，规则 4 下产出增加最大，其他三种规则下产出变化类似。通胀走势在四种规则下比较一致，规则 1 下通胀增加幅度最大。面对风险溢价的增加消费减少，四种规则下消费走势类似，规则 4 下消费当期减少幅度最大，但是恢复速度也快。国内利率面临外债风险溢价上升也呈现上升趋势，规则 4 下上升幅度

最大。投资的走势在不同规则下差别明显，规则 2 和规则 3 下投资下降，但是规则 1 和规则 4 下投资增加。实际汇率呈现贬值趋势，规则 1 下贬值幅度最大。外债比率和净出口都呈现上升趋势，规则 1 下外债比率和净出口上升幅度最高，规则 4 下上升幅度最小。

图 4.7.6 是国内需求冲击下各变量的响应。产出、需求、投资、实际汇率、外债比率和净出口这几个变量在四种规则下响应非常一致。通胀和利率的响应差别比较大。利率在规则 4 下变动幅度最小，而规则 1 下变动幅度最大。通胀在规则 1 下变动幅度小，在规则 4 下变动幅度大。

在不同的外部冲击和不同的货币政策规则下，变量的响应不同。下面从变量稳定性角度，分析不同冲击下货币政策规则的选择。

面临技术冲击时，建议选择规则 2 或者规则 3，即货币政策方程包括汇率，并且将汇率维持在均衡水平附近，或者令汇率在均衡水平与汇率随时间波动之间进行平衡。这两个政策下各变量响应幅度都相对较小。中国目前面临经济转型，各种措施支持大众创业创新，如果要扩大创新对经济的效果则建议采取规则 4，汇率可以偏离均衡水平，但是汇率随时间波动要平滑。但是不论如何，考虑汇率都优于不考虑汇率的传统泰勒规则。

面临国外利率上升冲击时，货币政策规则在各个变量间没有什么统一的规律。如果只考虑产出和通胀的稳定，那么建议采用规则 2 或规则 3。采用规则 2 或规则 3 时，其他变量的响应幅度介于规则 1 和规则 4 之间。

在面临货币政策冲击时规则 4 最优。在此规则下各变量变动幅度都比较小，并且规则 1~规则 3 的走势基本相同。

在面临外国需求冲击时规则 2 和规则 3 最优，除了消费以外其他变量波动幅度都较小。

面临外债风险溢价冲击时，净外债比率和净出口在规则 4 下变动幅度最小，其他变量都是在规则 2 和规则 3 下变动幅度较小。

在面临国内需求冲击时，利率和通胀在规则 4 下变化幅度最小，其他各变量在四种规则下变化趋势基本一致。

我们发现完全没有考虑汇率的基准泰勒规则在六种冲击下都不是最优规则，因此建议把汇率放入中国货币政策目标。面临技术冲击、国外利率冲击、国外需求冲击和国外风险溢价冲击这四类冲击时更适合采用规则 2 和规则 3，而且这两个规则下响应曲线走势非常类似，响应大小也很接近。走势相同也可能是因为这两个规则下系数基本相同，只是平滑汇率随时间波动的系数稍有不同。规则 3 更灵活一些，因此建议采用规则 3。在面临国内需求冲击和货币政策冲击时，适合采用规则 4。此时主要是考虑汇率随时间的平滑变化，不一定把汇率维持在均衡水平附近。总之，针对中国面临的不同外部冲击，货币政策规则可以在规则 3 和规则 4 之间进行选择。

下面通过方差分解的方法，研究哪些外部冲击是引起经济变量波动的主要来源。这里只考虑四个变量的波动：①货币政策目标变量，即产出（y）和通货膨胀（pai）；②与货币政策目标有关的两个中间变量，即利率（R）和汇率（s）。四个变量波动的所有来源是 DSGE 模型的六个外部冲击，即外国利率（e_RF）、外国需求（e_yf）、本国货币政策（e_v）、技术（e_A）、本国需求（e_kaic）和外债风险溢价冲击（e_kaib）。方差分解是计算六个冲击带来的波动占总方差的比率，计算结果见表 4.7.1。

表 4.7.1　方差分解

规则	变量	e_RF	e_v	e_yf	e_A	e_kaib	e_kaic
规则 1	y	0.39	67.94	15.62	2.90	5.44	7.71
	pai	0.74	18.89	45.69	21.09	11.06	2.53
	R	0.33	1.04	80.25	0.23	4.69	13.45
	s	2.64	4.11	48.52	0.09	41.38	3.26
规则 2	y	0.80	20.92	62.67	1.41	0.15	14.06
	pai	0.47	36.02	26.67	35.44	0.09	1.30
	R	5.59	12.96	51.29	1.32	1.04	27.80
	s	6.10	9.21	79.60	0.05	1.85	3.19
规则 3	y	0.09	16.00	69.35	1.70	0.33	12.53
	pai	0.04	28.58	37.94	31.91	0.12	1.42
	R	2.52	8.50	54.40	2.65	7.47	24.45
	s	1.42	8.38	84.06	0.05	3.28	2.81
规则 4	y	0.12	8.27	66.28	7.81	0.02	17.50
	pai	1.14	14.60	60.24	21.76	0.32	1.95
	R	13.37	0.48	70.08	3.36	4.40	8.31
	s	1.80	1.55	93.08	0.66	0.71	2.20

在四种规则下，引起产出波动的冲击主要是外国需求、货币政策和国内需求。引起通胀波动的冲击主要是外国需求、货币政策和技术冲击。对于关注的利率来说，采用规则 1～规则 3 时，外国需求、国内需求和货币政策冲击是造成波动的主要原因。采用规则 4 时，国内需求冲击和货币政策冲击影响不大，主要是外国利率变化导致国内利率变化。对于汇率来说，在规则 1 下受到外国需求冲击和风险溢价冲击影响比较大，在规则 2～规则 4 下，只有外国需求冲击占比非常大，其他冲击占比都不到 10%。整体看，不论何种规则下，主要是外国需求冲击、国内需求冲击和货币政策冲击这三个冲击造成产出、通胀、利率与汇率的波动。结合中国面临的主要冲击与不同冲击下适合的货币政策规则，我们发现在中国最优货币

政策规则是规则 3 或者规则 4。假设可以管理好货币政策冲击和国内需求冲击，只有外国需求冲击是我们无法控制的，因此最优货币政策规则建议选择规则 3。

在规则 3 的情况下通胀、产出和实际汇率变量赋予的权重不同，变量的波动也有所不同，假设货币政策的最终目标是降低通胀和产出的波动。下面对三个系数各取 10 个不同的权数共构造 1 000 个组合，模拟计算 1 000 个组合下通胀和产出的波动率，权数取值参考 Scott 等（2009），见表 4.7.2。

表 4.7.2　货币政策方程中反应系数

权数组合	通货膨胀	产出	实际汇率
1	1.05	0.25	0.00
2	1.20	0.40	0.25
3	1.35	0.55	0.50
4	1.50	0.70	0.75
5	1.65	0.85	1.00
6	1.80	1.00	1.25
7	1.95	1.15	1.50
8	2.10	1.30	1.75
9	2.25	1.45	2.00
10	2.40	1.60	2.25

其他参数使用基准模型估计得到的数值。令 6 个冲击中的一个冲击发生变化，模拟 200 个通胀和产出数据，使用这 200 个数据计算样本标准差，作为通胀和产出波动率的一次估计。重复 20 次，把 20 个波动率求平均，均值作为最终波动率的估计。

图 4.7.7 是 6 个冲击下 1 000 次模拟的散点图。横轴是产出的标准差，纵轴是通胀的标准差。从图 4.7.7 可以看到，不论何种冲击发生，通胀波动与产出波动是正相关的，特别是货币政策冲击和国内需求冲击下这种正相关关系更加明显。其他几种冲击下存在非常微弱的正相关。中国的通胀与产出的变化具有一致性，或者同时下降，或者同时上升。这一结果与已有文献不太相同，Carlos（2009）对东南亚联盟的研究发现不同冲击下通胀与产出的波动有时正相关，有时存在明显的权衡（trade-off），即负相关。

最后通过福利函数或者损失函数确定货币政策规则 3 中产出、通胀和汇率的最优权数。选择最优货币政策规则，通常最小化下面的损失函数

$$\mathrm{var}\left(\widehat{\pi}_t\right) + 0.5\,\mathrm{var}\left(\widehat{y}_t\right)$$

对 6 个冲击下 1 000 个系数组合分别计算损失函数，得到不同冲击下使损失函数最小的权数组合，结果见表 4.7.3。

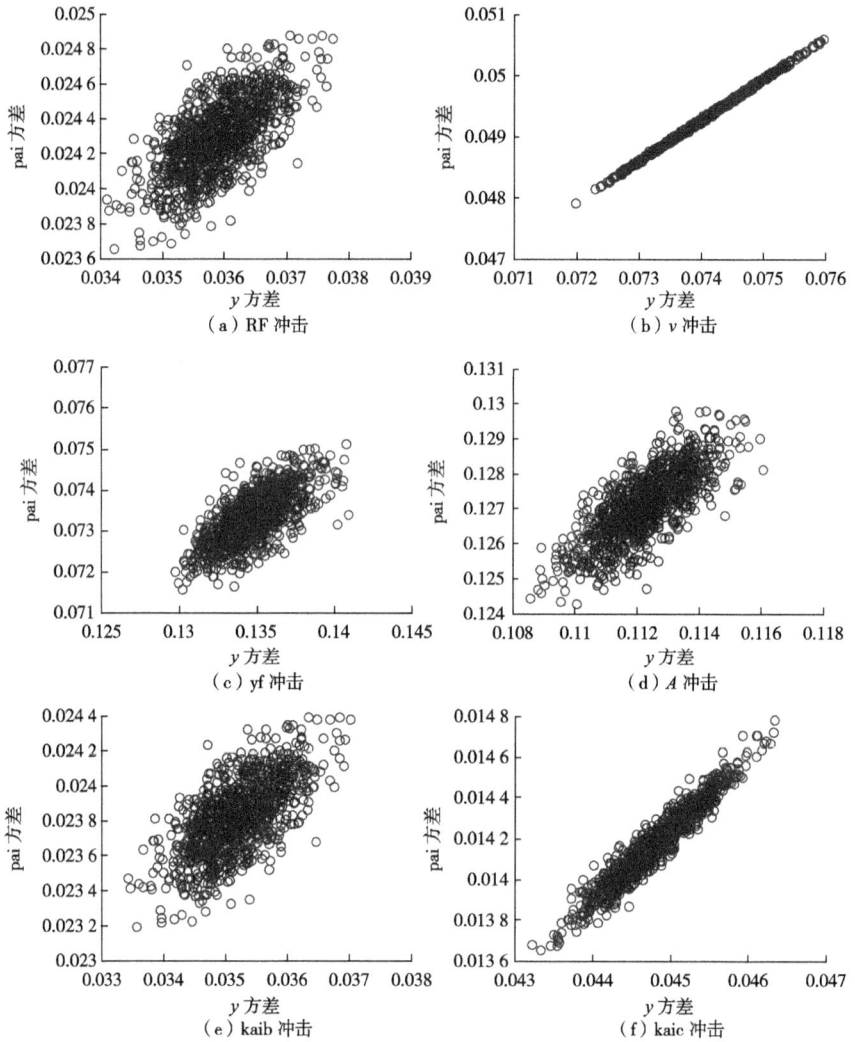

图 4.7.7　反应系数组合下的通胀和产出波动率散点图

表 4.7.3　损失函数最小系数表

冲击	通胀系数	产出系数	实际汇率系数
技术冲击 货币政策冲击 国内需求冲击	1.20	1.05	1.50
外国利率冲击 外部风险溢价冲击	1.20	0.75	1.25
外国需求冲击	1.95	0.45	0.75

从表 4.7.3 可以看到, 不同冲击下货币政策方程中的最优系数不尽相同。但是, 不论是何种冲击, 相对而言, 产出的系数都是最小的。冲击来自内部时, 最优权数相同, 冲击来自外部价格变化时, 最优权数也相同。面临外国需求冲击时, 最优权数与面临其他五种冲击时的权数相比变化非常大。这一结果与前面的结论一致, 根据脉冲响应图形, 在面临外国需求冲击时, 最优规则应该是规则 4。所以国外需求冲击下, 如果采用规则 3, 最优权数会有很大的改变。通过权数的大小, 我们发现汇率的权数大于产出, 甚至大于通胀, 所以对中国而言货币政策规则适合采用混合目标。与发达国家不同, 中国是发展中国家, 在汇率制度市场化过程中, 建议采用渐进的方式, 要保证汇率平稳变化, 逐渐由市场决定, 实现自由浮动的汇率制度。

本节通过对四种货币政策规则进行模拟, 发现中国货币政策规则适合采取混合目标, 应该把汇率明确放入货币政策方程。外国需求冲击、国内需求冲击和货币政策冲击是导致产出与通胀波动的主要因素, 因此管理当局如果能够控制住国内需求冲击和货币政策冲击, 面对外国需求冲击, 最优货币政策规则是权衡汇率水平和汇率波动率。

参 考 文 献

郭万山. 2005. 与有弹性盯住通货膨胀相一致的货币政策规则. 数量经济技术经济研究, (1): 83-92.

贺云松. 2010. 利率规则的福利成本及对我国货币政策的启示. 华东经济管理, 24 (2): 73-78.

侯克强, 陈万华. 2009. 开放小国经济的货币政策传导机制. 世界经济, 8: 51-67.

黄炎龙. 2011. 最优财政和货币政策及其福利效应分析. 经济评论, 11: 41-53.

黄志刚. 2009. 加工贸易经济中的汇率传递: 一个 DSGE 模型分析. 金融研究, 11: 32-48.

李松华. 2010. 基于 DSGE 模型的中国货币政策传导机制研究. 华中科技大学博士学位论文.

刘斌. 2003. 最优简单货币政策规则在我国应用的可行性. 金融研究, (9): 22-38.

刘斌. 2004. 最优前瞻性货币政策规则的设计与应用. 世界经济, (4): 12-18.

刘斌. 2008. 我国 DSGE 模型的开发及在货币政策分析中的应用. 金融研究, (10): 1-21.

刘斌. 2010. 动态随机一般均衡模型及其应用. 北京: 中国金融出版社.

仝冰. 2010. 货币、利率与资产价格——基于 DSGE 模型的分析和预测. 北京大学博士学位论文.

王家玮. 2012. 人民币汇率与宏观经济动态性——基于开放经济 DSGE 模型的研究. 对外经济贸易大学博士学位论文.

王君斌. 2010. 通货膨胀惯性、产生波动与货币政策冲击: 基于刚性价格模型的通货膨胀和产生的动态分析. 世界经济, 3: 71-94.

夏斌, 廖强. 2001. 货币供应量已不宜作为当前我国货币政策的中介目标. 经济研究, (8): 33-43.

夏春. 2001. 生产能力利用与中国经济波动. 北京大学硕士学位论文.

夏春. 2002. 实际经济时间序列的计算、季节调整及相关经济含义. 经济研究, (3): 36-43.

Adjemian S, Paries D, Moyen S. 2008a. Towards a monetary policy evaluation framework. European Centural Bank Working Paper, 942.

Adjemian S, Paries D, Smets A. 2008b. Quantitative perspective on optimal monetary policy cooperation between the US and Euro area. ECB Working Paper, 884.

Adolfson S. 2007. Incomplete exchange rate pass-through and simple monetary policy rules. Journal of International Money and Finance, 26 (3): 468-494.

Adolfson M, Laséen S, Lindé J. 2007. Bayesian estimation of an open economy DSGE model with incomplete pass-through. Journal of International Economics, 72 (2): 481-511.

Amato J, Laubach T. 2003. Rule of thumb behavior and monetary policy. European Economic Review, 47: 791-831.

Ambler S, Dib A, Rebei N. 2003. Nominal rigidities and exchange rate pass-through in a structural model of a small open economy. Bank of Canada Working Paper, 2003/29.

Ambler S, Dib A, Rebei N. 2004. Optimal Taylor rules in an estimated model of a small open economy. Bank of Canada Working Paper, 2004/36.

An S, Schorfheide F. 2007. Bayesian analysis of DSGE models. The Economic Reviews, 26 (2~4): 113-172.

Avralt P O, Davaadalai B. 2010. Exchange rate's asymmetric impact on Inflation. The Bank of Mongolia, Sep2: 10.

Ball L. 1999. Policy Rules for Open Economies. Chicago: University of Chicago Press.

Ball L. 2000. Policy rules and external shocks. Central Bank of Chile Working Papers, 82.

Batini N, Levine P, Pearlman P. 2007. Monetary rules in emerging economies with financial market imperfections. Paper Presented to the NBER Conference on International Dimensions of Monetary Policy, S'Agaro, Spain, June.

Benigno G, Benigno P. 2006. Designing targeting rules for international monetary policy cooperation. Journal of Monetary Economics, 53: 473-506.

Benigno P. 2009. Price stability with imperfect financial integration. Journal of Money, Credit and Banking, 41 (1): 121-149.

Bergin P. 2003. Putting the new open economy macroeconomics to a test. Journal of International Economics, 60: 3-34.

Bergin P. 2006. How well can the new open economy macroeconomics explain the exchange rate and current account? Journal of International Money and Finance, 25: 675-701.

Betts C, Devereux M. 2001. The International Effects of Monetary and Fiscal Policy in A Two-country Model. Cambridge: MIT Press.

Boldrin M, Christiano L J, Fisher J D M. 2001. Habit persistence, asset returns, and the business cycle. American Economic Review, 149-166.

Bouakez H, Rebei N. 2008. Has exchange rate pass-through really declined? Evidence from Canada. Journal of international Economics, 75: 249-267.

Calvo G. 1983. Staggered prices in a utility maximizing framework. Journal of Monetary Economics, 12 (3): 383-398.

Campa J M, Goldberg L S. 2002. Exchange rate pass-through into import prices: a macro or micro phenomenon? National Bureau of Economic Research Working Paper, 8934.

Campa J M, Goldberg L S. 2005. Exchange rate pass-through into import prices. Review of

Economics and Statistics, 87: 679-690.

Canova F. 2002. Validating two monetary models via VARs. Centre for Economic Policy Research Working, 34: 42.

Carlos C. 2009. Exchange rate pass-through in asean: implications for the prospects of monetary integration in the region. Singapore Economic Review, 54（4）: 657-687.

Cavoli T, Rajan R. 2006. Monetary policy rules for small and open developing economies: a counterfactual policy analysis. Journal of Economic Development, 31（1）: 89-111.

Cespedes L, Chang R, Velasco A. 2004. Balance sheets and exchange rate policy. American Economic Review, 94（4）: 1183-1193.

Chortareas G, Stasavage D, Sterne G. 2002. Does it pay to be transparent? International evidence from central bank forecasts. The Federal Reservation Bank, 84（4）: 99-117.

Choudhri E, Hakura D. 2001. Exchange rate pass-through to domestic prices: does the inflationary environment matter? International Monetary Fund Working Paper, 194.

Christiano L J, Eichenbaum M S. 1992. Current real-business cycle theories and aggregate labour-market fluctuations. American Economic Review, 82（3）: 430-445.

Christiano L J, Eichenbaum M S, Evans C L. 2005. Nominal rigidities and the dynamic effects of a shock to monetary policy. Journal of Political Economy, 113（1）: 1-45.

Christiano L J, Motto R, Rostagno M S. 2007. Shocks, structures or monetary policies? The Euro area and US after 2001. European Central Bank Working Paper, 774.

Clare A, Courtenay R. 2001. What can we learn about monetary policy transparency from financial market data? Bundesbank Discussion Paper, 06/01.

Clarida R, Gal O, Gertler M. 2000. Monetary policy rules and macroeconomic stability: evidence and some theory. The Quarterly Journal of Economics, 115（1）: 147-180.

Crowe C, Meade E. 2008. Central bank independence and transparency: evolution and effectiveness. European Journal of Political Economy, 24（4）: 763-777.

Cukierman A. 2001. Accountability, credibility, transparency, and stabilization policy in the Eurosystem//Wyplosz C. The Impact of EMU on Europe and the Developing Countries. Oxford: Oxford University Press.

Cukierman A. 2009. The limits of transparency. Economics. Notes, 38（1~2）: 1-37.

Curdia V, Finocchiaro D. 2005. An Estimated DSGE model for Sweden with monetary regime change. Seminar Papers from Stockholm University, Institute for International Economic Studies, 740.

Dai L. 2012. Does the DSGE model fit the Chinese economy? A bayesian and indirect inference approach. PhD Thesis, Economics Section of Cardiff Business School, Cardiff University.

Dai M, Sidiropoulos M. 2011. Monetary and fiscal policy interactions with central bank transparency and public investment. Research Economics, 65（3）: 195-208.

Dai M, Spyromitros E. 2012. Inflation contract, central bank transparency and model uncertainty. Economic Modelling, 29（6）: 2371-2381.

Dale S, Orphanides A, Österholm P. 2011. Imperfect central bank communication: information versus distraction. International Journal of Central Bank, 7（2）: 3-39.

Davaajargal L. 2004. International trade and exchange rate volatility. The Bank of Mongolia.

Demertzis M, Hoeberichts M. 2007. The costs of increasing transparency. Open Economies Review, 18（3）: 263-280.

Devereux M B, Engel C. 2003. Monetary policy in an open economy revisited: price setting and exchange rate flexibility, Review of Economic Studies, 70（4）: 765-783.

Devereux M B，Engel C，Tille C. 2003. Exchange rate pass-through and the welfare effects of the Euro. International Economic Review，44（1）：223-242.

Devereux M B，Philip R L，Xu J. 2004. Exchange rates and monetary policy in emerging market economies. IIIS Discussion Paper，36.

Dib A. 2003. An estimated Canadian DSGE model with nominal and real rigidities. Canadian Journal of Economics 36，949-972.

Dincer N，Eichengreen B. 2007. Central bank transparency：where，why，and with what effects? National Bureau of Economic Research Working Paper，13003.

Dincer N，Eichengreen B. 2009. Central bank transparency：causes，consequences and updates. National Bureau of Economic Research Working Paper，14791.

Dincer N，Eichengreen B. 2013. Central bank transparency and independence：updates and new measures. Bank of Korea Working Paper，21.

Divino A. 2009. Optimal monetary policy for a small open economy. Economic Modelling，26（2）：352-358.

Ehrmann M，Eijffinger S，Fratzscher M. 2010. The role of central bank transparency for guiding private sector forecasts. European Central Bank Working Paper，1146.

Eijffinger S，Shen Q. 2008. Central bank transparency and communication：theory，empirics and the Asian perspective. Joint BIS and Bangko Sentral ng Pilipinas research conference on transparency and communication in monetary policy，Manila，1 February.

Enkh-L A. 2010. DSGE Mongolia's model，graduation thesis. Institute of Finance and Economics，Mongolia.

Erceg C，Levin A. 2003. Imperfect credibility and inflation persistence. Journal of Monetary Economics，50：915-944.

Eusepi S. 2005. Central bank transparency under model uncertainty. Federal Reserve Bank of New York Staff Report，199.

Faust J，Svensson L. 2001. Transparency and credibility：monetary policy with unobservable goals. Internatinal Economy Review，42（2）：369-397.

Fernández-Villaverde J. 2010. The econometrics of DSGE models. Internatinal Economy Review，1（1）：3-49.

Ferrero A，Gertler M，Svensson L E O. 2007. Current account dynamics and monetary policy. National Bureau of Economic Research Chapters International Dimensions of Monetary Policy，199-244.

Fragetta M，Kirsanova T. 2010. Strategic monetary and fiscal policy interactions：an empirical investigation. Europe Economy Review，54（7）：855-879.

Mishkin F S. 2008. Exchange rate pass-through and monetary policy. National Bureau of Economic Research Working Papers，13889.

Gagnon J E，Ihrig J. 2004. Monetary policy and exchange rate pass-through. International Journal of Finance and Economics，9：315-38.

Gali J，Monacell T. 2005. Monetary policy and exchange rate volatility in a small open economy. Review of Economic Studies，72（3）：707-734.

Gali J，Lopez-Salido J D，Valles J. 2004. Rule-of-Thumb consumers and the design of interest rate rules. Journal of Money Credit and Banking，36（4）：739-763.

Ireland P N. 2003. Endogenous money or sticky prices. Journal of Monetary Economics，50：1623-1648.

Justiniano A，Preston B. 2010. Monetary policy and uncertainty in an empirical small open-economy model. Journal of Applied Econometrics, 25（1）: 93-128.

Kai L, Soderström U. 2005. Simple monetary policy rules and exchange rate uncertainty. Journal of Internation Money and Finance, 24（3）: 481-507.

Kaihatsu S, Kurozumi T. 2014. Sources of business fluctuations: financial or technology shocks? Review of Economic Dynamics, 17（2）: 224-242.

Khulan A. 2005. Factors that have impact on inflation in Mongolia. The Bank of Mongolia Working Paper.

Kichian M. 2001. On the nature and the stability of the Canadian phillips curve. Bank of Canada Working Paper, 4.

Kirsanova T, Campbell L, Wren-Lewis S. 2006. Should central banks target consumer prices or the exchange rate? The Economic Journal, 116（512）: 208-231.

Kollmann R. 2001. The exchange rate in a dynamic optimizing current account model with nominal rigidities: a quantitative investigation. Journal of International Economics, 55: 243-262.

Koop G. 2003. Bayesian Econometrics. Chichester: Wiley.

Linde J, Nesson M, Soderstrom U. 2009. Monetary policy in an estimated open economy model with imperfect pass—through. Internmional Journal of Finance and Economics, 14（4）: 301-333.

Lucas R E. 1983. Econometric policy evaluation: a critique, theory, policy, institution//Karl B, Meltzer A. The Camegie Rochester Conference Series on Public Policy. North-Holland: Elsevier Science Publication B. V.

McCallum B. 2006. Singapore's exchange rate-centered monetary policy regime and its relevance for China. MAS Staff Paper, 43.

Monacelli T. 2004. Into the mussa puzzle monetary policy regimes and the exchange rate in a small open economy. Journal of International Economics, 62（1）: 191-217.

Monacelli T. 2005. Monetary policy in a low pass-through environment. Journal of Money, Credit and Banking, 37: 1047-1066.

Moron E, Winkelried D. 2005. Monetary policy rules for financially vulnerable economies. Journal of Development Economics, 76: 25-51.

Obstfeld M, Rogoif K. 2005. Global current account imbalance and exchange rate adjustment. Brookings Papers on Economic Activity, 1: 67-123.

Pavasuthipaisit R. 2010. Should inflation-targeting central banks respond to exchange rate movements. Journal of International Money and Finance, 29（3）: 460-485.

Prescott E C. 2004. Why do Americans work so much more than Europeans? Federal Reserve Bank of Minneapolis Quarterly Review, 28（1）: 2-13.

Ravenna F, Natalucci F. 2008. Monetary policy choices in emerging market economies: the case of high productivity growth. Journal of Money, Credit and Banking, 40: 244-271.

Rotemberg J. 1982. Sticky prices in the United States. Journal of Political Economy, 90: 1187-1211.

Sarantsetseg R, Urgamalsuvd N. 2010. Impact of renminbi volatility on Mongolian economy. The Bank of Mongolia Working Paper.

Scott R, Restrepo R, Garcia C. 2009. Hybrid inflation targeting regimes, International Monetary Fund Working Paper, 234.

Sims C. 2002. Solving linear rational expectations models. Compute Economics, 20（1~2）: 1-20.

Smets E, Wouters R. 2002. Openness, imperfect exchange rate pass-through and monetary policy. Journal of Monetary Economics, 49（5）: 947-981.

Smets E, Wouters R. 2003. An estimated dynamic stochastic general equilibrium model of the Euro area. Joumal of the European Economic Association, 1（5）: 1123-1175.

Stephens D. 2006. Should monetary policy attempt to reduce exchange rate volatility in New Zealand? Reserve Bank of New Zealand Discussion Paper, 5.

Sun L. 2010. Monetary transmission mechanisms and the macro-economy in China—VAR/VECM approach and Bayesian DSGE model simulation. PhD Thesis, University of Birmingham.

Taylor J B. 1993. Discretion versus policy rules in practice. Carnegie Rochester Conference Series on Public Policy, 39: 195-214.

Taylor J B. 1999. An Historical Analysis of Monetary Policy Rules. Monetary Policy Rules. Chicago: University Of Chicago Press.

Taylor J B. 2000. Low inflation, pass-through, and the pricing power of firms. European Economic Review, 44 (7): 389-408.

Taylor J B. 2001. The role of the exchange rate in monetary policy rules. American Economic Review, 91 (2): 263-267.

Uhlig H. 1999. A Toolkit for Analyzing Nonlinear Dynamic Stochastic Models Easily Computational Methods for the Study of Dynamic Economies. Oxford: Oxford University Press.

Walsh C E. 2003. Monetary Theory and Policy. Cambridge: The Massachusetts Institute of Technology Press.

Wei D. 2008. Do central banks respond to exchange rate movements? Some new evidence from structural estimation. Bank of Canada Working Paper, 24.

Zhang W. 2009. China's monetary policy: quantity versus price rules. Journal of Macroeconomics, 31: 473-484.

附录 A　DSGE 模型包括的 26 个方程

$$\lambda_t = \chi_{ct}\left(c_t - \tau c_{t-1}\right)^{-\sigma} \tag{a.1}$$

$$\lambda_t w_t = h_t^{\eta} \tag{a.2}$$

$$\lambda_t = \beta E_t\left(\frac{\lambda_{t+1}}{\pi_{t+1}}\right) + m_t^{-\sigma_m} \tag{a.3}$$

$$\lambda_t = \beta R_t E_t\left(\frac{\lambda_{t+1}}{\pi_{t+1}}\right) \tag{a.4}$$

$$\lambda_t = \beta \kappa_t R_t^* E_t\left(\frac{\lambda_{t+1}}{\pi_{t+1}^*}\frac{s_{t+1}}{s_t}\right) \tag{a.5}$$

$$\lambda_t = \frac{\beta E_t\left\{\lambda_{t+1}\left[1 + q_{t+1} - \delta + \psi_k\left(\frac{i_{t+1}}{k_{t+1}} - \delta\right) + \frac{\psi_k}{2}\left(\frac{i_{t+1}}{k_{t+1}} - \delta\right)^2\right]\right\}}{1 + \psi_k\left(\frac{i_t}{k_t} - \delta\right)} \tag{a.6}$$

$$k_{t+1} = \left(1 - \delta\right)k_t + i_t \tag{a.7}$$

$$\kappa_t = \chi_t^k \exp\left(-\omega \frac{e_t B_t^*}{P_t y_t}\right) = \chi_t^k \exp\left(-\omega \frac{s_t b_t^*}{y_t}\right) = \chi_t^k \exp\left(-\omega \mathrm{bf}_t\right) \quad (\mathrm{a}.8)$$

$$y_t = \left[\phi^{\frac{1}{v}}\left(y_t^d\right)^{\frac{v-1}{v}} + (1-\phi)^{\frac{1}{v}}\left(y_t^m\right)^{\frac{v-1}{v}}\right]^{\frac{v}{v-1}} \quad (\mathrm{a}.9)$$

$$y_t = c_t + i_t \quad (\mathrm{a}.10)$$

$$y_t^d = \phi\left(p_t^d\right)^{-v} y_t \quad (\mathrm{a}.11)$$

$$y_t^m = (1-\phi)\left(p_t^m\right)^{-v} y_t \quad (\mathrm{a}.12)$$

$$z_t = y_t^d + y_t^x \quad (\mathrm{a}.13)$$

$$z_t = A_t k_t^\alpha h_t^{1-\alpha} \quad (\mathrm{a}.14)$$

$$y_t^x = \varphi\left(p_t^x\right)^{-1} y_t^* \quad (\mathrm{a}.15)$$

$$w_t = (1-\alpha)\xi_t \frac{z_t}{h_t} \quad (\mathrm{a}.16)$$

$$q_t = \alpha \xi_t \frac{z_t}{k_t} \quad (\mathrm{a}.17)$$

$$-\theta \frac{\xi_t}{p_t^d} = (1-\theta)\left[1 - \frac{\psi_d}{2}\left(\frac{\pi_t^d}{\pi^d} - 1\right)^2\right] - \psi_d\left[\frac{\pi_t^d}{\pi^d}\left(\frac{\pi_t^d}{\pi^d} - 1\right) - \beta\left(\frac{\lambda_{t+1}}{\lambda_t}\right)\frac{\left(\pi_{t+1}^d\right)^2}{\pi_{t+1}\pi^d}\left(\frac{\pi_t^d}{\pi^d} - 1\right)\frac{y_{t+1}^d}{y_t^d}\right] \quad (\mathrm{a}.18)$$

$$-\theta \frac{\xi_t}{p_t^x}\frac{1}{s_t} = (1-\theta)\left[1 - \frac{\psi_x}{2}\left(\frac{\pi_t^x}{\pi^x} - 1\right)^2\right] - \psi_x\left[\frac{\pi_t^x}{\pi^x}\left(\frac{\pi_t^x}{\pi^x} - 1\right) - \beta\left(\frac{\lambda_{t+1}}{\lambda_t}\right)\frac{s_{t+1}}{s_t}\frac{\left(\pi_{t+1}^x\right)^2}{\pi^x}\left(\frac{\pi_t^x}{\pi^x} - 1\right)\frac{y_{t+1}^x}{y_t^x}\right] \quad (\mathrm{a}.19)$$

$$-\vartheta \frac{s_t}{p_t^m} = (1-\vartheta)\left[1 - \frac{\psi_m}{2}\left(\frac{\pi_t^m}{\pi^m} - 1\right)^2\right] - \psi_m\left[\frac{\pi_t^m}{\pi^m}\left(\frac{\pi_t^m}{\pi^m} - 1\right) - \beta E_t\left(\frac{\lambda_{t+1}}{\lambda_t}\right)\frac{\left(\pi_{t+1}^m\right)^2}{\pi_{t+1}\pi^m}\left(\frac{\pi_t^m}{\pi^m} - 1\right)\frac{y_{t+1}^m}{y_t^m}\right] \quad (\mathrm{a}.20)$$

$$\frac{\mathrm{bf}_t}{\kappa_t R_t^*} = \mathrm{bf}_{t-1}\frac{s_t y_{t-1}}{s_{t-1} y_t} + \mathrm{nx}_t \quad (\mathrm{a}.21)$$

$$\mathrm{nx}_t = \left(p_t^x y_t^x - y_t^m\right)\frac{s_t}{y_t} \quad (\mathrm{a}.22)$$

$$\log\left(\frac{R_t}{R}\right) = \rho_R \log\left(\frac{R_{t-1}}{R}\right) + (1-\rho_R)\left[\rho_\pi \log\left(\frac{\pi_t}{\pi}\right) + \rho_y \log\left(\frac{y_t}{y}\right)\right] + v_t \quad (\mathrm{a}.23\mathrm{a})$$

$$\log\left(\frac{R_t}{R}\right) = \rho_R \log\left(\frac{R_{t-1}}{R}\right) + (1-\rho_R)\left[\rho_\pi \log\left(\frac{\pi_t}{\pi}\right) + \rho_y \log\left(\frac{y_t}{y}\right) + \rho_s\left(\log\left(\frac{s_t}{s}\right) - \chi \log\left(\frac{s_{t-1}}{s}\right)\right)\right] + v_t$$

$$(\mathrm{a}.23\mathrm{b})$$

$$\pi_t^m = \frac{p_t^m}{p_{t-1}^m} \pi_t \qquad (\text{a.24})$$

$$\pi_t^d = \frac{p_t^d}{p_{t-1}^d} \pi_t \qquad (\text{a.25})$$

$$\pi_t^x = \frac{p_t^x}{p_{t-1}^x} \qquad (\text{a.26})$$

六个外部冲击满足如下过程：

$$\log(\chi_{ct}) = (1-\rho_{\chi_c})\log(\chi_c) + \rho_{\chi_c}\log(\chi_{ct-1}) + \varepsilon_{\chi_c t} \qquad (\text{a.27})$$

$$\log(\chi_t^\kappa) = (1-\rho_{\chi^\kappa})\log(\chi^\kappa) + \rho_{\chi^\kappa}\log(\chi_{t-1}^\kappa) + \varepsilon_{\chi^\kappa t} \qquad (\text{a.28})$$

$$\log(R_t^*) = (1-\rho_{R^*})\log(R^*) + \rho_{R^*}\log(R_{t-1}^*) + \varepsilon_{R^* t} \qquad (\text{a.29})$$

$$\log(A_t) = (1-\rho_A)\log(A) + \rho_A\log(A_{t-1}) + \varepsilon_{At} \qquad (\text{a.30})$$

$$\log(y_t^*) = (1-\rho_{y^*})\log(y^*) + \rho_{y^*}\log(y_{t-1}^*) + \varepsilon_{y^* t} \qquad (\text{a.31})$$

$$v_t = \rho_v v_{t-1} + \varepsilon_{vt} \qquad (\text{a.32})$$

附录 B 对数线性化后的 26 个方程

$$\hat{\lambda}_t = \overline{\overline{\chi_{ct}}} - \frac{\sigma}{1-\tau}\hat{c}_t + \frac{\sigma\tau}{1-\tau}\widehat{c_{t-1}} \qquad (\text{b.1})$$

$$\eta\hat{h}_t = \hat{w}_t + \hat{\lambda}_t \qquad (\text{b.2})$$

$$\hat{\lambda}_t + \frac{\beta}{1-\beta}\hat{R}_t = -\sigma_m\hat{m}_t \qquad (\text{b.3})$$

$$\hat{\lambda}_t = \hat{R}_t + E_t(\widehat{\lambda_{t+1}}) - E_t(\widehat{\pi_{t+1}}) \qquad (\text{b.4})$$

$$\hat{s}_t - E_t\widehat{s_{t+1}} = \hat{\kappa}_t + (\hat{R}_t^* - E_t\widehat{\pi_{t+1}^*}) - (\hat{R}_t - E_t(\widehat{\pi_{t+1}})) \qquad (\text{b.5})$$

$$(1-\beta+\beta\delta)E_t(\widehat{q_{t+1}}) = \hat{R}_t - E_t(\widehat{\pi_{t+1}}) + \psi_k\delta(\hat{i}_t - \beta E_t\widehat{i_{t+1}}) - \psi_k\delta(\hat{k}_t - \beta E_t\widehat{k_{t+1}}) \qquad (\text{b.6})$$

$$\widehat{k_{t+1}} = (1-\delta)\hat{k}_t + \delta\hat{i}_t \qquad (\text{b.7})$$

$$\hat{\kappa}_t = \widehat{\chi_t^\kappa} - \omega\widehat{bf}_t \qquad (\text{b.8})$$

$$\hat{y}_t = \phi\widehat{y_t^d} + (1-\phi)\widehat{y_t^m} \qquad (\text{b.9})$$

$$\hat{y}_t = \frac{\overline{\overline{c}}}{\overline{\overline{y}}}\hat{c}_t + \frac{\overline{\overline{i}}}{\overline{\overline{y}}}\hat{i}_t \qquad (\text{b.10})$$

$$\widehat{y_t^d} = \widehat{y_t} - v\widehat{p_t^d} \tag{b.11}$$

$$\widehat{y_t^m} = -v\widehat{p_t^m} + \widehat{y_t} \tag{b.12}$$

$$\widehat{z_t} = \frac{\overline{y^d}}{\overline{z}}\widehat{y_t^d} + \frac{\overline{y^x}}{\overline{z}}\widehat{y_t^x} \tag{b.13}$$

$$\widehat{z_t} = \widehat{A_t} + \alpha\widehat{k_t} + (1-\alpha)\widehat{h_t} \tag{b.14}$$

$$\widehat{y_t^x} = -\widehat{p_t^x} + \widehat{y_t^*} \tag{b.15}$$

$$\widehat{w_t} = \widehat{mc_t} + \widehat{z_t} - \widehat{h_t} \tag{b.16}$$

$$\widehat{q_t} = \widehat{mc_t} + \widehat{z_t} - \widehat{k_t} \tag{b.17}$$

$$(1-\theta)\left(\widehat{mc_t} - \widehat{p_t^d}\right) + \psi_d\widehat{\pi_t^d} = \psi_d\beta E_t\left[\widehat{\pi_{t+1}^d}\right] \tag{b.18}$$

$$(1-\theta)\left(\widehat{mc_t} - \widehat{p_t^x} - \widehat{s_t}\right) + \psi_x\widehat{\pi_t^x} = \psi_x\beta E_t\left[\widehat{\pi_{t+1}^x}\right] \tag{b.19}$$

$$(1-\vartheta)\left(\widehat{s_t} - \widehat{p_t^m}\right) + \psi_m\widehat{\pi_t^m} = \psi_m\beta E_t\left[\widehat{\pi_{t+1}^m}\right] \tag{b.20}$$

$$\beta\widehat{bf_t} = \widehat{bf_{t-1}} + \widehat{nx_t} \tag{b.21}$$

$$\widehat{nx_t} = \frac{\overline{y^x}}{\overline{y}}\left(\widehat{y_t^x} + \widehat{p_t^x} - \widehat{y_t^m}\right) \tag{b.22}$$

$$\widehat{R_t} = \rho_R\widehat{R_{t-1}} + (1-\rho_R)\left[\rho_\pi\widehat{\pi_t} + \rho_y\widehat{y_t}\right] + v_t \tag{b.23a}$$

$$\widehat{R_t} = \rho_R\widehat{R_{t-1}} + (1-\rho_R)\left[\rho_\pi\widehat{\pi_t} + \rho_y\widehat{y_t} + \rho_s\left(\widehat{s_t} - \chi\widehat{s_{t-1}}\right)\right] + v_t \tag{b.23b}$$

$$\widehat{\pi_t^m} = \widehat{p_t^m} - \widehat{p_{t-1}^m} + \widehat{\pi_t} \tag{b.24}$$

$$\widehat{\pi_t^d} = \widehat{p_t^d} - \widehat{p_{t-1}^d} + \widehat{\pi_t} \tag{b.25}$$

$$\widehat{\pi_t^x} = \widehat{p_t^x} - \widehat{p_{t-1}^x} \tag{b.26}$$

六个外部随机冲击都满足 AR（1）过程：

$$\widehat{\chi_{ct}} = \rho_{\chi_c}\widehat{\chi_{ct-1}} + \varepsilon_{\chi_c t} \tag{b.27}$$

$$\widehat{\chi_t^\kappa} = \rho_{\chi^\kappa}\widehat{\chi_{kt-1}} + \varepsilon_{\chi^\kappa t} \tag{b.28}$$

$$\widehat{R_t^*} = \rho_{R*}\widehat{R_{t-1}^*} + \varepsilon_{R*t} \tag{b.29}$$

$$\widehat{A_t} = \rho_A\widehat{A_{t-1}} + \varepsilon_{At} \tag{b.30}$$

$$\widehat{y_t^*} = \rho_{y*}\widehat{y_{t-1}^*} + \varepsilon_{y*t} \tag{b.31}$$

$$\widehat{v_t} = \rho_v\widehat{v_{t-1}} + \varepsilon_{vt} \tag{b.32}$$

附录C 稳 态 值

变量	符号	数值	计算方法
消费	$\bar{\bar{c}}$	4.81	根据比率乘以 $\bar{\bar{y}}$，$\dfrac{\bar{\bar{c}}}{\bar{\bar{y}}}=1-\dfrac{\bar{\bar{i}}}{\bar{\bar{y}}}$
投资	$\bar{\bar{i}}$	3.34	根据比率乘以 $\bar{\bar{y}}$，$\dfrac{\bar{\bar{i}}}{\bar{\bar{y}}}=\dfrac{\phi+\vartheta-1}{\vartheta}\dfrac{\alpha\delta(\theta-1)}{\left(\dfrac{1}{\beta}-1+\delta\right)\theta}$，或者根据实际数据直接给出投资与总需求的比率
资本存量	$\bar{\bar{k}}$	50.17	根据比率乘以 $\bar{\bar{y}}$，$\dfrac{\bar{\bar{k}}}{\bar{\bar{y}}}=\dfrac{\bar{\bar{i}}}{\delta\bar{\bar{y}}}=\dfrac{\alpha mc}{q}\cdot\dfrac{\phi+\vartheta-1}{\vartheta}$
资本收益率	$\bar{\bar{q}}$	0.077	$\bar{\bar{q}}=\dfrac{1}{\beta}-1+\delta$
实际汇率	$\bar{\bar{s}}$	0.91	$(\vartheta-1)/\vartheta$
国债	$\bar{\bar{B}}$	0	设定
净外债	$\bar{\bar{bf}}$	0	设定
国内利率	$\bar{\bar{R}}$	1.01	$1/\beta$
国外利率	$\bar{\bar{R^{*}}}$	1.01	稳态时 $\bar{\bar{R^{*}}}=\bar{\bar{R}}=1/\beta$
总需求	$\bar{\bar{y}}$	8.15	$\bar{\bar{y}}^{-\sigma-\eta}=\left(\dfrac{\bar{\bar{h}}}{\bar{\bar{y}}}\right)^{\eta}\left(\dfrac{\bar{\bar{c}}-\tau c}{\bar{\bar{y}}}\right)^{\sigma}\bar{\bar{w}}^{-1}$
中间品总产出	$\bar{\bar{z}}$	7.99	根据比率乘以 $\bar{\bar{y}}$，$\dfrac{\bar{\bar{z}}}{\bar{\bar{y}}}=\dfrac{\phi+\vartheta-1}{\vartheta}$
国内需求	$\bar{\bar{y^{d}}}$	6.36	根据比率乘以 $\bar{\bar{y}}$，$\dfrac{\bar{\bar{y^{d}}}}{\bar{\bar{y}}}=\phi\bar{\bar{y}}$
进口	$\bar{\bar{y^{m}}}$	1.79	根据比率乘以 $\bar{\bar{y}}$，$\dfrac{\bar{\bar{y^{m}}}}{\bar{\bar{y}}}=(1-\phi)\bar{\bar{y}}$
出口	$\bar{\bar{y^{x}}}$	1.63	根据比率乘以 $\bar{\bar{y}}$，$\dfrac{\bar{\bar{y^{x}}}}{\bar{\bar{y}}}=(1-\phi)\bar{\bar{s}}\bar{\bar{y}}$
边际效用	$\bar{\bar{\lambda}}$	0.3	$\bar{\bar{\lambda}}=\bar{\bar{\chi_{c}}}\left(\bar{\bar{c}}-\tau c\right)^{-\sigma}$
货币需求	$\bar{\bar{m}}$	6.4	$\bar{\bar{\lambda}}=\beta\bar{\bar{\lambda}}+\bar{\bar{m}}^{-\sigma_{m}}$
边际成本	$\bar{\bar{mc}}$	0.91	$(\theta-1)/\theta$
工资率	$\bar{\bar{w}}$	3.39	$\left(\dfrac{(1-\alpha)^{1-\alpha}\alpha^{\alpha}\dfrac{\theta-1}{\theta}}{\left(\dfrac{1}{\beta}-1+\delta\right)^{\alpha}}\right)^{\frac{1}{1-\alpha}}$

续表

变量	符号	数值	计算方法
劳动	$\overline{\overline{h}}$	1.005	根据比率乘以 $\overline{\overline{y}}$，$\dfrac{\overline{\overline{h}}}{\overline{\overline{y}}}=\left(1-\alpha\right)\dfrac{\theta-1}{\theta}\left(\dfrac{\left(1-\alpha\right)^{1-\alpha}\alpha^{\alpha}\dfrac{\theta-1}{\theta}}{\left(\dfrac{1}{\beta}-1+\delta\right)^{\alpha}}\right)^{\frac{-1}{1-\alpha}}\dfrac{\phi+\vartheta-1}{\vartheta}$
风险溢价	$\overline{\overline{\kappa}}$	1	设定
国外总需求	$\overline{\overline{y^*}}$	32.6	根据比率乘以 $\overline{\overline{y}}$，$\overline{\overline{y^*}}=\dfrac{1-\phi}{\varphi}\overline{\overline{y}}$
净出口	$\overline{\overline{nx}}$	0	设定
国内产品相对价格	$\overline{\overline{p^d}}$	1	设定
进口产品相对价格	$\overline{\overline{p^m}}$	1	设定
出口产品相对价格	$\overline{\overline{p^x}}$	1.1	$\dfrac{1}{\overline{\overline{s}}}=\dfrac{\vartheta}{\vartheta-1}$
国内产品相对通货膨胀率	$\overline{\overline{\pi^d}}$	1	设定
进口产品相对通货膨胀率	$\overline{\overline{\pi^m}}$	1	设定
出口产品相对通货膨胀率	$\overline{\overline{\pi^m}}$	1	设定
外部冲击	$\overline{\overline{A}}$，χ_c，$\overline{\overline{\chi^\kappa}}$	1	设定

附录 D　DSGE 模型一阶条件的推导

1. 家庭部门

根据满足约束的拉格朗日方程求一阶条件。

1）约束条件 1：收入支出约束

$$\text{ys1} = \left(c_t(j)+i_t(j)\right)+M_t(j)/P_t(j)+\frac{B_t(j)}{R_t P_t}+\frac{e_t B_t^*(j)}{\kappa_t R_t^* P_t}$$

$$-\left(W_t h_t(j)/P_t+Q_t k_t(j)/P_t+M_{t-1}(j)/P_t+B_{t-1}(j)/P_t+e_t B_{t-1}^*(j)/P_t\right.$$

$$\left.+D_t(j)/P_t+T_t(j)/P_t-\frac{\psi_k}{2}\left(\frac{i_t(j)}{k_t(j)}-\delta\right)^2 k_t(j)\right)$$

2）约束条件 2：资本存量与投资

$$\text{ys2} = k_{t+1}-\left(1-\delta\right)k_t-i_t$$

把约束 1 放入拉格朗日函数：

$$L = E_0 \sum_{t=0}^{\infty} \beta^t \left\{ \left[\chi_{ct} \frac{\left(c_t(j) - \tau c_{t-1}\right)^{1-\sigma}}{1-\sigma} + \frac{\left(\dfrac{M_t(j)}{P_t}\right)^{1-\sigma_m}}{1-\sigma_m} - \frac{h_t^{1+\eta}(j)}{1+\eta} \right] - \lambda_t \left[\text{ys1} \right] \right\}$$

代表家庭选择 c_t，h_t，M_t，B_t，B_t^*，k_{t+1} 对这些变量求导。

与 t 期消费有关的是

$$\chi_{ct} \frac{\left(c_t(j) - \tau c_{t-1}\right)^{1-\sigma}}{1-\sigma} - \lambda_t c_t(j)$$

对 $c_t(j)$ 求导数，令一阶导数等于 0，可得

$$\lambda_t = \chi_{ct} \left(c_t(j) - \tau c_{t-1}\right)^{-\sigma}$$

因为假设同质，所以所有消费者的一阶条件去掉 j 即可。后面出现 j 的地方同样处理，因此证明中直接去掉 j。

$$\lambda_t = \chi_{ct} \left(c_t - \tau c_{t-1}\right)^{-\sigma}$$

对第 t 期劳动求导，与劳动有关的项

$$-\frac{h_t^{1+\eta}(j)}{1+\eta} + \left(\lambda_t W_t h_t(j)\right)/P_t$$

求导得到

$$\eta h_t^{\eta}(j) = \left(\lambda_t W_t\right)/P_t$$

用实际工资率代替，并且去掉 j，得到

$$w_t = \frac{\eta h_t^{\eta}}{\lambda_t}$$

其中，$w_t = W_t / P_t$。

对货币求导，与 t 期货币有关的项（去掉 j，结论不变）：

$$\chi_t \frac{\left(\dfrac{M_t}{P_t}\right)^{1-\sigma_m}}{1-\sigma_m} - \lambda_t \frac{M_t}{P_t} - \beta E_t \left(\lambda_{t+1} \frac{-M_t}{P_{t+1}} \right)$$

对 t 期求导等于 0，得到

$$\lambda_t / P_t = \beta E_t \left(\frac{\lambda_{t+1}}{P_{t+1}} \right) + \frac{1}{P_t} \chi_t \frac{M_t}{P_t}^{-\sigma_m}$$

两边乘以 t 期价格，用实际货币需求代替名义货币需求，把价格比率用通货膨胀率表示，得到

$$\lambda_t = \beta E_t \left(\frac{\lambda_{t+1}}{\pi_{t+1}} \right) + \chi_t m_t^{-\sigma_m}$$

对国债求导，相关的项为

$$-\lambda_t \frac{B_t}{R_t P_t} + \beta E_t \lambda_{t+1} \left(\frac{B_t}{P_{t+1}} \right)$$

求导数得到

$$\lambda_t = \beta R_t E_t \left(\frac{\lambda_{t+1}}{\pi_{t+1}} \right)$$

与 t 期外债相关的项为

$$-\lambda_t \frac{e_t B_t^*}{\kappa_t R_t^* P_t} + \beta E_t \lambda_{t+1} \left(\frac{e_{t+1} B_t^*}{P_{t+1}} \right)$$

对外国国债求导：

$$\lambda_t \frac{e_t}{\kappa_t R_t^* P_t} = \beta E_t \lambda_{t+1} \left(\frac{e_{t+1}}{P_{t+1}} \right)$$

整理得

$$\lambda_t = \beta \kappa_t R_t^* E_t \left(\frac{\lambda_{t+1}}{P_{t+1}} \frac{P_t e_{t+1}}{e_t} \right) = \beta \kappa_t R_t^* E_t \left(\frac{\lambda_{t+1}}{P_{t+1}} \frac{e_{t+1} P_{t+1}^* P_t^* P_t}{e_t P_t^* P_{t+1}^*} \right) = \beta \kappa_t R_t^* E_t \left(\frac{\lambda_{t+1}}{\pi_{t+1}^*} \frac{s_{t+1}}{s_t} \right)$$

最后得到

$$\lambda_t = \beta \kappa_t R_t^* E_t \left(\frac{\lambda_{t+1}}{\pi_{t+1}^*} \frac{s_{t+1}}{s_t} \right)$$

其中，s 代表实际汇率。

与资本存量 k_{t+1} 有关的项为

$$-\lambda_t \left(i_t + \frac{\psi_k}{2} \left(\frac{i_t}{k_t} - \delta \right)^2 k_t \right) + \beta E_t \lambda_{t+1} (Q_{t+1} K_{t+1} / P_{t+1}) - \beta E_t \left(\lambda_{t+1} \left(i_{t+1} + \frac{\psi_k}{2} \left(\frac{i_{t+1}}{k_{t+1}} - \delta \right)^2 k_{t+1} \right) \right)$$

其中投资为 i_t，用资本存量调整公式中的资本存量 $i_t = k_{t+1} - (1-\delta)k_t$ 代替进行求导。

$$\lambda_t \left[1 + \frac{\psi_k}{2} 2 \left(\frac{i_t}{k_t} - \delta \right) k_t \frac{1}{k_t} \right]$$

$$= \beta E_t \lambda_{t+1} \frac{Q_{t+1}}{P_{t+1}} - \beta E_t \left\{ \lambda_{t+1} \left[-(1-\delta) + \frac{\psi_k}{2} \left(\frac{i_t}{k_t} - \delta \right)^2 - \frac{\psi_k}{2} 2 k_{t+1} \left(\frac{i_t}{k_t} - \delta \right) \left(\frac{-i_{t+1}}{k_{t+1}^2} + \frac{-(1-\delta)}{k_{t+1}} \right) \right] \right\}$$

整理得

$$\lambda_t = \frac{\beta E_t \left\{ \lambda_{t+1} \left[1 + q_{t+1} - \delta + \psi_k \left(\frac{i_{t+1}}{k_{t+1}} - \delta \right) + \frac{\psi_k}{2} \left(\frac{i_{t+1}}{k_{t+1}} - \delta \right)^2 \right] \right\}}{1 + \psi_k \left(\frac{i_t}{k_t} - \delta \right)}$$

2. 最终产品

最终产品是假设价格已知，通过最优化求产量。最终产品包括国内产品和进口产品。

$$\max_{\{y_t^d(i), y_t^m(i)\}} P_t y_t - P_t^d(i) y_t^d(i) - P_t^m(i) y_t^m(i)$$

满足约束：

$$y_t = \left[\phi^{\frac{1}{v}} \left[\left(y_t^d \right) \right]^{\frac{v-1}{v}} + (1-\phi)^{\frac{1}{v}} \left(y_t^m \right)^{\frac{v-1}{v}} \right]^{\frac{v}{v-1}}$$

因为 i 结论相同，为了符号简单去掉 i，对所有对国内产品 y_t^d 求一阶导数。

$$P_t^d - P_t \left(\frac{\mathrm{d}y_t}{\mathrm{d}y_t^d} \right) = 0$$

根据约束条件有

$$\frac{\mathrm{d}y_t}{\mathrm{d}y_t^d} = \frac{v}{v-1} \left[\phi^{\frac{1}{v}} \left(y_t^d \right)^{\frac{v-1}{v}} + (1-\phi)^{1/v} \left(y_t^m \right)^{\frac{v-1}{v}} \right]^{\frac{v}{v-1}-1} \phi^{1/v} \left(y_t^d \right)^{\frac{v-1}{v}-1} \frac{v-1}{v}$$

$$\frac{\mathrm{d}y_t}{\mathrm{d}y_t^d} = \left[\phi^{\frac{1}{v}} \left(y_t^d \right)^{\frac{v-1}{v}} + (1-\phi)^{1/v} \left(y_t^m \right)^{\frac{v-1}{v}} \right]^{\frac{1}{v-1}} \phi^{1/v} \left(y_t^d \right)^{\frac{-1}{v}}$$

$$\frac{\mathrm{d}y_t}{\mathrm{d}y_t^d} = \left(y_t \right)^{\frac{1}{v}} \phi^{\frac{1}{v}} \left(y_t^d \right)^{-1/v}$$

代入，两边 $-v$ 次方得到

$$y_t^d = \phi \left(\frac{P_t^d}{P_t} \right)^{-v} y_t$$

类似可得到关于进口需求的公式。这里不再证明。

3. 中间产品

$$\max_{\{h_t(i), k_t(i), P_t^d(i), P_t^x(i)\}} E_t \sum_{s=0}^{\infty} \beta^s \frac{\lambda_{t+s}}{\lambda_t} \frac{D_{t+s}^d(i)}{P_{t+s}}$$

约束条件：

$$D_t^d(i) \equiv P_t^d(i) y_t^d(i) + e_t P_t^x(i) y_t^x(i) - W_t h_t(i) - Q_t k_t(i) - \frac{\psi_d}{2} \left(\frac{P_t^d(i)}{\pi^d P_{t-1}^d(i)} - 1 \right)^2$$

$$P_t^d(i) y_t^d(i) - \frac{\psi_x}{2} \left(\frac{P_t^x(i)}{\pi^x P_{t-1}^x(i)} - 1 \right)^2 e_t P_t^x(i) y_t^x(i)$$

$$z_t(i) = y_t^d(i) + y_t^x(i) = A_t k_t(i)^\alpha h_t(i)^{1-\alpha}$$

$$y_t^x(i) = \left(\frac{P_t^x(i)}{P_t^x} \right)^\theta y_t^x, \quad i \in (0,1)$$

$$y_t^d(i) = \left(\frac{P_t^d(i)}{P_t^d} \right)^{-\theta} y_t^d, \quad i \in (0,1)$$

对劳动和资本存量求导比较容易得到。

把产出 z 等于国内需求和出口需求公式明确放入拉格朗日函数，其他约束直接在求导时引用，得到

$$E_t \sum_{s=0}^{\infty} \left\{ \beta^s \left(\frac{\lambda_{t+s}}{\lambda_t} \right) \frac{D_{t+s}^d(i)}{P_{t+s}} - \xi_t \left[z(i) - A_t k_t(i)^\alpha h_t(i)^{1-\alpha} \right] \right\}$$

与劳动有关的项是

$$\frac{-W_t(i) h_t(i)}{P_t} + \xi_t A_t k_t(i)^\alpha h_t(i)^{1-\alpha}$$

对劳动求导数得

$$-\frac{W_t(i)}{P_t} + \xi_t A_t k_t(i)^\alpha (1-\alpha) h_t(i)^{-\alpha} = 0$$

整理得

$$\frac{W_t(i)}{P_t} = \xi_t A_t k_t(i)^\alpha (1-\alpha) h_t(i)^{-\alpha} \frac{h_t(i)}{h_t(i)}$$

用实际工资代替名义工资与价格的比率，整理得

$$w_t(i) = (1-\alpha) \xi_t \frac{z_t(i)}{h_t(i)}$$

类似可得到与资本存量有关的项：

$$\frac{-Q_t(i) k_t(i)}{P_t} + \xi_t A_t k_t(i)^\alpha h_t(i)^{1-\alpha}$$

$$-\frac{Q_t(i)}{P_t} + \xi_t A_t h_t(i)^{-\alpha} \alpha k_t(i)^{\alpha-1} = 0$$

$$-\frac{Q_t(i)}{P_t} + \xi_t A_t h_t(i)^{-\alpha} \alpha k_t(i)^{\alpha-1} \frac{k_t(i)}{k_t(i)} = 0$$

$$q_t(i) = \alpha \xi_t \frac{z_t(i)}{k_t(i)}$$

对国内中间品价格求导数，相关的项目包括

$$\frac{\left[P_t^d(i) y_t^d(i) - \dfrac{\psi_d}{2}\left(\dfrac{P_t^d(i)}{\pi^d P_{t-1}^d(i)} - 1 \right)^2 P_t^d(i) y_t^d(i) \right]}{\left[P_t - \xi_t z_t^d(i) - \beta E_t \left[\dfrac{\lambda_{t+1}}{\lambda_t} \dfrac{1}{P_{t+1}} \left(\dfrac{\psi_d}{2}\left(\dfrac{P_{t+1}^d(i)}{\pi^d P_t^d(i)} - 1 \right)^2 P_{t+1}^d(i) y_{t+1}^d(i) \right) \right] \right]}$$

其中，$z_t^d(i) = y_t^d(i) + y_t^x(i)$，所以与可以进一步只保留国内对中间产品的需求。另外产量与价格之间满足下面关系式，求导时需要考虑。

$$y_t^d(i) = \left(\frac{P_t^d(i)}{P_t^d} \right)^{-\theta} y_t^d$$

对价格求导。

$y_t^d(i)$ 对价格的导数：

$$-\theta \left(\frac{P_t^d(i)}{P_t^d} \right)^{-\theta-1} \frac{1}{P_t^d} y_t^d = -\theta \left(\frac{P_t^d(i)}{P_t^d} \right)^{-\theta-1} \frac{1}{P_t^d} \frac{P_t^d(i)}{P_t^d(i)} y_t^d = -\theta y_t^d(i) / P_t^d(i)$$

$P_t^d(i) y_t^d(i)$ 对价格的导数：

$$y_t^d(i) + P_t^d(i) \frac{-\theta y_t^d(i)}{P_t^d(i)} = (1-\theta) y_t^d(i)$$

$\left(\dfrac{P_t^d(i)}{\pi^d P_{t-1}^d(i)} - 1 \right)^2$ 对价格的导数：

$$2\left(\frac{P_t^d(i)}{\pi^d P_{t-1}^d(i)} - 1 \right) \frac{1}{\pi^d P_{t-1}^d(i)}$$

$\left(\dfrac{P_{t+1}^d(i)}{\pi^d P_t^d(i)} - 1 \right)^2$ 对价格的导数：

$$y_t^d(i) = \left(\frac{P_t^d(i)}{P_t^d} \right)^{-\theta} y_t^d, \quad i \in (0,1)$$

$$2\left(\frac{P_{t+1}^d(i)}{\pi^d P_t^d(i)} - 1 \right) \frac{-P_{t+1}^d(i)}{\pi^d P_t^d(i)^2}$$

代入以上各式，整理得

$$\frac{1}{P_t}\left\{(1-\theta)y_t^d(i)-\frac{\psi_d}{2}\left[\left(2\left(\frac{P_t^d(i)}{\pi^d P_{t-1}^d(i)}-1\right)\frac{1}{\pi^d P_{t-1}^d(i)}\right)P_t^d(i)y_t^d(i)+\left(\frac{P_t^d(i)}{\pi^d P_{t-1}^d(i)}-1\right)^2(1-\theta)y_t^d(i)\right]\right\}$$

$$-\beta E_t\left[\frac{\lambda_{t+1}}{\lambda_t}\frac{1}{P_{t+1}}\left(\frac{\psi_d}{2}2\left(\frac{P_{t+1}^d(i)}{\pi^d P_t^d(i)}-1\right)\frac{-P_{t+1}^d(i)}{\pi^d P_t^d(i)^2}P_{t+1}^d(i)y_{t+1}^d(i)\right)-\xi_t(-\theta)y_t^d(i)/P_t^d(i)\right]=0$$

把 $\xi_t(-\theta)y_t^d(i)/P_t^d(i)$ 移项到等号右边，两边除以 $y_t^d(i)$，乘以 P_t 可得

$$-\theta\frac{\xi_t P_t}{P_t^d(i)}=(1-\theta)-\frac{\psi_d}{2}\left[\left(2\left(\frac{P_t^d(i)}{\pi^d P_{t-1}^d(i)}-1\right)\frac{1}{\pi^d P_{t-1}^d(i)}\right)P_t^d(i)+\left(\frac{P_t^d(i)}{\pi^d P_{t-1}^d(i)}-1\right)^2(1-\theta)\right]$$

$$+\beta E_t\left[\frac{\lambda_{t+1}}{\lambda_t}\frac{1}{P_{t+1}}\left(\frac{\psi_d}{2}2\left(\frac{P_{t+1}^d(i)}{\pi^d P_t^d(i)}-1\right)\frac{P_{t+1}^d(i)}{\pi^d P_t^d(i)^2}P_{t+1}^d(i)\frac{y_{t+1}^d(i)}{y_t^d(i)}\right)\right]$$

进一步整理，令：

$$p_t^d(i)=\frac{P_t^d(i)}{P_t},\quad \pi_t^d(i)=\frac{P_t^d(i)}{P_{t-1}^d(i)}$$

得到

$$-\theta\frac{\xi_t}{p_t^d(i)}=(1-\theta)\left[1-\frac{\psi_d}{2}\left(\frac{\pi_t^d(i)}{\pi^d}-1\right)^2\right]-\psi_d\left[\left(\frac{\pi_t^d(i)}{\pi^d}-1\right)\frac{\pi_{t-1}^d(i)}{\pi^d}\right]$$

$$+\beta\psi_d E_t\left[\frac{\lambda_{t+1}}{\lambda_t}\frac{(\pi_t^d(i))^2}{\pi^d\pi_{t+1}}\left(\frac{\pi_{t+1}^d(i)}{\pi^d}-1\right)\frac{y_{t+1}^d(i)}{y_t^d(i)}\right]$$

类似可得到出口中间品的一阶条件。这里不再给出证明。

4. 进口中间品

进口中间品价格一阶条件的推导与中间产品本国产品价格的推导非常类似，最优化下面的方程：

$$\max_{\{P_t^m(i)\}}E_t\sum_{s=0}^{\infty}\beta^s\frac{\lambda_{t+s}}{\lambda_t}\frac{D_{t+s}^m(i)}{P_{t+s}}$$

满足约束：

$$D_t^m(i)\equiv\left(P_t^m(i)-e_t P^*\right)y_t^m(i)-\frac{\psi_m}{2}\left(\frac{P_t^m(i)}{\pi^m P_{t-1}^m(i)}-1\right)^2 P_t^m(i)y_t^m(i)$$

$$y_t^m(i)=\left(\frac{P_t^m(i)}{P_t^m}\right)^{-\vartheta}y_t^m$$

对 $P_t^m(i)$ 求导，得到该问题的一阶条件是

$$-\vartheta\frac{s_t}{p_t^m(i)}=(1-\vartheta)\left[1-\frac{\psi_m}{2}\left(\frac{\pi_t^m(i)}{\pi^m}-1\right)^2\right]$$

$$-\psi_m\left[\frac{\pi_t^m(i)}{\pi^m}\left(\frac{\pi_t^m(i)}{\pi^m}-1\right)-\beta E_t\left(\frac{\lambda_{t+1}}{\lambda_t}\right)\frac{(\pi_{t+1}^m(i))^2}{\pi_{t+1}\pi^m}\left(\frac{\pi_t^m(i)}{\pi^m}-1\right)\frac{y_{t+1}^m(i)}{y_t^m(i)}\right]$$

其中，$p_t^m(i)=P_t^m(i)/P_t$；$\pi_t^m=P_t^m(i)/P_{t-1}^m(i)$。

附录 E DYNARE 程序

2005~2015 年 DSGE 估计和计算脉冲响应的程序如下。

```
//declaring variables 26
var c m h ii k y z w q yd ym yx mc lamda pai R s pd pm px pai_d pai_m pai_x
k_b b nx;
//declaring variables 4 norminal price
%var npm npd;
%var p e;
//declaring variables ar（1）process 6
  var RF yf A v kai_c kai_b;
  //declaring exo variables 6
varexo e_kaib e_RF e_A e_yf e_v e_kaic;


//declaring parameters not need estimate 16 3ratio
    parameters    theta thetaf vtidai alpha sigma beta delta h_c eta sigma_m
omega phi  qbar mtoybar nxtoybar itoybar;
// parameters should be estimated 13
    parameters psai_k psai_d psai_x psai_m ruo_A ruo_R ruo_y ruo_pai ruo_RF
ruo_yf ruo_v ruo_c ruo_b;
//parameters in the money policy function about exchange rate
%parameters ruo_s ruo_s_1;

  //parameter values
  theta=11;
thetaf=11;
vtidai=1.5;
```

```
alpha=0.53;
sigma=2;
beta=0.99;
delta=0.067;
h_c=0.62;
eta=3;
sigma_m=5;
omega=0.03;
phi=0.78;
qbar=1/beta+1-delta;
mtoybar=0.22;
nxtoybar=0.2;
itoybar=0.41;
psai_k=25;
psai_d=20;
psai_m=60;
psai_x=60;
ruo_RF=0.5;
ruo_yf=0.5;
ruo_v=0.5;
ruo_c=0.5;
ruo_b=0.5;
ruo_A=0.5;
ruo_y=2;
ruo_pai=2;
ruo_R=0.5;
%ruo_s=0.5;
%ruo_s_1=0.5;


//model specification

model（linear）;
 //consumption
lamda=kai_c-sigma/（1-h_c）*c+（sigma*h_c/（1-h_c））*c（-1）;
eta*h=w+lamda;
```

lamda+beta/（1-beta）*R+sigma_m*m=0；

lamda=R+lamda（+1）-pai（+1）；

s-s（+1）=k_b+RF-R+pai（+1）；

lamda+psai_k*delta*（ii-k（-1））=lamda(+1)+qbar*q(+1)+beta*delta*psai_k*
（ii（+1）-k）；

k=（1-delta）*k（-1）+delta*ii；

k_b=kai_b-omega*b；

//firms

y=phi*yd+（1-phi）*ym；

y=（1-itoybar）*c+itoybar*ii；

yd=y-vtidai*pd；

ym=y-vtidai*pm；

z=phi*yd+（1-phi）*yx；

z=A+alpha*k（-1）+（1-alpha）*h；

yx=yf-px；

w=mc+z-h；

q=mc+z-k（-1）；

（1-theta）*（mc-pd）+psai_d*pai_d=psai_d*beta*pai_d（+1）；

（1-theta）*（mc-px-s）+psai_x*pai_x=psai_x*beta*pai_x（+1）；

（1-thetaf）*（s-pm）+psai_m*pai_m=psai_m*beta*pai_m（+1）；

//net debt

beta*b=b（-1）+nx；

nx=nxtoybar*yx+nxtoybar*px-nxtoybar*ym；

//bank

R=ruo_R*R（-1）+（1-ruo_R）*（ruo_pai*pai+ruo_y*y）+v；

%R=ruo_R*R（-1）+（1-ruo_R）*（ruo_pai*pai+ruo_y*y+ruo_s*s）+v；

%R=ruo_R*R（-1）+（1-ruo_R）*（ruo_pai*pai+ruo_y*y+ruo_s*（s-ruo_s_1*s
（-1）））+v；

//price

pai_m=pm-pm（-1）+pai；

pai_d=pd-pd（-1）+pai；

pai_x=px-px（-1）；

//norminal price

%npm=pm+p；

%npd=pd+p；

```
%e=s+p;
%pai=p-p（-1）;


//exo shocks

RF=ruo_RF*RF（-1）+e_RF;
A=ruo_A*A（-1）+e_A;
yf=ruo_yf*yf（-1）+e_yf;
v=ruo_v*v（-1）+e_v;
kai_c=ruo_c*kai_c（-1）+e_kaic;
kai_b=ruo_b*kai_b（-1）+e_kaib;
end;
 varobs R y c s pai;
 estimated_params;
psai_m, 10, gamma_pdf, 10, 5;
psai_x, 150, gamma_pdf, 150, 60;
psai_d, 200, gamma_pdf, 200, 60;
ruo_RF, 0.5, beta_pdf, 0.5, 0.1;
ruo_A, 0.5, beta_pdf, 0.5, 0.1;
ruo_yf, 0.5, beta_pdf, 0.5, 0.1;
ruo_c, 0.5, beta_pdf, 0.5, 0.1;
ruo_b, 0.5, beta_pdf, 0.5, 0.1;
ruo_v, 0.5, beta_pdf, 0.5, 0.1;
ruo_R, 0.5, beta_pdf, 0.5, 0.2;
ruo_pai, 2, gamma_pdf, 2, 0.5;
ruo_y, 2, gamma_pdf, 2, 0.5;
%ruo_s, 2, gamma_pdf, 2, 1;
%ruo_s_1, 0.5, beta_pdf, 0.5, 0.1;
stderr e_RF, inv_gamma_pdf, 0.01, inf;
stderr e_v, inv_gamma_pdf, 0.01, inf;
stderr e_yf, inv_gamma_pdf, 0.01, inf;
stderr e_kaic, inv_gamma_pdf, 0.01, inf;
stderr e_kaib, inv_gamma_pdf, 0.01, inf;
stderr e_A, inv_gamma_pdf, 0.01, inf;
end;
```

```
 steady;
 check;
estimation（datafile=passdsge0515, mode_compute=4, filtered_vars,
mh_jscale=0.4, mh_replic=100000, mh_nblocks=2, mode_check）
y c s R pai;
%stoch_simul（linear, conditional_variance_decomposition=［8 20］, irf=0）s;
stoch_simul（order=1, relative_irf, irf=40）;
@#for mvar in ［"s", "pm", "pd", "pai"］
pass_@｛mvar｝=［oo_.irfs.@｛mvar｝_e_RF; oo_.irfs.@｛mvar｝_e_v; oo_.irfs.@
｛mvar｝_e_yf; oo_.irfs.@｛mvar｝_e_A; oo_.irfs.@｛mvar｝_e_kaic; oo_.irfs.@
｛mvar｝_e_kaib］/100;

@#endfor
%shock_decomposition（parameter_set=posterior_mean）;
```

图4.6.1 计算汇率传递和画图的程序

```
pass_pai_c=pass_pai./pass_s;
pass_pai_cc=cumsum（pass_pai_c, 2）;
pass_pm_c=pass_pm./pass_s;
pass_pm_cc=cumsum（pass_pm_c, 2）;
pass_pd_c=pass_pd./pass_s;
pass_pd_cc=cumsum（pass_pd_c, 2）;

covarpass=diag（［0.000012 0.000003 0.002098 0.000195 0.003165 0.000017］）;

t1=pass_s;
t2=t1'*covarpass*t1;
for i=1: length（t2）
t3（i）=t2（i, i）;
end
t3=t3';
ww0=cumsum（t3）;
wi=t1'.*t1'*covarpass;
ww1=repmat（ww0, 1, 6）;
wwi=wi./ww1;
```

```
pass_pai_g0=pass_pai_c'.*wwi；
pass_pai_g1=cumsum（pass_pai_g0，1）；
pass_pai_g2=cumsum（pass_pai_g1，2）；
pass_pai_g=pass_pai_g2（：，6）；

pass_pm_g0=pass_pm_c'.*wwi；
pass_pm_g1=cumsum（pass_pm_g0，1）；
pass_pm_g2=cumsum（pass_pm_g1，2）；
pass_pm_g=pass_pm_g2（：，6）；

pass_pd_g0=pass_pd_c'.*wwi；
pass_pd_g1=cumsum（pass_pd_g0，1）；
pass_pd_g2=cumsum（pass_pd_g1，2）；
pass_pd_g=pass_pd_g2（：，6）；


covarpass05=covarpass；
pass_pm_g05=pass_pm_g；
pass_pai_g05=pass_pai_g；
pass_pd_g05=pass_pd_g；
pass_s05=pass_s；
pass_pai05=pass_pai；
pass_pm05=pass_pm；
pass_pd05=pass_pd；
pass_pai05_c=pass_pai_c；
pass_pm05_c=pass_pm_c；
pass_pd05_c=pass_pd_c；
pass_pai05_cc=pass_pai_cc；
pass_pm05_cc=pass_pm_cc；
pass_pd05_cc=pass_pd_cc；
wi05=wi；
ww105=ww1；
wwi05=wwi；

save passirf15 covarpass05 pass_pd_g05 pass_pm_g05 pass_pai_g05 pass_s05
pass_pai05  pass_pm05  pass_pd05  pass_pai05_c  pass_pm05_c  pass_pd05_c
```

```
pass_pai05_cc pass_pm05_cc pass_pd05_cc wi05 ww105 wwi05
    x=［1：40］；
    figure（1）；
    subplot（2，2，1）；
    plot（x，pass_pai_cc（1，：），'-'，x，pass_pai05_cc（1，：），'：'）
    ylabel（'RF shock'）；
    legend（'96-05'，'05-15'，4）；
    title（'pass through to cpi'）；
    subplot（2，2，2）；
    plot（x，pass_pm_cc（1，：），'-'，x，pass_pm05_cc（1，：），'：'）
    title（'pass through to import'）；
    ylabel（'RF shock'）；
    legend（'96-05'，'05-15'，4）；
    subplot（2，2，3）；
    plot（x，pass_pai_cc（2，：），'-'，x，pass_pai05_cc（2，：），'：'）
    ylabel（'v shock'）；
    subplot（2，2，4）；
    plot（x，pass_pm_cc（2，：），'-'，x，pass_pm05_cc（2，：），'：'）
    ylabel（'v shock'）；
    figure（2）；
    subplot（2，2，1）；
    plot（x，pass_pai_cc（3，：），'-'，x，pass_pai05_cc（3，：），'：'）
    ylabel（'yf shock'）；
    subplot（2，2，2）；
    plot（x，pass_pm_cc（3，：），'-'，x，pass_pm05_cc（3，：），'：'）
    ylabel（'yf shock'）；
    subplot（2，2，3）；
    plot（x，pass_pai_cc（4，：），'-'，x，pass_pai05_cc（4，：），'：'）
    ylabel（'A shock'）；
    subplot（2，2，4）；
    plot（x，pass_pm_cc（4，：），'-'，x，pass_pm05_cc（4，：），'：'）
    ylabel（'A shock'）；
    figure（3）；
    subplot（2，2，1）；
    plot（x，pass_pai_cc（5，：），'-'，x，pass_pai05_cc（5，：），'：'）
```

```
ylabel（'kaic shock'）;
subplot（2, 2, 2）;
plot（x, pass_pm_cc（5, :）, '-', x, pass_pm05_cc（5, :）, ': '）
ylabel（'kaic shock'）;
subplot（2, 2, 3）;
plot（x, pass_pai_cc（6, :）, '-', x, pass_pai05_cc（6, :）, ': '）
ylabel（'kaib shock'）;
subplot（2, 2, 4）;
plot（x, pass_pm_cc（6, :）, '-', x, pass_pm05_cc（6, :）, ': '）
ylabel（'kaib shock'）;

figure（4）;
subplot（1, 2, 1）;
plot（x, pass_pai_g, '-', x, pass_pai_g05, ': '）
ylabel（'aggregate'）;
legend（'96-05', '05-15', 4）;
title（'pass through to cpi'）;
subplot（1, 2, 2）;
plot（x, pass_pm_g, '-', x, pass_pm_g05, ': '）
title（'pass through to import'）;
ylabel（'aggregate'）;
legend（'96-05', '05-15', 4）;
```

四种货币政策下脉冲响应函数的计算和保存程序如下（以规则 1 为例）。

```
//declaring variables 26

var c m h ii k y z w q yd ym yx mc lamda pai R s pd pm px pai_d pai_m pai_x k_b b nx;
//declaring variables 4 norminal price
%var npm npd;
%var p e;

//declaring variables ar（1）process 6

var RF yf A v kai_c kai_b;
```

```
//declaring exo variables 6
varexo e_kaib e_RF e_A e_yf e_v e_kaic;


//declaring parameters not need estimate 16 3ratio

parameters    theta thetaf vtidai alpha sigma beta delta h_c eta sigma_m    omega
phi  qbar mtoybar nxtoybar itoybar;
// parameters should be estimated 13
parameters psai_k psai_d psai_x psai_m ruo_A ruo_R ruo_y ruo_pai ruo_RF
ruo_yf ruo_v ruo_c ruo_b;
//parameters in the money policy function about exchange rate
%parameters ruo_s;
%ruo_s_1;


//parameter values

theta=11;
thetaf=8;
vtidai=1.5;
alpha=0.53;
sigma=2;
beta=0.99;
delta=0.067;
h_c=0.62;
eta=3;
sigma_m=5;
omega=0.03;
phi=0.78;
qbar=1/beta+1-delta;
mtoybar=0.22;
nxtoybar=0.2;
itoybar=0.41;
psai_k=25;
//estimated parameters
```

```
psai_d=186;
psai_m=23;
psai_x=51;
ruo_RF=0.62;
ruo_yf=0.85;
ruo_v=0.38;
ruo_c=0.45;
ruo_b=0.6;
ruo_A=0.29;
ruo_y=1.1;
ruo_pai=3.5;
ruo_R=0.92;
%ruo_s=1.1;
%ruo_s_1=0.5;


//model specification

model（linear）;


//consumption
lamda=kai_c-sigma/（1-h_c）*c+（sigma*h_c/（1-h_c））*c（-1）;
eta*h=w+lamda;
lamda+beta/（1-beta）*R+sigma_m*m=0;
lamda=R+lamda（+1）-pai（+1）;
s-s（+1）=k_b+RF-R+pai（+1）;
lamda+psai_k*delta*（ii-k(-1)）=lamda(+1)+qbar*q(+1)+beta*delta*psai_k*
（ii（+1）-k）;
k=（1-delta）*k（-1）+delta*ii;
k_b=kai_b-omega*b;


//firms

y=phi*yd+（1-phi）*ym;
y=（1-itoybar）*c+itoybar*ii;
yd=y-vtidai*pd;
```

```
ym=y-vtidai*pm；
z=phi*yd+（1-phi）*yx；
z=A+alpha*k（-1）+（1-alpha）*h；
yx=yf-px；
w=mc+z-h；
q=mc+z-k（-1）；
（1-theta）*（mc-pd）+psai_d*pai_d=psai_d*beta*pai_d（+1）；
（1-theta）*（mc-px-s）+psai_x*pai_x=psai_x*beta*pai_x（+1）；
（1-thetaf）*（s-pm）+psai_m*pai_m=psai_m*beta*pai_m（+1）；


//net debt

beta*b=b（-1）+nx；
nx=nxtoybar*yx+nxtoybar*px-nxtoybar*ym；


//bank
R=ruo_R*R（-1）+（1-ruo_R）*（ruo_pai*pai+ruo_y*y）+v；
%R=ruo_R*R（-1）+（1-ruo_R）*（ruo_pai*pai+ruo_y*y+ruo_s*s）+v；
%R=ruo_R*R（-1）+（1-ruo_R）*（ruo_pai*pai+ruo_y*y+ruo_s*（s-ruo_s_1*s
（-1）））+v；
//price

pai_m=pm-pm（-1）+pai；
pai_d=pd-pd（-1）+pai；
pai_x=px-px（-1）；
//norminal price
%npm=pm+p；
%npd=pd+p；
%e=s+p；
%pai=p-p（-1）；


//exo shocks
RF=ruo_RF*RF（-1）+e_RF；
A=ruo_A*A（-1）+e_A；
```

```
yf=ruo_yf*yf（-1）+e_yf;
v=ruo_v*v（-1）+e_v;
kai_c=ruo_c*kai_c（-1）+e_kaic;
kai_b=ruo_b*kai_b（-1）+e_kaib;
end;

steady;

check;

save ruleirf1 ruo_R;
@#for rulevar in [ "e_RF", "e_v", "e_yf", "e_A", "e_kaic", "e_kaib"]
    shocks;
    var @{rulevar};
    stderr 0.1;
    end;
    stoch_simul（order=1, relative_irf, irf=40）;
    @#for mvar in [ "y", "ii", "pai", "kai_b", "b", "c", "nx", "s", "R"]
    t1_@{mvar}_@{rulevar}=oo_.irfs.@{mvar}_@{rulevar}/100;
    save ruleirf1 t1_@{mvar}_@{rulevar}  -append;
    @#endfor
 @#endfor
```

表 4.7.1 的计算程序如下。
//declaring variables 26

```
var c m h ii k y z w q yd ym yx mc lamda pai R s pd pm px pai_d pai_m pai_x
k_b b nx;
//declaring variables 4 norminal price
%var npm npd;
%var p e;

//declaring variables ar（1）process 6

var RF yf A v kai_c kai_b;
```

```
//declaring exo variables 6
varexo e_kaib e_RF e_A e_yf e_v e_kaic;


//declaring parameters not need estimate 16 3ratio

parameters    theta thetaf vtidai alpha sigma beta delta h_c eta sigma_m   omega
phi   qbar mtoybar nxtoybar itoybar;
// parameters should be estimated 13
parameters psai_k psai_d psai_x psai_m ruo_A ruo_R ruo_y ruo_pai ruo_RF
ruo_yf ruo_v ruo_c ruo_b;
//parameters in the money policy function about exchange rate
parameters ruo_s ruo_s_1;


//parameter values

theta=11;
thetaf=8;
vtidai=1.5;
alpha=0.53;
sigma=2;
beta=0.99;
delta=0.067;
h_c=0.62;
eta=3;
sigma_m=5;
omega=0.03;
phi=0.78;
qbar=1/beta+1−delta;
mtoybar=0.22;
nxtoybar=0.2;
itoybar=0.41;
psai_k=25;
//estimated parameters
psai_d=162;
```

```
psai_m=32；
psai_x=53；
ruo_RF=0.57；
ruo_yf=0.87；
ruo_v=0.35；
ruo_c=0.48；
ruo_b=0.55；
ruo_A=0.38；
ruo_y=1；
ruo_pai=4；
ruo_R=0.85；
ruo_s=2；
ruo_s_1=1；


//model specification

model（linear）；

//consumption
lamda=kai_c-sigma/（1-h_c）*c+（sigma*h_c/（1-h_c））*c（-1）；
eta*h=w+lamda；
lamda+beta/（1-beta）*R+sigma_m*m=0；
lamda=R+lamda（+1）-pai（+1）；
s-s（+1）=k_b+RF-R+pai（+1）；
lamda+psai_k*delta*（ii-k(-1)）=lamda(+1)+qbar*q(+1)+beta*delta*psai_k*
（ii（+1）-k）；
k=（1-delta）*k（-1）+delta*ii；
k_b=kai_b-omega*b；

//firms

y=phi*yd+（1-phi）*ym；
y=（1-itoybar）*c+itoybar*ii；
```

```
yd=y-vtidai*pd;
ym=y-vtidai*pm;
z=phi*yd+（1-phi）*yx;
z=A+alpha*k（-1）+（1-alpha）*h;
yx=yf-px;
w=mc+z-h;
q=mc+z-k（-1）;
（1-theta）*（mc-pd）+psai_d*pai_d=psai_d*beta*pai_d（+1）;
（1-theta）*（mc-px-s）+psai_x*pai_x=psai_x*beta*pai_x（+1）;
（1-thetaf）*（s-pm）+psai_m*pai_m=psai_m*beta*pai_m（+1）;


//net debt

beta*b=b（-1）+nx;
nx=nxtoybar*yx+nxtoybar*px-nxtoybar*ym;


//bank
%R=ruo_R*R（-1）+（1-ruo_R）*（ruo_pai*pai+ruo_y*y）+v;
%R=ruo_R*R（-1）+（1-ruo_R）*（ruo_pai*pai+ruo_y*y+ruo_s*s）+v;
R=ruo_R*R（-1）+（1-ruo_R）*（ruo_pai*pai+ruo_y*y+ruo_s*（s-ruo_s_1*s
（-1）））+v;
//price

pai_m=pm-pm（-1）+pai;
pai_d=pd-pd（-1）+pai;
pai_x=px-px（-1）;
//norminal price
%npm=pm+p;
%npd=pd+p;
%e=s+p;
%pai=p-p（-1）;



//exo shocks
RF=ruo_RF*RF（-1）+e_RF;
```

```
A=ruo_A*A（-1）+e_A;
yf=ruo_yf*yf（-1）+e_yf;
v=ruo_v*v（-1）+e_v;
kai_c=ruo_c*kai_c（-1）+e_kaic;
kai_b=ruo_b*kai_b（-1）+e_kaib;
end;
steady;
check;

shocks;
var e_RF;
stderr 0.000012;
var e_v;
stderr 0.000003;
var e_yf;
stderr 0.002098;
var e_A;
stderr 0.000195;
var e_kaib;
stderr 0.003165;
var e_kaic;
stderr 0.000017;
end;

stoch_simul（order=1，relative_irf，irf=40）;
shock_decomposition（parameter_set=calibration）y pai s R;
```